KB175221

대통령의 공식,
비공식 권한과 명복대표,
주인, 중재자 역할

중동부
유럽의
준대통령제

대통령의 공식,
비공식 권한과 명목대표,
주인, 중재자 역할

중동부
유럽의
준대통령제

김신규 지음

이 저서는 2017년 정부(교육부)의 재원으로 한국연구재단의 지원을 받아 수행된 연구임
(NRF-2017S1A6A4A01019955)

서문

　지난 2004년 대통령제 국가인 대한민국에서 대통령 탄핵 시도가 있었고 2017년에는 국회가 발의한 대통령 탄핵소추안을 헌법재판소가 용인하면서 실제로 대통령이 탄핵되는 사건이 벌어졌다. 대통령을 탄핵하려는 이유가 무엇이고 그 과정이 어떠했는지에 대한 논쟁은 차지하고, 당시 대통령제의 폐해를 성토하는 국민적 목소리가 하늘을 찔렀다. 대통령제 국가에서 대통령의 권력 집중은 어제오늘의 일은 아니었지만 두 번의 대통령 탄핵 시도 당시에는 '제왕적 대통령제(Imperial Presidency)'를 들먹이며 막강한 대통령의 권한을 분산하는 새로운 정부 형태로의 개헌을 요구하는 의견이 많았다.

　그러나 그러한 제왕적 대통령이 왜 탄핵소추되고 실제로 탄핵되었는지를 명확히 설명하고 분석한 연구는 찾아보기 어렵다. 한국과 같이 대통령 1인 권력이 막강한 국가에서 대통령이 탄핵되었다면 분명 그 대통령은 막강한 권한을 휘두르지 않았거나 아니면 더 많은 권력을 탐하다가 아래로부터의 저항에 직면했을 것이었다. 어느 설명이 맞는지와 상관없이 당시 한국의 대통령제는 분명 문제가 있었다.

　지금까지 대통령이 되고자 하는 많은 정치인들은 너 나 할 것 없이 현실 정치의 진흙탕에서 뒹구는 분파의 대통령이 아닌 통합적이고 포용적인 국민 전체의 대통령이 될 것이라고 강조해왔다. 또한 그들은 자신은 권력욕이 없으며 따라서 대통령의 권한을 분산하는 책임 총리제나 이원정부제를 도입하겠다고 역설하기도 했다. 그러나 막상 대통령으로 당선된 이후에는 언제 그랬냐는 식으로 막강한 대통령의 권한을 즐기고 또 어떤 측면에서는 더 많은 영향력을 얻기 위해 헌법 권한을 확대 해석하는 경우도 있었다. 어디서부터 잘못되었는지, 대통령과 측근들의 게걸스러운 권력욕으로 인해 문제가 생긴 것인지, 대통령의 권한을 규정한 헌법에 문제가 있는 것은 아닌지 그 이유를 찾는 연구와 분석이 필요한 시점이다.

이 책은 한국 대통령제의 문제를 해결하는 구체적인 방안을 제시하지는 못하지만 적어도 대통령제가 문제가 있다는 인식을 기반으로 한국 대통령제의 문제 해결에 일조할 다양한 사례를 검토한다. 특히 새로이 민주주의를 도입한 탈공산주의 중동부유럽과 소련 계승국들이 선택한 '강력한 대통령제와 순수한 의회제 중간의 정부 형태'를 살펴보고, 각각의 장점은 취하고 단점은 버렸다는 준대통령제(semi-presidentialism)가 현실에서는 어떻게 작동되고 있는지를 확인한다.

준대통령제 연구의 선구자인 듀베르제(M. Duverger)는 의회의 지지를 받는 총리와 내각이 대통령과 행정권을 공유하고 직선의 대통령이 '상당한 권한'을 지니고 있는 정부 형태를 준대통령제라고 정의했었다. 여기에서 한 가지 문제는 상당한 권한을 어떻게 측정할지였다. 그것을 측정하는 기준이 헌법 조문인지 아니면 실제 정치 현실에서 각 대통령이 행사하는 권력인지가 명확하지 않았다. 이와 함께 과연 상당한 권한을 객

관적으로 측정할 수 있을지도 의문이었다. 대통령이 자신이 보유한 권한을 상당한 권한이라고 인식하지 않고 더 많은 권한을 요구할 경우 해당 대통령은 상당한 권한을 보유하고 있는 것인지 아니면 대통령의 권한이 상당하지 않은지도 판단하기 어려웠다.

이러한 문제로 이 책에서는 듀베르제의 준대통령제 정의에서 '상당한 권한'을 제외하고 '대통령이 총리와 행정권을 공유하고 총리가 대통령이 아닌 의회에 책임을 지는 정부 형태'를 준대통령제로 정의한다. 이렇게 준대통령제를 포괄적으로 정의하면 준대통령제의 사례 국가가 많아지고 분석할 개별 대통령의 사례도 많아져 그만큼 준대통령제의 특징을 더 잘 파악할 수 있는 장점이 있다. 이런 이유에서 이 책에서는 11개 탈공산주의 중동부유럽과 소련 계승국의 정부 형태를 준대통령제로 파악하고 개별 국가가 운용하는 준대통령제의 특징을 검토하여 대통령의 공식 권한과 실제 영향력 사이의 차이를 확인한다.

이렇게 이 책은 준대통령제 국가에서 대통령의 공식 권한과 실제 영향력을 파악하려는 목적을 지니고 있다. 대통령의 공식 권한은 헌법으로 규정된 대통령과 행정부, 입법부, 사법부와의 관계 그리고 정책 영역에 대한 대통령의 역할 등으로 비교적 쉽게 이해할 수 있다. 그러나 헌법상의 공식 권한이 꼭 현실에서의 영향력과 동일한 것은 아니다. 어떤 경우에는 대통령이 정확히 공식 권한의 범위 내에서 권한을 행사하기도 하지만 또 어떤 경우에는 그 권한을 다 행사하지 않거나 혹은 권한의 범위를 넘어서 훨씬 더 큰 영향력을 행사하는 경우도 있다. 따라서 이 책에서는 탈공산주의 국가의 준대통령제 사례를 통해 헌법으로 규정된 대통령의 권한과 그의 실제 영향력 사이에는 큰 차이가 있음을 확인한다.

이 책에서는 11개의 준대통령제 사례 국가를 다시 명목대표/주인 모델 (figurehead/principal model), 주인/대리인 모델(principal/agent model) 그리고 중재/관리자 모델(arbiter/manager model)로 구분했다. 대통령이 명목상의 대표이며 총리가 실질적인 행정수반인 명목대표/주인 모델에는 폴란드, 체코, 슬로바키아, 루마니아를 그리고 대통령이 주인으로 대리인 인 총리와 내각을 주도하는 주인/대리인 모델에는 러시아와 우크라이나 사례를 포함시켰다. 그리고 마지막으로 대통령의 권한이 의전적, 상징적 수준에 머물고 있으면서도 중재자 역할을 하는 중재/관리자 모델에는 리 투아니아, 헝가리, 보스니아-헤르체고비나, 슬로베니아를 포함시켰다. 본 문 중에는 각각의 모델을 따로 구분하지 않았지만 준대통령제를 채택한 국가에서 개별 대통령의 권한과 영향력을 파악하면서 이것이 어느 모델 에 해당되는지 간략히 언급했다.

각 장에서는 해당 국가가 체제전환 과정에서 왜 준대통령제를 선택했 는지에 대한 이유와 그 과정을 설명하고 그 뒤에 개별 대통령의 사례를 통해 대통령의 공식 권한과 영향력을 파악했다. 이를 기반으로 공식 권한과 실제 영향력 사이의 차이가 대통령과 다른 헌법 기구와의 충돌을 불러왔으며, 그러한 충돌이 정치 불안을 가중시켰던 사실을 강조했다. 그러나 대통령과 다른 헌법 기구 사이의 충돌이 반드시 부정적인 결과를 가져왔던 것만은 아니었다. 따라서 어떤 측면에서는 이런 충돌을 통해 규정이 명확해지고 헌법 기구 사이의 권한 영역이 확실히 구분되면서 민주주의 정착과 내재화에 기여했다는 사실도 언급했다.

저자는 당초에 각 장에서 다룬 개별 사례를 독립적인 소논문으로 작성하려고 했다. 따라서 준대통령제 사례연구가 제대로 진행되고 있는지를 검증받고 또 새로운 주제나 형식을 찾을 수 있다는 판단에서 원고를 작성하는 대로 학술지에 투고해서 다른 연구자들로부터 조언과 비판을 들었다. 이를 통해 처음의 의도와 방향을 조금씩 수정해가면서 다른 사례 국가의 준대통령제를 살펴보았다.

학술지에 게재했던 논문은 모두 일곱 편으로 "준대통령제에서 대통령의 헌법적 권한과 실제 영향력: 슬로베니아 대통령 사례연구."(『통합유럽연구』. 12권 2호. 2021. pp. 145-175), "헝가리 대통령의 헌법 권한과 비공식 영향력 연구."(『EU연구』. 57권. 2021. pp. 343-372), "몰도바 준대통령제 연구: 준대통령제의 의전적 대통령과 의회제의 강력한 대통령."(『국제지역연구』. 25권 1호. 2021. pp. 27-46), "준대통령제에서 대통령의 헌법 권한과 실제 영향력의 차이: 리투아니아 준대통령제 사례 연구."

(『글로벌정치연구』. 13권 2호. 2020. pp. 123-144), "대통령의 공식, 비공식 권한을 둘러싼 행정부 내부의 갈등: 루마니아 준-대통령제의 특징과 정치 불안정 연구."(『EU연구』. 53권. 2019. pp. 75-103), "슬로바키아의 준-대통령제: 대통령과 총리 간 대결에서 공존으로."(『EU연구』. 51권. 2019. pp. 3-32), "준-대통령제에서 대통령의 헌법적 권한과 실질적 영향력: 하벨(V. Havel), 클라우스(V. Klaus), 제만(M. Zeman)의 대통령 권한 비교."(『국제지역연구』. 22권 2호. 2018. pp. 27-46)와 같다. 이 책에서는 가독성을 높이기 위해 학술지에 실린 논문의 내용과 형식을 수정했고 또 주석을 줄여 눈에 거슬리지 않도록 했다.

오랫동안 공산주의 체제를 경험했던 중동부유럽과 소련 계승국 중에는 체제전환, 민주화, 시장경제, 유럽통합으로 민주주의를 정착시키고 경제개혁을 성공적으로 추진한 국가도 있고 그 반대로 국내의 정치 불안정, 경제위기, 인접국과의 영토갈등과 민족분쟁 등의 위기를 겪고 있는 국가도 있다. 국내외의 다양한 도전에 직면해 있는 탈공산주의 국가들은 그 발전의 역동성과 이를 분석하는 학문적 중요성에도 불구하고 여전히 연구의 소외지역으로 남아있다. 그러나 이 지역은 학문 연구의 대상으로도 중요하지만 한반도의 대전환을 준비하는 우리에게 정책적인 함의를 줄 수 있는 지역이기도 하다. 따라서 이 지역과 이 지역에서 벌어지는 다양한 정치, 경제, 사회현상과 국제관계는 지역연구의 새로운 연구 대상인 동시에 학문적, 정책적으로 의미있는 연구의 주제이다.

이 책은 2017년 한국연구재단 인문저술지원사업의 지원을 받았다. 한국연구재단은 그동안 소외된 지역을 연구하는 저자와 같은 연구자들이 연구를 지속할 수 있도록 지원해오고 있다. 한국연구재단의 연구 지원에 다시 한번 고마움을 전하며, 소외지역 연구과 소외학문 분야에 더 많은 관심과 지원을 부탁드린다.

2022년 1월

김신규

목 차

표 차례

제1장

중동부유럽의 준대통령제

대통령의 공식 권한과 실제 영향력

1. 체제전환과 정부 형태의 선택

1989과 1991년 사이 중동부유럽과 옛 소련에서 공산정권이 붕괴된 이래 많은 국가들이 민주주의와 시장경제를 향한 체제전환을 추진하고 있다. 이중 체코와 같은 국가는 이미 체제로의 전환이 완료되었다고 평가받고 있지만 대부분의 국가에서는 여전히 새로운 체제로의 전환이 진행 중에 있다. 공산체제에서 벗어나는 과정을 '탈공산화', 민주적 정치체제를 도입하는 과정을 '민주화' 그리고 민주주의가 사회 모든 분야에 내재되는 과정을 '민주주의 공고화'라고 할 때, 중동부유럽과 옛 소련 국가가 추진하는 체제전환의 목표는 우선은 탈공산화와 민주화에 집중되어 있었다. 공산체제에서 벗어나 새로이 민주주의 국가로 탈바꿈하기 위해서는 무엇보다도 옛 체제에서 벗어나 새로운 민주체제 구축을 위한 기반이 필요했고 이에 따라 각국은 어떤 정부 형태를 선택할 것인지라는 가장 중요하고도 어려운 문제에 직면했다.

새로이 민주주의를 받아들인 국가가 가장 먼저 직면하게 되는 선택의 문제는 선거제도와 입법부-행정부 관계라는 두 가지 측면이었다.[1] 선거제도와 입법-행정부의 관계를 고려할 때, 신생 민주국가들이 선택할 수 있는 정부 형태는 민주주의의 경쟁적 모델인 대통령제와 합의제 모델인 의회제 중 하나가 될 것이었다. 이미 슈가트(M. S. Shugart)가 강조했던 바와 같이 대통령제와 의회제를 선택하는 것은 신생 민주주의 국가에게 가장 중요하고도 핵심적인 선택의 문제인데,[2] 새로이 민주주의를 추구하

---

[1] Lijphart, A. (1992).

는 국가의 정부 형태는 지속적인 민주화와 향후의 공고화 단계에서 가장 중요한 역할을 할 것이기 때문이다.

어떤 정부 형태를 선택하는지에 따라 게임의 규칙이라 할 수 있는 헌법과 선거법이 정해지기 때문에 정부 형태 선택의 문제는 민주화와 민주주의 공고화에 지대한 영향을 끼친다. 일반적으로 알려진 정부 형태인 의회제와 대통령제 중 어느 것을 선택할지는 개별 국가의 전통과 체제전환이 시작된 상황 그리고 이 과정에 깊숙이 참여하고 있는 행위자들의 상호작용을 통해 결정될 문제였다. 그러나 이들이 반드시 의회제와 대통령제 중에서 어느 하나를 선택할지 고민했던 것은 아니었다. 의회제와 대통령제의 장점을 살릴 수 있고 국가별 상황에 맞는 새로운 형태를 고안해낼 수도 있었다. 따라서 탈공산주의 체제전환 국가의 엘리트들은 우선은 의회제와 대통령제의 장, 단점을 검토하여 양자의 장점을 취합하기로 결정했다.

의회제는 한마디로 '행정부가 입법부를 통해 구성되고 입법부에 책임을 지는 입헌 민주주의 정부 형태'를 의미한다. 대통령제와 비교해서 의회제의 특징을 살펴보면, 첫째, 의회제에서 최고 행정권자는 총리(prime minister, premier, chancellor, minister-president, taoiseach)이며, 총리가 주도하는 내각은 의회의 신임에 의존하기 때문에 언제이건 의회의 불신임에 따라 해산된다. 반면 대통령제에서는 최고 행정권자인 대통령이 헌법에 명시된 기간 동안 재임하며, 의회의 불신임을 통해 소환되지 않는다. 한편 의회제에서는 정부 내각이 총선을 통해서 단독 혹은 연립정부 형태로 구성된다. 이때 정부는 의회의 충분한 지지 즉, 신임을 받는 동안만 유지될 수 있다. 정부의 임기는 의회에서의 신임에 따라 결정되며, 개별 각료와 내각 전체는 의회에 책임을 진다. 따라서 의회가 정부를 신임하지 않을 경우 정부 내각은 언제든지 해산될 수 있다. 의회제에서 대통

---

2) Shugart, M. S. (1993), pp 30-32.

령 혹은 군주와 같은 명목상의 국가수반은 행정부의 권한 영역에서 엄격히 배제되어 있고 의전적, 상징적 권한만을 보유한다.

대통령제에서는 행정부와 입법부가 독자적인 선거를 통해 구성되기 때문에 양자가 엄격히 구분되어 있다. 직선 대통령은 국가의 수반이자 행정의 수반으로 자의적으로 총리와 각료를 임면할 수 있다. 대통령의 임기는 고정되어 있으며 의회가 정치적인 이유에서 대통령의 사임을 강제할 수 없다. 정부의 지속은 의회의 신임과는 별개이며, 정부는 의회에 책임지지 않고 오직 대통령에게만 책임을 진다. 기본적인 결정 권한은 의회에게 있지만 대통령과 정부가 정책의 실행을 담당하기 때문에 정책 결정에 깊숙이 개입하고 있다. 대통령은 법안에 대한 거부권을 행사할 수 있고 반대로 의회는 이런 거부권을 기각시킬 수 있다. 의회제와 대통령제에서 대통령의 권한과 역할을 간략히 정리하면 아래의 <표 1-1: 대통령과 의회제에서 대통령의 권한>와 같다.

표 1-1) 대통령제와 의회제에서 대통령의 권한

	대통령제	의회제
선출	직선	간선
입법부 관계	의회 해산권 정부는 의회의 불신임 거부 가능	의회 해산 불가 의회의 불신임으로 정부 붕괴
행정부 관계	정부 구성에 직접 참여(각료 임명)	정부 구성에 공식적 권한 없음
입법-행정부 관계	정부(와 각료)는 의회에 책임 없음	정부는 의회의 인준/신임 필요
입법권	입법권	입법권 및 거부권 없음
행정권	행정권	행정 책임 없음

옛 정권이 무너지고 새로운 체제로의 이행을 준비하던 중동부유럽과 옛 소련 각국의 엘리트들은 대통령제와 의회제 중 어느 것을 선택할지를 두고 열띤 논쟁을 벌였다. 그러나 이들은 정부 형태가 반드시 대통령제와

의회제 두 가지만 존재하는 것은 아니라는 사실도 잘 알고 있었다. 공산체제가 들어서기 이전에 유지되었던 왕정복고를 통해 영국식의 의회제를 선택하는 것도 가능했다. 또한 옛 체제와 같은 권력 집중을 막기 위해 대통령의 권한을 대폭 줄인 약한 대통령제도 선택할 수 있는 대안 중 하나였다. 현실에서도 순수한 의회제 국가나 대통령제 국가보다는 두 극단의 어느 지점에 위치해 있는 의회제나 대통령제가 일반적인 것처럼, 탈공산주의 중동부유럽과 소련을 계승한 국가의 엘리트들도 강력한 대통령제와 순수한 의회제라는 두 개의 극단 사이의 어딘가에 위치한 새로운 정부 형태를 눈여겨보았다.

학계에서도 정부 형태를 꼭 대통령제와 의회제 둘 중 하나로 구분하지는 않는다. 예를 들어 이스터(G. M. Easter), 스테판과 스카치(A. Stepan and C. Skach)는 현실의 정부 형태를 의회제, 대통령제, 이원제로 구분했으며,[3] 베일리스(T. A. Baylis)는 의회제, 대통령제, 준대통령제로,[4] 더비샤이어와 더비샤이어(J. D. Derbyshire and I. Derbyshire)는 의회제, 제한적 대통령제, 이원제로[5] 그리고 슈가트와 케리(M. S. Shugart and J. M. Carey)는 의회제, 대통령제, 총리-대통령제, 대통령-의회제, 대통령이 있는 의회제, 독립적 의회제 등 6개의 유형으로 구분하기도 했다.[6] 한편 시아로프(A. Siaroff)는 정부 형태를 좀 더 구체적으로 구분해 대통령제, 대통령이 우세한 의회제, 대통령이 조정자 역할을 하는 의회제, 명목상의 대통령이 있는 의회제, 명목상의 군주가 있는 의회제로 세분하기도 했다.[7] 또한 유산우(Yu-Shan Wu)는 준대통령제에 주목하여 이를 다시 유사 의회형, 교대형, 타협형, 대통령 우위형 등 4개의 형태로

3) Easter, G. M. (1997), pp. 184-211; Stepan, A. and Skach, C. (1993), pp. 1-22.
4) Baylis, T. A. (1996), pp. 297-323.
5) Derbyshire, J. D. and Derbyshire, I. (1996).
6) Shugart, M. S. and Carey, J. M. (1992), p. 24.
7) Siaroff, Alan (2003), pp. 287-312.

구분하기도 했다.[8]

　이 중에서 탈공산주의 중동부유럽과 소련을 계승한 국가의 관심을 끈 것은 순수한 의회제와 대통령제 사이의 중간에 위치해 있는 프랑스식 정부 형태였다. 현실에서도 순수한 의회제나 강력한 대통령제보다는 양자의 특징을 혼합한 정부 형태를 선택하는 경우가 많듯이, 이 지역의 엘리트들은 순수한 의회제나 대통령제보다는 양 모델의 장점을 살리고 각국의 고유한 역사, 정치적 전통을 잇는 방법을 모색하면서 다양한 형태의 준대통령제를 선택했다.

　엘지(R. Elgie)는 2017년을 기준으로 유럽의 프랑스, 아일랜드, 아이슬란드, 오스트리아, 핀란드, 포르투갈 등과 1950-60년대 독립한 아프리카 국가들 그리고 1980년대 말부터 체제전환을 거치고 있는 중동부유럽과 옛 소련 국가 중 약 2/3를 포함해 전세계적으로 52개 국가가 준대통령제를 선택하고 있다고 판단했다.[9] 그가 준대통령제 국가로 분류한 중동부유럽과 옛 소련 국가는 불가리아, 크로아티아, 체코, 리투아니아, 폴란드, 마케도니아, 몬테네그로, 루마니아, 세르비아, 슬로바키아 그리고 러시아, 아르메니아, 아제르바이잔, 키르기스스탄, 우크라이나, 몰도바 등 모두 17개 국가였다. 엘지는 카자흐스탄, 타지키스탄, 투르크메니스탄, 우즈베키스탄을 대통령제 국가로 그리고 알바니아, 에스토니아, 헝가리, 라트비아를 의회제 국가로 분류했다.[10] 이와 같이 중동부유럽과 옛 소련의 많은 국가들이 준대통령제를 선택함에 따라 지오바넬리(A. Giovannelli)는 유럽에서 가장 많이 선택되고 있는 정부 형태가 준대통령제이기 때문에 준대통령제를 범유럽적 모델로 볼 수 있다고까지 주장했다.[11]

---

8) Wu, Yu-Shan (2011), pp. 21-41.

9) Elgie, Robert (2011), p. 12.

10) http://www.semipresidentialism.com/?p=1053

11) Giovannelli, A. (2002), pp. 3-4.

탈공산주의 중동부유럽과 옛 소련 계승국들이 왜 준대통령제를 선택했는지 그리고 그러한 정부 형태가 공정하고 흔들림 없는 게임의 규칙으로 작동하고 있는지에 대한 논의에 앞서, 우선은 준대통령제가 어떤 정부 형태이며 여기에서 대통령은 어떤 권한을 지니고 있는지를 파악할 필요가 있다.

2. 준대통령제의 정의와 특성

 1959년 르몽드(Le Monde)의 창업자인 뵈브메리(H. Beuve-Méry)가 프랑스 제5공화국 헌법에 기초한 정부를 대통령제와 의회제 사이에 존재하는 새로운 정부 형태인 '준대통령제'라고 언급한 이래 준대통령제를 어떻게 정의할지에 대한 많은 논의가 있었다. 준대통령제 연구의 선구자라 할 수 있는 듀베르제(M. Duverger)는 프랑스 제5공화국을 의회의 지지를 받는 총리와 내각이 대통령과 행정권을 공유하고 대통령이 직선으로 선출되며 동시에 그가 '상당한 권한'을 보유하고 있는 체제로 파악하고 이를 준대통령제라고 정의했다.[12)

 듀베르제의 이러한 정의에서 의회의 지지를 받는 총리와 직선으로 선출되는 대통령이 행정권을 공유한다는 정의는 직관적으로 이해할 수 있으나, 대통령이 '상당한 권한'을 보유하고 있다는 정의는 자의적으로 해석될 여지가 있어 명확하지 않다. 그러한 권한이 헌법에 명시된 공식적인 권한인지 아니면 헌법에는 규정되어 있지 않지만 개별적인 상황에 따라 비공식적으로 행사할 수 있는 권한인지 알 수가 없다. 더군다나 어느 정도의 권한을 '상당한' 권한으로 해석할지 명확한 기준을 제시하지 않았기 때문에 어느 정도의 공식 혹은 비공식 권한을 가져야만 그것이 '상

---

12) Duverger, Mourice (1997), p. 166.

당한 권한을 가진 것으로 판단할 수 있을지도 모호하다. 다시 말해 대통령이 보유하고 있는 상당한 권한을 측정할 명확한 기준이 없기 때문에 어떤 국가를 준대통령제 국가로 분류할지 아니면 의회제나 대통령제 국가로 분류할지 판단하기 어렵다는 것이다.

듀베르제의 정의를 적용할 경우 판단하는 사람에 따라서 어떤 국가를 준대통령제 국가에 포함할지 큰 차이가 생길 수 있다. 예를 들어 어떤 경우에는 대통령과 총리가 비슷한 수준의 권한을 보유하는 경우만을 준대통령제 국가로 분류할 수 있다. 이 경우 대통령과 총리의 권한이 비슷하기 때문에 행정의 주도권을 둘러싸고 행정부 내부에서 갈등이 벌어질 가능성이 높고, 따라서 이런 정부 형태는 피해야 할 형태라는 결론을 내릴 수도 있다. 그와는 반대로 어떤 경우에는 대통령의 권한이 훨씬 작고, 총리가 주도적인 행위자인 정부를 준대통령제로 볼 수 있는데, 이 경우 양자의 권한 차이가 크기 때문에 행정부 내부에서 갈등이 발생할 가능성이 줄어들어 보다 긍정적인 정부 형태로 평가할 수 있다. 즉, 준대통령제를 '직선의 대통령, 대통령과 총리가 행정권 공유, 대통령이 상당한 권한 보유'로 정의할 경우, 어떤 국가를 준대통령제 국가로 분류할지 모호한 현실에 부딪칠 수 밖에 없다.

이런 문제를 극복하기 위해 보다 엄격한 기준을 적용해 준대통령제를 정의하려는 시도도 있었다. 예를 들어 사토리(G. Sartori)는 준대통령제에서 '준(semi)'이 의미하는 바는 단일한 중심의 권력구조가 이원적 권력구조로 대체되어 대통령과 총리가 권한을 공유하거나 혹은 대통령을 국가수반으로 총리를 행정수반으로 하는 이원적 구조를 의미한다고 설명했다.[13] 따라서 권력분립 원칙에 따라 의회로부터 독립적인 대통령제에서의 대통령과는 달리, 준대통령제에서의 대통령은 의회의 지지를 받는 총리와 권력을 공유한다. 이를 바탕으로 사토리는 준대통령제에서는 "고정

---

13) Sartori, Giovanni (1997), pp. 121-122.

된 임기의 국가수반(대통령)이 직선이건 간선이건 투표를 통해 선출되며, 총리와 행정권을 공유하고 의회로부터 독립적이지만, 단독 혹은 자의적으로 통치할 수 없고 총리와 내각은 오직 의회에만 책임을 진다"고 했다.

엘지 역시 "준대통령제는 고정된 임기의 대통령이 직선으로 선출되며, 의회에 책임을 지는 총리, 내각과 행정권을 공유하는 체제"라고 정의했다.[14] 한편 엘지와 모에스트룹(S. Moestrup)은 탈공산주의 국가의 '중간-형태의 정부(mezzo-regimes)'를 분석하면서 다양한 형태의 준대통령제가 존재한다는 사실을 확인하고 준대통령제를 세분해 대통령의 권한이 강한 경우를 '상당히 대통령제화된 준대통령제'로, 반대로 대통령과 총리가 권한의 균형을 이룬 경우를 '균형 잡힌 대통령-총리형 준대통령제'로 구분했다.[15] 이와 관련해 이미 슈가트와 케리는 각각을 '총리-대통령제'와 '대통령-의회제'로 명명하면서 총리-대통령제에서는 총리와 내각이 의회에 책임을 지지만, 대통령-의회제에서는 총리와 내각이 대통령과 의회에 이중의 책임을 진다고 파악했다.[16] 유산우의 경우는 정책결정과 집행의 실질적인 중심이 누구인지에 따라서 유사 의회형, 교대형, 타협형, 대통령 우위형 준대통령제로 구분하고 동거 내각 여부에 따라 모두 8개의 하위 형태를 제시했다.[17]

이렇게 준대통령제가 다양하게 정의되고 있는 것은 무엇보다도 현실에서 운용되는 준대통령제가 고정된 형태를 갖고 있지 않기 때문이며 또 어떤 측면에 초점을 두고 있는지에 따라 준대통령제를 다르게 정의할 수 있기 때문이다. 일반적으로 준대통령제를 정의할 때 대통령의 실제 권한을 강조하는 방법, 헌법 권한과 다른 헌법기구와의 관계적 속성을 결합해

14) Elgie, Robert (1999), pp. 12-13.

15) Elgie, R. and Moestrup, S. (2008), p. 257.

16) Shugart, M. S. and Carey, J. M. (1992), p. 24

17) Wu, Yu-Shan (2011), pp, 21-41

정의하는 방법 그리고 마지막으로 '성향 속성(dispositional properties)'을 통해 정의하는 방법이 있다.[18] 이를 좀 더 구체적으로 살펴보면 다음과 같다.

첫째, 대통령의 실제 권한에만 초점을 맞추어 준대통령제를 정의하는 방법은 민주정권의 관계적 속성을 강조한다. 여기에서는 국가수반인 대통령과 행정수반인 총리가 지니고 있는 공식 권한을 살펴봄으로써 어느 국가를 준대통령제 국가로 분류할지를 판단한다. 따라서 대통령 직선이 준대통령제의 필요조건은 아니며 다만 행정부를 양분하고 있는 대통령과 총리가 행사할 수 있는 권한 영역에 따라 어떤 국가를 준대통령제 국가에 포함시킬지를 판단한다. "행정권이 대통령과 총리에 분할되어 있으며, 대통령이 상당한 권한을 갖는 정부 형태"로 준대통령제를 정의한 오닐 (P. O'Neil)이 이런 방법을 사용한 대표적인 경우이다.[19]

둘째, 헌법에 규정된 권한과 관계적 속성을 결합시켜 준대통령제를 정의하는 방법으로 듀베르제의 준대통령제 정의가 바로 여기에 속한다. 즉, 대통령 직선, 대통령이 상당한 권한을 보유하고 있고, 동시에 의회의 지지가 유지되는 한 총리(와 내각)가 행정권을 유지한다는[20] 세 가지 요소가 모두 헌법에 포함되어 있다면 해당 국가를 준대통령제 국가로 분류할 수 있다. 이런 방법에서는 대통령 직선이 준대통령제 정의에 필요조건이지만 충분조건은 아니며, 어떤 국가를 준대통령제 국가로 분류하기 위해서는 직선의 대통령이 상대적으로 강한 힘을 가지고 있어야 한다. 스테판과 스카치는 이런 방법을 통해 준대통령제를 정의하여 유럽에서는 프랑스와 포르투갈만이 준대통령제 국가라고 판단했다.[21] 이들은 오스트리

18) Elgie, Robert (2004), pp. 314–330.

19) O'Neil, P. (1993), p. 197.

20) Duverger, Maurice (1980), p. 166.

21) Stepan, A. and Skach, C. (1993), p. 9.

아, 아이슬란드, 아일랜드의 경우는 대통령이 명목상의 권한만을 보유하고 실제 권한은 약하기 때문에 대통령이 직선으로 선출됨에도 불구하고 의회제 국가로 분류했다. 그러나 이미 언급한 바와 같이 헌법적 권한과 관계적 속성을 통한 개념 정의에서는 관계적 속성을 파악하기 위해서 대통령의 상당한 권한을 주관적으로 판단할 수밖에 없는 단점이 있다. 이런 이유에서 '상당한'을 어떻게 해석할지에 따라 어떤 국가를 준대통령제 국가로 판단할지가 달라진다.

세 번째는 성향 속성을 통해서 준대통령제를 정의하는 방법이다. 여기에서는 준대통령제를 "고정된 임기의 직선 대통령이 의회에 책임을 지는 총리, 내각과 공존하는 형태"로 정의한다.[22] 준대통령제를 이렇게 정의할 경우 대통령의 공식, 비공식 권한을 판단할 필요가 없고, 많은 국가를 준대통령제에 포함할 수 있는 장점이 있다. 즉, 보다 유연하게 개념을 적용해 사례의 수를 늘리고, 이를 통해 국가별 대통령의 공식, 비공식 권한을 파악함으로써 기존 준대통령제의 개념 정의에서 논쟁을 불러왔던 대통령의 '상당한 권한'이라는 주관적인 기준을 우회할 수 있다. 또한 그러한 권한의 수준은 준대통령제 국가들 사이에서 대통령의 상대적 권한 차이로 해석할 수 있다.

그러나 탈공산주의 중동부유럽과 소련 계승국의 준대통령제를 분석하려는 목적이 어떤 국가를 준대통령제 국가로 분류하는데 머물러 있는 것이 아니라 준대통령제의 장점과 단점을 파악하기 위한 것이라고 할 때, 엄격한 개념을 적용하여 의도적으로 사례의 수를 줄일 필요는 없다. 그 반대로 느슨한 개념을 적용해 더 많은 사례를 확보하는 편이 준대통령제의 장, 단점을 파악하는데 유리할 것이다. 따라서 이 책에서는 더 많은 준대통령제의 사례를 살펴보기 위해 준대통령제를 포괄적으로 정의하여 "고정된 임기를 보장받는 대통령이 직선으로 선출되며, 대통령과 총리가

---

22) Elgie, Robert (1999), p. 13.

행정권을 공유하고, 총리는 대통령이 아닌 의회에 책임을 지는 정부 형태"를 준대통령제로 정의한다. 이런 정의는 듀베르제가 제시한 당초의 정의에서 대통령이 '상당한 권한'을 지니고 있다는 주관적인 기준을 배제하여 헌법에 명시된 대통령의 공식 권한뿐만 아니라 개별 대통령이 실제로 행사하는 영향력을 모두 살펴볼 수 있는 장점이 있다.

3. 준대통령제에서 대통령의 공식 권한

그동안 학계에서는 대통령의 권한을 어떻게 측정할지를 놓고 의견이 분분했다. 예를 들어 맥그리거(J. McGregor)는 대통령의 권한을 43개의 하위 권한으로 세분했고,[23] 포틴(J. Fortin)은 의회에서 통과된 법안에 대한 전면-거부권, 부분-거부권, 입법 발의권, 내각 구성과 해산권, 내각에 대한 견책과 불신임권으로 구분해 대통령의 권한을 파악했다.[24]

표 1-2) 슈가트와 캐리의 대통령 권한 측정

대분류	소분류	대통령 권한 측정 표
입법권 (24)	전면 거부권 /기각	4/ 거부권 기각 불가능
		3/ 의회 2/3 이상으로 거부권 기각
		2/ 의회 2/3 이하로 거부권 기각
		1/ 절대 다수로 거부권 기각 혹은 2/3 이하의 특별다수
		0/ 거부권 없음 혹은 단순다수로 거부권 기각
	부분 거부권 /기각	4/ 거부권 기각 불가능
		3/ 특별 다수 (2/3 혹은 3/5)
		2/ 재적 절대 다수
		1/ 정족수 단순 다수
		0/ 부분 거부권 없음
	대통령령	4/ 권한 보유

---

23) McGregor, James (1994), pp. 23-31.

24) Fortin, J. (2013), pp. 91-112.

대분류	소분류	대통령 권한 측정 표
		2/ 약간의 제약으로 한시적인 대통령령 권한
		1/ 제한적으로 활용
		0/ 권한 없음
	배타적 입법 발의권	4/ 있음, 의회가 개정하지 못함
		2/ 있음, 단 제한적으로 의회가 개정함.
		1/ 있음, 단 의회에 의한 무제한적 개정 가능
		0/ 권한 없음
	예산안 발의권	4/ 대통령이 예산안 준비, 개정 허용되지 않음
		3/ 의회가 축소 가능하지만, 항목 수 증가 불가
		2/ 대통령이 전체 예산 상한액 설정, 의회 개정
		1/ 의회가 새로운 예산안 지정할 경우, 예산 증액
		0/ 의회가 예산안 준비 및 개정 권한 있음
	국민투표 발의권	4/ 무제한적
		2/ 제한적
		0/ 권한없음
비입법권 (16)	내각 구성	4/ 대통령이 의회 인준 없이 각료 임명
		3/ 대통령이 의회 인준 필요한 각료 임명
		1/ 대통령이 총리 임명, 의회의 인준 필요. 총리가 각료 임명
		0/ 의회의 권고 없이 각료 임명 못함
	내각해산	4/ 대통령 의지대로 내각, 각료 해임
		2/ 제한적인 해임권
		1/ 의회가 건설적 불신임 경우에만 총리 불신임
		0/ 의회가 내각 혹은 각료 견책 및 해임
	견책	4/ 의회가 내각 혹은 각료 견책 및 해임 못함
		2/ 의회가 견책, 대통령은 의회 해산으로 대응
		1/ 건설적 불신임안(의회 다수가 대안내각 지명)
		0/ 의회의 무제한적 견책
	의회 해산	4/ 대통령 자의로 의회 해산
		3/ 종종 혹은 임기내 특정 시점에 제한적
		2/ 새로운 대통령 선거 필요
		1/ 제한적, 견책에 대응하는 경우 한정
		0/ 없음

출처: Shugart, M. S. and Carey, J. M. (1992), p. 150.

슈가트와 캐리는 대통령의 권한을 입법권과 비입법권으로 양분하고 입법권에는 법안에 대한 거부권, 입법 발의권, 예산안 발의권, 국민투표 발의권을 포함시켰다. 또한 비입법권에는 내각 구성과 해산, 견책과 불신임 그리고 의회 해산권을 포함시켰다. 이들은 세부 항목에 대해 대통령이 배타적 권한을 행사한다면 4점을 그리고 전혀 권한을 행사할 수 없다면 0점으로 환산해 국가별 대통령의 권한을 측정했다.[25]

이와 비슷하게 크로우웰(A. Krouwel)도 선출방식(직선 혹은 간선), 의회 해산권, 각료 임명권, 인준투표, 불신임 투표, 법안 발의권, 거부권, 행정권 등으로 구분하고 대통령이 각각의 항목에 대해 배타적인 권한을 행사할 경우 1점, 전혀 행사하지 못할 경우 0점 그리고 총리(내각)와 권한을 공유하고 있으면 0.5점을 부여해서 대통령의 권한을 측정했다.[26] 이외에도 자즈나에프(O. Zaznaev)는 크로우웰의 방식을 약간 수정해 각료 임명권을 총리 임명권과 각료 임명권으로 세분했으며, 내각제일 경우와 아닐 경우를 추가해 수치를 측정했다.[27]

표 1-3) 크로우웰의 대통령/의회 권한 지수

권한 영역	대통령 권한	의회 권한
대통령 선출	1=직선 0.5=한명 후보자에 대한 찬반 0=간선	← 역 산정
행정권	1=대통령이 행정권 보유, 내각 주도 0.5=정부와 행정권 공유 0=행정권 없음.	← 역 산정
총리임명	1=총리임명 0.5=의회와 임명권 공유(조율지명)	← 역 산정

---

25) Shugart, M. S. and Carey, J. M. (1992), pp. 120-124.

26) Krouwel, A. (2003).

27) Zaznaev, Oleg (2014), pp. 569-573.

권한 영역	대통령 권한	의회 권한
	0=없음	
각료임명	1=독자적으로 임명 0.5=총리 혹은 의회와 권한 공유 0=없음	← 역 산정
~이후내각 구성	1=대선 0.5=대선과 총선 0=총선	← 역 산정
총리, 내각 불신임	1=대통령과 정부는 불신임(인준) 무시 0.5=불신임으로 내각 사임 혹은 의회 해산 0=불신임으로 내각 사임	← 역 산정
법안 발의권	1=있음(대통령, 의원, 의회, 정부) 0.5=대통령, 의회, 정부, 기타 행위자(판사, 유권자) 0=없음	← 역 산정
법안 거부권	1=있음. 단, 의회의 가중 다수(2/3, 3/4...)로 다시 결정 0.5=있음. 단 의회 가중다수 혹은 단순다수로 다시 결정 0=없음	동일
의회 해산권	1=대통령의 독자적 권한 0.5=다른 행위자(총리, 의회)의 발의에 의한 해산 0=없음	동일
각료=의원	1=불일치 0.5=(양원중 하나의 원과)일치 0=일치	동일

출처: Krouwel, A. (2003).

이 책에서는 상기한 다양한 측정 방법을 종합해 헌법상의 대통령의
공식 권한을 파악한다. 여기에는 입법권과 행정권 그리고 임명권 등 다
양한 항목이 포함되는데, 헌법에 규정된 대통령의 권한을 통해 각 대통
령이 현실에서 그러한 권한을 어느 정도 사용했는지를 검토한다.

또한 여기에서는 준대통령제를 포괄적으로 정의하고 대통령의 헌법상

공식 권한에 따라 탈공산주의 준대통령제 국가를 명목대표/주인 모델 (figurehead/principal model), 주인/대리인 모델(principal/agent model), 중재/관리자 모델(arbiter/manager model)로 구분한다. 이는 헌법적인 권한이 약한 대통령이 현실에서도 영향력이 약한지를 살펴보기 위한 임의적인 분류인데, 헌법상의 권한이 강한 대통령이 현실에서는 그러한 영향력을 행사할 수 있는 것도 아니고, 공식 권한이 약한 대통령이라고 해서 반드시 현실에서의 영향력이 약한 것도 아니다. 여기에는 여러 요인이 있겠지만, 우선은 해당 국가의 정치적 전통과 대통령제의 유산 그리고 해당 시기의 정치, 경제 상황, 대통령 개인의 정치적 역량과 야망 등의 퍼스낼리티가 교차 작용하고 있다는 점만 언급해 두기로 한다.

대통령이 명목상의 대표이며 총리가 실질적인 행정수반인 명목대표/주인 모델에는 폴란드, 체코, 슬로바키아, 루마니아가 포함된다. 이들 국가에서 대통령의 공식 권한은 대통령제 국가의 대통령 권한에 비해 약하고 독일이나 오스트리아 등 의회제 국가의 대통령보다는 강하다. 체코와 슬로바키아는 당초 의회제 국가였다가 대통령 직선제 개헌 이후에 준대통령제 국가가 된 사례인데, 양국 모두 대통령 직선제 개헌을 통해 대통령에게 직선이라는 정당성을 부여한 반면 실제 헌법상의 권한은 더 줄였다. 이 모델의 주요한 특징은 대통령이 국가의 수반이지만, 행정수반은 총리이며 대통령이 명목상의 대표 역할을 하고 실질적으로는 총리가 주인 역할을 한다는 점이다. 대통령의 권한 행사 대부분은 총리 혹은 각료의 부서(副署)가 필요하며 따라서 총리와 내각이 대통령의 행동에 책임을 진다.

둘째, 대통령이 대리인인 총리와 내각보다 우위에 있는 주인/대리인 모델에는 러시아, 우크라이나 그리고 보로닌(V. Voronin) 시기의 몰도바가 포함된다. 사실 이 모델은 통상의 대통령제와 유사하기 때문에 그 차이를 구분하기가 쉽지 않다. 예를 들어 러시아 대통령은 국내정책 결정에 대한 통제력을 지니고 있으면서 동시에 외교정책에서도 권한을 지니고 있다. 다만, 가장 강력한 주인/대리인 모델인 러시아도 대통령령과 같은 특정 권한 행사에서 총리나 혹은 관련 각료의 부서가 필요하고, 총리와 내각이 대통령과 의회에 모두 책임을 진다는 특징이 있다.

마지막으로 대통령의 권한이 의전적, 상징적 수준에 머물러 있으면서 중재자 역할을 하는 중재/관리자 모델에는 보스니아-헤르체고비나, 슬로베니아와 리투아니아가 있다. 이 경우 대통령의 임명권, 입법권, 행정권은 극히 제한적이고 서훈권, 사면권 등과 같은 권한만을 보유하고 있으며, 내각이 해산되거나 정부 구성이 실패할 경우 대통령이 주요 정당 대표들과 협상을 주도하는 경우도 있다. 한편 이 책에는 의회제 국가인 헝가리 대통령 사례도 분석하는데 이는 중재/관리자 모델의 대통령 권한과 유사한 헝가리 간선 대통령의 공식 권한과 실제 영향력을 살펴봄으로써 의회제 국가 대통령의 역할을 파악하려는 의도 때문이다.

4. 대통령의 비공식 권한

대통령의 헌법 권한과 현실 정치에서의 영향력 사이에는 큰 차이가 있고, 더군다나 헌법상의 공식 권한이 모호하게 규정되어 있을 경우 대통령 개인의 퍼스낼러티나 당시의 정치, 경제, 국제관계 등의 맥락에 따라 대통령이 헙법상의 공식 권한을 확대해석하기도 혹은 축소해석하기도 한다. 대통령이 공식 권한을 확대해석할 경우에는 행정부 내부에서 총리나 개별 각료와의 대립이 예상되며, 반대로 권한을 축소해석할 경우에는 총리, 내각에 종속될 여지가 있다. 한편 특정 시점에서 경제 침체 등의 이유로 총리와 내각의 지지율이 떨어지고 반대로 경제, 사회정책에 비판적인 대통령의 지지율이 크게 오르는 경우, 대통령이 정부의 정책에 적극적으로 개입할 수도 있다. 또한 해당 국가에서 역사적, 정치적 전통에 따라 대통령이 아주 특별한 '권위'를 지니고 있는 경우 헌법에 규정된 공식 권한을 넘어 정치, 행정에 큰 영향력을 행사할 수도 있다.

결국 헌법의 공식 권한만으로는 탈공산주의 준대통령제 국가에서 대통령의 실질적인 영향력과 행정부 내부 관계 그리고 대통령과 의회 관계를 명확히 파악할 수 없다. 사실 헌법으로 대통령의 권한을 제한한다고 해서 그것이 곧 현실 정치에 개입하고자 하는 대통령의 퍼스낼리티를 억누를 수 있는 것도 아니다. 우리는 본문에서 탈공산주의 중동부유럽과 옛 소련을 계승한 국가의 여러 대통령들이 헌법에 규정된 권한을 넘어 정치에 영향력을 행사하고 있음을 확인할 것이다.

요컨대, 정치체제에서 대통령의 실질적인 영향력은 헌법의 권한뿐만 아니라 역사적으로 축적되어온 헌법적 전통에 따라서 혹은 개인적인 카리스마 등에 따라 그리고 특정 시기의 정치적 상황과 경제 문제 등에 의해서도 크게 좌우될 수 있다. 결국 준대통령제 국가의 대통령의 권한은 헌법상의 권한에 묶여 있다기보다는 해당 국가의 역사적, 헌법적 전통, 개별 대통령의 권위나 야심 그리고 당시의 정치, 경제 상황, 국제관계 등에 영향을 받는다고 할 수 있다.

따라서 특정 대통령이 헌법에 규정되어 있는 대통령의 권한을 어떻게 넘어서는지 그래서 그가 정치 과정에 어떻게 개입하는지를 파악하는 것은 민주화를 진행하고 있는 탈공산주의 중동부유럽과 소련 계승 국가들에게는 대단히 중요한 문제이다. 우리가 앞으로 살펴볼 여러 국가들의 사례에서는 대통령의 공식 권한이 상대적으로 약함에도 불구하고 그러한 한계를 뛰어넘어 영향력을 행사했던 많은 대통령들을 발견할 수 있다. 폴란드, 체코와 같이 과거의 대통령들이 남겨 놓은 유산이 현재의 대통령에게 특별한 권위를 부여한 사례도 있으며, 현재의 정치세력에 대한 사회 전반적인 불만이 거세지면 강력한 대통령을 원하는 쪽으로 사회적 분위기가 조성되어 공식 권한이 약한 대통령이라도 특정한 역할을 수행하는 사례도 찾아볼 수 있다. 또한 정당을 포함해 민주적 제도나 기구가 사회에 뿌리를 내리지 못한 이행기라는 현실에서 대통령이 정치를 개인화시켜 자신의 영향력을 확대한 사례도 있다.

결국 중요한 측면은 헌법에 규정된 대통령의 공식 권한이 아니라 대통령이 헌법상의 권한을 넘어 자신의 지위와 권한을 어떻게 강화하고 있는지를 파악하는 것이다. 대통령이 영향력을 확대할 수 있는 요인 중에는 해당 국가의 역사적 전통, 기성세력에 대한 불만이 가중되는 정치 현실, 헌법상의 불명확한 권한 설정으로 정치를 사유화(personalization of politics)하고 시장화(marketization of politics)할 수 있는 기회 등이 포함된다.

탈공산주의 중동부유럽과 옛 소련을 계승한 국가에서 대통령이 공식 권한의 경계를 넘어서는 사례가 많기 때문에 헌법에 규정된 권한을 통해서는 대통령이 행사하는 권한과 실제 영향력을 제대로 파악할 수 없다. 이에 대해서 레이프하트(A. Lijphart)는 대통령의 권한은 헌법에 규정된 공식 권한 이외에도 대통령이 소속된 정당의 의석 및 결속력, 대통령의 당적 보유 여부, 직선으로 선출된 유일한 1인이라는 정당성이라고 언급한 바 있다.[28] 또한 흘로우섹(V. Hloušek)은 역사적 전통, 정치권에 대한 불만이 가중되는 정치적, 경제적 맥락 그리고 다른 제도와 기구가 내제화되지 못한 상황에서 정치를 개인화시키는 능력에 따라 대통령의 비공식 권한이 달라진다고 주장했다.[29] 이외에도 대통령의 영향력은 개별 국가의 정치적 전통에 따라 달라질 수 있으며, 개인적 카리스마나 정치적 영향력 추구 수준에 따라서도 달라진다. 동시에 특정 시점에서 대통령의 대중적 인기 역시 대통령의 비공식 권한을 좌우할 수 있다.

---

28) Lijphart, A. (1999), p. 128.

29) Hloušek, Vít (2013), p. 12.

준대통령제에서 대통령의 비공식 권한을 발생시키는 일곱 가지 요인이 있다. 첫째, 주로 중재/관리자 모델에서 나타나는 역사적 맥락인데, 역사적으로 중요했던 특정 대통령의 권위가 현재의 대통령에게로 이전되는 경우이다. 이 경우 특히 대통령이 현실 정치에서 벗어나 특정 정파가 아닌 국가 전체를 대표한다는 상징적인 위상을 지니고 있다면 그 권위와 영향력이 강화되어 공식 권한을 뛰어넘을 수 있다.

둘째, 경제, 사회적 맥락은 특정 대통령이 재임하는 시기 경제 상황 등의 이유로 정당정치에 대한 불만이 고조되고 대통령에게 새로운 정책과 방향을 기대하는 여론이 형성될 때, 대통령이 추가적인 영향력을 발휘할 수 있다.

셋째, 정치적 맥락은 체제전환 초기와 같이 의회와 내각이 자신의 역할을 하지 못할 경우, 특히 정당체제의 파편화가 심각해 의회정치가 작동하지 못하는 상황에서 대통령이 이를 대신할 기회가 생기는 것이다. 또한 대통령이 속한 정당이 정부를 구성하는 경우와 그 반대로 야당인 경우 대통령의 영향력 행사 가능성이 크게 달라질 수 있다.

넷째, 대통령의 행정특권(executive privilege)은 대통령이 특정 정보를 취득하고 이를 자신의 영향력 확대를 위해 이용하는 권한을 의미한다. 대통령은 특정 정보에 대한 공개가 국익에 저해된다고 판단하여 단독으로 정보를 보유하고 이를 통해 막후에서 영향력을 행사하거나 혹은 자신의 위상을 지키는 경우가 많다.

다섯째, 대통령이 대중과의 직접 소통을 통해 자신의 신념과 정책을 알려 이를 국가 어젠다 설정이나 특정 정책에 반영하는 소위 '여론 주도력(bully pulpit)'을 활용하는 경우도 있다. 준대통령제의 대통령에게는 의회나 정부를 압박할 직접적인 권한이 없기 때문에 자신이 지지하는 특정 정책을 추진하기 위해서 여론을 통해 이를 우회하는 방법을 사용하기도 하는데, 바로 이러한 직접호소 전략이 여론 주도력을 의미한다.

여섯째, 국내에서는 권한이 약하지만 국제적으로는 높은 명성을 얻고 있는 대통령이 이를 다시 국내정치에 영향을 행사하는 도구로 활용하는 경우도 있다. 대통령이 옛 체제에서 반정부 활동을 했던 전력으로 국제적인 명성을 얻고 있거나 혹은 국제적인 활동을 통해 해외에서 높은 인지도를 쌓은 경우 이를 이용해 국내 정치계에서 영향을 행사하는 것이다.

마지막으로 대통령의 퍼스낼러티도 중요한 요인이다. 헌법상의 권한이 없음에도 불구하고 적극적으로 현실 정치에 개입하거나 혹은 막후에서 특정 정치 세력을 통해 자신의 목소리를 높이면서 정치적 야심을 드러내는 경우가 이에 해당된다.

5. 준대통령제 선택 요인과 민주화

중동부유럽과 옛 소련 국가들이 체제전환 이후에 준대통령제를 선택했던 요인은 무엇보다도 권력이 1인에게 집중되는 위험을 피하려는 의도였다. 물론 의회정치에 대한 경험 부족도 있었고 또 정당체제의 분극화, 파편화에 따른 의회정치의 취약성을 피하려고 있던 것도 준대통령제를 선택한 이유였다.

그러나 많은 학자들은 신생 민주국가에게는 의회제에 비해 대통령이 더 많은 권한을 지니는 준대통령제를 선택해서는 안된다고 경고한 바 있다. 예를 들어 린츠는 정부 형태를 논의하면서 준대통령제를 부정적으로 평가했다.[30] 그는 특히 대통령이 상당한 권력을 갖고 있는 준대통령제에서 대통령이 소속된 정당이 집권하지 못하고 대통령이 다른 정당과 동거하는 상황, 즉, 대통령이 다른 정당에 소속된 총리와 행정권을 공유하는 경우를 우려했다. 린츠는 그런 상황은 대통령이 '긴급권한(emergency

---

30) JLinz, Juan J. (1990a), pp. 51-69; Linz, Juan J. (1990b), pp. 84-91.

power)'을 행사할 수밖에 없는 '헌정 독재(constitutional dictatorship)'로 이어질 것이라고 경고했다.[31] 즉, 대통령과 총리가 각자 특정한 권한을 갖고 있는 상황에서는 권한 규정이 모호하기 때문에 행정부 내부의 충돌이 발생할 우려가 있고 이는 결국 민주화에 치명적인 결과를 가져올 수 있다는 것이다.[32] 결국 린츠는 "경험적 사례를 통해 볼 때, 준대통령제가 민주적 안정화를 구축할 수 있다는 주장은 의심스럽다"고 주장했다.[33]

이외에도 많은 학자들이 준대통령제를 부정적으로 평가했다. 예를 들어 발렌주엘라(A. Valenzuela)는 준대통령제는 대통령제가 지니고 있는 내재적 문제를 해결하지 못하며, 두 개의 권력중심(대통령과 총리)사이의 갈등을 유발하기 때문에 문제를 더욱 악화시킬 수 있다고 파악했다.[34] 파브리니(S. Fabbrini) 역시 준대통령제는 좋은 정부의 두 가지 측면이 대립하는 딜레마, 즉 '상징적 방향과 효율적 실행'을 해결하지 못하는 실패한 체제라고 판단했다.[35] 스테판과 슐레이만(A. Stepan and E. N. Suleiman)은 더 나아가 준대통령제는 2차대전 이후 프랑스를 제외한 유럽 국가에서 발전되어온 온건한 의회제 보다 더 큰 위기를 조장하는 체제라고 강조했다.[36] 모에스트룹(S. Moestrup) 역시 준대통령제는 행정부 내부에서 총리와 대통령이 권력을 공유한다는 이점보다는 훨씬 더 큰 내재적 결함을 지니고 있다고 강조하고 "준대통령제는 특히 신생 민주주의와는 궁합이 맞지 않는다"며 신생 민주국가의 준대통령제 선택을 적극 만류했다.[37]

---

31) Linz, Juan J. (1994), pp. 3-87.
32) Ibd., p. 55.
33) Ibid., pp. 55-57.
34) Valenzuela, A. (2004).
35) Fabbrini, S. (1995), p. 134.
36) Stepan, Alfred and Suleiman, Ezra N. (1995), p. 412.

반면 준대통령제에 대한 긍정적인 평가도 많다. 준대통령제를 부정적으로 평가했던 모에스트룹은 정치적, 제도적 맥락이 준대통령제의 효과를 결정한다고 주장하면서, 준대통령제를 성공적으로 정착시킨 국가와 실패한 국가를 비교하여 그 요인을 분석했다. 피쉬(S. M. Fish) 역시 몽골의 준대통령제를 분석하면서, 준대통령제에서는 여러 행위자들에게 권력이 분산되기 때문에 그것이 민주화에 유리하게 작용한다고 주장했고, 조지아, 리투아니아, 몰도바, 폴란드, 루마니아와 같은 다른 탈공산주의 국가에서도 유사한 체제가 잘 작동하고 있다고 파악했다.[38] 로쉐(F. F. Roche)도 탈공산주의 국가인 불가리아, 리투아니아, 마케도니아, 폴란드, 루마니아, 슬로베니아의 민주 이행을 분석하면서 이행기의 정치적 불확실성 속에서도 준대통령제가 정치 행위자들에게 권력을 공유할 수 있다는 안도감을 주어 민주주의를 배우고 또 제도화시키기에 적합하다고 보았다.[39] 듀베르제는 좀 더 포괄적인 관점에서 '준대통령제는 탈공산주의 중동부유럽과 옛 소련 계승국가들이 독재에서 민주주의로 이행하는 가장 효과적인 수단'이라고 판단했다.[40]

한편 파스퀴노(G. Pasquino)는 준대통령제가 의회제보다 정부의 효율성을 담보하고 대통령제보다 정치적 교착상태를 더 잘 피할 수 있는 체제라고 파악했다. 그는 대부분의 상황에서 준대통령제가 의회제나 대통령제보다 정부의 역량과 체제의 유연성을 갖추고 있다고도 강조했다.[41] 좀 더 일반적으로 블론델(J. Blondel)은 준대통령제를 통해 주요 정치 세력들이 행정부의 최고위층에 좀 더 쉽게 진출할 수 있다고 보았으며, 따라서 정권의 정당성과 생존 가능성이 커진다고 호평한 바 있다.[42]

---

37) Moestrup, Sophia (2004).

38) Fish, Steven M. (2001), pp. 323-338.

39) Roche, Francois Frison (2005), pp. 9-25.

40) Duverger, Maurice (1980), p. 137.

41) Pasquino, Gianfranco (1997), pp. 128-137.

이상과 같이 준대통령제가 신생 민주주의 국가에 적합한지 아닌지의 논의 혹은 준대통령제 중에서도 대통령에게 권한을 많이 부여하지 않는 경우가 그렇지 않은 경우보다 나은지 혹은 아닌지의 논의는 결국 대통령의 권한 및 이와 관련된 정치의 불안정에 대한 우려 때문이다. 이런 측면에서 준대통령제 국가에서 대통령 권한과 민주화 성적표를 비교해 본다면, 대통령의 공식 권한과 민주화 사이의 관계를 보다 가시적으로 확인할 수 있을 것이다. 동시에 대통령의 권한과 해당 국가의 정치 안정성, 특히 내각의 지속성 사이의 관계를 파악할 경우, 준대통령제와 정치 안정과의 관계도 파악할 수 있을 것이다.

이러한 논의를 통해 볼 때, 준대통령제를 선택하는 다양한 요인은 대통령에게로 권한이 집중되는 것을 우려하는 한국의 현실에서도 논의해 볼만한 가치를 지니고 있다. 한국에서는 권한이 집중된 대통령제를 '제왕적 대통령제'라는 개념으로 요약하면서 이에 대한 폐해를 지적하는 목소리가 높다. 매번 대통령 선거를 앞두고는 대통령에 집중된 권한을 분산시키기 위한 개헌의 필요성이 제기되기도 한다. 대통령의 권한을 총리에게 이양하는 분권형 대통령제 혹은 책임 총리제에 대한 논의, 순수한 내각제로의 개헌에 대한 논의, 대통령과 의회의 협치에 대한 논의 등 그야말로 정부 형태에 대한 백가쟁명식의 논의가 진행되고 있다. 그러나 현재의 대통령제를 대신할 새로운 정부 형태에 대한 학문적 논의는 찾아보기 어렵다. 간혹 프랑스식의 이원적 정부 형태 혹은 준대통령제에 대한 논의가 있긴 하지만, 실제로 이원제나 준대통령제에 대한 명확한 정의나 그것의 효과, 효율성을 면밀하게 검토한 연구는 부족했다.

이런 측면에서 이 책은 탈공산주의 중동부유럽과 옛 소련을 계승한 국가들이 선택한 준대통령제를 통해 그것이 강력한 대통령제와 순수한 의회제에 비해 어떤 측면에서 민주화와 정치 안정에 도움이 되는지를 파

---

42) Blondel, Jean (1992), pp. 162-172.

악하고 준대통령제의 한국적 적용 가능성을 진단하는 데 도움을 줄 수 있다. 또한 이 책에서는 헌법상의 권한을 줄이거나 늘린다고 해서 그것이 곧 대통령의 현실적, 실질적인 권한 변동으로 이어지는 것이 아님을 확인한다. 대통령제와 의회제 중간의 준대통령제는 이론상으로는 양자의 장점을 극대화시키고, 단점을 최소화시킨 형태지만 그것이 현실에서도 그대로 반영되는 것은 아니라는 사실도 확인한다. 의회제와 대통령제 사이에는 수많은 '개별적 정부 형태'가 존재하며, 이때 대통령, 총리, 각료, 의회와 같은 행위자 그리고 역사적, 상황적 맥락, 헌법의 구성과 권한 배분 등에 따라 기존에 존재하지 않았던 새로운 정부 형태가 나타날 수도 있다. 따라서 현실에서는 모든 장점만을 취합해 그것을 구현한 이상적 정부 형태는 존재하지 않는다는 사실을 확인하고 우리의 전통과 현재의 맥락을 고려한 '가능한 정부 형태'를 모색하는 데 기여한다. 이를 위해서는 가능한 많은 사례를 분석하여 그 장점과 단점을 파악하는 것이 필요하다. 이것이 바로 본서가 지향하는 목표이다.

탈공산주의 중동부유럽의 체코, 슬로바키아, 폴란드, 루마니아의 준대통령제 사례를 시작으로 대통령의 공식, 비공식 권한이 상대적으로 강한 우크라이나와 러시아의 사례 그리고 이전과는 다른 새로운 준대통령제를 선택하고 있는 보스니아-헤르체고비나, 슬로베니아, 헝가리, 리투아니아, 몰도바의 사례를 차례로 살펴본다. 모두 11개 국가의 준대통령제를 사례로 선택한 것은 각각이 명목대표/주인 모델, 주인/대리인 모델 그리고 중재/관리자 모델에 해당되기 때문이며, 다른 준대통령제에 비해 현실에서 개별 모델의 특징을 보다 명확히 보여주고 있기 때문이다.

제2장

체코의 준대통령제

헌법 권한은 약하지만 영향력은 강한 대통령

1. 머리말

준대통령제를 "고정된 임기를 보장받는 대통령이 직선으로 선출되며, 대통령과 총리가 행정권을 공유하고 총리는 대통령이 아닌 의회에 책임을 지는 정부 형태"라고 정의할 때,[1) 체코가 이 기준에 따라 적어도 명목상으로 준대통령제 국가가 된 것은 2012년 개헌을 통해 대통령 선출 방식을 의회 간선에서 직선으로 바꾸면서 부터였다. 2012년 개헌으로 대통령 선출 방식만이 바뀐 것이 아니라 대통령의 권한도 일부 바뀌었는데, 직선으로 대통령의 정당성이 높아진 것과 반비례해 오히려 대통령의 헌법적 권한은 줄어들었다. 따라서 형식상으로는 준대통령제가 되었지만 공식적 권한이라는 측면에서는 오히려 의회제가 강화되었다고 볼 수 있다.

그러나 체코 대통령의 위상과 권위에 대한 정치적 전통과 특정 시기의 정치 불안정, 대통령의 개인적 야망 등으로 인해 제만(M. Zeman) 2기에 들어선 체코에서는 대통령의 정치적 영향력이 점점 더 커지고 있다. 2018년 1월 재선에 성공한 제만 대통령은 2기 임기를 시작하자마자 1기 임기와 마찬가지로 기존의 헌법 전통과 원내 주요 정당과의 협의를 무시하고 대통령의 권한 확대를 추진하고 있어 체코는 형식적으로는 준대통령제 국가 중에서도 대통령의 공식 권한이 가장 약해 의회제에 가깝지만, 현실에서는 상대적으로 강한 영향력을 가진 대통령이 존재하는 모

---

1) 준대통령제에 대한 다양한 정의가 있으나, 일반적으로는 "의회의 지지를 받는 총리와 내각이 대통령과 행정권을 공유하고, 대통령이 직선으로 선출되며 동시에 그가 '상당한 권한'을 보유하고 있는 체제"로 정의한 뒤베르제의 정의가 가장 잘 알려져 있다. 본문에서는 뒤베르제의 정의 중에서 '상당한 권한'을 제외하고 직선의 대통령과 총리가 행정권을 공유하는 체제를 준대통령제로 정의한다.

순적 상황에 처해 있다.

이런 사실에서 본문에서는 대통령의 공식 권한이 약한 체코의 오랜 의회제 전통에도 불구하고 현실에서는 대통령이 상당한 영향력을 행사하고 있는 사실을 확인하며 2012년 개헌을 통해 준대통령제 국가가 된 이후 대통령의 헌법 권한 축소와 반비례해 오히려 더 커진 대통령의 실질 영향력을 비교한다.

이를 위해 제2절에서는 마사리크(T. G. Masaryk)가 세운 체코 대통령의 위상과 역할 모델을 배경으로 1993-2012년 사이 의회제 시기의 두 대통령이었던 하벨(V. Havel)과 클라우스(V. Klaus)의 헌법 권한과 실제 영향력을 살펴본다. 제3절에서는 직선제 개헌과 직선 대통령의 권한 변화를 그리고 4절에서는 첫 직선 대통령 제만의 현실 정치 개입 사례를 살펴본다. 마지막 결론에서는 대통령의 영향력은 헌법의 공식 권한에 제한되어 있는 것이 아니라, 정치, 경제 상황과 대통령 개인의 퍼스낼리터에 따라 얼마든지 확대될 수 있다는 사실을 확인한다.

2. 의회제 시기 대통령의 공식 권한과 비공식 영향력

1) 체코슬로바키아 제1공화국 시기: 마사리크 대통령

1993년 슬로바키아와의 국가분리에 앞서 제정된 1992년 9월 헌법에서는 체코슬로바키아가 전간기 제1공화국의 의회제를 계승한다고 강조했다.[2] 1918-1938년 사이의 체코슬로바키아 제1공화국 시기에는 마사리크와 그를 계승한 베네쉬(E. Beneš)가 대통령직을 수행했었다. 특히 오스트리아-헝가리의 오래 압제로부터 체코와 슬로바키아를 결합시켜 독립

---

2) 1992년 헌법 152조에는 "체코는 의회 민주주의 국가로, 의회가 행정권, 특히 내각을 통제하며 정부 내각은 의회에 책임을 진다. 이는 제1공화국의 전통과 관계가 있다"고 강조했다.

을 주도한 마사리크의 권위는 대단해서 당시의 정부는 외연적으로는 분명 의회제였지만 실질적인 정치적 중심은 마사리크와 흐라트(hrad)로 통칭되던 마사리크 측근에 집중되어 있었다.3) 당시 체코슬로바키아 제헌의회가 대통령제가 아닌 의회제를 선택했던 것은 마사리크의 위상과 카리스마를 견제하기 위한 목적도 있었다. 마사리크가 주로 해외에서 독립운동을 했기 때문에 국내의 지지 세력이 적었던 것도 오스트리아-헝가리 연방의회를 계승한 체코슬로바키아의 의회가 의회제를 강력히 추진했던 요인이기도 했었다. 마사리크는 독립 직후의 정치적 혼란과 국민들 사이에서 민주주의에 대한 낮은 인식과 경험 부족으로 적어도 한시적으로는 미국식의 강력한 대통령제가 필요하다고 보았지만, 이미 국내 정치계를 장악하고 있던 의회파의 선택을 되돌려 놓을 수는 없었다.4)

이런 상황에서 정당 대표들은 의회의 권한을 극대화하는데 주력했고, 국민들로부터 절대적인 지지를 받고 있던 대통령 마사리크를 실권없는 상징적 대통령으로 세우려고 했다. 당시 총리 크라마르시(K. Kramář)는 1919년 2월 마사리크 대통령에게 보낸 서한에서 "미국식 제도를 선택하고 대통령이 정책을 만들고자 시도한다면 이에 맞서 싸울 것입니다. 그것을 막기 위해 나는 어떤 일이든 할 겁니다... 그러니 구름 아래의 일상 정치에 개입하여 흙탕물을 뒤집어쓰고 권위를 잃어버리지 마십시요"라며 거듭 상징적, 의전적 대통령에 머물라고 호소했다.5)

마사리크는 미국식 대통령제를 도입할 수 없는 현실을 받아들였지만 그렇다고 정당 지도자들이 주장하는 순수한 의회제와 허수아비 대통령을

---

3) 흔히 마사리크 측근을 흐라트로 지칭하는데, 흐라트(hrad)의 원래 의미는 대통령의 집무실이자 거처인 프라하 성을 의미하지만, 여기에서는 대통령이 정치적 역할을 할 수 있도록 보좌하는 기구라는 의미를 지니고 있다. 흐라트에는 대통령부(Kancelář prezidenta republiky), 마사리크의 최측근인 외무장관 베네시(E. Beneš)가 주도하고 있던 외무부, 기타 친마사리크계 인사들이 장악한 내무부가 포함되어 있었다. Orzoff, Andrea (2009), pp. 59-60.

4) 김신규 (2015), pp. 181-183.

5) Kopeček, Lubimir and Mlejnek, Josef (2013), p. 34.

수용할 의도도 없었다. 따라서 마사리크는 공세를 취했고, 헌법 제정에 관여해 당초 의회의 의도와 비교해서는 대통령의 권한을 강화시켰다. 이 과정에서 그가 얻어낸 공식 권한은 법안 거부권, 총리 임명권 등이었다. 또한 당시 대통령은 각료 임명권, 각료회의 참석 및 주재권은 물론 의회 해산권도 갖고 있었다.[6] 물론 의회를 해산하기 위해서는 엄격한 조건이 필요했고 의회와의 사전 조율을 거친 경우에야 가능했지만, 그럼에도 불구하고 대통령은 의회 해산권을 통해 의회를 견제할 수 있었다.

제1공화국 대통령의 공식 권한 대부분은 총리나 관련 각료의 부서(副署)가 필요했지만, 마사리크는 부서 조항을 넓게 해석하기도 또 이를 무시하기도 했다. 당시 정치 불안정이 상당히 심했고 정당체제의 파편화가 극에 달했기 때문에 사실 의회제가 제대로 작동되기도 어려웠다. 따라서 의회는 대통령의 중재에 의존할 수밖에 없었고, 대통령이 헌법적 권한을 넘어서는 경우에도 어느 정도는 용인할 수밖에 없었다. 대통령에게는 법안 발의권이 없었음에도 불구하고 마사리크는 측근 정치인들을 활용하거나 혹은 정치적 거래로 자신에 유리한 입법을 통해 의회제에서 강력한 대통령으로 활동할 수 있었다.[7] 이런 사실에서 제1공화국 시기의 의회제

---

6) 1920년 체코슬로바키아 헌법에서는 대통령은 국가의 수반이지만, 행정의 수반은 총리로 규정하고 있으며, 총리만이 의회에 책임을 지고, 대통령의 (거의) 모든 권한은 총리나 관련 각료의 부서가 필요하다고 규정했다. 대통령의 공식 권한은 다음과 같았다. 헌법 64조. 1항. a) 국제관계에서 국가를 대표. 국제조약 협상, 비준. 무역조약 및 국가나 시민들에게 재정적인 혹은 인적인 부담으로 이어지게 되는 조약 비준(단, 조약 비준은 의회의 동의 필요), b) 외교관 임명 및 외국 대사의 신임장 제정받음, c) 전시상황 선포, 의회의 사전 동의를 얻어 전쟁 선포, 의회의 동의에 따라 전후 평화조약 체결, d) 의회 소집, 해산, e) 법안 거부권 및 법안 서명권, f) 의회 보고 및 권고, g) 각료 임면, h) 대학교수, 판사, 국가관료, 6급 이상의 군 장성 추천, I) 서훈권, j) 군통수권, k) 사면권, 헌법 제70조 내각회의 참석권, 제71조 내각회의 주재권, 제78조 임시내각 구성권, 제82조 내각 보고서 요청권 등이 있다(Poslanecká sněmova 1920).

7) 헌법에서는 대통령의 임기를 7년으로 연임이 가능하도록 했지만, 초대 대통령(마사리크)에 대해서는 이 조항을 적용하지 않았다. 그렇다고 해서 마사리크가 법적으로 종신 대통령직을 보장받았던 것도 아니었다. 그는 정상적인 선거를 통해 4번 대통령으로 당선되었다. 1918년 11월 14일 첫 번째 대선에서는 마사리크가 단독으로 입후보해서 만장일치로 대통령에 당선되었고 1920년 5월 27일의 대선에서는 마사리크를 포함해 4명이 입후보했지만 마사리크가 압도적인 표차로 당선되었다. 세 번째 대선인 1927년 5월과 1934년 5월 네 번째 대선에서도 마사리크가 압도적인 표차로 대통령에 당선되었다(Nevělík, Zdeněk and Benč, Miroslav). 한편 국가보안법 1조는 국가의 독립과 통합을 위협하는 경우 5년 이상 20년 이하의 징역 그리고 사안이 중대할 경우 무기징역에 처할 수 있도록 했으며,

는 사실상 대통령이 의회와 총리, 내각을 초월해 자신을 중심으로 국정을 운영하고 입법을 강행하는 체제, 즉 대통령이 초헌법적 역할을 담당하는 명목상의 의회제였다.[8)

2) 체제전환 이후: 하벨과 클라우스 대통령

체제전환 이후 제정된 1992년 헌법을 통해 체코는 제1공화국의 의회제를 계승하는 의회 민주주의 국가임을 분명히 밝혔다. 헌법에서는 "대통령은 국가의 수반이지만, 내각이 대통령의 직무 수행에 책임을 진다"고 규정하면서 총리가 행정의 수반인 의회제 국가임을 명시했다.

1992년 헌법 제 62조의 대통령의 공식 권한은 다음과 같았다. 대통령은 a) 총리와 각료 임면, 사임 수용, b) 하원 개원, c) 하원 해산(이 조항은 다른 항에서 조건을 엄격히 제한하고 있음), d) 새로운 내각이 들어설 때까지 사임한 내각의 유임 결정, e) 헌법재판소 판사, 소장, 부소장 임명, f) 대법원 원장, 부원장 임명, g) 사면권, 기소 중지권, h) 법안 거부권, i) 법안 서명권, j) 감사원 원장, 부원장 임명, k) 중앙은행 이사회 이사 임명, l) 유럽연합(이하 EU) 가입을 위한 국민투표 요청권이 있다. 한편 63조에서는 대통령은 a) 대외적으로 국가를 대표, b) 국제조약 협상과 비준, 내각이나 내각의 동의하에 각료에 권한 위임, c) 군통수권, d) 외국 대사 신임장 제정, e) 대사 임면, f) 하원, 상원 선거 실시, g) 장성 임명 및 승진, h) 국장 수여, i) 판사 임명, j) 사면권을 가지고 있다.[9)

이와 같이 대통령은 국가수반으로 임명권과 법안 거부권을 보유하고

14조에서는 폭력을 동반한 민족, 언어, 종족, 종교적 차별 행위에 대해서는 1개월 이상 1년 이하의 징역에 처하도록 규정했다. 대통령과 관련된 규정에는 대통령을 모욕하거나, 공개적으로 조롱하고, 협담하는 경우 1개월 이상 1년 이하의 징역형에 처한다(11조), 대통령의 헌법상의 권한을 부정하는 자는 이에 상응하는 처벌을 한다(12조) 등이 있다(Zákon na ochranu republiky č. 50/1923).

8) 김신규 (2015), p. 184.

9) Ústava České republiky 1992.

있으며, 군통수권자로서 막강한 권한을 지니고 있는 것처럼 보인다. 그러나 현실 정치에서 대통령은 이런 권한을 자의적으로 사용하지 못하고, 대부분의 권한을 총리나 내각에 위임하거나 혹은 부서를 요구받고 있다.[10)

이중에서 특히 주목해야 할 권한은 의회 해산권인데, 1992년 헌법 35조 1항에서는 대통령의 의회 해산권을 극단적으로 제약하고 있다. 즉, 대통령이 의회를 해산하기 위해서는 새로 구성된 내각이 하원의 인준을 받지 못했을 경우, 하원이 내각의 신임과 연계된 내각 프로그램을 거부할 경우, 하원이 허용된 기간(3개월)을 넘겨 개원하지 않을 경우, 그리고 2항)의 하원 스스로가 재적 3/5으로 대통령에게 하원 해산을 요청할 경우로 한정하고 있다.

또한 총리와 각료 임명에 대한 권한 역시 대통령이 자의적으로 행사할 수 있는 권한이 아니다. 이론상으로는 대통령이 자의적으로 총리를 임명하고 총리가 대통령에게 각료를 제청하여 대통령이 각료를 임명할 수 있다. 그러나 문제는 총리와 내각이 구성된 이후에 있다. 대통령에 의해 임명된 총리와 내각은 30일 이내에 하원에서 인준투표를 통해 하원의 인준을 받아야 한다. 만약 하원에서 총리와 내각을 인준하지 않으면 내각은 붕괴되고 대통령은 다시 총리와 내각을 임명해야 한다. 만약 두 번의 시도에서도 총리와 내각이 하원의 인준을 받지 못하면 이번에는 하원 의장이 총리와 내각 임명권을 갖게 된다. 세 번째 시도에서도 하원의 인준을 받지 못하면 조기총선을 실시하든지 아니면 의회를 해산해야 한다. 이런 조건에 따라 대통령이 총리를 임명하는데 있어 최우선 고려 사

---

10) 대통령의 권한을 명시한 63조의 1항 대통령 권한과 기타 법률에 따른 대통령의 권한을 행사하기 위해서는 총리 혹은 위임받은 각료의 부서가 필요하며, 이렇게 부서가 필요한 대통령의 권한 행사에 대한 책임은 내각이 진다. 부서가 필요한 대통령의 권한은 a) 대외적 국가 대표, b) 국제조약 협상과 비준, 내각이나 내각의 동의하에 개별 각료에 권한 위임, c) 군통수권, d) 외국대사 신임장 제정받음, e) 대사 임명, f) 하원, 상원 선거 실시, g) 장성 임명 및 승진, h) 국장 수여, i) 판사임명, j) 사면권 등이다.

항은 하원에서 인준을 받을 수 있을지 여부이다. 결국 대통령이 자의적
으로 총리와 내각을 임명하는 것이 아니라 하원의 구성에 따라 하원의
인준을 통과할 수 있을지를 고려해 지명할 수밖에 없다.

한편 대통령은 입법권이 없는 대신 상, 하원을 통과한 법안에 대한 거
부권을 행사할 수 있다. 거부권은 입법을 주도하는 의회나 내각을 견제
하기 위한 도구이지만 대통령이 거부한 법안은 하원 재적 과반으로 입법
이 확정되기 때문에 실제에서는 그 영향력이 크지 않다. 하벨과 클라우
스 대통령 모두 이런 사실을 잘 알고 있었기 때문에 되도록 거부권을 사
용하지 않았다. 임기 10년간 하벨은 24회 거부권을 행사해 이중 단 4건
에 대해서 성공했고, 클라우스는 하벨 보다는 많은 57번 거부권을 행사
했었는데, 클라우스 역시 이중 11건에 대해서만 성공을 거두었다.[11] 따
라서 대통령은 법안에 대한 거부권을 행사하기 보다는 해당 법안의 위헌
에 대해 헌법재판소에 판결을 요청하는 방법을 더 많이 사용했다. 하벨
대통령의 경우 임기 중 모두 15차례 헌법재판소에 해당 법안의 위헌 심
판을 청구했었다.

이처럼 1992년 헌법에 의회제를 명시한 상황에서 대통령에게는 별다
른 권한이 부여되지 않았으며, 상, 하원 합동회기에서 선출되는 대통령
간선제 방식으로는 대통령의 민주적 정당성도 크지 않았다. 다만 1993년
이후 간선제 하에서 대통령직을 수행했던 두 명의 대통령 하벨과 클라우
스의 국민적 지지와 그 권위가 대단히 높아 대통령이 특정한 목표를 설
정하고 이를 달성하려고 마음먹었다면 헌법상의 공식 권한과 국민적 지
지를 통한 비공식 영향력 사이에서 충돌이 벌어질 가능성이 매우 높았
다. 실제로 두 대통령은 모두 자신의 권위를 바탕으로 특정 시점의 특정
사안에 대해서는 현실 정치에 적극 개입했다.

하벨 대통령의 경우 1989년 11월 체코슬로바키아의 '벨벳혁명(Velvet

---

11) Kopeček, Lubimir and Mlejnek, Josef (2013), p. 45.

revolution)'을 주도했던 반체제인사로 이미 국가분리 이전인 1989년 12월 체코슬로바키아 연방공화국의 대통령으로 선출된 바 있었다. 국내외에서 반공산주의, 민주화를 상징하는 명성을 지니고 있던 하벨은 의회제 국가인 체코에서 의회의 견제를 받을 수밖에 없었다. 하벨 역시 제1공화국 시기의 마사리크 대통령처럼 자신의 대중적 권위와 해외에서의 높은 명성으로 국내정치에 개입하려고 시도한 적이 있었다. 그는 이미 1991년 11월 17일 의회 연설을 통해 과거청산 관련 법안을 제안했었고, 비효율적인 의회정치를 비판하면서 국민투표 발의권, 연방의회 해산권, 의회가 해산되었을 경우 차기 총선까지 입법권(대통령령)을 요청하는 등 대통령의 권한 확대를 요구했었다.[12] 동시에 하벨은 자신의 지지자들에게 직접 호소하는 방법을 사용해 정치인들을 압박했으나 오히려 대통령의 권한을 넘어 의회제를 파괴하려 한다는 비판을 받았고, 의회에서는 대통령의 이런 요구를 모두 거부했었다.[13]

당시 총리였던 클라우스 역시 하벨을 견제하기 위해 헌법 초안 작성 당시부터 적극적으로 대통령의 권한을 줄여나갔다. 그는 1992년 신헌법 작성에 개입해 대통령의 법안 거부권, 국제조약 협상권, 개별 각료에 대한 정보 요청권 등을 삭제하고, 대신 헌법안 거부권, 개별 각료가 아닌 내각 전체를 대상으로 한 정보 요청권을 부여하려고 했었다. 클라우스는 이런 조치가 대통령의 권한을 줄이는 것이 아니라, 체코의 의회제를 보다 더 나은 의회제로 만들려는 목적이라고 강조했지만,[14] 사실 이런 조항의 삭제 및 새로운 조항 신설은 분명 대통령의 권한을 줄이려는 의도였다. 그러나 이런 과도한 권한 줄이기 시도는 실패했다.

1992년 헌법은 여러 측면에서 대통령의 권한을 줄였지만 사실 헌법

---

12) Havel, Václav (1992).

13) Rychlík, Jan (2002), pp. 182-184

14) Klaus, Václav (1992).

준비 기간이 너무 짧았기 때문에 헌법 기구들 사이의 권한을 명확히 구분하지 못했고 또 구분을 했다 해도 모호한 내용이 많아 그것을 달리 해석할 여지가 너무 많았다. 특히 문제가 되었던 부분은 대통령의 총리와 각료 임면에 관한 내용이었다. 특히 총리 임명의 경우 누구를 총리로 임명할지에 대한 명확한 규정이 없어, 통상 하원의 제1당 대표를 총리로 임명하고, 해당 총리가 추천한 각료를 대통령이 임명하는 전통이 무시되는 경우도 많았다. 즉, 헌법에는 누구를 총리로 임명해야 하는지에 대한 구체적인 규정이 없어 대통령이 자의대로 총리를 선택할 수 있는 여지를 남겨놓고 있었다.

1992년 헌법이 지니고 있던 또 다른 문제는 외교정책에 대한 대통령의 역할과 권한을 둘러싼 모호한 규정이었다. 1992년 헌법 63조 1-b항에는 대통령은 "국제조약을 협상하고 비준한다. 국제조약 협상은 내각 혹은 관련 각료에게 위임한다"고 되어 있다. 이 조항은 해석하기에 따라 두 가지 문제를 발생시킬 수 있었다. 즉, "대통령이 국제조약 협상권을 내각 혹은 각료에게 위임할 수 있다" 혹은 "권한을 위임해야 한다"라는 두 가지 해석이 가능했다. 두 번째는 "대통령이 국제조약을 비준한다"에 관련된 부분이다. 즉, 대통령은 협상이 완료된 국제조약이 하원과 상원을 통과할 경우 통상 법안 서명권과 같이 해당 조약에 서명을 함으로써 비준을 하는 것인지 그리고 만약 상, 하원을 통과한 국제조약을 비준할 경우 어느 정도의 기간 내에 비준을 해야 하는지에 대한 명확한 규정이 없었다.

이 문제는 클라우스가 대통령직을 맡고 있던 2009년 리스본 조약 (Treaty of Lisbon) 비준 과정에서 현실로 드러났다. 상원과 하원에서는 이미 리스본 조약을 비준했고, 이제 헌법에 명시된 대로 대통령의 서명만을 남겨놓고 있었다. 그러나 대통령이 어떻게 국제조약을 비준해야 하는지에 대한 규정이 없었기 때문에, 헌법 62조 i)항의 대통령 법안 서명권을 적용해, 서명을 통해 국제조약을 비준하기로 결정했다. 그동안 대통령 클라우스는 리스본 조약을 강력히 반대해왔기 때문에 상, 하원을 거쳐 자신에게 도착한 이 조약에 대한 서명을 무기한 연기하는 지연 작전을 펼쳤다. 클라우스는 아일랜드의 국민투표 결과와 폴란드의 비준 과정을 지켜보면서 이 문제를 헌법재판소로 가져가서 리스본 조약이 발효된 이후 체코가 주권국가로서 국제사회의 완전한 실체로 남게 될 것인지, 리스본 조약과 그에 포함된 기본권 헌장이 체코 국내법보다 상위에 위치하는지 그리고 헌법재판소가 이전에 결정했듯이 EU와의 주권 공유가 가능한 것인지, 리스본 조약이 국제조약으로 국민투표의 대상이 되는지 등을 질의했다.15) 헌법재판소에서 합헌 결정을 내리자 클라우스는 이번에는 2차대전 이후 추방된 수데텐 독일인들의 재산 반환 문제를 제기하면서 체코가 EU 기본권 헌장에서 배제될 수 있는 '선택적 배제(opt-out)' 권리를 가져야 한다고 요구했고 결국 이를 인정받은 이후에 가서야 리스본 조약에 서명했다.16)

대통령의 국제조약 협상권과 비준권은 여전히 논쟁을 불러 일으키는 조항 중 하나이다. 즉, 헌법에 따라 대통령은 대외적으로 국가를 대표하고 국제조약을 협상할 권리와 이 조약에 대한 최종 비준권을 갖고 있기 때문에 만약 대통령이 이런 헌법 권한을 행사하려고 할 경우 이를 막을 수 있는 방법이 없다. 그동안은 관례에 따라 대통령이 직접 국제조약을 협상한 적이 없었지만, 사실 1992년 헌법 조항만을 놓고 본다면 대통령이 직접 대외정책에 참여할 가능성도 있다. 이 문제는 직선제 개헌 이후 첫 대통령이 된 제만 시기에 와서 더욱 큰 논쟁을 불러왔다.

---

15) Klaus, Václav (2009).

16) 김신규 (2011).

표 2-1) 2006년 체코 총선

2006년 총선	득표	득표율	의석	증감
시민민주당(ODS)	1,892,475	35.38	81	+23
사회민주당(ČSSD)	1,728,827	32.32	74	+4
공산당(KSČM)	685,328	12.81	26	-15
기독-인민당(KDU-ČSL)	386,706	7.23	13	-9
녹색당(SZ)	336,487	6.29	6	+6

표 2-2) 체코의 대통령, 총리, 내각

내각 구성	내각해산	총리	연립내각 (의석비율/내각 비율)	대통령	기간	내각 구성 방법	내각해산 이유
1993.1.1.	1996.6.1.	V. 클라우스 (ODS)	ODS (29.7/63.2) KDU-ČSL (6.3/21) ODA (5.9/15.8)	V. 하벨	1,248	최소 승리	임기종료 총선실시
1996.7.5.	1997.11.30.	V. 클라우스 (ODS)	ODS (29.6/50) KDU-ČSL (8.1/25) ODA (6.4/25)	V. 하벨	1,428	소수 연립	총리사임
1998.1.2.	1998.6.20.	J. 토쇼프스키 (무소속)	임시내각		168	-	총선실시
1998.7.22.	2002.6.15.	M. 제만 (ČSSD)	ČSSD (32.3/100)		1,425	소수 단독	임기종료 총선실시
2002.7.15.	2004.7.1.	V. 슈피들라 (ČSSD)	ČSSD (35/64.7) KDU-ČSL (11/17.6) US-DEU (4.5/17.6)	V. 클라우스	718	최소 승리	총리사임
2004.8.4.	2005.3.30.	S. 그로스 (ČSSD)	ČSSD (35/66.7)		239	최소 승리	연립변경

내각 구성	내각해산	총리	연립내각 (의석비율/내각 비율)	대통령	기간	내각 구성 방법	내각해산 이유
2005.3.31.	2005.4.25.	S, 그로스 (ČSSD)	KDU-ČSL (10.5/16.7) US-DEU (5/16.7) ČSSD (35/66.7) US (5/16.7) KDU-ČSL		26	소수 연립	총리사임
2005.4.26.	2006.6.3.	J. 파로우벡 (ČSSD)	ČSSD (35/66.7) KDU-ČSL (10.5/16.7) US-DEU (5/16.6)		404	최소 승리	임기종료 총선실시
2006.9.4.	2006.10.4.	M. 토폴라넥 (ODS)	ODS (40.5/60)		31	소수 단독	인준실패
2007.1.9.	2009.3.24.	M. 토폴라넥 (ODS_)	ODS (40.5/60) KDU-ČSL (6.5/22.2) SZ (3/16.7)		977	소수 연립	의회불신임
2009.5.8.	2010.5.29.	J. 피세르 (무소속)	임시내각		431	-	총선실시
2010.7.13.	2013.7.10.	P. 네차스 (ODS)	ODS (26.5/40) TOP09 (20.5/33.3) VV (12/26.7)		1,093.	최소 승리	총리사임 내각해산
2013.7.10.	2014.1.29.	J. 루스녹 (무소속)	임시내각 (ČSSD, KDU- ČSL 참여)		169.	-	총선실시
2014.1.29.	2017.12.5	B. 소보트카 (ČSSD)	ČSSD (25/47.05) ANO2011 (23.5/35.3) KDU-ČSL (7/17.65	M. 제만	1407	최소 승리	현재 임기
2017.	2018.1.18	A. 바비쉬	ANO2011		44	소수	의회불신임

내각 구성	내각해산	총리	연립내각 (의석비율/내각 비율)	대통령	기간	내각 구성 방법	내각해산 이유
12.6		(ANO2011)	(29.64/100)			단독	

표 2-3) 2010년 체코 총선

정당	득표	득표율	의석	증감
사회민주당(ČSSD)	1,155,267	22.08	56	-18
시민민주당(ODS)	1,057,792	20.22	53	-28
TOP 09	873,833	16.70	41	신생
공산당(KSČM)	589,765	11.27	26	0
공공당(VV)	569,127	10.88	24	신생

3. 대통령 직선제 개헌

1) 선출방식 변경

직선제 도입 논의는 이미 1989년 말 새로운 민주정권이 들어서면서 부터 시작되었다. 공산주의 시기 마지막 대통령이었던 후삭(G. Husak)이 사임한 이후, 공산당은 즉각 대통령 직선제 개헌을 제안했다. 공산당은 자당의 후보인 아다메츠(L. Adamec) 전총리가 아직 잘 알려지지 않았던 하벨보다 직선을 통해 대통령에 당선될 가능성이 높다고 판단했다. 반면 민주화 운동을 주도했던 시민포럼(Civic Forum)은 직선으로 아다메츠의 당선 가능성을 우려하면서 의회 간선제를 내세웠고, 결과적으로는 간선 방식을 통해 시민포럼의 후보였던 하벨을 대통령에 당선시켰다.

1992년 헌법을 준비하는 과정에서는 반대로 하벨이 대통령 직선제 개헌을 꺼내들었다. 하벨은 대통령이 의회에서 선출될 경우 민주적 정당성이 결여될 수밖에 없기 때문에 국민들에 의해 직접 선출되는 직선제가 타당하다고 강조하면서, 슬로바키아와 분리 독립한 이후 자신이 다시 체코 대통령으로 선출될 경우를 대비했다.[17] 그러나 정치권, 특히 하벨의 정적이었던 시민민주당의 클라우스 총리는 체코 의회제의 역사적 전통을 들어 이에 강력히 반대했고, 하벨 역시 차기 대선을 위해서 시민민주당의 지지가 필요했기 때문에 계속해서 직선제를 밀어붙일 수도 없었다.

이후에도 대통령 직선제 문제는 정치권에서 끊임없이 논의되었다. 하벨의 임기가 끝날 무렵 직선제에 대한 논의가 다시 시작되었다. 2002년 총선에서 사회민주당, 기독-인민당, 자유연합 등이 대통령 직선제 도입을 공약으로 내세웠고 공산당 역시 대통령 직선제 도입에 반대하지 않았다. 유일하게 직선제 도입에 반대한 정당은 시민민주당뿐이었다. 그러나 총선 이후에는 직선제 도입을 내세웠던 정당들이 모두 말을 바꾸었다. 특히 사회민주당은 총선 승리로 인해 자당 후보가 의회(상, 하 양원)에서 충분한 표를 얻을 수 있을 것이라 확신했기 때문에 굳이 직선제 개헌을 통해 위험을 감수할 필요가 없었다. 반대로 시민민주당과 클라우스는 의회 간선으로 선출될 가능성이 낮다고 판단해 방침을 바꾸어 이번에는 직선제 개헌을 주장하고 나섰다.[18]

이후에도 직선제에 대한 논의가 이어졌지만, 여전히 직선제 개헌 가능성은 크지 않았다. 원내 정당들은 원칙적으로는 직선제 도입을 지지했지만, 이를 실제로 도입하는 데는 미온적이었다. 무엇보다도 의회가 대통령을 선출하는 중요한 권한을 포기하고 싶지 않았기 때문이었는데, 특히 상원은 별다른 권한을 갖고 있지 못한 현실에서 대통령 선출권마저 잃게 된다면 상원 무용론이 제기될 것을 우려했다. 상원은 하원을 통과한 법안에 대해 잠정 거부권을 행사하고, 몇몇 직위에 대한 추천권만을 보유하고 있는 상황에서, 하원과 함께 대통령을 선출하는 권한을 가장 중요

---

17) Kysela, Jan (2008).
18) Kopeček, Lubimir and Mlejnek, Josef (2013), pp. 69-70.

한 권한으로 인식하고 있었다.

직선제 도입 논의가 본격화된 것은 2008년 대선 과정에서 드러난 문제점 때문이었다. 2008년 대통령 선거는 비밀투표로 할 것인지 아니면 기록(recorded) 투표로 할 것인지를 둘러싼 논쟁 끝에 거수투표로 실시되었다. 이 과정에서 상호비방, 위협, 협박 등의 무질서한 행태가 텔레비전을 통해 그대로 생중계되면서 국민들로부터 엄청난 비난을 들었다. 더큰 문제는 상, 하원 합동회기에서 대통령 선출의 까다로운 조건으로 좀처럼 대통령을 선출하지 못하는 현실이었다. 2008년 대선에서는 세 번째 표결까지도 대통령을 선출하지 못했고 결국 1주일 뒤인 2008년 2월 15일 2차 선거 세 번째 표결 만에 겨우 클라우스를 대통령으로 선출했다.

이처럼 2012년 대통령 직선제 개헌 이전까지 의회 간선을 통해 대통령을 선출하기가 상당히 까다로웠다. 우선 1차 투표의 첫번째 표결에서는 상, 하 양원 각각의 재적 과반 이상을 득표한 후보가 대통령에 당선된다. 즉, 하원 200석 중 101표를 그리고 상원 81석 중 41표를 얻은 후보가 대통령으로 당선된다. 만약 여기에서 당선자가 없을 경우 하원의 1위 후보와 상원의 1위 후보가 두번째 표결에 진출한다. 두번째 표결에서도 하원 재적의 과반, 상원 재적의 과반을 획득한 후보가 대통령으로 당선된다. 여기에서도 대통령을 선출하지 못하면, 세번째 표결로 이어지는데 이때는 상, 하원 합동 재적(281석)의 과반을 얻는 후보, 즉 모두 141표를 얻는 후보가 대통령으로 당선된다. 만약 1차 투표의 세번째 표결까지 대통령을 선출하지 못하면, 다시 처음으로 돌아가 2차 투표를 시작하도록 되어 있다. 2차 투표의 세번째 표결까지도 당선자를 내지 못하면 3차 투표의 세번째 표결까지 실시하는데, 만약 3차 투표의 세번째 표결에서도 대통령을 선출하지 못하면, 대통령 선거를 처음부터 다시 시작하도록 되어 있다.

2003년 대선에서는 3차 투표의 세번째 표결까지 총 9번의 표결을 실시한 이후에야 대통령을 선출했고, 2008년 대선에서는 후보자가 두 명이 었고 클라우스 대통령을 지지하는 시민민주당이 상원에서 다수를 차지하고 있어 손쉽게 대통령을 선출할 것으로 예상됐었지만 실제로는 2차 투표의 세번째 표결, 즉 모두 6번의 표결 만에 겨우 대통령을 선출했다.

상황이 이렇게 되자 유권자들도 의회 간선보다는 국민이 직접 대통령을 선출하는 것이 더 효율적인 방안이라고 여기기 시작했다. 유권자들은 간선 방식으로는 여-야의 정치 갈등 상황에서 대통령을 선출하지 못해 장기간 대통령이 공석으로 남을 가능성을 우려했다. 실제로 2011년 1월 여론 조사에서는 대통령 직선을 선호하는 비율이 60%에 이르렀으며, 기존의 의회 간선제에 대한 지지는 고작 17%에 불과했다.[19]

이렇게 대통령 선출을 둘러싼 충돌과 수 차례의 표결을 실시하는 번거로움을 해결하기 위해 마침내 2011년 6월 30일 네차스(P. Nečas) 내각에서 직선제 개헌안을 마련했고, 2011년 9월 20일 법무장관 포스피실(J Pospišil)이 하원에 직선제 개헌안을 제출했다. 이 방안에 따르면 국가 수반인 대통령은 국민에 의해서 직접 선출되며, 선거는 보통, 평등, 비밀 투표를 통해 치러지게 될 것이었다. 또한 새로운 방식에 따르면 1차 투표에서 전체 유권자의 과반수 이상을 득표한 후보자가 대통령으로 당선되지만, 1차 투표에서 그러한 조건을 충족하는 후보가 없을 경우 14일 이내 상위 1, 2위 후보자가 2차 결선을 치러 다수를 얻은 후보가 대통령으로 당선되도록 했다.[20] 또한 대통령 선거에 출마할 후보자는 5만명 이상 유권자의 추천을 받거나, 하원 의원 중 최소 20인 혹은 상원의원 중 최소 10인의 추천을 받아야 한다고 규정했다.[21]

직선제 개헌으로 인해 이제부터는 대통령의 권한이 강화될 것인지를

19) Centrum pro výzkum veřejného mínění 2011.
20) Ústava České republiky 2012, Čl. 56.
21) Ústava České republiky 1999, Čl. 58. (1).

둘러싸고 논란이 벌어졌다. 상, 하원은 대통령 선출방식을 직선제로 바꾼다 해도 대통령의 권한을 확대할 하등의 이유가 없었다. 따라서 개헌은 직선 대통령의 권한을 줄이고 오히려 의회제를 공고화하는데 집중되었다. 결과적으로 직선제 개헌을 통해 정당성을 확보한 대통령의 헌법적 권한은 오히려 더 줄어들었다. 연립내각과 하원도 직선제로 대통령의 권한을 강화하는 것이 아니라 그 반대로 의회제를 강화하는 것이 목표라고 선언하기도 했다.[22]

표 2-4) 2003년 체코의 대선(의회 간선)

1차투표	V. 클라우스		P. 피트하르트		J. 부레쉬		M. 크르지제네츠키	
	하원	상원	하원	상원	하원	상원	하원	상원
1차	92	31	20	35	39	7	44	2
	123		55		46		46	
2차	77	32	46	43				
	109		89					
3차	80	33	44	40				
	113		89					
2차투표	V. 클라우스		J. 모세로바		M. 제만			
	하원	상원	하원	상원	하원	상원		
1차	89	32	25	43	78	5		
	121		68		83			
2차	85	33	32	42				
	118		74					
3차	95	32	26	39				
	127		65					
3차투표	V. 클라우스		J. 소콜					
	하원	상원	하원	상원				
1차	115	32	81	47				
	147		128					

---

22) Chamber of Deputies, 2011a.

2차	109	30	83	46		
	139		129			
3차	109	33	78	46		
	142		124			

표 2-5) 2008년 체코의 대선(의회 간선)

1차투표	V. 클라우스		J. 슈베이나르	
	하원	상원	하원	상원
1차	92	47	106	32
	139		138	
2차	94	48	104	31
	142		135	
3차	92	47	81	32
	139		113	
2차투표	V. 클라우스		J. 슈베이나르	
	하원	상원	하원	상원
1차	93	48	104	32
	141		136	
2차	93	48	94	32
	141		126	
3차	93	48		
	141		111	

표 2-6) 대통령 선거 방식에 대한 여론 조사 (단위 %)

	2002.4	2004.2	2005.4	2007.1	2008.1	2009.1	2011.1
국민에 의한 직선	57	68	57	60	64	67	60
의회 간선	20	16	23	23	18	18	17
선거인단 방식	12	11	11	10	10	10	13

출처: Centrum pro výzkum veřejného mínění (2011)

2) 대통령의 권한 변화

2012년 대통령 직선제 개헌으로 대통령의 공식 권한도 부분적으로 수정되었다. 헌법 62조에서는 대통령은 (a) 총리와 여타 각료를 임면하며, (b) 하원 회기에 참석할 수 있고, (c) 하원을 해산할 수 있으며, (d) 내각이 해산될 경우 새로운 내각이 임명될 때까지 임시내각을 임명할 수 있다. 또한 대통령은 (e) 헌법재판소 판사를 임명하고, 헌법재판소 소장과 부소장을 임명할 수 있으며, (f) 대법원 판사 중에서 대법원장과 부원장을 임명한다. 대통령은 (g) 법원이 부과한 판결을 사면하거나 혹은 경감할 수 있고, (h) 헌법안을 제외하고 의회를 통과한 입법안에 거부권을 행사할 수 있다. 또한 대통령은 (i) 입법안에 서명하고, (j) 감사원장과 부원장 임명, (k) 체코중앙은행 금융위원을 임명할 수 있다고 규정했다.[23]

2012년 개헌으로 변경된 헌법 62조의 내용은 (g) 항목인데, 이전 헌법에서는 대통령의 형사재판 중지 명령권을 적시했었지만, 새로운 헌법에서는 이 조항을 삭제하고 이를 63조 (1)로 옮겼다.[24] 이는 단순히 조항의 위치를 변경한 것만이 아니었다. 헌법 62조는 대통령이 단독으로 행사할 수 있는 권한인 반면 63조는 총리나 관련 각료의 부서가 필요한 내용이기 때문에 실질적으로 대통령의 권한이 줄어든 셈이었다.

헌법 63조의 대통령 권한은 상기한 것처럼 총리나 관련 각료의 부서가 필요한 혹은 제한적인 권한을 의미한다. 헌법 63조 1항에서는 대통령의 권한을 다음과 같이 제시하고 있다. (a) 대외적으로 국가를 대표한다. (b) 국제조약을 협상하고 비준한다. 대통령은 내각에 국제조약 협상을 위임하거나 혹은 내각의 동의하에 개별 각료에게 이를 위임한다. (c) 군통수권자이다. (d) 외국 대사의 신임장을 제정 받고, (e) 자국 대사를 임면한다. (f) 상원과 하원 선거를 실시하고, (g) 장성을 임명한다. 또한 (h) 훈장

---

23) Ústava České republiky 2012, Čl. 62.
24) Ústava České republiky 1999, Čl. 62; Ústava České republiky 2012, Čl. 62.

을 수여하고, (i) 판사를 임명하며, (j) 사면권이 있다. 그리고 2항에서는 관련법에 따라 대통령에게 허용된 권한이 있다면, 헌법에 명시되지 않은 권한을 행사할 수 있다고 규정했다.[25] 결국 헌법 63조의 권한은 대통령이 자의적으로 행사할 수 있는 권한이 아니라 제한적인 권한이며, 이러한 권한 행사의 최종 책임은 대통령이 아니라 총리나 관련 각료들에게 있기 때문에, 실질적인 권력 행사의 주체는 총리와 각료이다.

또한 개정 헌법에서는 대통령의 위상에 대한 부분을 조정했다. 헌법 65조에서는 (1) 대통령은 구금되지 않고 형사 처벌되지 않으며, 공직에 있는 동안 경범죄 혹은 다른 행정적인 위반으로 처벌되지 않는다. (2) 상원은 하원의 동의에 따라 대통령을 반역죄, 헌법 위반 혹은 헌법조항 위반 등의 혐의로 헌법재판소에 헌법적인 판단을 제기할 수 있다. 반역죄는 대통령이 주권과 국가 통합에 반하는 행동을 한 경우 그리고 국가의 민주적 질서에 반하는 행동을 한 경우로 본다. 헌법재판소는 헌법적 근거에 따라 대통령을 처벌할 수 있다. (3) 상원이 이러한 헌법적 행동을 하기 위해서는 상원 3/5의 동의가 필요하다. 하원이 상원의 헌법적 행동에 동의하기 위해서는 재적 의원 3/5 이상의 동의가 필요하다.[26] 이러한 내용은 기존 헌법과는 다른데, 기존 헌법 65조는 (1) 대통령은 구금되지 않고, 위법 혹은 다른 위법 행위로 형사재판을 받거나 소환되지 않는다. (2) 대통령은 상원의 요청에 따라 헌법재판소에 반역죄로 소환될 수 있다. 소환으로 대통령직을 잃을 수 있고 다시 대통령직에 선출될 수 없다. (3) 대통령이 대통령직을 수행하는 동안 자행한 위법 행위에 대해서는 처벌되지 않는다고 명시하고 있었다.[27] 결국 개정 헌법에서는 대통령의 처벌에 대한 부분을 강화함으로써 실질적으로 대통령의 위상을 약화시킨

---

25) Ústava České republiky, 2012, Čl. 63. (3) a (4).

26) Ústava České republiky 2012, Čl. 65.

27) Ústava České republiky 1999, Čl. 65.

셈이 되었다.

사실상 개헌으로 대통령의 선출방식이 바뀐 것을 제외하면 이전 헌법과 별다른 차이가 없었다. 대통령의 권한 중에서 가장 중요한 것은 역시 총리와 내각 임면권과 외교정책에서의 대통령의 권한인데, 사실 총리와 내각 임면권은 대통령의 자의가 아니라 하원의 구성과 의지에 따라서 결정되며, 대통령은 다만 그러한 결정에 따라 총리와 내각을 임면하도록 되어 있다. 문제는 이전 헌법과 마찬가지로 총리를 임명하는 방식에 대해서 헌법에서 구체적인 설명이 없다는 점이다. 헌법에서는 내각이 최고 행정기구이며, 의회에 책임을 지고 총리는 대통령에 의해서 그리고 각료는 총리의 제안에 따라서 대통령이 임명하도록 되어 있다.28) 따라서 개정된 헌법에서도 누구를 총리로 임명해야 하는지에 대한 명확한 조항을 두지 않았다.

통상적으로 대통령은 하원 선거 이후 30일 이내에 하원의 제1당 대표를 총리로 임명하고 내각 구성을 요청한다. 이렇게 내각 구성을 요청받은 총리 후보는 다시 30일 이내에 내각을 구성해 의회에 제출하고 이에 대한 인준 투표를 통해 신임을 받아야 한다.29) 그러나 반드시 대통령이 하원의 최대 정당 대표에게 내각 구성을 위임하는 것은 아니다. 대통령이 내각 구성을 위임하는 대상은 하원의 인준을 받을 것으로 예상되는 사람인데, 이런 측면에서 최대 정당이나 연립정당이 아니라 다른 정당의 대표에게 내각 구성을 위임할 수도 있다. 또한 처음의 내각 구성 위임이 실패했다고 해서 꼭 그 다음 순위의 정당 대표에게 내각 구성을 위임하

---

28) Ústava České republiky 2012, Čl. 67. 68.

29) 하원의 인준을 받기 위해서는 재석 과반이 필요하다. 체코 하원의 최소 정족수는 전체 의원의 1/3 이기 때문에, 이론상 새로운 총리와 내각이 인준 투표를 통과하기 위해서는 34명의 지지만으로도 충분하다. 그러나 실제로는 그보다 많은 의원들이 인준 투표에 참여하기 때문에 과반 지지를 얻지 못해 총리와 내각이 붕괴되는 사례가 많았다. 예를 들어 2006년 6월 치러진 총선 이후 시민민주당의 토폴라넥(M. Toplolanek) 내각은 선거 이후 120일 만에 내각을 구성해 하원의 인준을 요청했지만 출석 의원 195명 중에서 96명의 지지를 얻는데 그쳐 인준을 받지 못했다. 이 때문에 토폴라넥 내각은 8일 만에 붕괴되었다.

지 않을 수도 있다.

2012년 헌법에서도 대통령의 국제조약 협상, 비준권을 그대로 유지하고 있다. 과거 클라우스가 리스본 조약을 비준하지 않으려고 사용했던 지연 작전에서 볼 수 있었듯이, 이런 모호한 규정으로 인해 대통령은 언제든 이 조항을 확대해석해 자신이 직접 국제조약을 협상하려 나설 수도 있으며, 상, 하원을 통과한 국제조약 비준을 무한정 지연시킬 가능성도 배제할 수 없다.

앞서 대통령 직선과 대통령, 총리의 행정권 공유를 준대통령제로 정의했기 때문에, 2012년 개헌으로 그동안 의회제 국가였던 체코가 적어도 형식상으로는 준대통령제 국가가 되었다. 물론 개헌을 통해 기존 대통령의 헌법적 권한이 약간 줄어들었기 때문에, 오히려 의회제가 강화된 것으로 판단할 수도 있다. 그러나 직선 대통령이 갖게 되는 국민의 직접 지지와 선출이라는 정당성은 이전 간선 대통령과는 비교할 수 없을 정도의 비공식적 권한과 권위의 증대를 가져왔고, 실제로 첫 직선 대통령 제만은 이런 비공식 권한과 권위를 활용할 준비가 되어 있었다. 그는 대통령의 공식 권한을 줄인 새로운 헌법을 통해 대통령에 당선되었지만, 간선제의 대통령과는 비교할 수 없을 정도로 적극적인 대통령이 되고자 했고 또 실제로 그렇게 행동하고 있다.

표 2-7) 2012년 개헌과 체코 대통령의 공식 권한 비교

정치적 권한	→		임명권	→		의전적·상징적 권한	→	
군통수권	○	○	총리	◉	◉	서훈권	○	○
법안 재심의 송환	○	○	총리가 제안한 각료	◉	◉	국가수반	◉	◉
법안 헌법재판소로 송부	✗	✗	헌법재판소	○	○	의회개회권	✗	✗
입법안 발의	✗	✗	대법원	○	○	특사령	✗	✗
평시 대통령령	✗	✗	판사	○	○	사면권	○	○
개헌 발의	✗	✗	검찰총장	✗	✗	시민권부여	✗	✗

정치적 권한	→		임명권	→		의전적·상징적 권한	→	
의회 특별회기 요청	O	O	중앙은행장	O	O	망명권부여	X	X
의회의 비회기 중 비상권한	X	X	안보위원회	X	X	기소 중지권	◉	O
비상 대권 행사	X	X	고위 경찰	O	O	외국대사 신임장	O	O
의회 회기 참석	O	O	군 고위급 인사	O	O	법안 서명	◉	◉
의회연설 혹은 전달	◉	◉				법안 공포	X	X
내각회의 소집	X	X				의회 해산	O	O
내각 회의 참석	◉	◉	대사임명권	O	O	국민투표 요청	X	X
정부 보고서 요청	◉	◉				선거 요청	◉	O
						의회 비준 조약 체결	O	O
						공직자 선서	O	X
						임시내각임명	O	O

◉ 헌법상의 권한 / O 조건적 혹은 총리(각료) 부서가 필요한 권한 / X 권한 없음

4. 첫 직선 대통령: 제만

2013년 첫 직선 대통령으로 선출된 제만은 시민권당(Strana Práv Občanů)이라는 소수당의 대표였지만, 사실 시민권당은 지지율이 1%도 되지 않는 소수정당에 불과해 제만의 당선에 큰 영향력을 행사하지는 못했다. 그러나 제만은 이미 1998년까지 사회민주당을 주도하면서 총리를 역임한 노련한 정치인이었다. 제만은 시민권당 소속이었지만, 체코 대통령의 무소속 전통에 따라 자신 역시 의회정치에 참여하지 않는 무소속 후보라고 강조하면서, 기성 정당들이 추천한 후보들과의 차별성을 강조했다. 2013년 대선에서는 당초의 예상과는 달리 제만이 강력한 경쟁자였던 슈바르첸베르크(K. Schwarzenberg)에 승리했고 2018년 대선에서는 비교적 쉽게 1차 투표에서 1위를 차지했고 결선에서는 드라호쉬(J. Drahoš)를 꺾어 연임에 성공했다.

표 2-8) 2013년 체코의 대선

후보	정당	1차		2차	
		득표	%	득표	%
M. 제만	시민권당	1,245,848	24.21	2,717,405	54.80
K, 슈바르첸베르그	TOP 09	1,204,195	23.40	2,241,171	45.20
전체 유권자/투표율		8,435,522	61.27	8,434,648	59.08

자료: Český statistický úřad, "Prezidenské Volby, 2013."

표 2-9) 2018년 체코의 대선

후보	정당	1차		2차	
		득표	%	득표	%
M. 제만	시민권당	1,985,547	38.57	2,853,390	51.37
J. 드라호쉬	무소속	1,369,601	26.60	2,701,206	48.63
유권자 / 투표율		8,366,433	61.92	8,362,987	66.60

자료: Český statistický úřad, "Prezidenské Volby, 2018."

  제만 대통령이 가장 관심을 두고 있는 분야는 전임 대통령들과 마찬
가지로 내각 구성과 외교정책이다. 내각 구성을 통해 자신이 국내정책
에 일정 부분 영향력을 행사할 수 있음을 잘 알고 있는 제만은 축소된
대통령의 권한에도 불구하고 내각 구성과 외교정책에 대한 개입을 통해
이전 어느 대통령과 비교해서도 더욱 강력한 비공식적인 권한을 행사하
고 있다.
  2012년 헌법에서도 대통령의 가장 중요한 권한 중 하나는 내각 구성
에 대한 권한이다. 이전 헌법과 마찬가지로 2012년 개정 헌법에서도 이
조항은 바뀌지 않았다. 즉, 대통령은 총리와 각료를 임명함으로써 내각
구성에 영향력을 행사할 수 있다. 헌법을 확대해석하면 대통령은 자의로
총리를 임명할 수 있다. 그러나 체코의 헌법적, 정치적 전통에서는 통상
제1당의 대표에게 하원의 신임을 얻을 수 있는지를 문의하면서 내각 구

성이 시작된다.30) 내각이 해산되는 경우에도 마찬가지 방식이 적용된다. 즉, 내각이 해산될 경우 대통령은 제1당의 대표에게 하원의 신임을 얻을 수 있는지를 문의하고 그를 총리로 임명하거나 혹은 하원의 동의를 구한 뒤 조기총선 실시를 결정할 수 있다. 물론 후임 총리와 내각을 임명하지 못했을 경우에도 다음 총선이 실시될 때까지 사임한 총리와 내각에게 계속 내각을 이끌게 할 수도 있으며, 대통령이 자의적으로 전문가 내각을 임명할 수도 있다. 동시에 헌법에는 대통령이 언제까지 총리를 임명해야 하는지에 대한 구체적인 시한을 규정하지 않고 있기 때문에 대통령은 차기 총선까지 자의적으로 이 권한을 행사할 수 있다.

제만이 첫 직선 대통령으로 당선된 직후인 2013년 7월 야당인 사회민주당은 부패 및 불법정보 사용 등의 혐의로 시민민주당 네차스 총리 불신임안을 하원에 제출했다. 네차스는 계속 사임 압박을 무시하다가 결국 불신임 표결 하루 전날 사임했다. 이제 제만 대통령이 선택할 수 있는 대안에는 총리 교체를 통해 시민민주당, TOP09, 공공당의 연립내각을 다음 총선까지 유지하는 방안, 하원의 동의를 구해 조기총선을 실시하는 방안 그리고 마지막으로 자의적으로 전문가 내각을 구성하는 방안이 있었다. 이에 제만은 정당대표, 하원과의 협의를 거치지 않고 통계청장 루스녹(J. Rusnok)을 총리로 하는 전문가 내각을 구성했다. 루스녹 내각은 하원의 지지를 얻지 못한 상황이었으나, 제만은 사회민주당, 기독-인민당에게 조기총선 실시 때까지만 전문가 내각을 유지하며 여기에 양당이 참여하는 방안을 제시함으로써 하원의 신임을 얻어내는데 성공했다.

2013년 10월 조기총선으로 사회민주당이 제1당이 되었다. 공식대로라면 제만 대통령은 사회민주당의 소보트카(B. Sobotka)에게 내각 구성을

---

30) 대통령은 1996년, 1998년, 2002년, 2004년, 2005년, 2006년, 2014년에 제1당 대표를 총리로 임명했었다. 그렇지 않은 경우도 4번이나 있었다. 3번은 무소속 인사를 임시내각을 이끌 총리로 임명했고, 2010년에는 제2당의 대표를 총리로 임명한 적도 있었다. 그러나 당시 제1당 사회민주당이 내각 구성을 포기했었고, 제2당인 시민민주당이 우익계 정당들과의 연립 구성에 합의한 상황이었다.

위임하면서 하원의 신임을 얻을 수 있다고 판단하면 그를 즉각 총리로 임명했어야 했다. 그러나 제만 대통령은 총선이 끝난 이후 83일이 지난 다음에야 소보트카를 총리로 임명하면서 내각을 구성하도록 했다. 헌법상 총리 임명과 내각 구성의 시한이 규정되어 있지 않기 때문에, 대통령은 누구를 총리로 임명할지를 두고 계속해서 저울질을 했던 것이다. 제만은 이렇게 차기 총리 임명을 늦추면서 자신이 임명했던 전임 루스녹 내각의 임기를 연장해 주었다.

2017년 총선 이후에도 제만 대통령의 내각 구성 개입은 계속되었다. 제만은 총선에서 제1당을 차지한 ANO2011의 바비쉬(A. Babiš)를 총리로 임명했다. 통상 총리를 임명하기에 앞서 대통령은 하원의 인준을 받을 수 있을지를 고려하지만, ANO2011이 연립내각을 구성할 가능성이 없었고, 하원의 신임을 얻지 못할 것이 뻔한 상황임에도 불구하고 바비쉬를 총리로 임명하는데 주저하지 않았다. 78석에 불과한 ANO2011이 단독으로 하원의 인준을 받는 것은 애초부터 불가능했다.[31] 결국 ANO2011 단독 내각은 2018년 1월 하원의 인준을 받지 못했다. 하원의 인준을 실패할 것을 예상하면서도 제만 대통령이 서둘러서 바비쉬의 단독 내각 구성을 받아들였던 이유는 제만과 바비쉬가 정치적으로 공생관계에 있었기 때문이었다. 2018년 1월 대선에서 바비쉬는 제만을 지지했고 그 덕분에 제만은 재선에 성공했다. 이 때문에 제만은 공개적으로 자신이 재선되면 바비쉬를 총리로 임명하겠다고 선언했었다. 바비쉬와 ANO2011 단독 내각이 하원의 인준을 받지 못한 이후에도 제만 대통령은 후임 총리를 임명하지 않고 계속해서 바비쉬를 총리로 유임시키면서, 야당인 사회민주당에게 ANO2011와 연립정부를 구성하도록 압박했다. 동시에 제만은 그동안 체코 정치계에서 금기시되어왔던 공산당의 연립 참여를 공개적으로 제안함으로써 바비쉬를 도왔고,[32] 결국 공산당의 묵

---

31) Volby do Poslanecké sněmovny Parlamentu, 2017.

시적 지지를 통해 바비쉬와 내각이 하원의 인준을 통과하도록 손을 썼다. 이 때문에 바비쉬는 제만에 큰 빚을 졌고 이는 다시 대통령의 현실 정치 개입을 용인하는 결과로 이어졌다.

제만의 정치 개입은 비단 총리 임명과 내각 구성에만 한정되지 않았다. 이미 제만은 체코의 외교정책에 깊숙이 개입하고 있었는데, 특히 EU의 난민수용 결정을 공개적으로 반대하면서 체코와 EU의 관계를 극도로 악화시키는데 기여했다.[33] 전임 클라우스 대통령 역시 EU의 특정 정책에 반대하는 유로회의주의자였으나, 제만처럼 정부의 외교정책과 유럽정책에 직접 개입하여 정부를 압박하지는 않았다. 제만은 체코 외교정책에서 대통령의 권한, 즉, 국가수반으로서의 대표성과 국제조약 체결권을 주장하면서, 자신이 직접 외교정책 결정에 참여하지는 않더라도, 자신과 비슷한 외교관을 지닌 바비쉬를 지지하면서 난민 문제 및 유로화 도입 문제에 적극 개입하고 있다.[34]

또한 제만은 대사 임명권과 수훈권 등을 적극적으로 활용하고 있다. 제만은 주체코 미국 대사였던 샤피로(R. Shapiro)가 자신의 친러시아적 행보를 비판한 이후에 프라하 성에서 개최한 공식 모임에 그를 부르지 않았고 자신의 외교 고문이었던 크모니첵(H. Kmoniček)을 미국 대사로 임명하면서 미국과 외교적 마찰을 빚었다. 또한 제만은 주체코 노르웨이 대사와 마찰을 빚기도 했고 자신의 측근인 포레이트(J. Forejt)를 바티칸 대사로 임명하는 등 통상적으로 총리, 외교부와의 조율을 거쳐 대사를 임명하던 관행을 무시하고 이를 자의적인 권한으로 행사하고 있다.[35]

---

32) Idnes.cz (Červen 6, 2018).

33) 김신규 (2017).

34) *Independent* (January 18, 2016).

35) *Lidové Noviny* (Prosinec 7, 2016).

표 2-10) 2013년 10월 체코 총선

정당	득표	득표율	득표증감	의석	의석증감
사회민주당	1,016,829	20.46	-1.62	50	-6
ANO 2011	927,240	18.66	신규	47	신규
공산당	741,044	14.91	+3.64	33	+7
TOP 09	596,357	12.00	-4.70	26	-15
시민민주당	384,174	7.73	-12.50	16	-37
직접민주주의(ÚSVIT)	342,339	6.89	신규	14	신규
기독-인민당	336,970	6.78	+2.39	14	+14

표 2-11) 2017년 체코 총선

정당	득표	%	득표증감	의석	의석증감
ANO 2011	1,500,113	29.64	+10.98	78	+31
시민민주당	572,962	11.32	+3.59	25	+9
체코 해적당	546,393	10.79	+8.13	22	+22
자유와 직접민주주의	538,574	10.64	-	22	신규
공산당	393,100	7.76	-7.15	15	-18
사회민주당	368,347	7.27	-13.09	15	-35
기독-인민당	293,643	5.80	-0.98	10	-4
TOP 09	268,811	5.31	-6.69	7	-19
무소속연합	262,157	5.18	-	6	신규

5. 맺음말

체코의 대통령은 제1공화국 의회제 시기에 대통령직을 수행했던 마사리크의 막후 영향력 행사라는 전통과 유산을 물려받았다. 마사리크는 체코슬로바키아를 외세의 압제로부터 구해낸 해방자이자 국부로서 의회제에서 대통령이 지니고 있던 의전적, 상징적 역할을 훨씬 뛰어넘는 '체코식 현실 대통령제'를 구축해 놓았다. 비록 국내의 정치적 기반이 없어 대통령제 국가를 만드는데는 실패했지만, 그의 개인적 권위와 대중적 인기로 당시 체코슬로바키아는 실질적으로는 의회제 국가가 아니라 마사리크의 대통령제 국가였다. 자신의 권위를 높이고 영향력을 강화시키기 위한 그의 전략은 너무나 성공적이어서 그의 사후에도 대통령에 대한 일반인들의 존경과 그 권위가 계속해서 유지되고 있다.

1989년 체제전환 이후에도 여전히 마사리크의 대통령제가 살아남았다. 이번에는 마사리크가 아닌 하벨과 클라우스가 그 주인공이었지만, 두 대통령 모두 반체제운동을 주도한 이후 체제전환 이후에는 현실 정치에 참여하면서 국민들의 지지를 받고 대통령으로서의 권위를 지킬 수 있었다. 1990년 헌법과 1992년 헌법에서 체코슬로바키아가 의회제 국가라는 사실을 분명히 밝혔지만 하벨과 클라우스는 단순히 의전적인 대통령으로 남지 않았다. 때로는 대중들에게 직접 호소하기도, 때로는 정치적 타협으로, 때로는 모호하게 기술된 헌법을 확대해석함으로써 자신들의 영향력을 확보해나갔다. 물론 이런 방법이 성공할 수 있었던 배경에는 정치, 경제의 혼란이라는 당시의 사회적 배경이 있었다. 경제가 침체되고, 정치가 혼란스러워지면서 일반인들은 이 위기를 극복할 수 있는 지도자를 찾았고 그 지도자는 진흙탕 속에서 뒹굴고 있는 정치인이 아니라 정당정치를 초월해 있는 인물, 즉, 대통령이었다.

하벨과 클라우스도 이런 사실을 충분히 인지하고 있었다. 헌법에 규정된 공식 권한은 볼품없었지만, 이들은 정치권이 안정되고 단결할 때는 한걸음 물러서 있다가 정치권이 분열되고 교착상태에 빠진 틈을 이용해 다시 전면에 등장하길 반복했다. 10년의 재임기간 동안 안정적 다수를 차지한 연립내각이 유지되면서 하벨 대통령의 실질적 권한도 줄어들었지만, 1997년 가을에서 1998년 봄 사이 정치적 위기가 발생하자 곧 다시 1990년대 초반 체제전환 초기에 보여주었던 그의 카리스마가 다시 살아났고 이를 활용해 정치적 영향력을 행사했다.

클라우스의 경우에는 하벨 시기와 비교해서 임기 중 정치 불안정이 더 심했기 때문에 국내정치에 영향력을 발휘할 여지가 더 많았다. 무엇보다도 그가 재임하던 기간에는 의회의 다수를 확보한 안정적 연립내각이 존재하지 않아서, 대통령이 일상 정치에 개입할 여지가 더 많았다. 그러나 클라우스는 하벨과는 달리 현실 정치에 개입하는 것에 신중했다. 그렇다고 클라우스와 같은 노련한 정치인이 정치적 현실을 외면하고 뒷방으로 물러나 있을리는 없었다. 그는 2006-2007년 토폴라넥의 내각 구성에 개입했고, 2010년 피세르(J. Fischer) 임시내각을 구성함으로써 좌우 정치적 대립 상황 속에서 자신이 직접 정치에 개입하여 내각을 구성하고 의회에서 주요 정당들에게 협상과 타협을 종용했었다.

직선제 도입으로 체코에서 세 번째 대통령으로 당선된 제만은 직선이라는 민주적 정당성을 강력한 무기로 활용할 준비가 되어 있었다. 제만은 당선 직후인 2013년 하원과의 협의 없이 자의적으로 루스녹을 총리로 하는 임시내각을 임명하면서 이미 주요 정당과 대립각을 세웠고, 2017년 총선 직후 하원의 신임을 받지 못할 것이 확실시되는 바비쉬를 총리로 임명했다. 제만은 바비쉬가 하원에서 신임을 얻지 못한 이후에도 차기 내각 구성을 미루면서 그를 계속 총리로 기용했으며, 자신이 직접 나서 사회민주당, 공산당과의 연립 방안을 제시하면서 정부 구성에 개입했다. 또한 제만은 외교정책 및 국내정치에도 개입하고 있어 당분간 체코의 대통령은 공식적으로는 준대통령제 국가의 대통령 중에서도 비교적 권한이 적지만, 현실적으로는 상당히 강한 영향력을 행사하는 대통령으로 남아있을 것이다.

제3장

슬로바키아의 준대통령제

의전적 대통령과 강력한 총리

1. 머리말

1993년 체코와 분리해 독립한 슬로바키아는 국가 분리 직전인 1992년에 독자적인 헌법을 제정해 의회제를 선택했다. 1992년 헌법에서는 의회가 유일한 헌법, 입법기구이며 정부내각이 최고행정기구로 의회에 책임을 지고 대통령은 국가수반이지만 그의 결정과 행동에 대한 책임은 내각이 진다고 명시했다. 의회 민주주의 전통과 대통령제 전통을 지니고 있던 체코와는 달리 신생 독립국 슬로바키아는 그러한 전통과 유산이 없었다. 다만 2차대전 중 나치 독일의 도움으로 독립하면서 막강한 권한을 가진 티소(J. Tiso)의 독재를 경험한 바 있었다. 그러나 파시스트 국가와 독재자 티소의 전통을 민주주의 국가에 적용한다는 것은 말도 안 되는 소리였다. 따라서 슬로바키아가 참조할 수 있는 모델은 체코슬로바키아 제1공화국 시기의 의회 민주주의였다. 슬로바키아 역시 체코슬로바키아 시절 마사리크(T. G. Masaryk)에 대한 기억이 남아있긴 했지만, 마사리크의 체코슬로바키아 단일민족주의, 체코 중심주의에 대한 거부감이 강했고 정당정치 위에서 군림하는 대통령의 존재도 인정할 수 없었다.

이런 배경에서 1992년 슬로바키아 헌법은 대통령과 총리가 행정권을 공유하지만 실질적으로는 대통령이 의전적, 상징적 존재로 남아있는 순수한 의회제를 지향했다. 그러나 1992년 총선 이후 국가 분리를 준비하는 과정에서 헌법을 제대로 작성할 수 있는 시간적 여유가 없었기 때문에 헌법 기구들 사이의 권한을 명확하게 규정하지 않아 권한을 둘러싸고 대통령과 총리가 갈등을 벌일 가능성이 상당히 높았다. 헌법 초안을 준비했던 측은 되도록 간략한 헌법을 원했는데, 이들은 정치체제를 안정시키고 민주주의로 나아가기 위해서는 아주 사소한 조항 하나하나가 큰 문제가 될 수 있다는 사실을 미처 예상하지 못했다.

이 때문에 1993년에 슬로바키아 최초의 대통령으로 당선된 코바치(M. Kováč)는 1998년 퇴임할 때까지, 말 그대로 총리 메치아르(V. Mečiar)와의 처절한 싸움을 이어갔다. 이런 싸움을 멈출 수 있는 유일한 방법은 헌법을 개정하여 대통령과 총리의 권한을 명확히 규정하든지 아니면 둘 중 어느 하나에 힘을 실어주는 수밖에는 없었다. 이에 따라 대통령 직선제 개헌과 대통령의 권한 축소가 논의되었고, 마침내 1998년 직선제 개헌이 단행되었다. 개헌 이후 실시된 1999년 대선으로 첫 직선 대통령 슈스터(R. Schuster)가 당선되었다. 이로써 슬로바키아의 정치 상황은 점차 안정되었고 바로 그 시점부터 민주주의의 성과도 나타나기 시작했다.

이런 배경에서 슬로바키아 준대통령제 사례에서는 1998년 대통령 직선제 개헌 이후의 슬로바키아 정부 형태를 준대통령제로 파악하고,[1] 대통령이 직선으로 선출되지만, 공식적인 권한이 줄어들면서 오히려 의회제와 유사한 모습을 보이고 있음을 살펴본다. 또한 슬로바키아 대통령은 여타 준대통령제 국가의 대통령과는 달리 '상당한 수준의 권한'을 갖고 있지 않고 의전적, 상징적 권한만을 보유하고 있으며, 정당체제의 안정과 함께 비공식적인 권한의 활용도 줄이고 있어 의회제 국가의 대통령과 비슷한 위치에 머물러 있는 사실도 확인한다.

---

[1] 앞장의 정의에 따라 준대통령제를 "고정된 임기의 직선 대통령이 총리와 행정권을 공유하며, 총리는 대통령이 아닌 의회에 책임을 지는 정부 형태"로 정의한다.

2. 의회제 시기 대통령의 권한

1992년 대통령 간선제 헌법에서는 의회에서 3/5 찬성으로 대통령을 선출했다. 당시에는 1차 투표에서 당선자를 내지 못하면 1차 투표의 상위 2인이 결선을 치렀는데 여기에서도 의원 재적 3/5의 표를 얻어야 대통령에 당선되었다. 만약 이때에도 대통령을 선출하지 못하면, 새로운 선거를 실시했다. 이런 규정에 따라 정당체제가 파편화되어 있을 경우에는 대통령을 선출하지 못할 가능성이 높았고, 이를 피하기 위해서는 막후에서 정치적 협상을 벌여 인위적으로 대통령을 선출하는 수밖에 없었다. 물론 협상이 실패하는 경우에는 오랫동안 대통령을 선출하지 못할 수도 있었다.

1993년 2월 대통령 선거는 3차 표결까지 진행되었는데, 전 국회의장 코바치를 후보로 내세운 최대 정당 민주슬로바키아운동(HZDS)이 74석을 차지하고 있었기 때문에, 코바치의 당선을 위해서는 16석이 더 필요했다. 따라서 민주슬로바키아운동은 1, 2차 표결에서 독자 후보를 내세운 민족당(SNS)와 민주좌익당(SDL')을 설득해 3차 표결에서 이들의 지지를 이끌어냈다. 이 과정에서 민족당과 민주좌익당은 코바치를 지지하는 조건으로 대통령 당선 이후 코바치가 민주슬로바키아운동에서 탈당하여 정치에 개입하지 말 것을 요구했다.

이에 따라 코바치는 대통령 당선 이후 민주슬로바키아운동에서 탈당하면서, 메치아르 총리와 대립하기 시작했다. 당시 코바치는 메치아르의 권력 집중을 비난하고 사유화 과정에서 발생하는 수많은 부패에 그가 연루되어 있다고 비판했다. 반면 메치아르는 대통령의 이러한 주장에 대해서 '민주적으로 선출된 내각과 권위를 상실한 대통령 간의 전투'라며 적극 대응했고, 결국에는 의회에서 대통령을 불신임하는 상황까지 벌어졌다. 물론 의회의 대통령 불신임은 헌법에 규정되어 있지 않았기 때문에 그 자체가 법적 효력이 없는 일종의 '정치적 퍼포먼스'에 불과했다. 그러나 이는 총리와 대통령의 관계가 최악으로 치달았음을 보여주는 사건이었다.

총리와 대통령이 심각하게 대립하게 된 근본적인 요인은 헌법에 명시되어 있는 대통령의 권한과 총리의 권한이 상당히 모호했기 때문이었다. 무엇보다도 다른 의회제 국가의 대통령 권한과 달리 슬로바키아 헌법에는 대통령의 권한 행사에 총리나 개별 각료의 부서(副署)를 요구하지 않았던 것이 총리와 대통령의 사이에 권한을 둘러싼 갈등이 벌어진 원인이었다.[2]

1992년 헌법 102조에는 대통령의 권한을 다음과 같이 규정하고 있다. 슬로바키아 대통령은, a) 대외적으로 슬로바키아를 대표하고, 국제조약을 비준하며, 정부나 혹은 정부의 동의하에 각료에게 국제조약을 결정하도록 위임한다. b) 외국 대사의 신임장을 제정받고 대사를 임명한다. c) 의회 첫 회기를 개회한다. d) 의회가 총선 이후 6개월 내에 정부의 정책을 3번 부결할 경우 의회를 해산한다. 단, 의회를 해산하기에 앞서, 반드시 국회의장의 의견을 청취해야 한다. 대통령이 의회를 해산한 경우 30일 이내에 국회의장은 새로운 선거 실시를 명한다. e) 법안에 서명한다. f) 총리와 각료를 임면하고, 그들에게 부서 관리를 위임하며, 사임을 받는다. 115조와 116조에 언급된 바에 따라 총리와 각료를 해임한다. g) 중앙기구 수장과 법으로 규정한 고위 관료를 임면한다. 대학교수와 총장을 임명하고, 장성을 임명하고 승진시킨다. h) 수훈권이 있다. i) 사면권, 경감권, 기소 중지권, 처벌 무효권이 있다. j) 군통수권자이다. k) 국가가 공격을 당하거나 혹은 침공에 대항해 공동의 국제조약을 준수해야 하는 경우, 정부의 권고에 따라 계엄령을 선포하고, 의회의 결정에 따라 전쟁을 선포한다. l) 헌법에 따라 비상사태를 선포한다. n) 15일 내에 헌법과

2) Zifcak, Spencer (1995), p. 62.

법안에 대한 반대의 이유를 첨부해 의회에 반송한다. o) 의회에 참석해 국가의 상황 및 주요 이슈에 대해 의견을 개진하고, 이를 법안이나 혹은 기타 조치로 수용해줄 것 요청한다. p) 의회 회기에 출석한다. r) 각료회 의에 출석하고 주재할 수 있으며, 내각 및 개별 각료에게 보고를 받을 권리가 있다.[3]

이러한 공식 권한에서 가장 중요한 것은 의회 해산권이지만, 사실 의 회를 해산하기 위해서는 '총선 이후 6개월 이내에 세 번에 걸쳐 정부정 책을 거부했을 경우'라는 까다로운 조건이 붙어 있기 때문에 대통령이 의회를 해산할 수 있는 기회는 사실상 없다고 보는게 맞다. 실제로 의회 제 시기뿐만 아니라 1999년 헌법 개정을 통해 준대통령제로 바뀐 이후 에도 의회의 자발적인 해산을 제외하고 대통령이 의회를 해산하려고 시 도한 적은 단 한번도 없었다.

따라서 대통령에게 부여된 가장 중요한 권한은 총리, 각료 임면권과 국제조약 비준 그리고 법안 거부권이었다. 이중 총리 임면권은 사실상 대통령의 독자적인 권한이 아니었다. 1992년 헌법 110조 1항 "대통령이 총리를 임명하며," 2항 "의회 피선거권이 있는 슬로바키아 국민은 총리 가 될 수 있다"를 확대해석하면, 이론적으로는 대통령이 슬로바키아 국 민 중 피선거권을 지닌 국민 누구든 총리로 임명할 수는 있지만, 사실상 대통령이 총리로 선택할 수 있는 사람은 한정되어 있었다. 즉, 총리가 정 부를 구성해 행정부를 관리하여 의회에 책임을 지기 위해서는 의회의 신 임이 반드시 필요하기 때문에 총리는 의회의 지지를 확보할 수 있는 자 여야만 했다. 정치적, 헌법적 관행으로 볼 때, 원내 제1당의 대표를 총리 로 임명하는 것이 일반적이지만, 반드시 그런 것만은 아니었다. 대통령이 총리로 고려하는 사람은 무엇보다도 의회 다수의 지지를 얻어 의회의 인 준을 받고 재임 중 계속해서 신임을 받을 가능성이 가장 높은 사람이다.

---

3) Ústava Slovenskej republiky (1992), Čl. 102.

결국 대통령이 선택할 수 있는 총리는 제한적이고, 그마저도 의회의 지지를 얻고 책임을 지는 사람에 한정되어 있어 사실상 총리 임명권은 대통령의 자의적 권한이라고 할 수 없었다.

한편 헌법 111조의 "대통령은 총리의 '권고'에 따라 각료를 임면한다. 대통령은 의회 피선거권 있는 어떤 시민이건 부총리와 각료로 임명할 수 있다"는 조항 역시 상이한 해석의 여지를 두고 있었다. 즉, 총리가 대통령에게 누구를 각료로 임명할지 추천할 수는 있지만, 그렇다고 대통령이 반드시 총리의 추천을 받은 자를 각료로 임명할 필요는 없다는 의미가 된다. 동시에 언제까지 해당 인사를 각료로 임명하라는 조항도 없었기 때문에, 한시적으로는 총리가 추천한 인사를 각료로 임명하지 않을 수도 있었다. 또한 헌법 102조 b)항 "외국 대사의 신임장을 제정받고 대사를 임명한다"와 g)항 대통령은 "중앙기구 수장과 법으로 규정한 고위 관료를 임면한다. 대통령은 대학교수와 총장을 임명하고, 장성을 임명, 승진시킨다"는 조항은 총리나 관련 각료의 부서가 필요 없는 대통령의 독자적 권한이다. 이 중에서 대사 임명권은 관례적으로 총리와 정부내각 외교정책의 일부로 총리나 혹은 외교부 장관이 추천하는 이를 대통령이 임명하는 것이 일반적이었다.

그러나 만약 대통령이 임면권에 대한 헌법조항을 확대해석하고 총리와의 대립을 각오한다면 총리의 의사를 무시하고 대통령이 자의적으로 각료를 임명할 수도 있고, 적어도 한시적으로 총리가 추천한 인사를 각료를 임명하지 않을 수도 있으며, 고위 관료나 대사임명을 자의대로 결정할 수도 있다. 이렇게 모호한 대통령의 임명권을 활용한 사례는 많았다. 1993년 11월 코바치 대통령은 사유화부 장관으로 렉사(I. Lexa)를 임명해달라는 메치아르 총리의 요청을 거절했고,[4] 1996년에는 켈토쇼바(O. Keltosova)를 UN 대사로 임명해달라는 요청도 거부했다.[5]

---

4) Horvath, Peter (2014), pp. 74-86.

이렇게 민주슬로바키아운동 소속으로 대통령에 당선된 코바치는 대통령 당선 이후 당적을 버리고 '부분이 아닌 전체의 대통령'이 되었지만 이제는 남이 된 총리와 대립하기 시작했다. 당초 메치아르 총리와 긴밀히 협력하거나 아니면 총리에 종속될 것으로 보였던 코바치 대통령은 메치아르의 비민주적 행태와 부패 문제를 계속 거론하면서 총리와 대립각을 세웠다. 이에 대해 메치아르는 대통령부 예산 삭감, 대통령의 권한 축소 시도와 개인적인 비판 등을 통해 대통령의 영향력을 줄이려 했다.6) 가장 극단적인 사례는 메치아르의 지시에 따라 국가정보부가 코바치의 아들을 납치하고 대통령이 비밀조직에 연루되어 있다는 거짓 정보를 흘린 사건이었다.7) 또한 메치아르는 대통령 불신임을 의회에 제안했고, 의회에서 대통령에 대한 불신임을 통과시키는 일종의 정치적 퍼포먼스를 벌이기도 했다.8) 의회가 대통령을 소환하기 위해서는 재적 과반의 제청에 따라 대통령 소환을 상정하고, 재적 3/5가 찬성하는 경우 그리고 의회가 내란죄로 대통령을 기소하고, 헌법재판소에서 이를 용인하는 경우로 한정되어 있기 때문에, 사실상 대통령 불신임은 법적 효력이 없었다.9)

대통령의 또 다른 권한은 의회를 통과한 헌법안과 법안에 대해 거부권을 행사하는 것이었다. 그러나 의회가 대통령이 거부한 법안을 다시 통과시키는 데는 재석 과반으로도 충분하기 때문에10), 대통령의 거부권

5) Mesežnokov, Grigorij (1997), pp. 15-36.

6) Zifcak, Spencer (1995), p. 65.

7) "Gemany Drops Arrest Warrant For Slovak President's Son," *RFE/RL* (June 09 1996).

8) Spáč, Peter (2013), pp. 121-141.

9) 헌법 106조 "의회는 대통령이 직접적으로 국가의 주권과 영토 통일을 저해하는 행동에 연루되었을 경우 혹은 민주적 헌법질서를 전복시키려 했을 경우 면직할 수 있다. 이 경우 재적 1/2 의원의 발의로 대통령 면직안을 의회에 상정하고 재적 3/5의 찬성이 필요하다." 107조 "대통령은 내란죄로 기소되었을 경우에만 처벌될 수 있다. 의회가 대통령을 기소한다. 헌법재판소가 기소를 결정한다(Ústava Slovenskej republiky (1992), Čl. 106, 107).

10) Ústava Slovenskej republiky (1992), Čl. 87-3.

이 정치적 무기로 사용될 가능성은 거의 없었다. 따라서 코바치 대통령은 거부권을 사용하지 않았고, 그 대신 헌법재판소에 해당 법안의 위헌신청을 하는 방법을 더 선호했다.[11]

그러나 사실상 헌법 권한을 이용하거나 모호한 헌법 조문을 확대해석하는 방식으로는 대통령이 총리와의 싸움에서 승리를 거두기 어려웠다. 따라서 코바치가 메치아르와의 대립에 사용했던 방법은 헌법 102조 o)항인 "의회에 출석해 국가적 중대 사안과 주요 이슈에 대한 입장을 밝히고, 이와 관련해 법안이나 기타 조치를 취할 것을 요청"하는 것이었다. 1994년 1월 코바치는 의회 연설을 통해 메치아르 정부가 민주슬로바키아운동의 재정지원을 위해 사유화 과정에서 부패를 저질렀으며, 모든 권력을 메치아르 개인에게 집중시키고 있다고 비판했다. 이 연설은 당시 연정에 참여하고 있던 민족당의 연정 탈퇴로 이어졌고, 메치아르와 민주슬로바키아운동은 의회의 불신임을 받았다.

이외에도 코바치는 비공식적인 방법으로 여론에 호소하거나 혹은 대중연설을 통해 메치아르 총리와 비민주적 내각을 측면 공격하기도 했다. 대통령의 연설문을 분석한 자료에 따르면, 코바치 대통령은 메치아르 1기 내각 기간인 1993년부터 1994년까지 전체 연설 중 33%, 2기 내각 기간인 1994-98년까지는 63%를 정부에 비판적인 내용으로 채운바 있었다.[12]

이와 같이 의회제 시기 코바치 대통령은 민주슬로바키아운동 출신이었고, 민주슬로바키아운동과 연정 파트너 정당들의 지지를 받아 대통령으로 선출되었음에도 불구하고, 헌법에 명시된 공식권한과 모호한 규정 그리고 비공식적인 권한을 활용해 총리 메치아르의 비민주적 통치방식과

---

11) 코바치는 모두 11차례 이런 방법을 사용했다. Malová, Darina and Rybář, Marek (2008), pp. 180-200.

12) Oravcova, Veronika (2017), pp. 1-10.

부패를 끊임없이 공격했다. 이 방법으로 1994년 3월 메치아르 내각을 일시적으로 붕괴시키는 데는 성공했지만, 1994년 총선으로 메치아르가 다시 집권한 이후에는 공식적인 권한을 활용하기 보다는 비공식적인 권한을 통해 비판적인 목소리를 내는데 그쳤다.

요컨대, 의회 간선으로 선출된 대통령은 총리와 대립했다. 이에 따라 총리는 대통령을 몰아내기 위해 갖은 방법을 동원해 압력을 행사했지만, 공식 권한이 약한 코바치는 아주 제한적인 방법이나마 대통령의 권한을 활용해 총리에 대항했다. 그럼에도 코바치 대통령은 자신의 권력을 강화하기 보다는 오히려 공개적으로 의회제를 옹호하면서 슬로바키아의 민주주의 위기를 극복할 수 있는 유일한 방법은 의회 민주주의라고 주장했었다.[13]

표 3-1) 1993년 이후 슬로바키아의 내각 구성

내각 구성	총리	연립정당(의회%)	기간(일)	정부 형태	붕괴형태
1993.01.12	V. 메치아르	HZDS(49.3) SNS(10.0)	66	최소승리연합	연립붕괴
1993.03.19	V. 메치아르	HZDS(49.3)	243	단독소수내각	연립붕괴
1993.11.17	V. 메치아르	HZDS(49.3)	118	최소승리연합	불신임
1994.03.16	J. 모라브칙	DEUS SDL(14.7) KDH(12.0)	200	소수내각	임기
1994.12.12	V. 메치아르	HZDS(40.7) SNS(6.0) ZRS(8.7)	1,385	최소승리연합	임기
1998.10.30	M. 쥬린다	SDK(28) SDL(16) SMK(9.3) SOP(8.7)	1423	과다내각	임기
2002.10.16	M. 쥬린다	SDKÚ(18.67)	1,052	최소승리연합	연립붕괴

---

13) Mesežnokov, Grigorij (1997), p. 21.

내각 구성	총리	연립정당(의회%)	기간(일)	정부 형태	붕괴형태
		SMK(13.33) KDH(10) ANO(10)			
2005.09.02	M. 쥬린다	SDKÚ(18.67) SMK(13.33) KDH(10) 무소속	158	소수내각	연립붕괴
2006.02.07	M. 쥬린다	SDKÚ(18.67) SMiC(13.33) 무소속	131	소수내각	조기총선
2006.07.04	R. 피초	Smer(33.3) SNS(13.33) LSHZDS(10)	1,439	최소승리연합	임기
2010.07.08	I. 라디초바	SDKÚ(15.4) SaS(12.1) KDH(8.5) MH(8.1)	460	최소승리연합	불신임
2012.04.04	R. 피초	Smer(55.3)	1,443	단독내각	임기
2016.03.17.~	R. 피초	Smer(32.7) SNS(10) Most-Híd(7.33) Sieť(6,67)		최소승리연합	

3. 대통령 직선제 개헌

1) 선출방식 변경

코바치 대통령은 1997년 1월 1일 신년사를 통해 공개적으로 직선제 개헌을 언급했다. 아직 임기가 1년 이상 남은 상황에서 코바치가 직선제 개헌을 요구하고 나선 것은 메치아르가 측근을 대통령으로 당선시키거나 혹은 메치아르 자신이 직접 대선에 나서 승리할 가능성을 우려했기 때문이었다. 즉, 코바치는 의회에서 간선으로 대통령을 선출할 경우 메치아르 주도의 민주슬로바키아운동이 총리에 이어 대통령마저 차지하게 될 것이고, 설사 과반에 부족한 7석을 더 얻지 못하는 상황이 발생한다 해도 대통령이 공석일 경우 대통령의 권한 대부분이 총리에게 이전되기 때문에 메치아르에게 모든 권력이 집중될 가능성을 우려했다.[14]

1992년 헌법 105조 1항에서는 "대통령이 선출되지 못하거나, 새로운 대통령이 선출되기 이전에 대통령 직위가 공석일 경우, 대통령 당선자가 선서를 하기 이전일 경우, 대통령이 심각한 이유에서 직무를 수행하지 못할 경우, 정부가 102조의 d)-g)를 제외한 대통령의 권한을 위임받는다. 정부는 총리에게 이런 권한을 위임할 수 있다. 군 통수권은 총리에게 이전된다"고 명시하고 있다. 결국 1998년 3월 대통령 임기가 종료되는 시점에서 의회가 대통령을 선출하지 못할 경우 총리가 헌법상의 대통령 권한 대부분을 위임받게 될 것이었다.

코바치의 이러한 우려는 곧 국민투표 청원으로 이어졌다. 1997년 1월에서 4월 사이에 44만명 이상이 대통령 직선제를 요구하는 국민투표 청원서에 서명했고, 코바치 대통령은 헌법상의 권한을 활용해 국민투표 실시를 선포했다.[15] 그러나 메치아르와 민주슬로바키아운동은 직선제 개헌 국민투표에 반대하고 그 대신 NATO 가입과 연계한 국민투표를 제안했다. 이때의 국민투표는 사실 NATO 가입 반대를 의도한 국민투표였다. 정부 내각과 민주슬로바키아운동은 1997년 NATO가 정상회담을 통해 슬로바키아의 비민주성을 비판하고 슬로바키아의 NATO 가입을 유보시킴에 따라 국민투표를 통해 NATO 가입을 부결시킬 경우 자신들의 외교

---

14) http://www.prezident.sk , speeches and articles by Michal Kovac

15) Ústava Slovenskej republiky (1992), Čl. 95. "35만 명 이상의 시민 청원 혹은 의회의 결의가 있을 경우 30일 이내에 대통령이 국민투표 실시를 공표한다."

실패가 감추어질 것으로 기대했다. 동시에 메치아르는 헌법재판소에 직선제 개헌의 위헌 심판을 청구했다. 헌법재판소는 국민투표 실시 이틀 전에야 이 문제에 대한 결정을 내렸는데, 헌법재판소는 결정문을 통해 "국민투표가 헌법을 직접 바꾸어서는 안되지만, 국민투표 결정은 의회가 반드시 준수해야 하는 명령"이라고 언급했다. 헌법재판소는 또한 국민투표는 헌법에 따라 대통령이 발의해야 하며, 대통령이 발의할 경우 반드시 실시해야 한다고 강조했다. 그러나 정부 여당은 대통령 직선제 개헌 문제는 혼란을 유발할 것이고 이 문제에 대한 준비가 부족하기 때문에 직선제를 제외하고 NATO 문제만을 국민투표에 붙였다. 이에 대해 야당은 메치아르가 제안한 국민투표를 거부하기로 결정했고 결과적으로 투표율 9.8%로 국민투표는 무효가 되었다.[16]

메치아르의 국민투표가 실패하고 1997년 EU, NATO 가입이 무기한 중단되면서 슬로바키아에서 체제전환 이후 가장 중요한 변화가 시작되었다. 야당들이 반메치아르 연대를 구성해 메치아르에 대항하면서 민주주의 발전에 획기적인 전기를 마련한 것이었다. 반메치아르 연대는 대통령 직선제 개헌을 선거공약으로 내세웠다. 앞서 코바치 대통령이 우려했던 대로 1998년 1월부터 그해 12월까지 모두 9번에 걸친 대통령 선출 시도가 실패하면서, 코바치가 퇴임한 3월 2일부터 9월 총선 직전까지 대통령의 모든 권한은 메치아르에게로 이전되었다. 이런 상황에서 메치아르에게서 권력을 빼앗기 위해서는 반메치아르 연대가 총선과 대선에서 모두 승리하는 수 밖에 없었다.

1998년 총선으로 메치아르의 민주슬로바키아운동이 다시 제1당이 되었지만 이번에는 43석을 차지하는 데 그쳤고 1994-98년 사이 연정을 구성했던 노동자연합(ZRS)은 의석을 차지하지 못하면서 메치아르가 의회

---

16) 국민투표가 유효하기 위해서는 50%의 투표율과 50%의 찬성율이 필요했다(Ústava Slovenskej republiky (1998), Čl. 98-1).

의 신임을 받을 가능성은 없었다. 이미 1997년부터 반메치아르 연대를 구성하고 있던 기독민주연합이 불과 1석 차이인 42석으로 제2당이 되었다. 임기종료를 앞두고 있던 코바치 대통령은 기독민주연합의 쥬린다(V. Djurinda)를 총리로 임명하고 쥬린다는 헝가리연합당, 민주좌익당, 시민이해당과 함께 4당 연립내각을 구성했다. 이렇게 해서 의회에서 93석을 확보한 쥬린다 내각은 대통령 간선제를 통해서도 연립내각 후보 단일화를 통해 메치아르의 대통령 당선을 막을 수 있었다. 그러나 연립내각은 당초의 직선제 개헌 공약과 함께, 단일 후보를 내지 못했을 경우 그리고 단일 후보를 냈다 해도 연립내각에서 이탈표가 발생할 경우의 파장도 고려하지 않을 수 없었다. 만약 이탈표가 나온다면 메치아르가 대통령으로 당선될 수도 있기 때문에 간선제는 너무 위험했다. 결국 기독민주연합 주도의 연립내각은 메치아르의 대통령 당선을 막기 위해서라도 직선제 개헌을 추진했다.

이렇게 해서 마침해 대통령 직선제가 되입되었다. 개헌으로 1차 투표에서 과반수를 차지한 후보가 대통령으로 당선되지만, 이 기준을 통과한 후보자가 없을 경우 14일 이내에 결선투표를 치르도록 했다. 결선투표는 1차 투표의 상위 2인이 경쟁하며 여기에서 다수를 얻은 후보가 대통령으로 당선되었다.[17] 이렇게 결선제를 도입한 것은 단순 다수제를 선택할 경우 여전히 높은 지지를 받고 있는 메치아르의 당선 가능성이 크다고 판단했기 때문이었다. 이는 현실에서도 입증되었는데, 2004년 대선 1차 투표에서 메치아르가 32.73%를 얻어 1위를 차지했다. 만약 결선투표를 치르지 않고 1차에서 단순 다수로 대통령을 선출했더라면 메치아르가 대통령에 당선될 것이었다. 2014년에는 당시 총리였던 피초(R. Fico)가 1차에서 28%를 얻어 1위를 차지했었다. 단순 다수 방식이었다면 피초가 대통령에 당선되었을 것이고, 슬로바키아는 다시 1인에 권력이 집중되는

---

17) Ústava Slovenskej republiky (1999), Čl. 102-4.

위기를 맞을 수도 있었을 것이었다.

표 3-2) 1998년 슬로바키아 대선 (의회 간선)

1차(1.16)	Š. 마르쿠쉬(SDK)	J. 흐라슈코(SDL)	A. 쿠렉
1차	33	22	14
2차	37	27	사퇴
2차	L. 발렉(SDL)	M. 포가쉬	
1차	49	5	
2차	50	사퇴	
3차	M. 세찬스키(HZDS)	B. 슈뫼그네로바(SDL)	Z. 슈슈카
1차	59	43	5
2차	72	47	사퇴
4차	V. 아브라함		
1차	13		
2차	사퇴		
5차	O. 토메첵 (HZDS, SNS, ZRS)		
1차	86		
2차	86		
6차	후보 없음		
7차	후보 없음		
8차	후보 없음		
9차(12.17)	후보 없음		

표 3-3) 1999년 이후 슬로바키아 대선

1999년 (%)			2004년 (%)			2009년 (%)			2014년 (%)		
후보자	1차	결선	후보자	1차	결선	후보자	1차	결선	후보자	1차	결선
R. 슈스터	**47.37**	**57.18**	V. 메치아르	32.73	40.08	**I. 가슈파로비치**	**46.71**	**55.53**	R. 피초	28.0	40.61
V. 메치아르	37.23	42.81	**I. 가슈파로비치**	**22.28**	**59.91**	I. 라디초바	38.05	44.47	**A. 키스카**	**24.0**	**59.38**
M. 바샤리오	6.60		E. 쿠칸	22.09		F. 미클로슈코	5.42		R. 프로하	21.2	

1999년 (%)			2004년 (%)			2009년 (%)			2014년 (%)		
바									스카		
I. 므야르탄	3.59		R. 슈스터	7.42		Z. 마르티노바	5.12		M. 그냐즈코	12.9	

자료: Volebná štatistika Štatistického úradu Slovenskej republiky.

2) 직선 대통령의 권한

1998년 반메치아르 연대의 총선 승리 이후 쥬린다 정부는 개헌을 준비하기 위해 개헌위원회를 구성했다. 개헌위원회의 목표는 단순히 대통령 선출방식을 간선에서 직선으로 바꾸는 것에 그치지 않았다. 새로운 민주정권은 코바치 대통령과 메치아르 총리의 5년간의 갈등과 대립을 목격했었다. 비록 그 갈등으로 인해 메치아르 정권이 무너지긴 했지만, 여하간에 행정부 내부의 갈등이 정치적 불안정을 유도했던 사실을 잘 알고 있었다. 따라서 이들이 의도한 개헌은 대통령 선출방식을 직선으로 바꾸는 동시에 의회제 성격을 더욱 강하게 만드는 것이었다. 이를 위해 개헌위원회는 그동안 대통령과 총리 사이의 갈등을 격화시키고 불화를 초래했던 대통령의 권한을 축소했다. 이에 따라 그동안 논란의 중심에 있었던 대통령의 각료회의 주재권과 의회 참석권을 삭제했고 반대로 총리임명, 개별 각료와 관료 임명권, 국민투표 발의권은 그대로 유지했다. 이전과 마찬가지로 국가수반인 대통령에게 의전적, 상징적 권한만을 부여했다. 이러한 개헌에 따라 공식적으로 대통령이 의회와 내각에 개입할 수 있는 여지가 크게 줄어들었다.

우선 의회에 대한 대통령의 권한이 줄어들었다. 1992년 헌법에서도 대통령의 의회 해산권은 상당히 제한적이었지만, 1999년 헌법에서는 이를 더욱 강화해 대통령이 의회를 해산할 조건을 "의회가 정부 구성 이후 6개월 이내에 정부의 프로그램을 승인하지 않을 경우, 정부가 신임과 연계해 발의한 법안을 3개월 이내에 동의하지 않을 경우, 의회가 3개월 이상 회기를 열지 않을 경우 대통령이 의회를 해산할 수 있도록" 규정했다. 그러나 대통령은 임기 6개월을 남긴 시점, 전시, 계엄령 혹은 예외적 상황에서는 이 권한을 사용할 수 없었다. 또한 대통령을 소환하는 국민투표가 부결된 경우에도 의회를 해산할 수 있도록 했고, 이 경우 대통령의 임기는 처음부터 다시 시작되도록 했다.[18]

총리, 각료 및 기타 임명 권한도 소폭 하향 조정되었다. 헌법에서는 대통령은 "총리와 각료, 정부 위원회 의장을 임면한다. 대통령은 115조와 116조에 규정된 경우 총리와 각료를 해임하며," "법으로 규정한 경우 중앙기구 수장과 고위 관료를 임면한다. 대학 총장을 임면하며, 대학교수를 임명하고, 장성을 임관한다"고 명시했다. 1992년 헌법과 별반 차이가 없어 보이지만, 각료 임면 항목을 주목할 필요가 있다. 1992년 헌법 111조에서는 대통령은 총리의 권고로 각료를 임면하며, 의회 피선거권 있는 어떤 시민이건 부총리와 각료로 임명할 수 있도록 했지만, 1999년 헌법 111조에는 각료 임면권을 "총리의 제청에 따라, 대통령이 각료를 임면한다"로 조정되었다. 즉, 이전 헌법에서는 대통령이 자의적으로 각료를 임면할 수 있었지만, 1999년 헌법에서는 총리가 제청한 후보에 한해서 대통령이 각료로 임면하도록 되어 있어 실제로 대통령의 각료 임면권이 축소된 셈이었다.

한편 대통령 소환 조항도 조정되었다. 1992년 헌법에서는 의회 재적 1/2로 대통령 소환을 발의하고, 재적 3/5를 통해 대통령을 소환하며 의회가 내란죄로 대통령을 기소하고 헌법재판소에서 이를 결정하도록 했었다. 그러나 1999년 헌법에는 대통령을 소환할 수 있는 조항을 의회가 대통령 소환 국민투표를 요청해 이것이 통과될 경우와 그리고 의회가 대통령을 기소해 소환할 수 있는 두 가지의 경우로 구분했다.[19]

---

18) Ústava Slovenskej republiky (1999), Čl. 102-e.

대통령에게는 헌법재판소 판사와 대법원 판사 임명권이 있으나, 사법위원회가 추천하는 복수의 후보자 중에서 선택할 수 있기 때문에 실질적인 권한은 대폭 줄어든 셈이었다. 동시에 대통령은 사면권과 특사권을 보유하고는 있지만 개정 헌법에서는 이러한 권한도 총리 혹은 관련 각료의 부서를 요구하고 있어 의전적 권한도 줄어들었다.

대통령의 권한 중에서 가장 중요한 것 중 하나가 법안 거부권인데, 개정 헌법에서는 대통령이 법안 거부권을 행사할 경우에는 내각의 동의를 구해야 하며, 대통령이 거부권을 행사한 법안을 재입법하기 위해서는 재적 과반의 찬성이 필요하다고 명시했다. 개헌 이전에는 대통령의 거부권을 단순 다수(재석 과반)로 뒤집을 수 있었지만, 개정 헌법에서는 재적 의원의 다수(76석)로 규정하여 대통령 거부권에 대한 영향력을 높여주었다.[20] 그러나 개정 헌법에서는 이전의 대통령 권한이었던 개헌을 위한 국민투표 발의권을 삭제했고, 개헌안에 대해서는 대통령이 거부권을 행사할 수 없도록 했다.

헌법에서는 대외정책을 대통령의 권한으로 두고 있는데, 대통령은 대외적으로 국가를 대표하고, 국제조약을 협상하고 비준할 권한을 지니고 있다.[21] 그러나 동시에 헌법에서는 대통령이 이러한 권한을 정부에 위임하든지 아니면 정부의 동의를 얻어 개별 각료에게 위임할 수 있다고 되어 있다.[22] 전임 대통령들은 국제조약 협상에 직접 참여하지 않았고 그

---

19) Ústava Slovenskej republiky (1999), Čl. 106, 107.

20) 슬로바키아 대통령의 입법 거부권은 주로 비정치적인 분야에 집중되어 있다. 슈스터 대통령의 경우 1999년부터 2002년까지 모두 98건의 입법안에 대해 거부권을 행사함으로써 7개의 입법안 중 하나 꼴로 거부권을 행사했다. 가슈파로비치의 경우 2005년까지 평균 10개의 입법안 중 하나 꼴로 거부권을 행사했다. 이들이 행사한 거부권은 주로 비정치적인 분야에 집중되어 있었다. Malová, Darina and Rybář, Marek (2008), p. 188.

21) 흥미로운 점은 1992년 헌법에서는 대통령이 대내외에서 슬로바키아를 대표한다고 규정했으나, 1999년 헌법에서는 대통령이 대외적으로 슬로바키아를 대표한다고 규정한 사실이다. 결국 국내의 대표자는 대통령이 아니라 총리라는 점을 적시한 것으로 볼 수 있다. Ústava Slovenskej republiky (1992), Čl. 101, (1); Ústava Slovenskej republiky (1999), Čl. 102, (a).

22) Ústava Slovenskej republiky (1999), Čl. 101.

비준에 대해서도 별다른 영향력을 행사하지 않았지만, 2004년 가슈파로 비치의 경우는 EU 헌법조약을 둘러싼 정치권의 논쟁에서 자신이 직접 협상에 참여하고 그 비준을 책임지겠다고 선언하면서 총리 쥬린다(M. Dzurinda)와 대립각을 세우기도 했었다. 그러나 곧 대통령은 이러한 주장에서 한걸음 물러서 총리에게 권한을 위임했다.[23)]

헌법에서는 계속해서 대통령이 국가의 수반이자 행정부의 일부라고 규정하고 있지만, 의회와 내각에 대한 개입 가능성을 대폭 줄임으로써 실제로는 기존의 명목적인 역할마저도 축소시켰다. 더군다나 통상 슬로바키아 대통령은 취임 선서 이전에 이미 자신의 당적을 버림으로써 정치적인 기반을 스스로 버리는 전통을 갖고 있기 때문에, 일상정치에 개입할 여지는 거의 없었다. 대통령의 당적 포기는 헌법적인 의무조항은 아니지만 과거 체코슬로바키아 시절부터 내려온 대통령의 중립성 그리고 당파의 이해가 아닌 국민 전체의 이해를 대변하는 인물로서의 이미지로 인해 계속해서 지켜지는 전통이다. 동시에 대통령청의 인력 역시 대통령이 정치적인 문제에 개입하기에 턱없이 부족하기 때문에 실제로 대통령이 일상 정치에 개입할 여지는 거의 없다.[24)]

더군다나 2001년 옴부즈만 제도가 도입되면서 그동안 정당정치를 초월해 시민들의 이익을 대변하는 최후의 보루로서의 대통령의 이미지와 위상도 서서히 줄어들고 있다.[25)] 또한 대통령이 당선과 재선을 위해서 일상의 흙탕물을 뒤집어쓰면서까지 정당의 지지를 얻으려는 모습을 목격한 시민들은 더 이상 대통령이 정당정치라는 현세를 초월한 고매한 존재

---

23) 폴란드 역시 대통령의 대외정책 권한을 둘러싸고 대통령과 총리의 갈등이 있었다. 2008년 10월 브뤼셀 유럽이사회에 참석하려던 대통령 카진스키(L. Kaczyński)와 이에 반대한 총리 투스크(D. Tusk)는 결국 모두 회의에 참석했다. 이 과정에서 당초 회의 참석이 예정되었던 재무장관은 참석하지 못했다. Fuchsová, Barbora (2014), pp. 1-22.

24) 예를 들어 2004년 대통령청의 인력은 모두 82명이었으며, 2005년에는 90명에 불과했다. 여기에는 단순 노무직이나 기술직이 포함되어 있기 때문에, 대통령이 어떤 정책에 대해 보다 전문적인 정보를 통해 총리와 내각과 경쟁하기는 불가능하다. Malová, Darina and Rybář, Marek (2008), p. 190.

25) Ibid., pp. 192-193.

가 아님을 알게 되면서 대통령에 대한 존경과 권위도 서서히 줄어들고 있다.

표 3-4) 직선제 개헌 슬로바키아 대통령의 권한 변화

정치적 권한	→		임명권	→		의전적·상징적 권한	→	
군 통수권	●	○	총리	●	●	서훈권	○	○
법안 거부권	○	○	총리가 제안한 각료	●	●	국가수반	●	●
헌법안 거부권	○	✗	헌법재판소	○	○	의회 개회권	○	○
입법안 발의권	○	✗	대법원	✗	○	특사령	●	○
대통령령 반포	✗	✗	판사	✗	○	사면권	●	○
개헌 발의	✗	✗	검찰총장	●	○	시민권부여	✗	✗
의회 특별회기 요청	✗	✗	중앙은행장	●	○	망명권부여	✗	✗
비상 대권 행사	✗	✗	안보위원회	✗	✗	기소중지권	●	○
의회 회기 참석	○	✗	고위 경찰	●	○	외국대사 신임장	●	○
의회 연설/전달	●	○	군 고위급 인사	●	○	법안 서명	●	●
내각회의 소집	✗	✗				법안 공포	✗	✗
내각 회의 참석	●	✗				의회 해산	○	○
정부 보고서 요청	●	●	대사	●	○	국민투표 요청	○	✗
						선거 요청	✗	✗
						의회비준 조약 체결	○	○
						공직자 선서 수용	○	○
						임시내각 임명	○	○

● 헌법상의 권한 / ○ 조건적 혹은 총리(각료) 부서가 필요한 권한 / ✗ 권한 없음

4. 직선 대통령과 실질적 영향력

1) 슈스터 대통령

1999년 5월 첫 직선 대통령을 뽑는 선거의 1차 투표율은 73.9%, 2차 결선 투표율은 75.5%로 첫 직선 대통령에 대한 국민적 관심이 높았다.

그러나 투표율이 이렇게 높았던 진짜 이유는 메치아르의 당선을 막고자 하는 유권자들이 대거 투표장으로 몰려나왔기 때문이었다. 1차 투표에서 메치아르가 37% 이상의 높은 득표율을 보이자, 반메치아르 연대는 물론 일반 유권자들도 메치아르의 대통령 당선을 막기 위해 결선투표에 더욱 적극적으로 참여했던 것이다.

첫 직선 대통령으로 당선된 슈스터는 곧 연정 파트너 정당이었던 SOP(시민이해당)의 대표직을 사임했고 당적도 정지시켰다. 그는 취임사에서 자신은 '모든 시민의 대통령'이 되고자 한다고 강조했으며, 자신이 속했던 정당 이름대로 '이해의 대통령'이 되겠다고 다짐했다. 이런 의지대로 임기 초반 슈스터는 적극적이며 '강력한' 대통령이 되고자 하는 동시에 대통령을 일상 정치를 초월해 있는 존재로 격상시키려고 했었다. 이를 위해 그는 대외적으로 국가를 대표하는 대통령으로서 슬로바키아의 공식 '국가 독트린'이 필요하다고 강조하면서, 선거에 따른 정권교체에도 바뀌지 않을 일관적이고 장기적인 국가 비전을 제시했다.26) 그는 또한 초정파적 성격의 원탁회의를 조직해 모든 정당 대표와 이익단체, 노사 대표가 참여하는 협의체를 구성하는데 많은 공을 들였다. 슈스터는 원탁회의를 정규 회의체로 격상시키려고 시도했지만, 쥬린다 총리와 정당 대표들은 대통령이 주선하는 비공식 모임인 원탁회의보다 의회가 더 적합한 논의의 장이라며 이를 거부했다.

2000년 여름 슈스터의 와병 중에 총리 쥬린다와 국회의장 미가쉬(J. Migaš)가 일시적으로 대통령의 직무를 정지시키고, 대통령의 권한을 대행하기로 결정한 이후27) 대통령과 총리의 관계가 더욱 악화되었다. 1999년 헌법 105조 1항에 따르면 "대통령이 선출되지 못하거나, 대통령이 공석일 경우 혹은 새로이 당선된 대통령이 취임 선서를 하지 않은 경우,

---

26) Mesežnokov, Grigorij (1997), pp. 28-29.
27) *The Slovak Spectator* (26. Jun 2000).

대통령이 중대한 사유로 직무를 수행하지 못할 경우, 102조 a,b,c,n) 대통령의 권한은 총리가, 102조 1항의 d), g), h), l), m), t)의 권한은 국회의장이 대행하도록 했다. 즉, 대통령이 공석일 경우 총리는 국제조약 비준권, 외교관 임명권, 중앙기구 수장과 고위 관료 임명권을, 국회의장은 의회 해산권, 총리와 각료 임면권, 전쟁 선포권, 계엄령 선포권, 판사, 대법원장, 검찰총장 임명권을 행사할 수 있다.[28] 슈스터는 사전에 충분하고도 정확한 설명을 듣지 못했다고 정부를 비판하면서 대통령의 권한을 중지시키고 대행을 결정할 것은 성급한 행동이었다고 주장하면서 총리와 국회의장을 싸잡아 비난했다.

슈스터 대통령의 적극적 대통령관은 쥬린다 주도의 내각과의 관계에서 명확히 드러났다. 슈스터는 처음에는 쥬린다 내각에 긍정적인 태도를 보였지만, 점차 내각과 거리를 두었다. 그는 내각과의 대립에서 다양한 수단을 사용했는데, 그중에서 가장 중요하게 여겼던 것이 법안 거부권이었다. 전임 대통령 코바치 역시 거부권을 사용하긴 했지만 그 대부분은 총리와 내각의 비민주주의 행태에 저항하기 위한 방법으로 활용했을 뿐이었다.[29] 슈스터는 1999년에 3개의 법안에 대해 거부권을 행사했지만, 이후에는 계속 거부권 행사가 늘어나 연간 20건 정도 법안을 거부했었다. 2002년 총선 이후 쥬린다 2기 내각이 들어선 이후에도 슈스터의 거부권 행사는 계속 이어졌다. 쥬린다 2기 내각은 중도-우익 정당들로만 구성되어 급속하고 포괄적인 경제개혁을 추진했고, 이 개혁으로 대통령과 마찰을 빚었다. 슈스터는 거부권 행사 이외에도 의회에 참석해 정부를 비판하는 보고서를 제출하기도 했다.

비록 무위로 끝나긴 했지만 슈스터가 2002년 총선 이후 총리 임명권

---

28) Ústava Slovenskej republiky (1999), Čl. 102, 105.

29) 임기 중 코바치는 모두 38건에 대해 거부권을 행사했는데, 슈스터의 경우에는 103건을 거부했다. Horvath, Peter (2014), p. 20.

을 활용한 사건도 있었다. 당시 슈스터는 사전에 의회의 지지를 확보할 수 있는 자를 총리로 지명할 것이라고 밝혔지만, 당초의 약속을 깨고 원내 다수 확보가 사실상 불가능한 민주슬로바키아운동에 내각 구성을 위임했다.[30] 제1당 대표에게 내각 구성을 위임하는 전통이 있긴 했지만, 그것은 원내 다수의 지지, 즉 신임을 얻을 수 있는 제1당을 의미하는 것이지 단순 의석수로 1당을 의미하는 것은 아니었다. 그럼에도 슈스터는 의회 신임을 얻지 못할 것이 확실시되는 민주슬로바키아운동의 메치아르에게 내각 구성을 위임함으로써 내각이 늦게 구성되는 결과를 빚었다. 물론 슈스터 역시 이런 사실을 잘 알고 있어, 굳이 메치아르를 총리로 고집할 생각도 없었기 때문에 메치아르에게 내각 구성을 의뢰한 지 닷새 만에 이를 철회하고 쥬린다를 총리로 선택했다.

슈스터의 가장 두드러진 정치 개입은 임기 말인 2004년에 있었다. 그해 노조와 피초의 방향(SMER)이 조기총선 실시를 주장하며 국민투표를 요구했다. 노조는 국민투표를 제안하면서 슈스터에게 같은 날 대통령 선거를 실시하자고 제안했는데, 이는 노조가 슈스터를 지지한다는 의미였다. 슈스터도 이를 긍정적으로 수용했다. 이는 결국 대통령이 당파를 초월하는 전통을 포기하고 현실 정치이 참여한 것이나 마찬가지였다. 그러나 결과적으로 피초는 선거 직전 다른 후보 지지를 선언했고, 노조는 슈스터에 대한 지지를 공개적으로 표명하지도 않았다.

전임 코바치와 비교해서 직선이라는 정당성을 갖춘 슈스터는 관리자, 중재자 혹은 국민 전체를 대변하는 국가의 수호자가 되려는 열망을 갖고 있었고 이를 위해 총리와 대립했다. 그 역시 코바치와 마찬가지로 비공식적 방식을 통해 쥬린다 내각을 비판함으로써 특정한 정치적 이슈에 영향력을 행사하려고 했다. 그가 재임 중 행한 연설 중 약 60%가 쥬린다 내각의 경제정책과 사회보장 정책, 지역개발 정책을 비판했다는 점에서

---

30) Mesežnokov, Grigorij (1997), pp. 32-33.

이를 확인할 수 있다.[31] 그러나 슈스터가 총리와 대립한 것은 자신의 헌법 권한을 강화하려는 의도에서가 아니라, 재선에 도움이 될 수 있을 것이라는 판단 때문이었다.[32]

이후 슈스터는 계속해서 국회의장, 총리, 노사 대표를 원탁회의에 불러 모아 영향력을 드러내고 또 강화하고자 했지만, 연립정부와 의회는 대통령의 이런 제안을 단호히 거부했고 결국 원탁회의는 무산되었다. 임기 말이 가까워지면서 슈스터 대통령은 거의 고립무원 상태였고, 지지도 역시 급락했다. 재선을 노렸던 슈스터는 2004년 대선에서 7.2%의 지지를 얻는데 그쳤다.

2) 가슈파로비치 대통령

2004년 대선에서는 예상을 뒤엎고 메치아르 정부 시기에 국회의장을 역임했던 가슈파로비치가 대통령으로 당선되었다. 가슈파로비치는 2002년 총선 당시 메치아르가 자신을 공천하지 않자 민주슬로바키아운동을 탈당해 민주주의운동(HZD)을 창당했었다. 2002년 총선에서는 의석을 차지하지 못했지만, 그는 높은 대중적 인기를 바탕으로 대선에 출마했다. 가슈파로비치는 2003년 이후 가장 지지율이 높았던 SMER의 지지를 받았지만, 2004년 대통령 선거에서 승리할 수 있었던 진짜 이유는 쥬린다 2기 내각의 전략 실패 때문이었다. 슬로바키아 민주당과 기독연합이 주도하던 연립내각은 단일 후보를 내는데 실패했고, 이 때문에 중도-우익 유권자들의 표가 분산되었다. 게다가 어차피 결선투표를 치러야 하기 때문에 1차 투표에 참석하지 않아도 된다는 정서가 팽배해 있어 투표 이전에 큰 인지도를 자랑했던 기독민주의 쿠칸(E. Kukan)이 1차에서 3위에 그치고 말았다. 투표율이 48%도 되지 않은 가운데, 쿠칸은 가슈파로비

31) Oravcova, Veronika (2017), p. 109.

32) Spáč, Peter (2013), pp. 121-141.

치에 불과 3,644표 차이로 3위로 밀렸고, 반면 메치아르는 1차에서 32.73%로 1위를 차지했다.

가슈바로비치는 결선투표를 준비하면서 메치아르와 비교해서 자신을 좀 더 온건하고 덜 논쟁적인 인물로 내세워 약 60%의 지지를 얻었다. 그는 메치아르가 슬로바키아의 민주주의와 경제발전에 큰 위협이 되는 존재라고 공격하면서 유권자들의 표를 끌어모았다. 가슈파로비치는 1차에 비해 60만표 이상을 더 얻었던 반면, 메치아르는 고작 7만표를 더 얻는데 그쳤다. 투표율이 43.5%로 떨어졌음에도 불구하고, 선거 결과는 메치아르의 지지층이 견고하지만, 새로운 지지층을 확보하는 데는 실패했음을 확인시켜 주었다.[33]

가슈파로비치는 전임 슈스터에 비해 훨씬 더 중립적인 대통령이 되었다. 취임 연설에서 그는 자신이 메치아르의 대통령 당선을 막고자 했던 우익계 유권자의 지지를 받았음을 인정하면서 좌-우 어느 쪽에도 편중되지 않은 공정한 대통령이 되겠다고 약속했다. 또한 슈스터와 비슷하게 '모든 시민을 위한 대통령'이 될 것이며, '국가적으로 생각하고, 사회적으로 느끼는' 대통령이 될 것이라고 약속하면서 중도-우파 정권과도 거리를 두었다.

앞선 두 명의 대통령과는 달리 그의 임기 중에는 쥬린다(중도우파)→피초(중도좌파)→라디초바(중도우파)→피초(중도좌파)로 이어지는 빈번한 정권교체가 있었고 이런 정치적 불안정이 그의 역할에 큰 영향을 끼쳤다. 그러나 사실상 가슈파로비치는 중도-좌익의 피초와 SMER에 동조적이었고 심지어는 그 스스로가 종속적 위치에 있기를 자처했다. 그가 거부권을 행사한 사례를 통해 이런 사실을 간접적으로 확인할 수 있다. 2006-10년 피초 1기 내각 당시 가슈파로비치의 거부권 행사는 약 5% 수준이었지만, 2010-12년 라디초바 내각에서는 그 3배에 달할 정도로 이

---

33) Rybář, Marek (2005), pp. 333-338.

미 가슈파로비치는 중도-좌파인 SMER와 피초 총리에 대단히 협력적이었다.

피초 내각 시기 가슈파로비치는 전임 쥬린다나 라디초바 내각 시기에 비해서 상당히 수동적으로 변했고 총리, 내각과의 갈등을 의도적으로 피했다. 2009년 선거 이전에는 대통령이 마치 SMER의 당원인 듯 행동했는데, 이에 대한 대가로 그는 피초와 SMER의 지지를 받아 재선에 성공했다. 반면 가슈파로비치는 중도-우파에 대해서는 상당히 단호한 입장을 견지했고 우파 정부 시기에는 정치적 문제에 적극적으로 개입했다.[34]

표 3-5) 가슈파로비치 대통령의 거부권 행사

정부-총리(좌/우)	임기	법안통과	거부권행사(수)	거부권행사(%)
피초 1기 (좌)	2006-10	530	28	5.28
라디초바 (우)	2010-12	208	29	13.94
피초 2기 (좌)	2012-15	61	0	0

대통령의 적극성 중에서 가장 논란이 되었던 사례는 라디초바 총리 시기 검찰총장 임명에 관한 문제였다. 헌법에 따르면 의회가 검찰총장 후보를 추천하고 대통령이 임명한다. 의회는 당초 비밀투표를 추진했지만, 중도-우파 연립내각은 자신들이 추천한 후보가 밀릴 것을 우려해 후보자 선정을 공개로 진행했다. 연립내각은 이를 통해 추천 인사를 대통령에게 제청했지만, 대통령은 투표방식을 문제 삼아 해당 인사의 임명을 거부했다. 중도-우파 연립내각은 가스파로비치의 임명 거부에 대해 헌법재판소에 위헌 심판을 청구했고 2010년 10월 헌법재판소는 대통령이 타당한 근거를 제시한다면, 임명을 거부할 수 있다는 결정을 내렸다.[35] 결국 2013년

---

34) Spáč, Peter (2013), pp. 245-247.
35) Nalez Ustavného sudu PL, US 4/2012-77.

1월 가슈파로비치는 총리가 제청한 후보의 임명을 거부했다. 이 상황은 슬로바키아 헌법의 허점을 보여준 것이었는데, 결국 대통령이 임명권을 통해 행정부에 영향력을 행사할 수 있는 여지가 있다는 의미였다.

전체적으로 볼 때, 슬로바키아의 직선 대통령은 직선을 통해 국민의 대표라는 정당성을 얻었지만 공식 권한과 영향력이 모두 줄어들었다. 실제로 1999년 이후 직선의 대통령들이 총리의 각료 임면 요청을 거부한 사례는 한 차례도 없었다.[36] 법안에 대한 거부권을 행사함으로써 일정 부분 정부와 의회에 영향력을 행사하기도 했지만, 사실 대통령의 거부권은 입법 활동을 막지 못하는 한시적인 조치에 불과하기 때문에 거부권을 통해 대통령의 권한을 증대시키는 것은 불가능했다. 직선의 슈스터 시기에는 모두 98번 거부권을 행사했던 반면, 가슈파로비치는 라디초바 내각 시기에만 거부권을 빈번히 사용했고 피초 내각 시기, 특히 피초 2기 내각에서는 거부권을 사용하지 않았다.

또한 대통령이 대외적으로 국가를 대표하며 국제조약 협상과 비준권을 가지고 있지만 현실에서는 이런 권한을 사용하고 싶어도 할 수 없는 상황이다. 무엇보다도 대통령청이 국제조약을 협상할 만한 인력이나 행정조직, 재정력이 없기 때문인데, 대통령 선거 캠페인에서 외교정책에 보다 적극적으로 임하겠다고 밝혔던 가슈파로비치 조차도 실제로는 이전 대통령과 비슷한 수준에서 외교활동에 임했고, 헌법상의 권한 대부분을 총리에게 위임했다.

---

36) 한 가지 예외는 2001년 5월 슈스터 대통령이 내무부 장관 사퇴 이후 총리가 한시적으로 내무부 장관을 겸임하는데 반대하고 법무장관이 내무장관을 겸임하도록 한 결정이었다. 슈스터는 왜 그런 결정을 했는지에 대한 설명을 하지 않았으나, 쥬린다가 곧 신임 내무장관을 임명하면서 이 문제가 대통령-총리 갈등으로 비화되지는 않았다.

5. 맺음말

1993년 독립 이후 슬로바키아 대통령의 공식 권한은 여러 차례에 걸쳐 조정되었고, 이를 통해 대통령의 명확한 지위와 권한이 서서히 정치체제에 자리 잡아갔다. 1998년 의회 간선으로 대통령을 선출하지 못해 1년 가까이 대통령이 공석으로 남는 사태가 벌어지면서 대통령 직선제를 도입했으며, 직선제 개헌을 통해 대통령의 권한을 보다 명확히 규정함으로써 대통령과 총리 사이의 사생결단식의 대립도 사라졌다. 대통령의 권한을 줄이는 것이 슬로바키아의 정치안정과 민주주의 공고화에 충분조건은 아니었지만 적어도 행정부 내부에서의 대립과 대통령을 둘러싼 사회적, 정치적 갈등을 줄이는 필요조건이긴 했다.

직선제 개헌 이후 슬로바키아의 직선 대통령들은 자신의 역할과 위상을 인지하면서 공식적인 권한 확대를 추구하지 않았으며, 스스로가 정당정치에 휩쓸려 들어가지 않고 의회제의 전통을 따르고 있다. 슈스터나 가슈파로비치는 경우에 따라서 정부를 신랄히 비판하기는 했지만 총리와 정면대립한 적은 없었다. 또 이들의 대립과 충돌도 대통령의 권한을 강화하고 그래서 현실 정치에 대한 영향력을 확대하기 위한 목적이 아니라, 특정 정책이나 개인적인 반감으로 총리나 내각을 비판하는 것에 불과했다. 또한 현실적으로 정당의 지지를 받지 못하면 대통령에 당선될 수 없기 때문에 대통령은 당선이나 재선을 위해서라도 굳이 총리와 대립할 이유가 없었다.

대통령의 비공식 지위를 고려할 때도 여전히 슬로바키아 대통령의 권한은 약하다. 첫 번째 직선 대통령인 슈스터와 두 번째 임기를 마친 가슈파로비치 모두 자신의 목소리를 내는데 주저하지 않았지만, 그런 행동은 대통령의 역할을 강화하기 위한 목적에서가 아니었다. 그들이 간혹 보여준 적극적인 대통령의 모습은 더 많은 권력을 얻기 위한 시도가 아니라, 당시의 불안정한 정치상황에서 중재 혹은 조정자 역할을 위한 불가피한 선택이었다. 결국, 대통령들은 정당을 초월하는 조정자도 독립적인 정치 행위자도 아니었으며, 다만 기존 정당 경쟁 관계의 일부를 구성하고 있을 뿐이었다.

요컨대, 1999년 직선제 개헌으로 슬로바키아는 형식상으로는 준대통령제 국가가 되었지만, 대통령의 헌법상 공식 권한과 비공식 권한을 살펴볼 때는 오히려 의회제가 더 강화된 것으로 판단할 수 있다. 향후 슬로바키아 대통령의 역할이 어떻게 바뀔지 섣불리 예측할 수는 없지만 현재까지의 발전 과정을 통해 볼 때, 다른 탈공산주의 국가들과 비교해도 상대적으로 더 약한 권한을 가진 대통령이 유지될 것으로 보인다. 물론 다른 상황이 벌어질 가능성도 있다. 현재까지 그 어떤 대통령도 견고한 정당 지지를 얻지 못했다는 사실을 고려할 때는, 만약 견고한 정당 지지를 등에 업은 야심 있는 인물이 총리가 아닌 대통령직에 도전할 경우 대통령의 권한을 강화하려는 시도가 나타날 수도 있을 것이다.

제4장

폴란드의 준대통령제

투쟁적인 바웬사와 온건한 크바스니예프스키

1. 머리말

1989년 2월에서 4월까지 진행된 공산당, 자유노조, 가톨릭교회 사이의 원탁회의를 통해 폴란드의 체제전환이 시작되었다. 이 과정에서 원탁에 참석한 측은 각자의 셈법에 따라 1952년에 폐지한 대통령직을 부활시키기로 결정했고, 이후 폴란드의 정부 형태는 의회제와 대통령제 사이의 중간노선을 따라 움직였다.

폴란드 대통령의 지위와 역할은 헌법에 규정된 공식적인 권한, 정당체제의 유형과 속성 그리고 대통령 개인의 성향에 따라 큰 폭으로 변동되었다. 1989년 체제전환 이후 세 번의 개헌으로 대통령의 공식 권한이 달라졌으며 여러 조항에서 그 권한이 대통령의 권한인지 아니면 총리의 권한인지가 모호한 경우가 많았다. 개헌으로 헌법에 규정된 대통령의 권한을 어떻게 해석하는지에 따라 행정부 내부의 갈등이 고조되기도 또 줄어들기도 했다. 또한 폴란드는 기본적으로 총리와 내각이 의회에 책임을 지는 의회제 국가로서 의회가 어떻게 구성되는지, 즉 총선 결과에 따라 어떤 내각이 들어서는지에 따라서도 대통령-정부, 대통령-의회 관계가 크게 달라졌다. 마지막으로 개별 대통령의 퍼스낼리티나 정치적 야망의 크기에 따라서도 이 관계는 크게 변동되었다.

이런 측면에서 폴란드 준대통령제 사례에서는 1989, 1992, 1997년 개헌을 통해 변화된 대통령의 공식 권한을 살펴보고 이 헌법의 적용을 받았던 두 명의 대통령인 바웬사(L. Wałęsa)와 크바스니예프스키(A. Kwaśniewski)의 영향력을 확인하면서 폴란드 준대통령제의 주요 특징을 파악한다.

2. 대통령직 복원과 직선제 개헌

이미 1987년에서 1988년 사이 폴란드 공산당은 경제침체와 생활수준 하락으로 드러난 소비에트 체제의 비효율성과 무능력을 인식하고 근본적인 변화가 필요하다는 사실을 깨달았다. 동시에 사회에서도 정권에 대한 반대의 목소리가 점점 더 커지면서 근본적인 개혁이 아닌 임시방편의 변화를 추구해서는 사태를 진정시킬 수 없다는 사실도 명백해졌다. 따라서 공산정권은 사회주의 체제를 유지하기 위한 일련의 개혁을 시작하든지 아니면 체제를 완전히 바꾸든지 둘 중 하나를 선택할 수밖에 없었다. 폴란드 공산세력이 선택한 것은 첫 번째 방안이었다. 그러나 이 방안을 잘못 사용할 경우 공산당을 향한 비난의 화살이 더욱 거세질 것은 불 보듯 뻔했다. 따라서 이들은 사회주의 체제를 유지하는 가운데 개혁을 도입하고 이 과정에 반대파를 참여시킴으로써 혹시라도 개혁이 실패할 경우 자유노조와 같은 반대파에게 책임을 돌리려고 했다. 즉, 공산정권은 극적인 변화를 피하고 만약의 사태에 대비해 비난의 화살을 다른 쪽으로 돌리는 출구 전략을 선택한 것이었다.

이런 이유에서 폴란드 공산정권은 1988년과 1989년에 자유노조와의 협의를 거치고, 1989년 2월부터 공식적인 원탁회의를 진행하면서 자유노조 측에 많은 것을 양보했다. 물론 여기에도 공산당이 정권을 유지한다는 전제는 깔려 있었다. 특히 외교, 군사, 정보, 경제정책 등의 분야는 공산정권이 통제력을 유지한다는 기본적인 생각을 그대로 가지고 있었다.

2달 동안 진행된 공산정권, 자유노조, 가톨릭 교회의 3자 원탁회의로 헌법을 개정하고 총선을 실시하기로 결정했다. 1989년 4월 7일 개정된 헌법으로[1] 1952년에 폐지되었던 대통령직이 다시 들어섰고 기존 하원

---

[1] The act of 7 April 1989 on changing the Constitution of the Polish People's Republic, J.L. of 1989 No.19 item 101 (Ustawa z dnia 7 kwietnia 1989 r. o zmianie Konstytucji Polskiej Rzeczypospolitej Ludowej, Dz. U. z 1989 r. Nr 19, poz. 101).

(Sejm)과 함께 상원이 신설되었다. 그리고 이 양원의 합동회기를 통해 대통령을 선출할 예정이었다.

대통령직 부활, 상원 신설 이외에도 사법부의 독립을 보장하기 위해서 국가사법위원회가 설치되었고 기존 옴부즈만제를 헌법 기구로 격상시키는 내용도 개정 헌법에 포함되었다. 그러나 폴란드 체제전환과 향후 대통령의 권한에 가장 중요한 영향을 끼친 것은 바로 하원 선거였다.

원탁회의를 통해 결정된 의회 선거는 완전한 자유 총선은 아니었다. 100석의 상원의 경우는 완전 자유선거로 실시하기로 합의했지만, 460석의 하원은 완전 자유선거가 아니라 공산당과 위성정당에게 유리한 방향으로 선거를 실시하기로 결정했다. 즉, 원탁회의를 통한 타협으로 공산당과 위성정당이 하원의석의 65%를 사전이 배정받았고, 나머지 35% 의석만을 경쟁선거로 치르기로 합의했던 것이다.[2]

공산당은 이렇게 하면 자신들이 하원 의석의 2/3를 미리 확보할 수 있기 때문에, 결코 야당, 특히 자유노조에게 정권을 잃게 되지 않을 것이라고 확신했다. 반면 상원의 경우는 별다른 실권이 없어 이곳의 의석을 다 잃는다 해도 상관은 없었지만 그래도 자유노조보다는 의석을 더 많이 얻을 수 있을 것으로 기대했다. 4월 원탁회의의 결과를 발표하면서 두 달 뒤에 선거를 치르기로 한 이유가 바로 이 때문이었다. 공산계 후보들의 인지도도 높았고 공산정권이 아직까지 언론과 미디어를 통제하고 있었기 때문에 충분히 승산이 있다고 판단했다.

그러나 공산당은 여기에 머무르지 않았다. 혹시라도 하원과 상원에서 예상했던 지지를 얻지 못할 가능성도 염두에 두고 있었다. 따라서 이들은 1952년 스탈린주의식 헌법에서 폐지했던 대통령직을 부활시키고, 이 자리에 국가위원회 의장 야루젤스키(W. Jaruzelski)를 추대하는 방안을

---

2) 공산계에 할당된 65% 중에서, 공산당(폴란드노동자당)과 위성정당이 의석의 60%를 그리고는 나머지 5%는 가톨릭 세력(PAX, Chrześcijańskie Stowarzyszenie Społeczne, Polski Związek Katolicko-Społeczny)이 차지했다. Górski, Grzegorz (2014), pp. 5-15.

강구했다. 즉, 공산당의 입장에서는 총선 결과는 여하튼 상관없었다. 하원 의석의 65%를 미리 확보했고, 나머지 의석과 상원에서 일정 의석을 차지한다면 양원 합동으로 치러지는 대선에서 충분히 승리할 것이라고 예상했다. 공산당 측에서는 사전에 정해진 의회의 의석 배분과 대통령직 부활이 당-국가를 유지하고 소련을 안심시킬 수 있는 조치라고 판단했고, 새로이 부활된 대통령에게 상대적으로 강한 권한을 부여하는 것으로 마침표를 찍으려 했다.3) 따라서 공산당-자유노조 사이의 타협으로 준대통령제가 아닌 '이원제'라 부를 수 있을 만한 새로운 정부 형태가 등장할 예정이었다. 그러나 양측 모두는 향후 이런 체제가 어떻게 작동될지 전혀 예상하지 못했다.4) 다만 원탁회의의 결과를 두고 양측이 동의했던 대로 하원의 '구획된 선거'와 상대적으로 강력한 대통령제의 도입이 새로운 민주질서 창출에 중요한 시금석이 될 것이라는 대외적인 논평만 했을 뿐이었다.5) 그러나 공산당의 예상은 완전히 빗나갔으며, 공산당의 전략을 알면서도 받아들일 수밖에 없었던 자유노조는 스스로가 예상했던 것보다 국민들의 반공산주의 정서가 훨씬 더 강하다는 사실을 뒤늦게 깨달았다.

우선 상원은 100% 자유선거로 실시되었다. 전체 100석의 의석 중 자유노조가 99석을 나머지 1석은 무소속인사가 차지했다. 공산당과 공산당 위성정당은 단 1석도 차지하지 못했다. 하원의 경우는 더욱 치명적이었다. 전체 65%의 의석(299석)을 사전에 보장받은 공산당, 위성정당, 가톨릭 정당은 여기에 단 1석도 추가하지 못하고 그대로 299석만을 차지했다. 공산당은 나머지 자유선거로 치러진 35%의 의석(161석) 중 단 1석도 차지하지 못하는 참패를 당했다. 더군다나 사전에 전국단위의 명부를

---

3) Salmonowicz, Witold (1989), pp. 10-11.

4) Osiatynski, Wiktor (1996), p. 58.

5) SSalmonowicz, Witold (1989), p. 11.

통해 33석이 공산당과 위성정당에 배정되어, 1차에서 과반을 득표하기만 하면 얻을 수 있는 의석 중 단 2석만을 차지했다. 결과적으로 결선을 통해 나머지 의석을 모두 가져가지는 했지만, 공산당으로서는 이런 참패를 미처 예상하지 못했다.

불행 중 다행인 것은 이미 원탁회의를 통해 공산당만 대통령 후보를 내세울 수 있게 되었다는 점이었다. 결과적으로 야루젤스키가 상, 하원 합동회기를 통해 대통령에 당선되기는 했지만, 이번에는 당선에 필요한 의석보다 단 1석이 많은 270표를 얻었을 뿐이었다. 이는 공산당 위성정당이었던 연합인민당과 민주당이 야루젤스키의 단독 입후보에 동의했음에도 불구하고 실제로는 상당수 의원이 반대표를 던진 것으로, 만약 자유노조 측 의원들이 기권을 하지 않았다면 야루젤스키의 당선을 장담하지도 못할 상황이었다. 즉, 대통령을 당선시키는 데는 성공했을지 몰라도 그 과정과 결과는 아주 비참했다. 이렇게 해서 당선된 대통령이 과연 얼마나 영향력을 행사할 수 있을지는 의문이었다. 야루젤스키는 당선 이후 별다른 권한을 행사하지 않았으며, 유일하게 행사한 대통령의 권한은 두 번의 총리 임명뿐이었다. 대통령으로 선출된 야루젤스키는 정보부장 출신의 키스착(C. Kiszcak)을 첫 번째 총리로 임명했다. 키스착은 정부를 구성하기 위해 자유노조 측에게도 연정 참여를 권했지만, 자유노조는 이를 거부했다.6) 총리로 임명된 이후 사회적 소요가 심해지면서 키스착은 불과 22일 만에 총리직에서 물러났다. 사실 그는 총리로 재임한 22일 동안 내각을 구성하기 위해 동분서주했지만, 결국 내각을 구성하지도 못했다. 이제 누가 의회의 신임을 얻을지가 중요했다.

---

6) Garlicki, Lech and Garlicki, Zofia A. (2010), pp. 391-416.

표 4-1) 1989년 6월 폴란드 총선

정당	하원(의석)	상원(의석)	속성
폴란드연합노동당	173		공산당
솔리다리티시민위원회	161	99	자유노조
연합인민당(ZRS)	76		위성정당
민주연합	27		위성정당
팍스연합(PAX Association)	10		가톨릭계
기독-사회연합	8		가톨릭계
가톨릭-사회연합	5		가톨릭계
무소속	0	1	
합계	460	100	

이런 상황에서 점점 더 자신감을 얻게 된 바웬사와 자유노조는 공산당이 대통령을 차지했으니, 자유노조가 총리를 차지해야 한다고 주장했다. 자유노조의 미흐닉(A. Michnik)은 일간지에 "당신들은(공산당) 대통령을, 우리는 총리를"이라는 제하의 기고문을 통해 자유노조에서 총리를 차지해야 한다고 강조했다. 키스착의 사임 이후 자유노조와 바웬사는 자유노조(161석), 연합인민당(76석), 민주연합(26석)으로 연정을 구성하고, 마조비에츠키(T. Mazowiecki)를 총리로 내세웠다. 이로써 폴란드는 비공산계 인사가 총리가 된 첫 번째 공산권 국가가 되었다. 아직까지 폴란드는 공식적으로 공산국가였지만, 1989년 두 번의 헌법 개정을 통해 체제전환이 시작되었고, 1992년 헌법 제정을 통해서는 보다 안정적으로 민주화, 경제 개혁을 추진할 수 있는 동력을 얻었다. 1992년 헌법을 통해 대통령의 선출과 권한을 보다 명확히 규정했음에도 불구하고 계속해서 행정부 내부의 갈등이 이어지면서 이를 둘러싼 대립과 조정이 본격화되었다.

1992년의 헌법 제정 이전인 1989년 4월의 헌법 개정에 따라 대통령은 헌법을 수호하고 국가의 주권과 안보를 지켜야 할뿐만 아니라 영토의 불가침성과 통합을 유지해야 하고, 국제적인 군사동맹에 순응하며 헌법 기구들 사이의 권한과 행위를 조율하는 역할을 부여받았다.7) 그러나 이런 헌법의 자구는 여러 가지로 해석될 여지가 있었다. 무엇보다도 이 문구 자체가 대통령에 대한 전반적 지침인지 아니면 대통령 권한의 일부인지를 둘러싸고 갑론을박이 벌어졌다. 이런 모호한 내용은 1992년 10월 일명 '소헌법(Small Constitution)'에서도 그대로 남아있었는데 포괄적이면서도 명확하지 않은 대통령의 권한 규정으로 반의회주의 심지어 잠재적으로 반민주적인 헌법으로도 인식될 수도 있었다.8) 이러한 헌법의 모호한 규정으로 정치권의 갈등이 이미 예견된 것이나 마찬가지였다.

1989년 4월 개정 헌법 32조 1항에 따라 대통령은 자의적으로 총리를 임명할 수 있었고, 총리의 '권고'에 따라 각료를 임명했다. 대통령은 총리의 부서(副署) 없이 외무와 국방정책을 결정하고 처리할 수 있는 권한이 있었으며, 일부 의회의 동의가 필요한 경우를 제외하고는 고위 관료를 임명할 수 있는 포괄적 임명권도 지니고 있었다.9)

또한 대통령에게는 법안 발의권이 있었으며,10) 의회를 통과한 법안에 서명하기 이전에 해당 법안이 헌법에 위배되는지를 헌법재판소에 문의할 수도 있었다.11) 물론 대통령은 의회를 통과한 법안에 대한 거부권도 지니고 있었는데, 만약 하원이 대통령이 거부한 법안을 다시 통과시키기 위해서는 재적 2/3의 찬성이 필요해 대통령의 거부권이 상대적으로 강한 영향력을 지녔다.

또한 1989년 4월 개정 헌법 30조 2항에서는 대통령의 하원 해산권에 대한 조건을 다음과 같이 상술했다. 첫째, 총선이 치러진 이후 하원이 3개월 동안 내각을 구성하지 못할 경우, 둘째, 내각이 제출한 예산안을 하

---

7) Sula, Piotr and Szumigalska, Agnieszka (2013), pp. 101-119.

8) Garlicki, Leszek (2007).

9) Ustawa z dnia 7 kwietnia 1989. 32조 f. 1항, 40조, 61조 4항, 65조 1항.

10) Ustawa z dnia 7 kwietnia 1989. 1989년 헌법 20조 4항.

11) Ustawa z dnia 7 kwietnia 1989. 1989년 헌법 27조 4항.

원이 채택하지 않을 경우, 셋째, 하원이 대통령의 헌법적 의무를 수행하지 못하도록 하는 법안이나 결정을 채택하여 대통령이 권리가 침해되었다고 판단할 경우 대통령은 하원을 해산할 수 있었다.[12] 또한 대통령은 양원의 개회, 휴회, 폐회에 관여할 수도 있었다.

대통령에게는 의회의 동의를 구하지 않고도 내각을 해산할 수 있는 권한도 있었다. 또한 대외적으로 국가를 대표하며, 전쟁과 평화 선포권을 지니고 있었다. 이런 측면에서 볼 때, 1989년 4월 개정 헌법에 따라 폴란드가 대통령제 국가가 되었다고 판단할 수도 있지만, 헌법에서 "대통령의 행위에 대한 책임은 총리와 내각이 의회에 진다"라고 규정하고 있어,[13] 의회제 국가로 분류하는 것도 가능했다.

한편 1989년 4월 개정 헌법의 적용을 받았던 야루젤스키는 상기한 대통령의 공식 권한을 거의 행사하지 않았다. 총선에서 공산당이 참패했고, 대선에서도 자유노조 의원들에게 지지를 구걸해 겨우 당선된 야루젤스키의 입장에서는 자신에게 주어진 헌법적 권한을 휘두르는 대신 오히려 자유노조 출신의 마조비에츠키 총리에게 국내외의 주요 사안에 대한 결정권을 위임하는 형식을 취함으로써 현실 정치에서 몇 걸음 떨어져 있기를 원했다. 반면 1989년 12월 대통령 직선제 개헌으로[14] 첫 번째 직선 대통령으로 당선된 바웬사는 1993년 헌법의 적용을 받을때까지 야루젤스키와는 정반대의 노선을 걸었다.

1992년 상, 하 양원에서는 '소헌법'이라고 부르는 과도기적 헌법을 제정했다. 이 헌법의 가장 중요한 목적은 대통령, 정부, 의회 사이의 모호한 권한 규정을 조정하는 것이었다.[15] 소헌법을 통해 기본적인 정치 구

---

12) Ustawa z dnia 7 kwietnia 1989.
13) Ustawa z dnia 7 kwietnia 1989.
14) Ustawa z dnia 29 grudnia 1989.
15) MacMenamin, Iain (2008), pp. 120-137.

조가 조정되었고 그 권한을 보다 명확히 규정했지만, 그럼에도 여전히 대통령의 헌법상의 권한은 모호했다.

소헌법에서도 대통령은 의회 해산권을 지니고 있었다. 대통령이 하원을 해산할 수 있는 경우는 하원 재적 2/3가 스스로의 해산을 결정하는 경우, 하원이 예산안을 90일 이내에 통과시키지 않을 경우, 의회가 두 번에 걸쳐 대통령이 임명한 총리와 내각을 인준하지 않고, 의회가 임명한 총리와 내각도 인준하지 않을 경우 대통령은 하원을 해산할 수 있었다. 단, 이 경우라도 국가 비상사태를 선포했거나 대통령의 잔여 임기가 90일 이내인 경우에는 의회를 해산할 수 없도록 했다.[16] 그러나 한 가지 주목해야 할 점은 이전 헌법에서 대통령의 직무 수행을 간섭한다고 판단할 경우 대통령이 하원을 해산할 수 있도록 한 조항이 이번 헌법에서는 삭제되었다는 점이다. 이 조항의 삭제는 대통령이 자의적인 판단에 따라 하원을 해산할 수 없도록 한 것이며, 결국은 사실상 대통령의 하원 해산권을 명목상의 문구로 만든 셈이었다.

대통령의 총리 임명권에 대해서는 좀 더 복잡한 방식이 도입되었다. 대통령이 총리를 임명하면, 총리는 대통령에게 각료를 제청하고 이렇게 구성된 내각은 하원에 인준을 요청해 재적 과반의 찬성으로 내각을 구성하게 되어 있다. 만약 대통령이 임명한 총리가 하원의 인준을 받지 못하면, 하원이 재적 과반의 지지로 독자적인 총리와 내각을 선택할 수도 있었다. 그러나 만약 하원이 총리와 내각을 선출하지 못하면, 다시 총리 지명권은 대통령에게 넘어오고, 대통령이 임명한 총리는 하원의 재석 과반만으로 인준을 받게 된다. 만약 이 과정이 실패하면, 이번에는 하원이 단순 다수로 총리를 선출한다. 만약 이때도 하원에서 총리와 내각을 신임하지 않으면, 대통령은 즉각 하원을 해산하거나 혹은 하원의 동의없이 총리를 임명할 수 있었다. 만일 총리와 내각이 6개월 내에 하원의 인준

---

16) "Constitution of Poland 1992," https://www.servat.unibe.ch/icl/pl02000_.html

을 받지 못하면 대통령은 하원을 해산할 수 있다.

하원은 단순 불신임 혹은 건설적 불신임을 통해 내각을 붕괴시킬 수 있었다. 만약 단순 불신임일 경우, 대통령은 내각의 사임을 받아들이거나 아니면 하원을 해산하는 것 중에서 하나를 선택할 수 있었다.

대통령의 임명권도 약간 제약을 받게 되었다. 1992년 헌법에서는 핵심 각료인 외무, 국방, 내무장관의 경우에 대해서는 총리가 대통령과 사전 협의를 거쳐 임명하도록 했다. 다만 여전히 대통령은 대외적으로 국가를 대표하여 외교문제에 대한 전체적인 지휘권을 행사하고, 국제조약의 비준과 폐지를 결정하며, 군통수권자로 국방장관과의 협의를 통해 참모총장 임명, 국방장관의 동의로 부참모총장, 총사령관, 각급 사령관을 임명하는 권한이 있었다. 이와 같이 대통령은 외교와 국방 전반을 통제할 수 있는 권한을 지니고 있었으며, 외교, 국방장관을 통해 해당 문제에 개입할 수도 있었다.

또한 1992년 헌법에서는 이전과 마찬가지로 대통령에게 법안 발의권을 부여했다. 동시에 대통령은 대통령령을 반포할 수 있지만, 이것이 법적 효력을 갖기 위해서는 총리 혹은 관련 각료의 부서가 필요했다.

한편 양원을 통과한 법안에 대한 거부권도 있었는데, 양원을 통과한 법안이 효력을 발휘하기 위해서는 대통령의 서명이 필요하며, 이때 대통령은 해당 법안을 수령한 후 30일 내에 법안에 서명해 이를 법으로 공표하든지 아니면 하원에 반송할 수 있었다. 또한 법안에 서명하거나 혹은 거부권을 행사하기 이전에 해당 법안을 헌법재판소로 보내 법안에 대한 위헌 심판을 요청할 수도 있었다. 대통령이 거부권을 행사한 법안이 하원으로 반송될 경우 하원은 재적 2/3로 해당 법안을 다시 통과시킬 수 있었다.

1992년 헌법에 새로 추가된 대통령의 권한으로는 국민투표 발의권이 있었다. 대통령은 국가적 이해가 걸린 문제를 국민투표에 붙일 수 있었는데, 하원 역시 국민투표 발의권이 있었다. 하원은 재적 과반으로 국민투표를 발의했으며, 대통령의 발의는 상원 재적 과반의 동의가 필요했다.

대통령 소환에 대한 내용도 개정되었다. 이에 따르면 대통령이 헌법과 법을 위반할 경우 일반 법원이 아닌 고위 공직자를 대상으로 하는 국가법원에서 이를 심판받도록 했다. 대통령을 기소하기 위해서는 하원 재적 1/4이 대통령 기소안을 발의하고, 재적 2/3 찬성으로 결정할 수 있도록 했다. 한편 1992년 소헌법에서는 1989년 4월 개정헌법과 마찬가지로 국가적 이해가 걸린 중요 사안이 있을 경우 대통령이 각료회의를 소집하고 주재할 수 있도록 했다.

3. 1997년 신헌법: 대통령의 공식 권한

1997년 헌법에서는 내각의 구성 과정을 보다 단순화시켰다. 우선 이전 헌법과 마찬가지로, 총선 이후 혹은 내각이 붕괴된 경우, 대통령은 총리를 임명하고 총리는 내각을 구성하여 하원의 첫 회기 14일 이내에 하원의 인준을 받도록 했다. 만약 대통령이 임명한 총리가 내각을 구성하지 못하거나 혹은 의회에서 인준을 받지 못할 경우에는 다시 14일 이내에 하원이 새로운 총리를 임명하고 총리는 내각을 구성하여, 다시 하원의 인준을 구했다.17) 그러나 만약 하원이 임명한 총리와 내각이 하원의 인준을 받지 못하면, 다시 대통령이 14일 이내에 총리와 내각을 임명하고, 14일 이내에 하원의 신임을 받도록 했다. 그러나 이때에도 다시 의회를 인준을 받지 못하면 대통령은 하원을 해산하고 새로운 총선 실시를 명하도록 규정했다.

상기한 총리 임명과 내각 구성에 대한 내용 그리고 각료 임명권의 의

---

17) "The Constitution of the Republic of Poland of 2nd April, 1997,"
　　https://www.sejm.gov.pl/prawo/konst/angielski/kon1.htm

미를 살펴보면, 이전 헌법에 규정된 것과는 달리 이제 더 이상 대통령이 각료 임명에 영향력을 행사하지 못하고, 이전 헌법에서 대통령에게 먼저 두 번의 총리 임명과 내각 구성의 기회가 주어졌다면, 이제는 대통령-하원-대통령 순으로 총리, 내각 임명의 기회가 분산되어 있다는 점을 확인할 수 있다. 더군다나 대통령과 의회는 내각과 의회의 해산을 막기 위해 총리와 내각에 대한 건설적 불신임을 선호하고 있어 사실상 대통령의 총리 임명과 내각 구성 그리고 하원에 대한 영향력은 이전보다 줄어든 셈이었다.

임명권에 대한 영향력 감소는 판사 임명, 대법원 원장 임명, 최고행정법원 원장 임명 등에서도 찾아볼 수 있다. 즉, 대통령은 사법위원회의 요청에 따라 판사를 임명하고, 대법원 판사 회의에서 제청한 복수의 후보자 중에서 대법원 원장을 임명할 수 있으며, 최고행정법원 판사 총회가 제안한 복수의 후보자 중에서 법원장을 임명하고, 헌법재판소 판사 회의가 제청한 복수의 후보자 중에서 소장을 임명하도록 권한이 줄어들었다.

암묵적으로 대통령의 권한을 줄인 부분도 있었다. 대통령은 국가를 대표해서 국제조약을 비준, 파기하며, 대사를 임명하지만, 이 문제에 대해서 총리나 외교장관과 협력한다고 명시했다. 이때 협력의 의미가 무엇을 뜻하는지는 명확하지 않으나, 이전 헌법과 비교할 때, 대통령의 외교, 국제관계 영향력이 줄어든 것이라고 판단할 수 있다. 또한 이전 헌법과는 달리 군통수권자인 대통령은 평화시에 국방장관을 통해 명령권을 행사한다. 즉, 평화시에만 이런 권한을 갖고 있으며, 자신이 직접 명령을 내리는 것이 아니라 국방장관을 통해 명령을 전달하도록 규정하고 있다. 한편 대통령은 전시에는 총사령관을 임명할 수 있지만, 이 경우 총리의 동의가 필요하다. 또한 이전 헌법에는 대통령의 독자적 권한이었던 장성 임명과 승진을 국방장관의 제청에 따르도록 변경했다.

비상사태 선포권, 계엄령 선포권 등에서도 변화가 있었다. 1992년 헌법에서는 외부의 군사적 위협이 있을 경우 대통령이 독자적으로 계엄령을 선포하고, 내적인 안보위협이나 자연재해의 경우 국가 비상사태를 선포할 권한을 갖고 있었으나, 1997년 헌법에서는 외부의 위협이 있을 경우 혹은 국제조약의 준수를 위해 공동의 대응이 필요한 경우 각료회의의 제청에 따라 대통령이 계엄령을 선포하고, 헌법 질서가 위협을 받거나 혹은 공공질서가 위협받는 경우 각료회의(내각)의 요청에 따라 90일 한도 내에서 국가 비상사태를 선포할 수 있도록 변경되었다.

반면 대통령과 대통령청의 법령(대통령령, 대통령 행정명령)이 법적 효력을 갖기 위해서는 총리나 관련 장관의 부서가 필요하지만, 대법원 원장 임명, 헌법재판소 소장 및 부소장 임명, 최고행정법원 원장 임명, 대법원장과 최고행정법원 부소장 임명, 하원에 중앙은행장 임명 요청, 금융정책위원회 위원 임명, 국가안보회의 위원 임면, 라디오 및 텔레비전위원회 위원 임명, 대통령청과 관련된 법 제정과 대통령청 청장 임면과 같은 분야에서는 더 이상 총리나 각료의 부서가 필요없게 되었다.

1997년 헌법에서는 법안을 발의할 수 있는 자격이 조정되었는데, 하원의원, 상원, 대통령, 각료회의(내각) 이외에도 하원 투표권이 있는 100,000명 이상의 유권자 청원에 의해서도 법안을 발의할 수 있도록 했다. 바웬사와 크바스니예프스키 대통령의 경우 상이한 대통령관에도 불구하고 임기 중 법안 발의 건수가 비슷했지만, 세 번째 직선 대통령인 카친스키의 경우 전임 대통령에 비해 두 배 넘게 법안을 발의했다. 카친스키는 2007년 총선에서 라이벌 정당인 시민플랫폼이 승리한 이후에는 더욱 적극적으로 영향력을 행사하겠다고 공약했었기 때문에, 만약 2010년 4월 비행기 사고로 사망하지 않았더라면 더 많은 법안을 발의했을 것이었다.

표 4-2) 폴란드 대통령의 법안 발의 건수

대통령	임기	법안 발의(수)
W. 야루젤스키	1989-1990	2
L. 바웬사	1990-1995	24
A. 크바스니예프스키	1995-2000	20
A. 크바스니예프스키	2000-2005	24
L. 카친스키	2005-2010	47
B. 코모로프스키	2010-2012	11

출처: Sula, Piotr and Szumigalska, Agnieszka (2013), p. 111.

또한 헌법 개정으로 대통령의 거부권이 상당히 약해졌는데, 양원을 통과한 법안에 대해 대통령이 거부권을 행사해 이를 다시 하원으로 돌려보내면, 하원 재적 과반 출석에 3/5의 찬성으로 다시 통과시킬 수 있게 완화되었다. 즉, 이전 헌법에서는 대통령이 거부권을 행사한 법안을 다시 통과시키기 위해서는 재적 2/3이 필요했지만, 1997년 헌법에서는 이것이 재적 과반 출석에 3/5 찬성으로 대폭 완화되었다.

표 4-3) 폴란드 대통령의 법안 거부권, 헌법재판소 위헌 심판 건수

대통령	기간	거부권 행사(수)	헌법재판소 제소(수)
W. 야루젤스키		1	2
L. 바웬사	1990-1995	24	5
A. 크바스니예프스키 1기	1996-2000	11	13
A. 크바스니예프스키 2기	2001-2006	24	12
L. 카친스키	2007-2010	18	17

출처: Sula, Piotr and Szumigalska, Agnieszka (2013), p. 113.

이전 헌법과 마찬가지로 대통령은 하원의장이 법안을 송부해 서명을 요청하면 첫째, 21일 내에 서명해서 폴란드 법률로 공표하든지, 둘째, 해당 법안에 서명하기 이전에 헌법재판소에 법안의 위헌 여부를 문의하든

지, 셋째, 헌법재판소가 해당 법안의 위헌을 결정하면 이 법안에 서명을 거부할 수 있다. 넷째, 헌법재판소가 해당 법안의 일부 내용만이 위헌이며 해당 조항이 전체 법안과 연계되어 있지 않다고 판단하면, 대통령은 해당 조항만을 삭제하고 법안에 서명하거나 아니면 해당 법안 전체를 하원에 보내 위헌적 부분을 수정하라고 요청할 수 있다. 만약 대통령이 헌법재판소에 해당 법안의 위헌 심판을 청구하지 않는다면, 대통령은 설명을 첨부해 해당 법안을 다시 심의하도록 하원에 반송할 수 있다. 그러나 하원에서 재적 과반 출석에 3/5 찬성으로 해당 법안을 다시 통과시키면 대통령은 7일 이내에 해당 법안에 서명을 하고 법률로 공표해야 한다.

한편 2007년 헌법에서는 대통령의 각료회의(Council of Ministers) 소집과 출석 조항이 삭제되고, 그 대신 특정 사안을 논의하기 위해 내각회의(Cabinet Council)를 소집하고 주재할 수 있도록 했다. 문제는 이 내각회의라는 것이 각료회의, 즉 정부의 권한을 전혀 갖지 못한다는 점인데, 결국 대통령의 내각에 대한 영향력이 대폭 줄어들었음을 의미한다.

이런 측면에서 1997년 헌법은 대통령과 총리(내각) 관계를 보다 명확히 규정하고 행정부 내에서 대통령의 권한을 줄이고 총리의 권한을 대폭 강화시켰다고 평가할 수 있다. 즉, 1997년 헌법으로 비로소 폴란드에서 대통령과 의회제가 공존하는 준대통령제가 자리를 잡을 수 있게 된 것이었다. 이로써 대통령은 직선으로 선출되고, 법안에 대한 거부권과 총리 임명권을 가지고 있었지만, 더 이상 공식적으로는 내각과 의회에 직접적인 영향력을 행사할 수 없게 되었다. 이를 통해 폴란드는 안정적인 정치 발전을 추진해 갈 수 있는 기반을 마련했다.

4. 바웬사, 크바스니예프스키 대통령의 영향력

상기한 대통령의 헌법상의 공식 권한만으로는 폴란드의 준대통령제가 현실에서 어떻게 작동하고 있으며, 각각의 대통령이 주어진 헌법 권한 내에서 어떤 활동을 했는지를 파악하기 어렵다. 헌법상의 공식 권한과 헌법에 명시되어 있지 않거나 혹은 모호한 규정을 활용한 대통령의 실제 영향력 사이에는 큰 차이가 있기 때문이다. 앞서 살펴본 바와 같이 1989년 4월 헌법으로 가장 큰 권한을 부여받았던 야루젤스키는 두 번에 걸쳐 총리를 임명하는 권한을 행사한 이외에는 단 한 번도 자신에게 주어진 대통령의 권한을 사용하지 않았었다. 사실 두 번의 총리 임명 중 한 번은 비공산계를 임명한 것이기 때문에, 엄격히 말하면 야루젤스키 대통령이 행사한 헌법상 배타적인 총리 임명권은 단 한번에 불과했다.

반면 첫 번째 직선 대통령 바웬사는 대통령의 권한이 큰 1989년 헌법과 상대적으로 약해진 1992년 헌법의 적용을 받았는데 헌법상의 공식 권한은 줄어들었지만, 오히려 더 적극적으로 자신의 권한을 활용하고 현실 정치에서 영향력을 발휘하려 했었다. 바웬사의 뒤를 이은 크바스니예프스키의 경우는 대통령의 권한이 더욱 더 줄어들게 되는 1997년 헌법의 적용을 받았지만, 강력한 정당의 지지를 받고 있어 사실상 대통령의 권한과 영향력을 극대화시킬 수 있었다. 그러나 크바스니예프스키는 자신의 정치적 자산을 활용하기보다는 의전적 대통령의 역할에 머물렀다.

이런 측면에서 폴란드의 준대통령제가 현실에서는 어떻게 작동되고 있는지를 이해하기 위해서는 대통령의 헌법상의 권한, 누가 대통령인가(개별 대통령의 성격), 정부내각과 대통령 관계, 대통령과 하원의 관계에 대한 보다 다차원적인 분석이 필요하다.

표 4-4) 폴란드 대통령과 정부, 의회 관계

기간	대통령 (지지정당) [특성]	총리 (소속정당)	연립내각	정부 -대통령	정부 -하원
1990.12 ~1991.11		T. 마조비에츠키	솔리다리티, SD, PSL	대통령 정당	다수내각
1991.01 ~1991.12		J. K. 비엘레츠키 (KLD)	KLD, PC, ZChN	대통령 정당	소수내각
1991.12 ~1992.06		J. 올세프스키 (PC)	PC, ZChN, PL	동거	소수내각
1992.06 ~1992.07	L. 바웬사 (솔리다리티, 무소속) [적극 참여, 영향력 추구]	W. 파블락 (PSL)	-	동거	불신임
1992.07 ~1993.10		H. 수호츠카 (UD)	UD, KLD, PL, ZChN, PChD, SLCh, PPG	동거	소수내각
1993.01 ~1995.06		W. 파블락 (PSL)	SLD, PSL	동거	다수내각
1995.06 ~1995.12		J. 올렉시 (SLD)	SLD, PSL	동거	다수내각
1995.12		J. 올렉시 (SLD)	SLD, PSL	대통령 정당	다수내각
1996.01 ~1997.09		W. 치모세비치 (SLD)	SLD, PSL	대통령 정당	다수내각
1997.10 ~2000.06	A. 크라시니예프 스키(SLD, 무소속) [대통령 우위에서 총리(내각)우 위로]	J. 부젝 (AWS)	AWS, UW	동거	다수내각
2000.07 ~2001.09		J. 부젝 (AWS)	AWS	동거	소수내각
2001.10 ~2003.02		L. 밀러 (SLD)	SLD, PSL	대통령 정당	다수내각
2003.03 ~2004.04		L. 밀러 (SLD)	SLD	대통령 정당	소수내각
2004.05		M. 벨카	SLD	대통령 정당	소수내각

기간	대통령 (지지정당) [특성]	총리 (소속정당)	연립내각	정부 -대통령	정부 -하원
~2004.06		(SLD)			
2004.06 ~2005.10		M. 벨카 (SLD)	SLD, SDPL	대통령 정당	소수내각
2005.01~ 2006.07		K. 마르친키에비치 (PiS)	PiS, SRP, LPR	대통령 정당	소수내각
2006.07~ 2007.11	L. 카친스키 (PiS) [영향력 추구]	J. 카친스키 (PiS)	PiS, SRP, LPR	대통령 정당	소수내각
2007.11~ 2010.04		D. 투스크 (PO)	PO, PSL	동거	다수내각

1) 바웬사 대통령

1989년 12월 직선제 개헌으로 국민들이 직접 대통령을 선출할 수 있게 되었다. 대선은 결선투표가 포함되어 있는데 1차 투표에서 과반수를 얻은 후보가 없을 경우 14일 이내에 1차 투표의 상위 2인이 결선을 치렀다. 헌법으로 대통령의 임기는 5년이며 1회에 한해 중임이 가능했다.[18]

1990년 대선 이전 여론조사에서는 자유노조의 바웬사가 상당히 앞서 있었고 총리 마조비에츠키가 바웬사에 이어 결선에 진출할 것으로 예상되었다. 그러나 예상과는 달리 정치계에서는 무명이었던 기업가 티민스키(S. Tymiński)가 1차 투표에서 마조비에츠키에 앞서 2위를 차지했다. 그동안 총리 마조비에츠키는 간선제보다는 직선제를 통해 바웬사를 누를 수 있을 것이라고 예상해 대통령 직선제 도입을 강력히 주장했었고, 바웬사 역시 원탁회의를 통해 구성된 첫 번째 의회와 내각이 민주적 정당

---

18) Cabada, Ladislav and Sandra, Štollová (2014), p. 35.

성이 없기 때문에 민주주의를 위해서는 국민이 직접 대통령을 선출해야
한다고 강조했었다. 결선에서는 바웬사가 74.3%를 득표해 압도적인 차
이로 초대 직선 대통령에 당선되었다.

표 4-5) 1990년 폴란드 대선

후보자	소속 정당	1차 투표		결선투표	
		득표	%	득표	%
L. 바웬사	솔리다리티	6,569,889	40.0	10,622,696	74.3
S. 티민스키	무소속	3,797,605	23.1	3,683,098	25.7
T. 마조비에츠키	무소속	2,973,264	18.1		
W. 치모세비치	무소속	1,514,025	9.2		
R. 바르토세제	폴란드인민당	1,176,175	7.2		
L. 모출스키	폴란드연합	411,516	2.5		
무효표		259,526	-	344,243	-
전체		16,702,000	100	14,650,037	100
유권자 / 투표율		27,545,625	60.6	27,436,078	53.4

첫 직선 대통령 바웬사는 기본적으로 아주 적극적인 대통령이 되고자
했다. 그는 헌법상 대통령의 권한은 물론 모호한 헌법 규정을 자신의 입
맛에 맞게 해석하면서, 정당성을 갖추지 못한 내각, 의회와 타협하는 의
전적 대통령이 되지는 않겠다고 선언했다.

이런 전략적 입장을 기초로 바웬사는 단호한 우익적 태도를 견지하면
서 헌법상 대통령이 지니고 있는 권한을 넘어서려고 시도했고, 다른 이
들이 전혀 예상하지 못한 방식으로 이를 추진했다. 이 과정에서 그는 여
러 차례 승리를 거두기도 했지만, 공격적인 성향과 배타적인 속성 상 다
른 정치세력과의 연대를 구축하는 데는 실패했다. 그렇다고 바웬사가 자
신이 직접 통치하는 대통령제를 모색했던 것은 아니었다. 종종 정부와
개별 부처의 정책에 개입하기도 했지만 그는 기본적으로는 분명히 정책

결정, 시행이 총리와 내각의 몫이라고 보았다. 다만 바웬사는 대통령으로서 자신의 역할은 정부가 내놓은 정책을 올바른 방향으로 수정하고 시행할 수 있도록 힘을 실어주어 민주주의의 기반을 놓는 것이라는 여겼다.[19]

바웬사의 5년 임기는 크게 세 시기로 구분된다. 첫 번째 시기는 대통령 당선에서 1991년 12월 올세프스키(J. Olszewski)를 총리로 하는 내각이 들어선 시기까지이고, 두 번째 시기는 1991년 10월에서 1993년 9월 조기총선까지, 세 번째 시기는 1993년 총선에서 임기를 마친 1995년 12월까지이다.

행정부 내에서 바웬사와 총리, 내각의 관계는 첫 번째 시기에만 원만하게 유지되었다. 이 기간은 1992년의 '소헌법'이 제정되기 이전으로 대통령이 헌법상 상당한 권한을 지니고 있던 시기였다. 마조비에츠키가 대선에서 패배한 이후 총리직을 내려놓으면서, 대통령은 그단스크 출신으로 무명의 비엘레츠키(J. K. Bielecki)를 총리로 임명했다. 비엘레츠키 소수내각은 야당, 특히 자유노조로부터 심한 압박을 받고 있었기 때문에 이 시기 자유노조의 지도자였던 바웬사 대통령이 상대적으로 우위의 입장에 있었다. 비엘레츠키의 임기 동안 바웬사가 정국을 주도하면서 폴란드는 사실상의 대통령제 국가와 비슷해졌다.[20]

1991년 10월 총선 이후에도 바웬사는 총리 임명에 무리수를 두었다. 하원에서 29개 정당, 상원에서 26개 정당이 난립하는 극단적으로 파편화된 정당체제가 나타나면서, 제1당인 마조비에츠키의 민주연합이 62석을, 제2당인 크바스니예프스키의 민주좌파연맹이 60석을 차지하는데 그쳤다. 주도 정당이 나타나지 못하면서 연립내각을 구성하는 것도 극도로 어려웠다. 선거 이후 두 달 동안 연정을 구성하기 위한 시도조차 없었다. 이

---

19) MacMenamin, Iain (2008), p. 125.
20) Wiatr, Jerzy j. (2000), p. 143.

때 바웬사는 제1당의 마조비에츠키를 제쳐두고 민주연합의 게레렉(B. Geremek)를 총리로 임명하는 방안을 강구했다. 그러나 이에 대한 정치권의 반발이 거세지고, 게레렉이 의회의 인준을 받지 못할 것이 확실한 상황에서 바웬사는 게메렉 대신 올세프스키를 총리로 임명했다.

표 4-6) 1991년 폴란드 총선(하원, 상원)

정당	하원			상원		
	득표	%	의석	득표	%	의석
민주연합	1,382,051	12.3	62	3,764,156	32.8	21
민주좌파연맹	1,344,820	12.0	60	2,431,178	21.2	4
가톨릭선거행동	980,304	8.7	49	1,995,866	17.4	9
중도시민연맹	977,344	8.7	44	2,071,045	18.0	9
폴란드인민당	972,952	8.7	48	1,691,566	14.7	7
독립폴란드연합	841,738	7.5	46	1,071,364	9.3	4
자유민주회의	839,978	7.5	37	1,497,718	13.1	6
농민회의	613,626	5.5	28	719,778	6.3	5
솔리다리티	566,553	5.1	27	2,219,160	19.3	11
맥주애호당	367,106	3.3	16	–	–	–
기독민주주의	265,179	2.4	5	–	–	–
현실정치연합	253,024	2.3	3	371,891	2.2	0
노동자연대	230,975	2.1	4	–	–	–
민주당	159,017	1.4	1	453,721	4.0	0
독일소수당	132,059	1.2	7	–	–	–
기독민주당	125,314	1.1	4	507,722	4.4	3
기타 정당	346,454		19	417,857	3.6	0
지역명부와 무소속	820,108	7.3	0	3,708,344	32.3	21
무효표/비율	669,347	–	–	413,019	–	–
전체	11,887,949	100	460	11,887,865	100	100
유권자/투표율	27,517,280	43.2	–	25,517,280	43.2	–

이전 총리 비엘레츠키와 마찬가지로 거의 무명에 가까웠던 신임 총리 올세프스키는 전임 총리와는 달리 바웬사에 끌려다니지만은 않았다. 첫

번째 위기는 국방장관이 대통령과 논의도 하지 않고 대통령의 측근이었던 군사령관을 해임한 사건을 둘러싸고 나타났다. 당시 대통령은 국방정책에 대한 영향력을 행사할 수 있었고, 총리나 국방장관과의 협의를 거치지 않고도 사령관을 임명할 수 있는 권한이 있었다. 이러한 대통령의 공식 권한에도 불구하고 국방장관은 대통령이 임명한 사령관을 협의 없이 해임한 것이었다. 국방장관은 이에 그치지 않고 대통령이 국방장관인 자신을 제쳐두고 군 고위 장성들과 만나는 것에 대해서도 강력히 비판했다. 이 사건으로 국방장관이 자리에서 물러났지만, 이번에는 대통령과 내무장관 사이에 설전이 벌어졌다. 당시 내무장관은 바웬사 대통령을 포함한 고위 인사들이 공산정권 당시 비밀경찰에 협력한 의혹이 있다고 폭로했다. 대통령과 내각 사이의 갈등이 깊어지자, 대통령은 의회에 내각 불신임을 제안했고 결국 올세프스키 내각은 의회의 불신임을 받아 붕괴되었다.[21]

바웬사는 다시 총리 임명권을 활용해 인민당의 파블락(W. Pawlak)을 총리로 임명했다. 원내 제4당에 불과한 인민당의 대표 파블락은 기독민주, 자유당과 연정을 구성했지만, 의회의 인준을 받지 못하고 불과 33일 만에 물러났다. 왜 바웬사가 무리수를 두면서까지 무명에 가까웠던 인사를 두 번이나 총리로 임명했는지에 대해서는 알려지지 않았지만 원내의 주요 인사를 총리로 임명하는 것보다는 영향력이 없는 인사를 총리로 임명함으로써 자신의 영향력을 확대하려 했을 것으로 추정할 수 있다.

어쨌든 대통령이 임명을 감행한 올세프스키와 파블락 두 명의 총리가 하원의 인준을 받지 못하자 이제 총리 임명권은 하원으로 넘어갔다. 이렇게 해서 마침내 수호츠카(H. Suchocka)의 자유연합을 포함한 기독민주연합, 자유민주회의, 농민회의, 인민기독당, 기독민주당, 맥주당 등 7개 정당이 연립내각을 구성해 겨우 하원의 인준을 받았다.

---

21) Ibid., p. 145.

수호츠카 내각은 의회의 신임을 얻기는 했지만, 이념이 다르고 기반이 상이한 7개 정당의 소수내각으로 붕괴될 위험이 있었고 또 민주연합, 민주좌파연합, 농민당 등의 주요 정당들에 끌려다녔다. 이런 상황에서 수호츠카는 대통령 바웬사에 의지할 수밖에 없었다. 결과적으로 총리와 내각의 영향력이 줄어들면서 반대로 대통령의 영향력은 커졌고, 사실상 대통령의 의지가 정책에 상당 부분 반영되었다. 주요 정당들은 대통령에 휘둘리는 총리와 내각을 비판했고 결국 수호츠카 내각은 1년도 채우지 못하고 하원의 불신임을 받았다. 바웬사는 불신임된 수호츠카 내각을 즉각 해산하지 않고, 의회의 해산과 조기총선을 요구하고 나섰다.

1993년 9월 총선에서는 자유노조를 계승한 정당들이 참패하고 옛 공산당을 계승한 민주좌파연맹이 제1당으로 등장했다. 자유노조 계승 정당들이 패배한 것은 무엇보다도 급격한 경제개혁을 추진하면서 심각한 '전환기 침체(transformational recession)'가 나타났고 이에 따라 국민들의 생활수준도 크게 악화되었기 때문이었다. 경제침체로 빈곤층이 증가하고 빈부격차가 벌어지는 상황 속에서 유권자들의 불만은 고조되었고 결국 이것이 개혁을 시작하고 추진한 자유노조 계열 정당들에 대한 반대로 이어졌다. 유권자들은 그 대신 옛 공산당을 계승한 민주좌파연맹을 지지했다. 1993년 총선을 위해서 개정된 선거법으로 5% 봉쇄조항, 동트식 의석 배분 방식, 소선거구제를 도입하면서 소수정당에게 불리한 결과가 나타났다. 총선에서 두 최대 정당이 전체 의석의 대부분(303/460)을 차지했는데 민주좌파연맹이 20.4%의 득표로 171석을, 폴란드인민당이 15.4% 득표로 132석을 차지했고, 양당이 연립정부를 구성했다.

1993년 총선으로 바웬사 대통령은 임기 말까지 인민당의 파블락이 주도하는 내각, 민주좌파연맹의 올렉시(J. Oleksy)가 주도하는 두 번의 중도-좌익 내각과 동거하는 상황에 처했다. 이전의 소수내각 시기와는 달리 양당으로 구성된 다수내각은 대통령에게 의지하지 않았고 오히려 대통령의 행정, 인사 개입 등에 적극적으로 대응했다. 1995년 초 바웬사 대통령은 파블락 총리에게 자신과 관계가 틀어진 국방장관을 해임하라고 압박하여 이를 관철시켰다. 이 사건으로 인민당과 연정을 구성하고 있던 민주좌파연맹은 대통령의 압력에 굴복한 총리를 비판하면서 사임을 요구했고, 이번에는 자당의 올렉시를 총리로 내세웠다.

바웬사와 올렉시 총리는 처음부터 관계가 원만하지 못했다. 옛 자유노조 동지들이 원내에 진출하지 못한 상황에서 바웬사는 하원에 기반이 없었고, 이 때문에 법안 거부권, 임명권 등 자신이 갖고 있던 권한을 활용할 수도 없었다. 이처럼 임기 말 2년은 좌익 계열 내각과의 동거로 인해 바웬사 대통령의 정치적 입지가 크게 줄어들었다. 경기 회복으로 좌파 정부의 지지율은 높아졌던 반면 정부의 정책을 사사건건 비판하는 바웬사의 지지율은 곤두박질쳤던 것도 바웬사의 '열정'이 한풀 꺾긴 요인이었다.

2) 크바스니에프스키 대통령

크바스니에프스키의 대통령관은 많은 측면에서 바웬사와 상이했다. 그는 합의적인 대통령을 지향했고 바웬사처럼 사사건건 정치에 개입하는 것을 싫어했다. 크바스니에프스키는 탈공산주의 정당 중 가장 성공한 민주좌파연맹(SLD)를 창당한 사람이었고 다양한 정치인, 언론인, 기업가 등과 폭넓은 관계를 유지하고 있었다. 최대 정당의 지지를 받고 있었고 정치적 자산이 충분했음에도 불구하고 그는 헌법의 틀 내에서 대통령직을 수행했다. 크바스니에프스키는 자신의 권한을 폴란드 정당 대부분이 견지하던 민주주의, 유럽통합, 자유시장에 대한 '합의'를 도출하는데 사용했다. 물론 그는 좌파에 유리하게 대통령의 권력을 행사할 준비도 되어 있었다.[22]

1995년 11월 대선에는 모두 13명의 후보가 출마했고, 1차 투표에서는 민주좌파연맹의 크바스니예프스키가 6,275,670표(35.11%)로 1위를, 바웬사가 5,917,328표(33.11%)로 2위를 차지했다. 1차에서 탈락한 후보들이 바웬사 지지를 선언했지만, 11월 9일 치러진 결선투표에서 크바스니에프스키가 9,704,439표(51.72%)를 얻어, 9,058,176표(48.28%)를 얻은 바웬사를 눌렀다.

크바스니예프스키가 대통령에 당선되면서 바웬사 시기의 우익 대통령과 중도-좌익 내각의 불편한 동거 시대는 끝났다. 크바스니에프스키는 '모든 폴란드인의 대통령'을 표방하면서 당선 직후 민주좌파연맹에서 탈퇴했지만 1997년 총선 이전까지 민주좌파연맹의 치모세비치(W. Cimoszewicz)가 이끄는 중도-좌익 내각과 긴밀한 관계를 유지했다. 대통령과 총리가 같은 당 출신이었으며 이데올로기 기반이 비슷했고 또 개인적으로도 친분이 있었기 때문에 양자 사이에는 자연스럽게 협력의 분위기가 조성되었다. 무엇보다도 크바스니예프스키는 바웬사와는 달리 법안거부권을 거의 행사하지 않았고, 정부 정책에 비판적이지 않으면서 총리

표 4-7) 2005년 11월 폴란드 대선

후보	정당	1차		결선	
		득표	%	득표	%
A. 크바스니예프스키	민주좌파연맹	6,275,670	35.1	9,704,439	51.7
L. 바웬사	무소속	5,917,328	33.1	9,058,176	48.3
J. 쿠론	자유연합	1,646,946	9.2		
J. 올셰프스키	공화운동	1,225,453	6.9		
W. 파블락	폴란드인민당	770,419	4.3		
T. 지엘린스키	노동자연합	631,432	3.5		
기타후보		1405102	2.8		
무효표		330,868	-	383,881	-
합계		18,203,218	100	19,146,496	100
등록유권자/투표율		28,136,332	64.7	28,062,409	68.2

---

22) MacMenamin, Iain (2008), pp. 125-128.

와 정부내각이 주도권을 행사하는 것을 기꺼이 받아들였다.23)

크바스니예프스키가 대통령이던 시기인 1997년 4월 의회가 새로운 헌법안을 마련하고, 1997년 5월 국민투표를 통해 이것이 새로운 헌법으로 제정되었다. 이 헌법은 대통령 직선제와 총리와 내각의 의회 책임을 규정하는 준대통령제 성격을 지니고 있으며, 대통령이 총리와 내각에 대해 영향력을 행사할 수 있는 대부분의 모호한 규정을 삭제해 버렸다. 대통령의 총리 임명에는 변화가 없었지만, 각료 임명은 이제 대통령의 권한이 아니라 전적으로 총리의 자의적 판단에 따르게 되었다. 이와 함께 헌법 158조에서는 의회가 후임 총리를 지명하는 상황에서만 불신임을 통과시킬 수 있도록 하는 '건설적 불신임'을 규정함으로써 내각 해산과 조기총선으로 인한 정치적 혼란을 줄였다. 대통령은 외무장관, 국방장관, 내무장관 임면에 영향력을 행사할 수 있는 권한을 잃었고 총리와 내각의 일상적인 활동에 개입할 여지도 없어졌다.

그러나 그렇다고 대통령의 지위가 의전적, 상징적 역할로만 축소된 것은 아니었다. 여전히 대통령은 행정권 이외의 분야에서 중요한 권한을 보유하고 있었다. 우선 대통령이 여전히 총리를 지명하는 권한을 지니고 있었으며, 의회를 통과한 법안에 대해 거부권을 행사하거나 혹은 이를 헌법재판소로 보내 위헌 심판을 요청할 수 있는 권한을 지니고 있었다. 또한 대통령은 군통수권자로 평화시에는 국방장관을, 전시에는 합동참모총장을 통해 이 권한을 행사할 수도 있었다. 한편 대통령은 계속해서 주요 관료를 지명할 권한도 지니고 있었다.

신헌법 채택 직후인 1997년 9월 20일에 실시된 총선을 통해 세력균형이 다시 바뀌게 되면서 크바스니예프스키는 우익의 솔리다리티선거행동(AWS)과의 불편한 동거에 들어갔다. 솔리다리티선거행동은 33.83%의 지지를 얻어 201석을 차지했고, 연정에 참여하게 되는 자유연합은

---

23) Dale R.. Herspring (2000), pp. 93-94.

13.37%로 60석을 얻었다. 야당이 된 민주좌파연맹은 27.13%로 164석을, 폴란드인민당은 7.31%로 27석을 얻었다. 나머지 의석은 극우의 폴란드 재건운동과 독일계소수당이 차지했다.

표 4-8) 1997년 9월 폴란드 총선(하원)

정당	득표	%	의석
솔리다리티선거행동	4,427,373	33.83%	201
민주좌파연맹	3,551,224	27.13%	164
자유연합	1,749,518	13.37%	60
폴란드인민당	956,184	7.31%	27
폴란드재건운동	727,072	5.56%	6
전체/ 투표율 47.93	12,974,346	100.0%	458

　　총선에서 우파가 승리하면서 좌파의 크바스니예프스키는 불편한 동거에 들어갔는데 이는 1993년 총선으로 바웬사가 처했던 상황과 유사했다. 그러나 양자가 처한 동거 상황은 질적으로 달랐다. 우선 바웬사 시기에는 우파 대통령과 좌파 정부가 동거했었다. 이번에는 좌파 대통령과 우파 정부 사이의 동거가 시작되었다. 야당인 민주좌파연맹의 지지를 받고 있던 크바스니예프스키는 마음만 먹는다면 거부권을 포함한 다양한 공식 권한을 효과적으로 사용할 기회가 있었다. 실제로 그는 이전 좌파 정부 시기에는 거부권을 단 한 차례도 행사하지 않았지만, 1997-2001년 사이 솔리라리티선거행동의 부젝(J. Buzek) 총리가 이끄는 내각 시기에는 24번이나 행사했고 이중 17건에 대해서는 입법을 저지했다.[24]

　　바웬사와 크바스니예프스키 사이의 또 다른 차이는 양자의 지지율이 달랐다는 점이었다. 바웬사는 대통령으로 당선될 당시 민주화를 주도했던 경력과 거침없는 언사로 큰 인기를 얻었지만 그의 언행이 민주주의 시기에

---

24) Balicki, Ryszard (2001), pp. 144-146.

는 적합하지 않다고 인식되면서 서서히 지지율이 떨어졌었다.[25] 반면 크바스니예프스키는 바웬사와 접전을 펼치면서 근소한 차이로 대통령에 당선되었지만, 임기 중반에 이미 폴란드에서 가장 인기있는 정치인이 될 정도로 지지율이 계속해서 고공 행진했다. 크바스니예프스키는 민주좌파연맹이라는 강력한 정당의 지지와 대중적인 인기를 통해 조용히 자신의 역할을 수행함으로써 준대통령제에 가장 적합한 대통령으로 인식되곤 했다.

표 4-9) 2000년 10월 폴란드 대선

후보자	정당	득표	%
A. 크바스니예프스키	민주좌파연합(지지)	9,485,224	53.90
A. 올레코프스키	무소속	3,044,141	17.30
M. 크르자크레프스키	솔리다리티선거행동	2,739,621	15.57
J. 칼리노프스키	폴란드인민당	1,047,949	5.95
기타 후보		1281984	
합계		17,598,919	100.00
투표율		61.08%	

자료: Wybory Prezydenta Rzeczypospolitej Polskiej 2000: Wyniki Oficjalne

2000년 10월 대선에서는 크바스니예프스키가 1차에서 과반 이상을 득표해 결선을 치르지 않고 재선에 성공했다. 여기에서 크바스니예프스키는 53.9%의 지지로 1위를 차지했고, 올레코프스키(A. Olechowski)는 17.3%를 얻어 2위, 솔리다리티선거행동의 크르자크레프스키(M. Krzaklewski)는 15.57%로 3위를 차지했다. 사실 누구도 크바스니예프스키가 1차에 당선되리라고는 예상하지 못했었다. 그러나 대선이 총선 중간에 치러지게 되면서 내각에 대한 중간평가 성격을 띠어 대통령에게 유리했고 또 대통령의 높은 인기로 결선을 치르지 않고 1차에서 과반을 얻을 수 있었다. 부젝 총리가 주도하는 내각은 경제가 악화되면서 지지율

---

25) Boyes, Roger (1994).

이 급락했었다. 이런 상황에서 2000년 7월 자유연합이 연정에서 탈퇴하면서 부잼 내각은 소수내각으로 전락했고 이에 따라 다시 대통령의 입지가 강해졌다.

한편 2001년 총선에서는 다시 민주좌파연맹이 승리했다. 이 선거에서 민주좌파연맹은 직전 총선보다 52석이 증가한 216석을 차지했다. 반면 솔리다리티선거행동은 단 한석의 의석도 차지하지 못했다. 민주좌파연맹과 인민당이 연립내각을 구성했고 민주좌파의 밀러(L. Miller)가 그리고 2004년 5월 이후에는 민주좌파연맹 단독 소수내각이 구성되었고 벨카(M. Belka)가 총리가 되었다. 이 시기는 모두 크바스니예스키를 지지하는 정당이 정권을 차지했던 시기로 다시 대통령은 권한 행사에 주저하면서 별다른 영향력을 행사하지 않았다. 요컨대, 크바스니예프스키는 대통령의 권한을 적극적으로 행사할 수 있는 상황에서는 한걸음 뒤로 물러섰고, 그렇지 않고 라이벌 관계에 있는 총리와 동거를 할 경우에는 한걸음 앞으로 나서 권한을 행사했다.

표 4-10) 2001년 9월 폴란드 총선

정당	득표	%	의석	증감
민주좌파연맹-노동자연합	5,342,519	41.0	216	+52
시민프랫폼	1,651,099	12.7	65	
폴란드자기방어	1,327,624	10.2	53	+53
법과정의	1,236,787	9.5	44	
폴란드인민당	1,168,659	9.0	42	+15
가족연맹	1,025,148	7.9	38	
솔리다리티선거행동	729,207	5.6	0	-201
자유연합	404,074	3.1	0	-60
기타 정당			2	
합계	13,559,412	100	460	0
투표율		46.3	-	-

5. 맺음말

크바스니예프스키의 뒤를 이어 대통령으로 당선된 카친스키(L. Kaczyński)는 한때 바웬사의 오른팔이라고 불릴 정도로 우파 성향이 강한 인물이었다. 임기 중 카친스키는 크바스니예프스키보다는 바웬사식의 대통령으로 적극적으로 자신의 공식 권한과 비공식 권한을 사용하는데 주저하지 않았다. 그는 크바스니예프스키와는 달리 전국민의 대통령이 아니라 우파의, 특히 법과정의(PiS) 정당의 대통령이 되고자 함으로써 헌법상의 권한을 넘나드는 적극성을 보였다. 그는 쌍둥이 동생인 카친스키 (J. Kaczyński)와 함께 설립한 법과정의를 중심으로 내각을 구성했으며, 이전 어느 대통령보다도 적극적으로 정치, 행정, 군사, 외교에 개입했다. 만약 2010년 비행기 추락 사고로 사망하지 않았다면 바웬사나 크바스니예프스키와는 완전히 다른 강력한 대통령의 모습을 보여주었을 것이다.

폴란드 준대통령제 사례에서는 바웬사식의 적극적인 대통령과 그 반대로 의회제에 적합할 정도로 소극적인 모습을 보였던 크바스니예프스키식의 대통령을 비교했다. 두 명의 직선 대통령 중 어느 대통령이 폴란드의 정치발전과 민주화에 기여했는지를 평가하는 여러 연구가 진행되어 바웬사보다는 크바스니예프스키의 손을 들어주는 경우가 많았다. 그러나 바웬사 역시 폴란드의 민주화와 민주주의 발전에 기틀을 놓은 이행기 초기 단계의 중요한 인물이었음은 분명하다. 바웬사가 적극적으로 행정, 정치에 개입하면서 정부의 안정성이 흔들리고 행정부 내부에서 잦은 갈등이 일어난 것은 사실이었지만, 그의 행동은 대부분 헌법에 규정된 대통령의 권한 영역 내에서 행해진 것이었다. 다만 당시의 대통령의 권한이 총리의 권한과 중복되는 것이 많거나 혹은 양자의 권한이 명확히 구분되지 않았기 때문에 그것이 마치 초헌법적인 행동으로 비친 것이었다.

폴란드는 1992년과 1997년 헌법 개정을 통해 대통령과 총리의 권한 영역을 보다 명확히 구획했으며, 직선제 개헌에도 불구하고 오히려 실제 대통령의 권한을 줄이는 방향으로 나아갔다. 이는 결국 헌법 기구의 권한을 보다 명확하게 설정하는 계기가 되었으며 동시에 행정부 내부에서의 역할 분담과 책임을 정착시켜 정치안정과 민주주의 발전에 기여했다.

제5장

루마니아의 준대통령제

대통령–총리 대립과 정치 불안정

1. 머리말

루마니아는 1947년에서 1989년 말까지 차우셰스쿠(N. Ceauşescu)를 권력의 정점으로 하는 '술탄제'[1] 혹은 인민민주주의를 경험했다. 가장 철저한 공산국가 중 하나였던 루마니아는 1989년 12월 민중 봉기로 인해 차우셰스쿠가 처형되면서 마침내 길고 긴 독재의 시기를 끝냈다. 그러나 새로이 정권을 잡은 일리에스쿠(I. Iliescu)와 구국전선(National Salvation Front)은 차우셰스쿠와는 다른 유형이었지만, 결국에는 공산계 인사라는 공통점이 있었다. 이들은 1990년 3월 선거법을 통해 실시된 총선과 대선에서 압승을 거둔 이후 승자의 입장에서 헌법초안을 작성하고 이를 통과시켰다. 이렇게 탈공산주의 루마니아 헌법은 다양한 이해집단들 간의 치열한 논쟁이나 협의를 통해 만들어진 것이 아니라 빠른 속도로 작성된 철저히 승자의 입맛에 맞춘 헌법이었다.

그렇다고 신헌법을 통해 일리에스쿠 대통령에게 엄청나게 큰 권한이 부여된 것도 아니었다. 그 대신 루마니아는 대통령에게 모든 권한을 부여하는 대통령제가 아닌 대통령과 총리가 행정권을 양분하는 형태의 준대통령제를 선택하여 총리와 정부 그리고 의회가 대통령을 견제하여 독재로 흐르지 못하도록 막았다.[2] 그러나 대통령과 총리/내각 그리고 의회

---

1) 술탄제는 정치 지도자의 권한이 이데올로기나 혹은 윤리적 규범으로 제한받지 않는 체제를 의미한다. 특히 여기에서는 지도자가 자의적으로 선택한 측근이나 가족들이 지도자에게 무조건적인 충성을 바치는 특성이 있다. Linz, Juan J. (1990a), pp. 51-69.

2) 본문에서는 앞서 제1장에서 정의한 바와 같이 준대통령제를 광의로 정의해 고정된 임기의 직선의 대통령이 총리와 행정권을 공유하고 총리는 대통령이 아닌 의회에 책임을 지는 정부 형태로 정의한다.

의 관계가 명확히 구분되지 않았고, 많은 부분에서 권한 영역이 상호 중첩되어 있었기 때문에 향후 행정부 내부에서 그리고 행정부와 의회 관계에서 치열한 갈등이 벌어지는 요인으로 작용했다. 무엇보다도 준대통령제의 기본적인 특징인 대통령과 의회가 모두 직선으로 선출된다는 정당성을 지니고 있었고, 대통령에게 '상당한 권한'이 부여되었기 때문에 권한을 확대하고자 하는 대통령이 등장할 경우 그리고 의회 다수를 차지하는 정당이 없이 파편화되고 분극화된 정당체제가 나타날 경우 대통령이 직접 정치에 개입하려는 시도가 끊이지 않았다.

이런 배경에서 루마니아 준대통령제 사례에서는 1991년 헌법 제정 이후 대통령으로 재임했던 일리에스쿠, 콘스탄티네스쿠(E. Constantinescu), 버세스쿠(T. Băsescu) 대통령의 권한과 영향력을 살펴본다. 특히 루마니아의 사례에서는 세 명의 대통령이 1991년 헌법과 2003년 개정 헌법으로 점차 명확하게 규정된 대통령의 권한 영역 내에서 행동했지만, 상황에 따라 그리고 대통령 개인의 퍼스낼리티에 따라 비공식적인 방법을 사용해 적극적으로 정치에 개입함으로써 지속적으로 갈등을 유발시켰고 그 것이 루마니아 정치체제의 불안정은 물론 민주주의로의 발전에 장애로 작용했음을 확인한다.

2. 1991년 헌법 제정

1990년 3월 14일 새로운 '선거법'과 6월 '의회 절차법'을 채택하면서 루마니아의 탈공산화 과정이 시작되었다. 특히 선거법은 1990년 5월 총선을 실시하기 위한 법이었지만, 새로운 제도, 즉 헌법 제정을 위한 제헌의회 구성을 위한 임시적인 성격이 강했다. 1990년 5월 총선으로 구성된 제헌의회는 헌법 초안 작성과 경제개혁을 위한 각종 법안 마련 등 중대하고도 시급한 문제를 해결해야 했다.

헌법 제정은 1989년 12월 혁명 과정에서 등장한 구국전선이 주도했다. 구국전선은 혁명 이후에 등장한 다양한 정당과 이익단체를 포괄하는 우산조직이었지만 내부의 실질적인 권한을 가진 이들은 차우셰스쿠가 집권하던 1974년에서 1982년 사이에 당에서 쫓겨났던 개혁 공산주의자들이었다. 구국전선은 1990년 5월 총선에서 압승을 거두어 양원 모두 2/3 이상의 의석을 차지했으며, 대통령 후보였던 일리에스쿠 역시 대선에서 85.1%의 지지를 받아 압승을 거두었다. 파편화되고 조직력이 약했던 야당은 선거에서 패배했는데, 이로써 야당은 향후 루마니아의 정치, 경제발전에 기반이 되는 제도, 특히 헌법 제정에 전혀 영향력을 행사할 수 없었다. 야당은 선거패배와 1990년 6월 부쿠레슈티에서 있었던 대규모 친정부 시위로 인해 오랫동안 무기력한 채로 남아있었다. 야당들은 1990년 늦가을에 가서야 구국전선과 일리에스쿠에 대항할 단일조직 민주대회 (Democratic Convention)를 결성했다. 민주대회는 야당의 우산조직으로 구국전선의 절대 우위에 도전할 수 있게 된 최초의 정치세력이었지만, 헌법 초안이 이미 작성된 시점에 세력을 결집했기 때문에 사실상 헌법의 내용에 전혀 영향을 행사하지 못했다.[3]

표 5-1) 1990년 루마니아 대선

후보	지지 정당	득표	%
I. 일리에스쿠	구국전선	12,232,498	85.1
R. 캄페아누	민족자유당	1,529,188	10.6
I. 라티우	기독민주국가농민당	617,007	4.3
유권자/투표율		17,200,722	86.2

자료: NSD, "European Election Database," 2019.

---

3) Shafir, Micahel (1991), pp. 13-21.

헌법 초안 작성 과정에서 제도에 관한 논의는 거의 없었다. 이런 측면에서 루마니아의 제헌 과정은 다른 탈공산주의 중동부유럽 국가, 특히 폴란드, 슬로바키아, 헝가리와는 전혀 달랐다. 폴란드 등에서는 헌법 초안 작성 과정에서 조문 하나하나에 대한 치열한 논쟁이 벌어졌었다. 무엇보다도 1991년 9월 25-27일 부쿠레슈티에서 발생한 일리에스쿠와 구국전선을 지지하는 광부들의 폭동으로 인해 로만(P. Roman) 총리를 중심으로 한 여당 내부의 개혁파와 야당이 논의에서 배제되어 있었다. 구국전선이 총선에서 압승을 거두어 야당들이 제헌 과정에 참여할 수 없었던 것도 헌법을 둘러싼 치열한 논쟁이 벌어지지 못했던 요인이었다. 더군다나 경제개혁 전략을 둘러싸고 벌어진 로만 총리 주도의 개혁파와 대통령 일리에스쿠가 지원하는 보수파 간의 심각한 분열로 인해 구국전선 내부에서도 어떤 헌법을 채택해야 할지, 행정부 내부의 권력 관계 및 의회와의 관계는 어떻게 설정할지에 대한 정연한 논의도 없었다.[4]

1990년 7월 부쿠레슈티 대학 법학부 교수인 이오르고반(A. Iorgovan)이 주도하고 상, 하원 의원들과 헌법 전문가로 구성된 제헌위원회가 설립되었다. 문제는 이오르고반이 일리에스쿠와 가까운 사이였고 헌법 초안 작성 과정에서 주요한 조문에 대해서는 대통령의 의중을 그대로 반영했다는 점이었다.

야당인 농민당과 자유당은 입헌군주제를 선호하면서 국민투표를 통해 입헌군주제와 공화제 중에서 어느 것을 선택할지 결정해야 한다고 주장했다. 이들은 1947년 미카엘 국왕이 강압적인 상황에서 퇴위했기 때문에 다시 군주제로 돌아가야 한다고 주장했다. 동시에 이들은 공산정권 시기인 1948년에서 1965년 사이 루마니아를 공화국으로 선언한 세 개의 헌법은 무효라고 주장하면서, 1923년의 헌법으로 돌아가야 한다고 선언했다.[5]

---

4) Verheijen, Tony (1995), pp. 162-165.

구국전선 내부의 개혁파와 야당들은 대통령의 의회 간선과 대통령에게 의전적, 상징적 권한만을 부여하는 의회제를 선호했지만 헌법 작성 과정에서 완전히 배제되어 있었다. 더군다나 야당들은 의회 표결을 통해 제헌의원회의 헌법 초안을 부결시킬 수 있을 것이라고 기대하면서 초안 작성에 적극적으로 개입하지도 않았었다. 야당 중 유일하게 헝가리민주연합만이 헌법 논의에 보다 적극적으로 참여했는데, 이들은 헌법 초안이 루마니아를 단일국가로 선언하면서 헝가리어의 공식어 지위를 인정하지 않고 소수민족의 권리도 인정하지 않았기 때문에 제헌 논의에 참여해서 이를 막으려고 했었다.

의회에 제출된 헌법 초안은 7월부터 12월까지 심의 과정을 거쳤다. 당시 논의의 핵심은 소수민족 권리, 공화제, 정부-의회 간 관계, 대통령과 정부의 포고령 권한, 양원의 관계에 집중되어 있었다.[6] 그러나 야당 측의 세력이 너무 약해서 당초 제안된 초안을 크게 수정하지 않았다. 1991년 11월 21일 제헌위원회의 최종 헌법안은 의회 2/3의 찬성이 필요했는데, 상하원 합동회기에서 510 대 95로 통과되었다.[7] 의회를 통과한 헌법안은 1991년 12월 8일 실시된 국민투표에서 78.5%의 찬성으로 최종 헌법으로 인정되었다. 결과적으로 1991년 루마니아 헌법은 구국전선, 특히 구국전선 내부의 보수파의 입맛대로 작성된 대통령 일리에스쿠를 위한 명목상의 조문에 불과했다.

그러나 예상과 달리 구국전전 보수파는 일리에스쿠에게 막강한 권한을 부여하는 대통령제를 선택하지 않았고 대통령과 의회가 모두 직선으로 선출되며, 정부가 대통령과 의회 양쪽 모두에 책임지고 대통령이 내각 구성에 역할을 할 수 있지만 동시에 대통령제와 비교해서는 상대적으

---

5) Shafir, Micahel (1991), p. 23.

6) Verheijen, Tony (1995), pp. 166-167.

7) Focseneanu, Eleodor (1992), p. 147.

로 권한이 약한 준대통령제를 선택했다.

1991년 헌법에서는 대통령을 루마니아 헌법질서의 수호자로 규정했다.[8] 임기 4년의 대통령은 직선으로 선출되며, 임기 중 정당에 소속되거나 혹은 정당정치에 관여해서는 안된다고 규정함으로써 정치적 중립성을 요구했다. 대통령 선출을 위해서는 과반 이상을 득표해야 하지만, 1차 투표에서 과반 이상을 득표한 후보가 없을 경우에는 1차의 상위 2인이 결선을 치르도록 했다. 헌법에 따라 대통령은 헌법 기구 간 충돌이 벌어질 경우 중재자로 문제를 해결하며, 총리 지명과 임명권, 판사 임명권, 의회 비상 회기 요청권, (조건부) 의회 해산권, 법안의 공표권, 외교, 안보정책에 대한 권한을 지니고 있었다.

헌법에 따라 대통령은 내각 구성에 강력한 영향력을 행사할 수 있었다. 대통령만이 의회에 총리 후보를 제안할 수 있는데, 대통령은 의회에서 다수를 차지하고 있는 정당 혹은 연립과의 협의를 통해 총리 후보를 정하고 이를 의회에 제청했다. 대통령이 총리 후보를 지명하면 후보자는 10일 이내에 의회에 정부 프로그램과 각료 명단을 제출하고 인준을 받아야 했다. 한편 대통령은 의회가 자신이 지명한 총리 후보를 거부할 경우에 새로운 총리 후보를 지명하는데, 만약 의회가 두 번 연속으로 총리 후보를 거부할 경우 첫 번째 총리 후보를 지명한 지 60일 이내에 의회를 해산할 수 있다. 그러나 대통령은 상기한 조건 이외의 경우에는 의회를 해산할 수 없고, 조기총선 실시를 명할 수 없으며, 의회의 신임을 받은 정부를 해산할 수도 없다.

대통령령도 제한적이었다. 대부분의 대통령령은 총리나 관련 각료의 부서(副署)가 필요했는데, 유일하게 부서가 필요 없는 조항은 공직 임명에 관한 것이었다. 예외적으로 정보부 수장 임명은 의회의 승인이 필요했다. 한편 대통령은 의회를 통과한 법안에 대한 거부권은 없지만, 재심

---

8) "Constitution Romania, 1991" http://www.cdep.ro/pdfs/constitutie_en.pdf

을 요청하며 이를 의회로 반송하거나 헌법재판소에 해당 법안의 위헌 심판을 요청할 수 있었다. 또한 대통령은 정부가 개헌을 발의할 경우 이를 의회에 전달하는 역할을 하며 국가적 이해가 달린 문제에 대해서는 국민투표를 요청할 권한도 지니고 있었다.

대통령이 중대 과실을 범했을 경우 의회가 대통령의 직무를 정지시킬 수 있었는데, 직무정지 발의는 상원과 하원 재적 1/3 이상의 지지로 시작되어 절대 과반으로 통과되며, 이후 30일 이내에 국민투표를 실시해 대통령 직무정지를 최종 결정하도록 했다. 대통령이 탄핵되면 3개월 이내에 조기 대선을 실시하고 이 기간 동안 상원의장이 대통령의 권한을 승계하지만, 대통령 대행이 의회 해산권, 국민투표 요청권, 대국민 연설권 등은 행사할 수 없도록 했다. 그러나 헌법에는 대통령 직무 정지 절차와 그 조건이 너무 포괄적으로 규정되어 있어서, 만약 대통령의 대중적 인지도가 약하고 의회 다수가 대통령과 대립하고 있을 경우에는 손쉽게 대통령을 탄핵할 수 있지만, 반대로 대통령이 국민적 지지를 받고 의회 다수당이 대통령 정당이라면 대통령은 헌법상의 권한을 넘어 독재자가 될 수도 있기 때문에 사실상 탄핵이 불가능했다.

한편 1991년 헌법에는 총리-대통령 관계가 비교적 명확히 규정되어 있었다. 여기에서 대통령은 안보와 외교 분야에 대한 권한을 갖고 있었지만 이 권한을 행사하기 위해서는 총리의 부서를 필요해 사실상 이 분야에 대해서도 공식적인 권한은 제한적인 셈이었다. 또한 대통령은 외교정책, 안보, 공공질서 분야에서 국가적 이해를 논하는 각료회의를 주재할 수 있고, 이외의 분야에 대해서는 총리가 대통령에게 요청하는 경우에 한해 각료회의를 주재할 수 있었다. 또한 총리가 개각을 하기 위해서는 대통령의 재가를 받도록 했다. 의회는 신임투표를 통해 정부를 지지하지만, 개각에 대해서는 영향력을 행사할 수 없었다. 의회는 불신임 표결을 통해서만 개각 반대 입장을 밝힐 수 있었기 때문에, 사실상 개각은 총리와 대통령의 권한이었다.

이처럼 공식적인 측면에서는 대통령-총리 관계가 비교적 명확히 규정되어 있었다. 또한 대통령과 총리가 모두 서명하는 부서 조항이 많지 않았기 때문에, 양자가 충돌할 여지도 크지 않은 듯 보였다. 그러나 대통령과 총리가 권한을 공유하고 있는 영역에서 충돌이 벌어질 경우 이를 해결할 어떠한 방안도 마련되어 있지 않았기 때문에 이것이 향후 행정부 내부의 안정을 해치고 전체적인 정치발전에 걸림돌로 작용했다.

1991년 헌법의 또 다른 문제는 의회의 지위와 권한이었다. 상, 하원으로 구성된 루마니아 의회는 양원의 권한이 중복되거나 혹은 모호하게 규정되어 있어 대통령이 권한을 확대하려는 의지를 보일 때 이를 견제하지 못할 가능성이 있었다. 또한 하원과 상원이 비슷한 성격을 지니고 있어서, 특히 양원이 법안의 일부분에 대해서 동의하지 않을 경우에는 아주 복잡하고 오랜 시간이 걸리는 입법 과정을 거쳐야 했다. 개헌안, 조직 법안, 일반 법안에 대해서도 상, 하원이 상이한 입법 절차를 적용했으며, 특정 사안에 대해서는 양원 합동 회기가 필요했다. 양원이 합동으로 결정하는 문제는 예산안, 사회보장비, 국가방위위원회 심의, 감사원, 정보부 통제, 동원령 선포, 전쟁선포, 군사적 충돌 유예 및 종료 등이 있었다. 또한 양원은 합동 회기를 통해 총리와 각료에 대한 견책을 논의하고 특정 정부 프로그램을 논의하며 예산을 심의했다.

정부는 의회에 책임을 지지만 그렇다고 의회가 정부에 무제한적으로 영향력을 행사할 수 있는 것도 아니었다. 하원이 정부를 견책할 수는 있지만, 총리와 각료를 견책하기 위해서는 상원과 하원 전체의 1/4의 발의를 통해 불신임안을 제안하고 재적 과반을 통해 의결하도록 했다. 여기에도 제약 조건이 있어 정부 불신임안을 제기한 의원들은 동일 회기 중 재차 불신임을 제기할 수 없었다.[9]

---

9) 양원은 1년에 두 차례 합동회기를 개최하기 때문에, 이론상으로 1년에 연이어 두 번 불신임을 제기

정부-의회 관계에서 논쟁적인 측면 중 하나는 의회를 우회하는 정부의 시행령 권한이었다. 정부 시행령은 특히 민주주의를 위협하는 요인으로 작동할 여지가 있었는데, 예를 들어 바카로이우(N. Văcăroiu) 정부는 의도적으로 의회의 입법 권한을 우회하여 정부 시행령을 포괄적으로 활용한 대표적인 사례였다.

요컨대, 구국전선이 의회를 장악하고 있었고 대통령 일리에스쿠의 높은 인기에도 불구하고, 루마니아 대통령에게 상대적으로 약한 권한을 부여한 것은 무엇보다도 차우셰스쿠 독재에 대한 기억과 그러한 독재로의 회귀를 우려했기 때문이었다. 구국전선이 의회 다수를 차지하고 있어 강력한 대통령 모델을 밀어붙일 수 있었음에도 불구하고, 대통령제의 결과에 대한 두려움으로 인해 대통령에게 강력한 권한을 부여하기를 꺼래했던 것이다. 이전 차우셰스쿠 개인의 절대적 권력이 아직까지 정치인과 일반 국민들의 뇌리에 남아있어 강력한 대통령제를 선택한다면 국민투표에서 패배할 수 있다는 우려도 있었기 때문에 당초 예상과는 달리 대통령에게 큰 권한을 부여하지 않았다.

그럼에도 불구하고 1991년의 헌법은 구국전선 보수파와 대통령 일리에스쿠의 권력을 공고화시키기 위한 전략 문서에 불과했고, 이들의 권한을 정당화하는 공식 선언이나 다름없었다. 이제 당분간은 이 헌법이 분쟁을 조정하고 해결하는 원칙이 아니라 권한을 확대 혹은 공고히 하려는 측과 이에 반대하는 측 사이의 그리고 권한을 가진 측 내부에서의 권력투쟁을 유발하는 역할을 했다.

할 수 없다.

3. 콘스탄티네스쿠와 일리에스쿠 대통령

1992년 총선에서 유권자들은 급속한 시장개혁, 현상유지, 극단적 민족주의 중 하나를 선택해야 했다. 보수파가 떨어져나간 뒤 개혁파가 주도하고 있던 구국전선과 야당인 민주대회, 민주자유당은 급속한 시장경제로의 전환을 내세웠다. 반대로 구국전선 보수파가 창당한 민주구국전선은 경제개혁의 속도 완화를 공약으로 내걸었다. 한편 루마니아국민연합, 대루마니아당, 사회노동당 등의 극단정당들은 민족주의 정서를 이용하고 기존 정당들에 실망한 유권자들의 지지를 끌어 모았다.

표 5-2) 1992년 루마니아 대선.

후보	정당	1차		결선	
		득표	%	득표	%
I. 일리에스쿠	민주구국전선	5,633,465	47.2	7,393,429	61.4
E. 콘스탄티네스쿠	민주대회	3,717,006	31.1	4,641,207	38.6
G. 푸나르	민족통일당	1,294,388	10.8		
C. 드라고미르	무소속	564,655	4.7		
M. 드루치	환경운동	362,866	3.0		
유권자/투표율		16,380,663	76.3	16,597,508	73.2

자료: NSD, "European Election Database," 2019.

한편 1992년 대선에서는 유력주자였던 전 총리 로만이 출마를 포기하면서 민주구국전선의 일리에스쿠와 민주대회의 콘스탄티네스쿠의 이파전으로 진행되었다. 1992년의 총선과 대선의 결과는 한마디로 말해 유권자들이 급진적인 경제개혁을 극도로 꺼려 한다는 사실을 보여준 것이나 마찬가지였다. 대선에서는 일리에스쿠가 결선에서 60% 이상을 득표해 당선되었고, 총선에서는 민주구국전선이 하원에서 117석, 상원에서 49석을 차지함으로써 양원 모두에서 승리했다.

1992년 총선 이후의 내각 구성은 신헌법의 적용을 받았다. 총선 결과 연립정부를 구성하기가 대단히 어려웠다. 비록 민주구국전선이 제1당을 차지했지만, 연정 파트너 정당을 찾을 수 없었고 극단주의 정당과 연정을 구성할 경우 국민들의 반발도 예상되었기 때문에 이들과 연정을 구성할 수도 없었다. 이런 상황에서 대통령 일리에스쿠는 연립정부 구성을 위해 무소속 정치인을 총리로 지명하여, 세 주요 정당(민주구국전선, 구국전선, 민주대회)의 지지를 얻거나 혹은 민주구국전선와 좌우익 극단정당의 지지를 통해 정부를 구성하는 방안을 고려했다. 일리에스쿠와 대립적이던 민주대회는 물론이고 구국전선도 민주구국전선과의 연정에 반대했다. 그렇다고 일리에스쿠는 민주구국전선을 배제하고 연정을 구성할 생각은 전혀 없었다. 결국 일리에스쿠는 재무장관 출신의 무소속 바카로이우를 총리로 하며, 민주구국전선과 전문가가 참여하는 내각을 고안해 냈다.

한편 1992년 총선 이후의 정치 상황은 민주주의를 위협하기에 충분했다. 비민주적인 극단정당들이 큰 지지를 얻어 원내에 진출했고 내각 인준의 대가로 지분을 요구하기에 이르렀다. 더 큰 문제는 이런 혼란스러운 상황에서 대통령이 헌법 권한을 뛰어 넘어 영향력을 행사할 수 있는 기회의 창이 활짝 열렸다는 점이었다. 바카로이우 총리는 어렵게 구성한 정부를 유지하기 위해 의회의 지지가 필요했지만, 의회의 지지에 결정적인 역할을 하는 이는 대통령이었기 때문에 결국 대통령에 의지할 수밖에 없었고 대통령도 이런 사실을 잘 알고 있었다.

1993년에서 1996년 총선까지의 정치 상황은 우선은 야당이 그리고 후에는 민족주의 정당들이 총리와 정부를 계속해서 공격하는 양상으로 전개되었다. 특히 민족주의 정당들은 정부를 공격하여 흔들기보다는 지지에 대한 대가를 요구했다. 이런 상황에서 대통령은 자신의 지지에 크게 의존하고 있는 총리와 정부의 생존을 보장하는 대가로 자신의 영향력을 확대해 나갔다.[10]

총리는 의회보다는 대통령에게 의존함으로써 야당의 불신임 위협에서 벗어날 수 있었다. 대표적인 사례는 대통령이 개혁 성향의 각료 교체를 요구하는 국가연합당을 공개적으로 비난한 사건이었다. 이에 대해 국가연합당은 1993년 12월 정부 불신임안을 제출했지만, 대통령과 총리는 극단주의 정당들에게 5개의 각료를 내어주면서 13표차로 겨우 살아남았다.[11]

바카로이우 내각은 1996년 총선까지 유지되었지만, 사실 점점 더 대통령에 의지하면서 동시에 극단주의 정당의 눈치를 살필 수밖에 없었다. 결국 일리에스쿠 대통령은 정치에 깊숙이 개입하면서 자신의 영향력을 확대했지만, 반대로 유약하고 성과 없는 비민주적 성격의 정부와의 협력으로 인해 대중적 지지를 잃었다. 경제 실패, 정부와의 긴밀한 관계 유지 그리고 민족주의 세력과의 연결은 일리에스쿠의 정치적 자산이 아니라 부채로 쌓여갔다.

이처럼 체제전환 이후 6년 동안 루마니아의 준대통령제는 강한 대통령, 약한 정부의 전형을 보여주었다. 1990년과 1992년 일리에스쿠의 대선 승리와 이 시기 구성된 3개 정부의 약한 지지기반이 바로 대통령의 실질적 권한 증대에 기여한 요인이었다. 바카로이우 정부 시기에 대통령과 총리 간 긴밀한 관계로 인해 야당은 일리에스쿠가 정치적 중립성을 지키지 않았다며 탄핵을 추진하기도 했었다.

1996년 11월 대선이 루마니아 정치의 일대 전환점이었다. 1차 투표는 1992년 대선과는 아주 달랐다. 유력한 대선 주자인 로만이 출마하면서 3명의 유력 후보 간 치열한 싸움이 이어졌다. 야당에서는 일리에스쿠의 출마가 위헌이라며 헌법재판소에 위헌 심판을 제기했다.[12] 야당들은 헌법

---

10) Verheijen, Tony (1999), pp. 206-207.

11) *BBC Monitoring Service* (30 December 1993).

12) "East European Constitutional Review, Constitution Watch, Romania", (Fall 1996).

의 대통령 중임 규정을 내세워 일리에스쿠가 이미 1990-92년과 1992-96
년 두 번의 대통령 임기를 역임했기 때문에 다시 대선에 출마할 수 없다
고 주장했다. 그러나 일리에스쿠는 새로운 헌법, 즉 1991년 헌법의 적용
을 받는 한에서는 오직 한 차례만 대통령직을 수행했다고 강조했으며, 헌
법의 소급 적용을 지적했다.[13] 헌법재판소가 일리에스쿠의 손을 들어주
긴 했지만, 이 사건으로 그의 이미지도 추락했다. 일리에스쿠가 경제침체
를 경험한 바카로이우 정부와 긴밀한 관계를 유지하고 있다는 사실 이외
에도 대통령을 한번 더 하기 위해 진흙탕 싸움을 벌이는 노정치인의 권
력욕이 드러나면서 그의 이미지가 크게 훼손될 수밖에 없었다.

대선 1차 투표에서는 일리에스쿠가 32%를 획득해 1위를 차지했지만,
결선투표에서는 콘스탄티네스쿠가 로만과 헝가리민주연합 프룬다의 지
지를 흡수해 승리했다. 총선에서도 민주대회가 30%를 획득해 승리했다.
민주대회와 사회민주연합(로만이 이끄는 구국전선의 개혁파), 헝가리민
주연합이 전체의 60%를 얻어 연정 가능성이 있었다. 콘스탄티네스쿠는
치오르베아(V. Ciorbea)를 총리로 지명했고, 1996년 12월 12일 치오르베
아는 민주연합, 사회민주연합, 헝가리민주연합으로 연립정부를 구성해
사실상 차우세스쿠 이후 루마니아에서 최초의 진정한 정권교체를 이루는
데 성공했다.

---

13) Stefoi, Elena (1993), p. 53.

표 5-3) 1996년 루마니아 대선

후보	지지 정당	1차		결선	
		득표	%	득표	%
E. 콘스탄티네스쿠	민주대회	3,569,941	28.2	7,057,906	54.4
I. 일리에스쿠	사회민주당	4,081,093	32.3	5,914,579	45.6
P. 로만	민주당	2,598,545	20.5		
G. 프룬다	헝가리민주연합	761,411	6.0		
C. 바딤	대루마니아당	597,508	4.7		
유권자 / 투표율		17,218,654	76.0	17,230,654	75.9

자료: NSD, "European Election Database", 2019.

콘스탄티네스쿠는 전임 일리에스쿠와 마찬가지로 어느 정도는 현실정치에 참여했지만, 내각 구성에는 개입하지 않았고 이를 통해 이제야 비로소 대통령과 총리 사이에 분명한 분업구조가 나타나기 시작했다. 총리는 경제개혁 정책에 대해 책임을 맡았고, 대통령은 NATO와 EU 가입 그리고 국제기구와의 관계와 같은 중요한 외교문제에 참여했다. 이제 루마니아에서도 대통령이 외교와 안보정책에서 두드러진 역할을 맡고, 총리가 내무정책을 담당하는 고전적 의미의 준대통령제가 나타나기 시작했다.

그러나 콘스탄티네스쿠 역시 총리와의 관계에서 주도권을 빼앗기고 싶지는 않았다. 그에게는 일리에스쿠처럼 강력한 정치적 기반이 없었기 때문에 자신의 대중적 인기와 헌법에 보장된 군 통수권자의 권한 그리고 정보부에 대한 통제력에 의존했다. 정부를 구성할 유력한 총리가 없는 상황에서 콘스탄티네스쿠는 정치적으로 무명이었던 치오르베아를 총리로 임명했다. 치오르베아는 중요한 개혁 조치를 추진했지만, 연립정부 내부의 분쟁으로 1998년 3월 물러났다. 이후 1999년 12월까지 대통령과 총리 바실레(R. Vasile)의 관계도 좋지 않았다. 바실레의 소속 정당이었던 농민-기독민주당 마저 바실레에 대한 신임을 철회한 이후에는 각료

절반 이상이 사임했고, 대통령은 바실레에게 사임을 권유했다. 그러나 바실레는 후임 총리가 임명되기 이전까지 자신이 총리직을 유지해야 한다고 주장하며 사임을 거부했다. 결국 콘스탄티네스쿠는 대통령령을 통해 총리를 해임했다. 문제는 대통령의 이런 조치가 헌법상의 권한인지에 대한 것이었다. 헌법상으로는 대통령이 총리를 해임할 수 있지만, 그 방법에 문제가 있었다. 이 문제를 둘러싼 갈등으로 대통령과 정부의 정당성은 물론이고 국민적 지지도 급락했고 언론도 이들에게 등을 돌렸다. 당시 국민들 사이에는 정부의 개혁실패와 급격한 생활수준 하락으로 공산시기에 대한 향수도 되살아났다. 이런 상황에서 콘스탄티네스쿠의 권한과 권위는 추락했고, 그는 어쩔 수 없이 재선 도전을 포기했다. 이런 혼돈 속에서 일리에스쿠가 다시 정권을 차지할 기회가 생겼다.

표 5-4) 2000년 루마니아 대선

후보	지지 정당	1차		결선	
		득표	%	득표	%
I. 일리에스쿠	사회민주당	4,076,273	36.4	6,696,623	66.8
C. 투도르	대루마니아당	3,178,293	28.3	3,324,247	33.2
T. 스톨로얀	민족자유당	1,321,420	11.8		
M/ 이사레스쿠	민주대회	1,069,463	9.5		
G. 프룬다	헝가리민주연합	696,989	6.2		
유권자 / 투표율		17,699,727	65.3	17,711,757	57.5

자료: NSD, "European Election Database", 2019.

그러나 이미 두 번에 걸쳐 대통령직을 수행한 일리에스쿠가 다시 대선에 도전할 수 있을지는 여전히 논란의 대상이었다. 헌법재판소는 지난 1992년에는 일리에스쿠가 이미 두 번에 걸쳐 대통령직을 수행했다고 판결했지만, 1996년에 와서는 이 결정을 뒤집어 일리에스쿠의 대선 출마를 허용했다.[14]

결국 2000년 대선에서는 지저분한 자격 논쟁을 거치면서도 마땅한 좌파 후보가 없는 상황에서 우파의 표를 결집한 일리에스쿠가 다시 대통령에 당선되었다. 당시 많은 이들은 EU 가입을 위해서는 엄격한 조건과 민주적 기준을 수용해야 하는 상황에서 일리에스쿠가 이전처럼 권한을 행사하지는 못할 것으로 전망했다. 그러나 예상과는 달리 일리에스쿠는 이전과 마찬가지로 계속해서 현실 정치에 개입했고 정보부 통제권을 둘러싸고 그리고 조기총선 실시 여부를 두고 자신의 정당인 사회민주당의 나스타세(A. Nastase) 총리와 대립했다.

이런 갈등이 시작된 원인은 헌법 91조 때문이었다. 헌법 91조에는 "대통령은 국가를 대표해 정부와의 협의를 통해 국제조약을 체결한다"고 되어있다. 실제로 이 조항은 정부가 국제조약과 관련된 전체 과정을 주도하고 그 대신 대통령이 조약에 서명하면서 외국정상과 악수한다는 의미였다. 또한 헌법에서는 각료회의를 주재할 총리의 권한과 대통령의 권한을 명확히 구분하지 않았고(87조), 국방정책에 대한 권한(92조)도 명확하게 규정하지 않았다. 더군다나 누가 총리를 해임할 권한을 지니고 있는지(107조 2항) 명확하지 않아서, 종종 공개적인 대립으로 이어지는 라이벌 관계가 형성될 수밖에 없었다.[15]

그렇지만 대통령이 정치에 적극적으로 개입한 요인은 무엇보다도 헌법기구들 즉, 의회, 정부, 사법부 등이 모두 내부의 분란과 분열로 인해 파편화되어 있었기 때문이었다. 이런 상황에서 의회, 정부, 사법부에 대한 신뢰는 땅에 떨어졌다. 국민들은 이런 헌법기구를 대신해 대통령을 지지하고 신뢰했으며, 총선보다는 대선을 중시하고, 총리보다는 대통령을 국가의 지도자로 우러러보는 경향이 강했다. 이런 상황에서 대통령은 공식 권한 이외에도 대중적 인기라는 비공식 기반을 통해 일상 정치에

---

14) Gallagher, Tom and Andrievivi, Viorel (2008), p. 151.

15) "Constitution of Romania," http://www.cdep.ro/pls/dic/site2015.page?den=act2_2&par1=0&idl=2

적극 개입했다.

4. 버세스쿠 대통령에 대한 두 번의 탄핵 시도

헌법기구 간의 권한 배분 문제로 인해 2003년 다시 헌법을 개정했지만, 행정부 내부의 권력균형 관계를 근본적으로 바꾸지는 못했다. 동시에 개헌으로 입법 절차가 훨씬 빠르고 간소화되긴 했지만 여전히 상, 하원의 역할을 명확하게 구분하지 못했고, 또 누가 우위에 있는지도 확실히 규정하지 못했다. 다만 대통령의 임기를 4년에서 5년으로 늘리는 등의 표면적인 변화만이 눈에 띠었다. 한 가지 의미 있는 변화는 헌법에 대통령이 총리를 해임하지 못하도록 규정했다는 점이었다(헌법 107조).

표 5-5) 2004년 루마니아 대선

후보	지지 정당	1차		결선	
		득표	%	득표	%
T. 버세스쿠	정의진실동맹	3,545,236	33.9	5,126,794	51.2
A. 나스타세	민족연합 PSD+PUR	4,278,864	40.9	4,881,520	48.8
C. 투도르	대루마니아당	1,313,714	12.6		
B. 마르코	헝가리민주연합	533,446	5.1		
G. 씨우한두	기독-민주국민농민당	198,394	1.9		
유권자 / 투표율		18,449,344	58.5	18,316,104	55.2

자료: NSD, "European Election Database", 2019.

2004년 대선에서는 예상과 달리 버세스쿠(T. Basescu)가 승리했다. 당초 나스타세 총리의 낙승이 예상되었지만, 시민사회가 부패 사건에 연루되어 있던 나스타세의 낙선운동을 전개했고 일리에스쿠 대통령과 나스타세 총리 사이의 대립으로 일리에스쿠 지지표가 버세스쿠로 향하면서 버

세스쿠가 나스타세를 꺾는 이변을 일으켰던 것이다. [16)]

버세스쿠는 대통령 당선 이후 의회에서 자신을 지지하는 민주당을 중심으로 정부를 구성하려 했다. 그러나 총선 결과 민주당 소속 총리를 고집할 수만은 없었고 그 대신 최대 정당인 민주연합의 이탈표를 이용해 민족자유당(PNL)의 포페스쿠-타리체아누(C. Popescu-Tariceanu)를 총리로 임명했다. 그러나 민족자유당과 민주당 그리고 정의진실동맹 만으로는 정부를 구성하기 힘들었다. 여전히 사회민주당계가 의회뿐만 아니라 국가의 주요 부분을 차지하고 있었고, 특히나 지방에서는 사민당이 가장 강력한 지위를 차지하고 있었다. 이들은 사법부에도 영향력을 행사하고 있었는데, 2005년 6월에는 사민당이 임명한 판사들이 주도하고 있던 헌법재판소가 EU의 사법개혁 요구를 공개적으로 비판하기도 했다.

어렵사리 구성한 정부와 대통령의 관계도 원만하지 못했다. 내각 구성 초기부터 대통령과 총리는 경제개혁을 둘러싸고 충돌했다. 개혁 부진을 이유로 들어 EU 집행위원회가 루마니아의 EU 가입을 연기함에 따라 타리체아누 총리는 개혁에 박차를 가하고자 했다. 이때 총리는 대통령이 정부의 경제정책에 개입하고 특정 경제 그룹의 이해를 대변하고 있어 개혁에 방해가 된다고 주장하면서, 대통령과 거리를 두고 경제정책에 대한 총리의 권한을 요구했다.

버세스쿠 대통령은 양원제를 단원제로 바꾸고, 기존 비례대표제를 소선거구제로 바꾸는 개헌안을 내놓고 이를 국민투표를 통해 관철시키려했다. 총리는 대통령의 개헌 요구를 단호히 거부했다. 경제개혁을 둘러싼 주도권 싸움과 선거제도, 의회 형태를 둘러싼 대통령-총리의 대립은 연정을 구성하고 있는 정당 간 분열로 이어졌다. 총리가 소속된 민족자유당 측에서는 버세스쿠 대통령이 개헌을 추진하는 것은 헌법상의 권한을 넘으려는 시도로 이는 탄핵의 대상이라고 경고했다. 최대 정당이면서 야

---

16) Gallagher, Tom (2006), pp. 266-267.

당인 사회민주당도 대통령이 헌법상의 권한을 넘어서고 있으며, 권위주의 성향을 보이고 있다고 비판했다.

버세스쿠는 일리에스쿠 시기의 퇴행을 바로잡고자 급진적인 변화를 추진했고, 총리를 결코 자신과 동등한 위치에 두려고 하지 않음으로써 일리에스쿠와 마찬가지로 총리와 정부 그리고 의회를 넘어선 권한을 행사하려 했다. 버세스쿠는 직선으로 선출된 국민의 대표이자 국가수반인 자신이 최고의 정당성을 지니고 있으며, 여전히 높은 지지를 얻고 있기 때문에 보다 많은 변화를 추구하면서 국민들에게 강력한 대통령으로 인식되고자 했다. 물론 그는 재선을 염두에 두면서 헌법에 부여된 대통령의 권한에 만족하지 않았다.

버세스쿠는 정치계뿐만 아니라 국민들에게도 자신을 강력한 퍼스낼러티를 지닌 인물로 각인시켰다. 그는 의전에만 한정된 상징적 대통령이 아닌 적극적으로 행동하는 대통령이 되고자 했다. 헌법에 규정된 헌법기구들 사이의 중재 역할이나 하려고 대통령에 출마한 것도 아니었다. 그는 헌법에서 정당 내부에 영향력을 행사하지 못하도록 규정한 대통령의 정치 중립성 요구를 공개적으로 비판했었다. 헌법에 따르면 대통령은 정당 소속이어서는 안됐지만(헌법 84조), 그는 이에 아랑곳하지 않고 계속해서 민주당 내부 문제에 깊숙이 개입했다.

버세스쿠 대통령은 야당인 사민당뿐만 아니라 연립정부를 구성하고 있던 여당을 공격하는 것도 주저하지 않았다. 이를 위해 그는 기존 정보부보다 더욱 강력한 권한을 지닌 '국가정보원'을 설립해 대통령의 권한 확대를 추진해 나갔다. 정보부 통제가 독재를 의도한 것이라는 비판을 받았지만 그는 아랑곳하지 않았다. 그러나 모순적이게도 버세스쿠가 총리와의 대립에서 승리한 것은 대통령의 권한 강화를 통해서가 아닌 총리의 부패 연루설과 불안정한 연립정부 때문이었다.[17]

---

17) 총리는 2005년 5월 자신의 측근이 연루된 부패 사건을 조사하던 검찰 총장에게 전화를 걸어 해당

잦은 부패 스캔들과 불안정한 정당체제 그리고 EU 가입을 위한 힘든 여정을 주도할 강력한 지도자를 필요로 했던 당시의 분위기 속에서 버세스쿠는 자신이 '정의'를 시행하고 국가와 국민을 이끌 적임자라고 자부했다. 버세스쿠의 주요 타켓은 자신의 정당인 민주당뿐만 아니라 타리체아누의 민족자유당이 주도하는 정부였다. 2006년 2월 1일, 버세스쿠는 정부가 마피아와 같은 이익집단의 영향력에 빠져있다고 선언하면서, 경제위기로 분노하고 절망에 빠져있던 국민들에게 강렬한 인상을 심어 주었다. 2006년 2월 여론조사에서는 루마니아의 최대 인구 구성원이었던 농민의 74%가 강력한 대통령을 원하며, 72%는 직업 정치인보다는 테크노크라트가 주도하는 정부가 루마니아의 미래를 위해 더 적합하다고 답했을 정도로 국민들은 혼란하고 불안정한 상황을 바로잡을 강력한 대통령을 원하고 있었다.

버세스쿠는 총리뿐만 아니라 자신에 적대적인 의회와도 대립했다. 2007년에 첫 번째 충돌이 벌어졌다. 연립정부가 붕괴되면서 대통령 정당인 자유민주당이 야당으로 전락했다. 관료 임명과 관련된 일련의 갈등, 기업인 조사, 선거 전략을 둘러싼 갈등으로 연정 파트너 정당 간 그리고 대통령과 총리 관계도 악화되었다. 이런 문제들로 인해 타리체아누 총리는 대통령 소속 정당이었던 자유민주당 소속 각료들을 모두 해임했다. 이 사태는 주요 야당들이 암묵적으로 동의하는 가운데 소수정부가 들어서는 결과로 이어졌다. 이 과정에서 대통령은 정당에 소속되지 않아야 한다는 헌법상의 경계를 넘어섰고, 헌법 기구 간 분쟁이 벌어졌을 경우 중재자 역할을 해야 한다는 규정도 위반했다.[18]

버세스쿠는 여전히 자유민주당 내부의 문제에 깊숙이 개입하고 있었

사건에 대한 정보를 요구했고 대통령은 이런 스캔들을 이용해 총리를 공격했다.

18) 헌법 80조 1항) 대통령은 루마니아를 대표하고, 국가의 독립, 통일, 통합을 유지한다. 2항) 대통령은 헌법 준수를 책임지며, 공권력의 통상 기능 수행을 보장한다. 이를 위해 대통령은 국가의 권력 기구 사이에서 그리고 국가와 사회 사이에서 '중재자(mediator)'로 행동한다.

다. 그는 2004년 총선 이후 대통령의 총리 지명권을 활용해 연립정부를 구성했다. 당시까지 선거에 승리한 정당 대표를 총리로 지명하는 것이 관례였지만, 버세스쿠는 이를 무시하고 자신이 소속된 정당이 참여하는 선거연합의 대표를 총리로 지명하고 싶었다.19) 이외에도 버세스쿠는 정부와 의회를 압박하는 발언도 서슴지 않았다. 이에 의회는 버세스쿠가 헌법을 위반하는 행동을 한다는 이유로 탄핵안을 발의했다. 의회는 대통령의 정치적 당파성 유지, 권력남용, 중재역할을 무시한 적극적 정치 개입, 의회와 정부 등 헌법 기구의 권한 침해, 국가 제도에 반대하도록 여론을 선동한 혐의 등을 내세워 대통령을 기소했다. 그러나 이러한 기소 내용에 대한 충분한 증거가 없는 상황에서, 대통령에 반대하는 측의 탄핵 시도는 국민투표를 통과하지 못했다.

표 5-6) 2009년 루마니아 대선

후보	지지 정당	1차		결선	
		득표	%	득표	%
T. 버세스쿠	민주자유당	3,153,640	32.44	5,275,808	50.33
M. 게오아나	사민당+보수당	3,027,838	31.15	5,205,760	49.66

자료: NSD, "European Election Database", 2019.

2012년에 버세스쿠에 대한 두 번째 탄핵안이 발의되었다. 이번 탄핵 시도 역시 계속해서 권한을 확대하려는 대통령에 대한 견제의 의미였다. 버세스쿠에 대한 두 번째 탄핵은 그와 적대 관계에 있던 의회와 정부가 공동으로 추진했다. 대통령 정당이 주도하는 연립정부가 의회에서 신임을 잃고, 새로운 연립정부가 들어서면서 정부는 의회에 대통령 탄핵안을 발의하라고 요구했다. 2012년의 탄핵안 발의는 2007년 탄핵 사건과 상

---

19) 이런 행동은 4년 후에도 반복되었는데, 당시 버세스쿠는 자신이 소속된 정당의 대표를 총리로 지명했다.

당히 유사했다. 기소의 근거도 비슷했지만, 버세스쿠가 헌법을 위반했다는 증거도 불충분했다. 다만 2012년에는 두 가지 탄핵 사유가 추가되었는데, 대통령이 사법부의 독립성을 파괴했고, 위헌적인 프로젝트를 통해 개헌을 시도했다는 점 그리고 헌법재판소 판사들에게 압력을 행사했다는 의혹이었다. 그러나 버세스쿠가 헌법이 허용하는 이상으로 정치 문제에 개입했던 것은 사실이었지만, 다른 헌법기구 즉, 의회와 정부의 권한을 침해했다는 것을 입증할 증거는 불충분했다. 대통령이 중재자의 역할을 포기했다는 주장과 정부의 헌법상의 역할에 개입했다는 주장은 사실 헌법을 위반한 것이라기보다는 막후에서 행하는 대통령의 비공식적인 고유 권한이나 마찬가지였다. 2012년 두 번째 탄핵 사건에서도 버세스쿠는 낮은 국민투표율로 겨우 대통령직을 유지할 수 있었다.

5. 맺음말

상기한 사례를 통해 볼 때, 현재까지 루마니아 대통령들은 헌법에 명시된 공식적인 권한보다 더 많은 권한을 행사해왔다. 그것이 가능했던 요인을 정치적 맥락, 경제 상황, 대통령의 퍼스낼러티와 국민들의 태도 (혹은 지지도) 등으로 구분할 수 있다.

먼저 일리에스쿠는 제도상의 허점, 정부개혁의 부정적 결과 그리고 자신의 높은 인기에 힘입어 비공식 권한을 증대시켰다. 국민들이 다른 헌법기구 보다 대통령을 더 신뢰하고 존경할 때 그의 정당성은 더욱 높아졌으며, 이를 근거로 그는 총리의 공식 권한에 도전했다. 직선으로 선출되었다는 정당성과 이를 기반으로 한 대중적 인기가 정부, 의회와의 싸움에서 대통령이 활용한 가장 강력한 무기였다. 일리에스쿠는 로만 총리가 주도하는 정부의 경제개혁에 대한 불만을 이용해 성난 광부들을 부쿠레슈티 시가지로 끌고와 로만의 퇴진을 외치게 했다. 그는 이런 방법을 통해 총리와의 싸움에서 승리했고, 1992년 재선에도 성공했다.

일리에스쿠 후임인 콘스탄티네스쿠의 경우는 대통령 재임 기간 동안 계속해서 인기가 떨어진 경우로 이 때문에 그는 아예 재선에 도전하지도 않았다. 그러나 콘스탄티네스쿠도 어느 정도는 정치에 개입했다. 그는 불안정한 연립정부를 유지하기 위해 총리의 사임을 요구했다. 이미 언급한 바와 같이 대통령은 총리를 해임할 헌법상의 권한은 없었지만, 그가 헌법적 경계를 넘기로 결정한 것은 특히 EU 측으로부터의 압박이 심해지고 국내적으로도 경제개혁의 성과가 좋지 못함에 따라 그 책임을 총리에게 전가하면서 빈사 이익을 얻고자 했기 때문이었다. 물론 이런 행동을 놓고 볼 때, 그에게도 분명 권력욕이 있었을 것이지만 사실 그가 이런 행동을 한 것은 EU 가입과 관련해서 EU로부터 개혁을 추진하라는 압박을 받고있는 가운데 서둘러서 총리를 교체하여 성과를 내고 싶었기 때문이었다. 물론 그 스스로는 계속해서 자신의 이러한 월권행위가 자신의 이익이 아닌 국가를 위한 것이라는 메시지를 내놓았다.

한편 버세스쿠 대통령은 자신에게 허용된 공식 권한보다 더 많은 역할을 하고 더 많은 영역에 개입했다. 그는 자신이 주도하는 정당이 참여하는 두 번의 연립정부를 구성했었다. 두 번째 연립정부를 구성할 당시, 그는 의회 제1당의 후보를 총리로 지명하지 않으면서까지 정부 구성에 영향력을 행사했다. 물론 그의 이런 시도가 터무니없는 것은 아니었다. 그는 현재의 의석이 중요한 것이 아니라 의회 다수를 확보할 수 있는 연립정부를 원했기 때문에 제1당을 우회한다는 논거를 내세웠었다.

버세스쿠는 이전 대통령들과는 달리 의회와도 긴장 관계에 있었다. 기본적으로는 대통령 정당과 의회 다수로 구성된 정부 정당이 동거하는 상황이었기 때문이었지만, 더 중요한 측면은 누구도 관계개선을 시도하지 않았다는데 문제가 있었다. 대통령은 의회를 무시했고 의회는 두 번이나 버세스쿠 대통령의 탄핵을 추진했다. 그러나 버세스쿠 1기에는 대통령 쪽으로 권력의 무게가 더 기울었는데, 이는 헌법상의 권한 때문이 아니라, 대통령의 높은 인기, 의회의 낮은 인기가 대통령에게 비공식적인 권한을 부여했기 때문이었다. 반면 버세스쿠 2기 동안에는 대통령의 인기가 크게 떨어졌다. 2회에 한정된 대통령 임기로 인해 그는 더 이상 대통령에 출마할 수도 없었고, 결국 중장기적인 목표를 둔 전략적 행위를 전개할 동기도 없었다.

버스세쿠가 계속해서 더 많은 권한을 요구한 이유에는 그의 퍼스낼러티와 정치적 경험도 포함되어 있었다. 그는 비효율적인 양원제를 그대로 두고 볼 수 없어 공개적으로 의회를 무능력, 무책임한 기구라 비판하면서 단원제로의 개헌을 추진했었다. 버세스쿠는 이를 '국가 근대화 프로젝트'라고 명명하고, 단원제, 소선거구제 개헌은 물론 대통령에게 국민투표, 정부구성뿐만 아니라 국가안보에 대한 권한을 더 많이 부여할 것을 요구했고, 동시에 탄핵에 대한 의회의 권한을 줄일 것을 강조했다.

대통령 마다 더 많은 비공식 권한을 확보할 수 있었던 요인은 상이했다. 상황에 따라 다양한 요인들이 조합되어 있어 어느 요인이 확실한 인과관계를 가지고 있는지는 명확하지 않다.[20) 대통령 정당이 의회 다수를 차지하고 대통령의 지지율이 비정상적으로 높았던 유리한 정치상황, 경제상황 악화의 책임을 총리에게 뒤집어씌울 수 있는 구조적인 특징 등은 첫 두 대통령이었던 일리에스쿠와 콘스탄티네스쿠가 더 많은 권한을 요구하고 얻어내는데 유리한 조건이었다. 버세스쿠 대통령의 경우는 높은 인기가 큰 무기였고 실제 첫 번째 임기 동안에는 높은 인기를 바탕으로 정부와 의회에 영향력을 행사하는데 성공했다. 두 번째 임기 동안에는 인기가 크게 떨어졌지만, 그렇다고 해서 버세스쿠가 영향력을 행사하려는 시도를 멈춘 것은 아니었다. 그는 오랜 정치적 경험을 갖고 있었고

---

20) Gherghina, Sergiu (2013), pp. 266-267.

강력한 퍼스낼러티를 바탕으로 자신만이 국가를 발전시킬 수 있는 적임자라는 대통령 역할론을 대중들에게 각인시켰다.

루마니아 대통령의 헌법상의 공식 권한은 고정되어 있고 2003년 개헌으로 인해 오히려 더 약해졌다. 그러나 퍼스낼리티, 경제상황, 정치 구조, 대중적 인기 그리고 국제 환경 등으로 대통령이 비공식 권한을 얻고 또 이를 일상정치에서 행사할 수 있는 여지는 과거에도 있었고 현재에도 그대로 남아있다. 대통령이 비공식 권한을 통해 정치에 개입하는 순간 헌법에 규정된 권력배분 원칙과 규정은 파괴되었으며, 행정부 내부에서 대통령과 총리의 그리고 행정부와 의회의 갈등이 시작되었다. 바로 그것이 오랫동안 루마니아의 정치 불안정을 지속시키고 민주주의로의 발전을 지체시킨 요인이었다.

제6장

우크라이나의 준대통령제

대통령-의회제와 총리-대통령제

1. 머리말

우크라이나의 정치계는 소련으로부터 독립을 선언하기 이전에 이미 새로운 헌법을 논의하면서 의회제를 선택할지 아니면 대통령제를 선택할 지를 두고 첨예하게 대립하고 있었다. 공산계 의원들은 대부분 소비에트 체제, 즉 의회제를 선호했고 반면 공산계였지만 국회의장이었던 크라프 축(L. Kravchuk)과 개혁 성향의 야당은 대통령이 우크라이나 주권이 상징이자 러시아의 간섭을 막아낼 실질적인 보루가 될 것이라 보고 대통령 제를 선호했었다. 무엇보다도 의회와 행정부의 권한을 어떻게 조정할지 가 가장 큰 논쟁거리였는데, 이는 결국 신생 독립국 우크라이나가 맞닥 뜨린 경제개혁과 정치개혁을 누가 통제하고 주도할지를 둘러싼 논쟁이나 마찬가지였다. 당시 경제개혁의 방법 중에서 충격요법을 주장하는 신자 유주의자들과 점진적 개혁을 주장하는 좌파 개혁가들 사이의 충돌이 대 통령에게 어느 정도의 권한을 부여할지를 둘러싼 논쟁과 결합되었고 이 로써 이후 잦은 헌법 개정으로 이어졌다. 이러한 정치적 균열은 우크라 이나의 전통적인 동-서 지역 균열과 정확하게 맞물려 작동되었다. 친서 방적인 서쪽의 엘리트와 러시아 지향적인 동쪽의 엘리트들이 번갈아 정 치를 주도하면서 자신들의 집권 가능성이 높을 경우에는 대통령의 권한 을 강화하는 쪽으로, 반대로 패배가 예상되는 경우에는 의회의 권한을 강화하는 쪽으로 모든 힘을 쏟아부었다.

우크라이나의 정치균열은 지역을 둘러싸고 고착되어 갔던 반면, 대통 령의 권한을 둘러싼 행위자들의 선호는 스스로의 정치적 영향력이 변함에 따라 움직였다. 결국 우크라이나는 대통령을 국가수반으로 인정하지만, 총리와 의회와의 세력균형을 유지하도록 하는 준대통령제를 선택했다. 그러나 1996년 신헌법 제정 이후 대통령의 권한을 둘러싸고 개헌이 빈번했다. 1996년 헌법을 통해서는 대통령에게 더 많은 권한을 부여하는 준대통령제의 형태, 즉 '대통령-의회제', 반대로 2004년 개헌을 통해서는 총리와 의회에 권한을 부여하는 '총리-대통령제',1) 다시 2010년에는 '대통령-의회제', 2014년에는 또 다시 '총리-대통령제' 형태의 준대통령제로 바꾸었다.2) 준대통령제라는 동일한 정부 형태를 유지하면서도 시기와 환경에 따라 어떤 시기에는 대통령에게 강한 권한을 부여하고 또 어떤 시기에는 대통령의 권한을 제한하고 총리와 의회에 강한 권한을 부여했던 것은 대통령 자신의 퍼스낼러티 뿐만 아니라 의회의 구성 그리고 정당체제의 유형에 의해 크게 좌우되었다.

이러한 측면에서 우크라이나 준대통령제 사례에서는 우선 1996년 헌법 제정까지의 과정을 통해 개혁파와 온건파 사이의 대립과 지역 균열이 어떻게 대통령의 공식 권한에 영향을 끼쳤는지를 살펴본 뒤, 1996년 헌법에 나타난 대통령의 공식 권한을 살펴본다. 그 다음에는 1996년 이후 집권한 네 명의 대통령인 쿠츠마(L. Kuchma), 유센코(V. Yushchenko), 야누코비치(V. Yanukovych) 그리고 포로센코(P. Poroshenko)의 공식 권한과 실제 영향력을 비교하여 그러한 권한 차이가 생겨난 요인을 파악한다.

---

1) 준대통령제의 하위 형태로 대통령-의회제와 총리-대통령제가 있다. 대통령이 보다 많은 권한을 지니고 있는 형태를 '대통령-의회제' 그리고 반대로 총리와 의회가 대통령에 비해 더 많은 권한을 지니고 있고 대통령은 상징적인 국가수반으로 남아있는 형태를 '총리-대통령제'로 분류한다. 대통령-의회제의 특징은 첫째, 대통령이 고정된 임기로 직선으로 선출되며, 둘째, 대통령이 총리와 각료를 임면하고, 셋째, 총리와 각료는 대통령으로부터 신뢰를 받아야 하고 의회에 책임진다. 그리고 넷째, 대통령이 일정 수준의 입법권과 조건부 의회 해산권도 갖고 있다. 반대로, 총리-대통령제는 첫째, 고정된 임기의 대통령이 직선으로 선출되며, 둘째, 대통령은 내각의 수장인 총리를 지명하고(임명은 의회), 셋째, 내각 해산권은 오직 의회만이 가지고 있는 형태이다. 이런 측면에서 결국 대통령-의회제와 총리-대통령제의 가장 큰 차이점은 대통령-의회제에서는 정부가 대통령과 의회 모두에게 책임지지만, 총리-대통령제에서는 의회에만 책임을 진다는 점이다. Duverger, Maurice (1980), pp. 323-351.

2) Choudhry, Sujit, Sedelius, Thomas and Kyrychenko, Julia (2018).

2. 1996년 헌법과 쿠츠마

1991년 8월 소련에서 쿠데타가 발생하자 우크라이나 의회는 곧바로 독립을 선언했다. 의회는 이 선언을 국민투표에 붙여 소련으로부터 독립을 공식화하고 독립 국가의 새로운 헌법 제정을 서둘렀다. 헌법 초안을 작성하면서 가장 큰 논쟁은 대통령제를 선택할 것인지 아니면 의회제를 선택할 것인지에 관한 문제였다. 여전히 의회를 장악하고 있던 공산계는 소비에트 체제의 유지를 원했기 때문에 자연스럽게 의회제 지지를 표명했고, 반면 야당과 국회의장인 크라프축은 국가의 수반인 대통령이 새로이 독립할 우크라이나의 주권을 상징하며 러시아의 내정 간섭을 막을 수 있는 존재라고 인식하면서 대통령제를 선호했다. 더군다나 야당 측에서는 독립 이후에 급진적이고 포괄적인 경제개혁을 추진하기 위해서라도 이를 주도할 강력한 대통령이 필요하다고 판단했다.[3]

의회가 작성한 헌법 초안에서는 대통령제의 필요성을 인식하면서도 국민을 대표하는 의회가 유일한 입법기구이며 예산안, 국가와 영토구성 변경 권한, 국제조약 비준권을 갖는다고 했다.[4] 의회는 이러한 헌법 초안에 따라 1978년 우크라이나 소비에트 헌법을 폐지하고 신헌법 제정을 시도했다. 그러나 독립 직후인 1991년 말에서 1992년 초반까지 헌법 초안을 마련하는 작업이 중단되었다. 공산계가 농민당을 중심으로 결집했고, 나머지 대부분 의원들은 무소속으로 남아있으면서 대통령 크라프축을 중심으로 느슨하게 모여 있었다. 당시 450명으로 구성된 우크라이나 의회는 명확한 정치적, 이데올로기적 기준이 없이 수많은 정당으로 분열되어 있었고, 농민당을 제외한 200여명의 무소속 의원들은 좌-우측을 오가면서 상황에 따라 자신들에게 유리한 새로운 조직을 결성했다. 이 과

---

3) Goodnow, Regina Rose (2013), p. 58.
4) Ibid., p. 59.

정에서 크라프축은 결속력이 없는 이들에게 자신이 지니고 있는 자원을 제공함으로써 그들을 지지기반으로 활용했다.

크라프축 대통령은 무소속으로 남아있던 쿠츠마를 총리로 임명했지만, 쿠츠마는 의회를 설득해 개혁을 추진하기 위해서는 총리인 자신에게 권한을 부여해달라고 요청했다. 독립 초기의 정치적 혼란과 극심한 경제위기의 상황에서 의회는 한시적으로 정부에 권한을 위임하기로 결정했지만, 문제는 이 당시 대통령 크라프측과 총리 쿠츠마 중 누가 정부를 통제해야 하는지를 둘러싼 대립이 최고조에 이르렀다는 점이었다. 1993년 5월 의회가 총리 쿠츠마의 정부령 반포권 확대를 거부하고 그 대신 대통령 크라프축에게 더 많은 권한을 부여하면서, 쿠츠마는 사임하겠다고 의회를 위협했다. 1993년 여름으로 접어들면서 경제위기가 가속화되었다. 인플레이션이 치솟으면서, 동부 돈바스 지역 광부들이 총파업을 벌이는 등 사회는 극도의 불안에 빠졌다. 이런 상황에서 대통령과 총리는 대통령과 의회 양측의 신임을 묻는 국민투표 실시를 결정했다. 그러나 의회가 9월 예정의 국민투표를 갑작스럽게 취소하고, 그 대신 1994년 3월과 4월에 각각 조기총선과 조기대선을 실시하자고 제안했다.

이런 상황에서 크라프축 대통령이 주도하는 제헌위원회가 1992년 1월, 1992년 6월, 1993년 10월 세 차례에 걸쳐 각기 다른 세 개의 헌법 초안을 의회에 제출했다. 당시 헌법 초안 작성을 돕기 위해 우크라이나에 파견된 베니스 위원회는 세 개의 초안을 두고 '대통령제와 의회제 간의 타협 시도, 그러나 결코 타협할 수 없는 내용'이라고 표현했을 정도로 세 개의 초안 모두는 대통령제와 의회제 정부 형태를 물리적으로 결합하는 내용을 담고 있었지만, 결코 양자를 융합시킬만한 수준은 아니었다.[5] 실제로 1992년 1월 헌법 초안에서는 대통령을 국가수반이자 행정수반으로 규정하면서 대통령에게 정부 통제권을 부여하고 판사 지명권

---

5) Venice Commission (1993).

등 상당한 수준의 임명권도 부여했었다. 그러나 1993년 10월 초안에서는 대통령을 국가수반으로 규정하면서도 이전에 대통령에게 부여했던 배타적인 각료, 판사 임면권은 삭제했다.

결국 대통령이 주도한 제헌위원회는 대통령의 권한을 강화하는 쪽을 선호했으나, 이 초안을 받아든 의회는 결코 의회의 권한을 대통령에게 넘기려 하지 않았다. 한편 초안을 작성하는 측에서도 대통령과 의회의 눈치를 볼 수밖에 없었기 때문에, 권한 영역을 느슨하게 규정함으로써 양측 모두의 환심을 사려고 했다. 이와 동시에 쿠츠마 총리 역시 자신의 권한을 강화하려는 의지를 갖고 있었으며 동시에 차기 대선 출마를 염두에 두면서 대통령의 권한을 강화하려는 생각도 있었다. 여기에 한 가지 문제가 더 있었는데, 동·서로 분열된 우크라이나의 지역 균열로 인해 중앙과 지방의 권력 관계가 복잡하게 얽히고설켜 있었다는 점이었다. 이런 사실에서 볼 때, 신헌법 제정에서 가장 중요한 논쟁거리는 대통령의 권한을 둘러싼 문제 이외에도, 국가의 영토구성, 특히 크리미아의 지위를 둘러싼 문제, 국가의 상징과 언어, 특히 러시아어의 공식어 지정 문제, 의회를 단원제로 할지 아니면 양원제로 할지의 문제 그리고 마지막으로 중앙과 지방정부 간의 권한 배분 문제 등이 있었다.

1994년에 실시된 대선과 총선으로 헌법 제정을 둘러싼 복잡한 문제가 서서히 풀릴 기미를 보였다. 결선까지 가는 접전 끝에 쿠츠마가 크라프축을 누르고 새로운 대통령에 당선되었으며, 총선에서는 공산당이 86석으로 1당이 되었다. 그러나 전체 450석 규모의 의회에서 168명이 무소속으로 당선됨으로써 정당 혹은 정당연합이 효과적으로 대통령을 견제할 수 없었고, 공산당, 인민운동, 농민당 등 3개의 좌파정당이 대통령의 권한을 줄이려 했지만 쿠츠마는 우파정당과 무소속 의원들의 지지를 등에 업고 이들의 요구를 일축해 버렸다.

표 6-1) 1994년 우크라이나 대선

후보자	지지 정당	1차		결선	
		득표	%	득표	%
L. 크라프축	민주연합과 NRU	9,977,766	38.4	12,111,603	45.2
L. 쿠츠마	개혁블록	8,274,806	31.8	14,016,850	52.3
기타 후보		7,757,601	30.0		

표 6-2) 1994년 우크라이나 총선

정당	%	의석
공산당	12.72	86
인민운동	5.15	20
사회당	3.09	14
농민당	2.74	19
공화당	2.52	8
기타		23
무소속	51.42	168
전체	100	450

　　대통령으로 당선된 쿠츠마는 '국가권력과 지방정부에 관한 법'을 제안
하면서 의회를 향한 첫 번째 공격을 단행했다. 이 법안은 기본적으로는
의회의 승인 없이 대통령이 독자적으로 각료를 임면하고, 지방 엘리트,
즉, 주지사를 대통령이 임명할 수 있도록 하는 내용이었다. 동시에 쿠츠
마는 이 법을 통해 경제개혁에 관한 대통령령 권한을 얻어내고자 했다.
이 법안이 의회를 통과하지 못하자 쿠츠마는 두 번째 공격을 개시했다.
즉, 그는 대통령령을 통해 의회와 대통령의 동시 신임을 묻는 국민투표
를 실시하자고 제안했다. 결국 의회는 대통령에게 '1년 한시적으로' 권
한을 부여하는 대신 이 기간 내에 의회를 해산해 조기총선을 실시하고
헌법 개정을 요구하는 타협안을 내놓음으로써 국민투표 실시를 막았다.
　　이 시점에서 다시 대통령과 국회의장이 공동으로 주재하는 헌법위원

회가 조직되어 헌법초안을 작성했다. 문제는 헌법위원회 구성에 있었다. 대통령이 지명한 헌법위원회 위원들은 단일 전선을 구축했지만, 의회가 임명한 위원들은 자신들을 임명한 정당에 따라 분열되어 있었다. 여기에서 마련한 초안은 대통령이 총리에 대한 완전한 통제권을 갖고 의회를 견제할 수 있으며, 단원제인 의회를 양원제로 재편해 대통령이 의회에 영향력을 행사할 수 있도록 하는 것이었다. 쿠츠마의 의도가 대폭 반영된 이 초안은 1996년 3월 11일 의회 표결에 들어갔지만, 결국 부결되었다.6) 특히 좌파정당들은 대통령 측 헌법위원회가 주도한 헌법 초안은 반인민적이며 어떤 경우라도 우크라이나 헌법으로 채택되어서는 안된다고 선언했다. 이들에 따르면 이 초안은 사회적 관계의 근간을 뒤흔들고 시민들의 사회경제적, 정치적 권리를 제한하며 인민의 통치를 뿌리째 뽑아버리는 동시에 의회의 권한을 제한하고 실질적으로는 무제한적인 대통령 1인 권력에 대한 기반을 제공하는 것이었다.7) 동시에 이들은 "이 초안은 임기 연장을 위해 그리고 독재를 구가하기 위한 목적이며, 의회를 양원으로 분리시켜 서로 싸우게 하여 대통령이 반사이득을 얻으려고 하는 꼼수에 불과하다"8)고 비난했다.

대통령의 의중을 반영한 헌법 초안에 반발한 의회는 각 정당 의원들로 구성된 특별위원회를 조직해 의회 자체의 헌법 초안을 마련했다. 이 초안에서는 대통령의 반발을 예상해, 대통령에게 총리 지명뿐만 아니라 정부 주요 직책의 임명권을 부여했지만, 반대로 대통령의 의회 해산권은 삭제했다. 쿠츠마 역시 새로운 의회 초안을 받아들였지만, 이 초안 역시 의회의 비준을 받는데 실패했다. 이에 대해 쿠츠마는 의회에서 부결된 초안을 국민투표에 붙이겠다고 위협했고, 의회는 23시간 동안의 격렬한

---

6) "Kiev Draws Up New Constitution," ITAR-TASS (March 11, 1996).

7) Goodnow, Regina Rose (2013), p. 69.

8) Ibid., p. 70.

논의와 재표결 끝에 마침내 이 초안을 새로운 헌법으로 승인했다.

3. 2004년 오렌지 혁명과 개헌, 유센코의 타협

쿠츠마는 1996년 헌법에 당초 자신이 원했던 권한을 다 넣지는 못했지만, 이로써 자신이 직접 정부를 통제할 수 있게 되었고 정부의 모든 정책에 대해 대통령이 권한을 행사할 수 있게 되었다. 한편 1999년 재선에 성공한 쿠츠마는 대통령에게 강력한 권한을 부여해줄 수 있는 친-대통령적인 '인위적 다수(artificial majority)'를 만들어내려고 했다.9) 더군다나 1998년 총선 결과 의회가 파편화되어 다수 연립정부 구성이 불가능한 상황을 이용해 대통령의 권력을 공고히 할 수 있는 기회도 열려 있었다. 특히 전체 의석의 50% 이상을 차지한 중도파와 무소속 의원들은 특정한 이데올로기나 정책에 연연하지 않고 상황에 따라 지지를 바꾸었기 때문에 쿠츠마 편에 섰고, 이를 이용한 쿠츠마는 대통령의 권한을 확대할 수 있었다.10)

표 6-3) 1999년 우크라이나 대선

후보자	지지 정당	1차		2차	
		득표	%	득표	%
L. 쿠츠마	무소속	9.598.672	38.0	15,870,722	57.7
P. 시모넨코	공산당	5,849,077	23.1	10,665,420	38.8

1998년 총선 이후부터는 쿠츠마의 의회 공격이 더욱 거세졌다. 그는 의회 다수의 지지를 확보한 연립정부가 구성되지 못하면 의회가 정부 구

---

9) Whitmore, Sarah (2004), p. 43.

10) Ibid., pp. 44-45.

성능력이 없는 것임으로 그 권한을 자신에게 부여해 달라는 내용의 국민
투표를 제안했다. 결국 그는 의회 다수를 구성하지 못하거나 혹은 예산
안을 통과시키지 못할 경우, 대통령에게 의회 해산권을 부여하는 문제,
의원들의 면책권을 박탈하는 문제, 의회를 450석에서 300석으로 축소하
는 문제 그리고 단원제를 양원제로 개편하는 문제 등 4가지 항목에 대한
국민투표를 실시해 압도적인 찬성표를 얻어냈다. 이로써 쿠츠마의 의도
대로 대통령의 권한을 강화하고 의회와 총리의 권한을 대폭 줄이는 개헌
이 가능할 것으로 보였다.

 그러나 바로 이때 대통령의 부패를 조사하던 한 언론인의 사망 사건
에 쿠츠마가 연루되어 있음을 암시하는 녹음파일이 공개되었다. 소위
'쿠츠마 게이트'로 인해 쿠츠마는 자신이 그토록 원했던 강력한 대통령
의 꿈을 접어야 했다. 이에 쿠츠마는 2002년 총선으로 제1당이 된 통일
우크라이나에 포함된 지역당의 야누코비치를 총리로 임명하고, 차기 대
선에서 강력한 적수인 유셴코가 승리할 것을 예상해 지금까지와는 완전
히 반대로 대통령의 권한을 줄이기 위한 개헌을 요구하고 나섰다.

표 6-4) 2002년 우크라이나 총선

정당 (선거연립)		비례의석	지역의석	전체의석
빅토르 유셴코 "우리 우크라이나" 블록	민족주의자대회 자유당 청년당 우크라이나인민운동 개혁과질서당 연대(솔리다리티) 기독민주연합 전진우크라이나 공화기독당 우크라이나인민당	70	42	112
공산당		59	6	65

정당 (선거연립)		비례의석	지역의석	전체의석
통일우크라이나	농민당 인민민주당 산업기업가당 지역당 노동우크라이나	35	86	121
율리아 티모센코 블록	조국 공화당 인민당 "소보르" 사회민주당	22	0	22
사회당		20	2	22
사회민주당(연합)		19	8	27
통일	통일 사회민주연합 청년우크라이나 정의당	0	4	4
민주당-민주연합	민주당 민주연합	0	5	5
우크라이나해양당		0	1	1
우크라이나민족회의		0	1	1
경제개발당		0	1	1
무소속		0	66	66
공석(지역구 결과 없음)		0	3	3
전체		**225**	**225**	**450**

총리의 권한을 강화시키려는 쿠츠마의 개혁안은 그동안 강력한 대통령에 억눌려있던 많은 정당들의 지지를 얻었다. 이에 자극받은 쿠츠마는 선거제도를 단일의석/비례대표제에서 순수한 비례대표제로 바꾸는 개혁안을 의회에 제안했지만, 쿠츠마와 대립하던 유셴코의 우리우크라이나블록과 율리아 티모센코 블록은 이에 반대했다. 이제 쿠츠마가 퇴임 후 자신의 안전을 위해 후계자인 야노코비치를 당선시킬 방법은 한 가지 밖에 없었다. 그것은 바로 선거 조작과 유력한 대통령 후보자 유셴코에 대한 테러였다.

표 6-5) 2004년 우크라이나 대선

후보	1차	%	2차	%	재투표	%
V. 유셴코	11,188,675	39.90	14,222,289	46.61	15,115,712	51.99
V. 야누코비치	11,008,731	39.26	15,093,691	49.46	12,848,528	44.20
O. 모로즈	1,632,098	5.82				
P. 시모넨코	1,396,135	4.97				
N. 비트렌코	429,794	1.53				
기타	988,363	3.53				

이런 방법을 통해 2004년 대선에서 결선까지 가는 승부 끝에 쿠츠마의 후계자인 야노코비치가 근소한 차이로 승리했다. 그러나 선거 결과에 불복하는 시위가 우크라이나 서부를 중심으로 몇 주 동안이나 이어졌다. 마침내 헌법재판소는 포괄적이고 체계적인 선거부정 행위가 있었다며 대선 무효를 선언했다. 유셴코의 지지 기반인 서부 우크라이나는 열광했지만, 쿠츠마와 야누코비치의 지지 기반인 동부 우크라이나는 헌법재판소의 결정에 강력히 반발했다. 이런 상황에서 쿠츠마는 유셴코와의 타협을 시도해 재선거를 결정했고, 재선거 이전에 대통령의 권한을 약화시키고 의회의 권한을 강화시키는 개혁을 밀어 붙였다. 쿠츠마는 유셴코는 물론 리투아니아의 아담쿠스(V. Adamkus) 그리고 폴란드의 크바스니예프스키(A. Kwaśniewski) 대통령이 참여하는 세 번의 원탁협상을 통해 정치체제를 폴란드, 리투아니아의 준대통령제와 유사한 총리-대통령제로 바꾸자고 제안했다. 유셴코는 재선거 이전 야누코비치 정부를 해산하는 조건으로 쿠츠마가 제안한 총리-대통령제를 '2년 시한'으로 수용했다.

12월 26일에 다시 치러진 결선투표에서 유셴코가 승리했고 그는 오렌지 혁명을 함께했던 티모셴코(Y. Tymoshenko)를 총리로 임명했다. 유셴코는 재선거 이전 이미 쿠츠마와의 타협을 통해 2년간 대통령의 권한을 줄이고 의회의 권한을 강화시키는 총리-대통령제를 수용했기 때문에, 외무장관과 국방장관 임면을 제외한 각료 임면권을 의회에 넘겨주었다. 다시 우크라이나의 정치체제는 대통령의 권한이 우세한 대통령-의회제에서 의회가 우세한 총리-대통령제로 바뀌었다. 비록 2년 한시적으로 의회와 총리에게 권한을 빼앗겼지만, 유센코는 이 권한을 되찾기 위해 오렌지 혁명을 함께했고 자신이 직접 총리로 임명했던 티모센코와도 대립하기 시작했다.

4. 대통령, 총리, 의회의 권한

1) 대통령의 권한

1996년 우크라이나 헌법 102조에는 "대통령은 국가의 수반이며 독립적으로 행동한다. 대통령은 주권, 영토의 불가침성을 지키며 헌법을 수호하고 인권과 시민들의 기본권, 자유를 지킨다"라고 규정했다.[11] 106조에서는 모두 31개 항을 통해 대통령의 권한을 제시하고 있는데, 아래의 조항이 바로 대통령이 지니고 있는 헌법상의 공식 권한이다.

1항. 대통령은 국가의 독립, 민족의 안위, 국가의 법적 연속성을 보장한다.
2항. 연례 그리고 특별 담화를 통해 국내외 상황을 국민과 의회에 연설한다.
3항. 국제관계에서 국가를 대표하고 국가의 외교활동을 관장하며, 국제조약의 협상과 비준을 주도한다.
4항. 외국에 대한 승인을 결정한다.
5항. 타국, 국제기구에 외교대표(대사)를 임면하고 외국 대사의 신임장을 제정받는다.

---

11) "Constitution of Ukraine," https://rm.coe.int/constitution-of-ukraine/168071f58b

6항. 국민투표 실시를 요청한다.

7항. 총선 실시를 요청한다.

8항. 헌법에 명시된 사안의 경우, 의회의 권위를 중단시킨다.[12]

9항. 헌법 83조에 따라, 의회에 총리 임명을 제청한다.

10항. 의회에 국방장관과 외무장관 임명을 제청한다.[13]

11항. 의회의 동의에 따라 검찰총장을 임면한다.

12항. 중앙은행 위원회 위원 절반을 임면한다.

13항. TV와 라디오 방송위원회 위원 절반을 임면한다.

14항. 국가정보부 수장의 임면을 의회에 제안한다.

15항. 정부가 헌법에 따르지 않을 경우 정부의 활동을 정지시킨다.

16항. 크림자치공화국 정부의 활동을 중지시킨다.

17항. 군 통수권자이며, 사령관을 임면하고 안보와 국방 분야를 관장한다.

18항. 국가안보방위위원회를 주도한다.

19항. 의회에 전시선포를 요청하고, 공격받는 경우 군사 작전을 결정한다.

20항. 침공 위협이 있거나 독립이 위태로운 경우, 법에 따라 총동원령 혹은 부분 동원령을 내리며 계엄령을 선포한다.

21항. 필요한 경우 국가비상사태를 도입하며, 특정 지역을 환경 위험 지역으로 선포한다. 이에 대해서는 의회의 사후 승인을 받는다.

22항. 헌법재판소 판사의 1/3을 임명한다.

---

12) 의회 해산에 대해서는 90조의 조건에만 한정되어 있는데, 90조 1항에서는 의회가 총선 이후 30일 이내에 정부를 구성하지 못할 경우, 내각 사임 이후 새로운 내각을 구성하지 못할 경우, 단일 회기 중 30일 이상 회기를 열지 못할 경우, 국회의장과 부의장의 조언에 따라 대통령이 의회를 해산할 수 있도록 규정하고 있다.

13) 대통령의 권한 중 총리, 국방장관, 외무장관 후보 제청권은 85조 의회의 권한 12항에 따로 명시되어 있다. 즉, 의회는 대통령이 제청한 후보자(총리, 국방장관, 외무장관)를 임명하며, 87조에서는 "대통령이 요청하는 경우 혹은 의회 재적 1/3의 발의에 따라 각료 해임안을 제안하고, 재적 과반으로 내각 불신임을 결정한다."

23항. 법으로 규정된 절차에 의해 법원을 구성한다.

24항. 군대의 고위직, 고위 외교관, 기타 고위 특별직 등에 훈장을 수
여한다.

25항. 상장수여, 대통령상을 제정하고 수여한다.

26항. 비호승인에 따라 시민권을 부여, 박탈한다.

27항. 사면권이 있다.

28항. 예산 범위 내에서 자문기구 및 기타 보조기구를 둔다.

29항. 의회를 통과한 법안에 서명한다.

30항. 법안 거부권(개헌안 제외) - 재심을 요구하여 의회로 반송한다.

31항. 헌법에 규정된 기타 권한을 수행한다.

이외에도 대통령은 법안 발의권,14) 국가안보방위원회를 구성하고 주도
할 권한,15) 면책권을 지니고 있다.16)

2) 총리/정부와 의회의 권한

최고 행정기구인 정부는 총리, 제1부총리, 복수의 부총리와 각료로 구
성되며, 대통령과 의회에 동시에 책임을 진다. 총리와 외무장관, 국방장
관의 경우는 대통령이 의회에 후보자를 제청하여 의회가 결정하며, 다른
각료는 총리의 제청에 따라 의회가 결정한다. 총리와 정부의 권한은 헌

---

14) 헌법 93조에서는 대통령, 의회, 내각이 법안 발의권을 가지고 있다고 규정했다. 반면 85조 31항에
서는 대통령령의 범위를 계엄령과 국가비상사태 선포권, 부분 혹은 총동원령, 환경위험지역 선포권
등에 한정시켰다. 더군다나 이 경우에도 83조에 따라 의회의 사후 승인을 받도록 했다.

15) 헌법 107조에서는 대통령이 의장으로 총리, 국방장관, 안보분야 수장, 내무장관, 외무장관 등이 참
여하는 국가안보방위원회를 구성하고 주재할 수 있도록 했다.

16) 헌법 105조에서는 재임 기간 중 대통령 면책권을 규정했지만, 111조에서 탄핵의 조건을 반역죄와
기타 범죄를 저질렀을 경우로 규정하고 있다. 탄핵을 위해서는 세 단계의 절차를 거치는데, 우선
의회 재적 과반으로 탄핵을 발의하고, 탄핵을 위한 특별조사위원회를 설립하여 탄핵 사안을 조사
하여 보고하고, 이 보고를 바탕으로 의회 2/3의 찬성으로 대통령 탄핵을 결정한다. 마지막으로 헌
법재판소가 이를 검토하며, 최종 탄핵은 헌법재판소 재적 3/4로 결정한다. 그러나 탄핵의 조건인
반역죄는 비교적 명확하지만 기타 범죄에 어떤 범죄 행위가 포함되는지의 문제가 제기된다.

법 116조에 명시되어 있는데 이들의 권한과 역할은 아래와 같다.

1항. 국가의 주권과 경제적 독립을 보장하며 내무와 외교정책을 시행하고 헌법과 법률을 적용하며 대통령령을 시행한다.

2항. 인권과 시민권, 자유를 보장하는 조치를 채택한다.

3항. 재정, 투자, 조세정책을 수행하고, 노동과 고용 영역의 정책을 시행하며, 사회안보, 교육, 과학, 문화, 환경보호 등을 수행한다.

4항. 국가의 경제정책, 과학기술정책을 입안하고 시행하며, 사회, 문화 발전을 추진한다.

5항. 모든 형태의 소유권을 보장하며, 법에 따라 국가자산을 관리한다.

6항. 예산안을 작성하고 의회가 승인한 예산을 집행하며 결산안을 의회에 제출한다.

7항. 방위능력과 국가의 안보를 위한 조치를 취하고 공공질서 유지와 범죄와의 전쟁을 위한 조치를 취한다.

8항. 대외경제활동을 조직하고 시행한다. 관세 관련 조치를 취한다.

9항. 부처와 기타 행정부서의 활동을 주도하고 조율한다. 총리의 요청에 따라 주요 부처장을 임면한다.

10항. 기타 헌법과 법으로 규정한 권한을 행사한다.

한편 우크라이나 의회(Verkhovna Rada)는 유일한 입법기구로 개헌권, 입법권, 예산권, 정부해산권, 포괄적 임명권, 대통령과 내각에 대한 견제권 등을 지니고 있다. 헌법 85조에는 다음과 같이 의회의 권한을 제시하고 있다.

1항. 헌법 13조에 규정된 제한과 권한 내에서 헌법을 개정한다.

2항. 헌법 73조에 따른 문제를 국민투표에 붙인다.

3항. 법안을 채택한다.

4항. 예산안 승인, 예산안 개정, 예산실행 통제, 실행에 대한 결산 기능을 한다.

5항. 내무 및 외교정책을 결정한다.

6항. 경제, 과학, 기술, 사회, 민족, 문화발전, 환경보존에 관한 프로그램을 마련한다.

7항. 헌법 규정에 따라 대통령 선거 실시를 요청한다.

8항. 국내외 상황에 대해 대통령의 연두, 특별 연설을 청취한다.

9항. 대통령이 제출한 전쟁선포 및 종전선포를 승인하고, 적대적인 침략 행위가 있을 경우 군대 및 다른 군부대의 사용에 대한 대통령의 결정을 승인한다.

10항. 헌법 111조에 규정된 특별절차(탄핵)에 따라 대통령을 파면한다.

11항. 정부 프로그램 승인에 관한 결정을 논의하고 채택한다.

12항. 대통령이 제청한 직위 (총리, 국방장관, 외무장관)를 승인한다. 총리가 제청한 직위(각료, 반부패위원회 의장, 국영TV라디오 방송위원회 의장, 국가자산기금의장)를 승인한다. 또한 상기한 직위를 해임하고, 총리와 각료의 사임을 결정한다.

12항. 대통령의 제청에 따라 국가안보위원회 의장을 임면한다.

13항. 헌법과 관련 법률에 따라 정부의 활동에 대한 통제권을 행사한다.

14항. 외국과 국제기구에 대한 차관과 경제원조를 승인하고, 외국, 은행, 국제금융기구 제공의 차관 수용을 결정하며, 그러한 기금의 사용을 통제한다.

15항. 의회의 절차법을 채택한다.

16항. 감사원 원장 및 위원을 임면한다.

17항. 의회의 인권대표부를 임면하며, 인권대표의 연례보고서를 청취한다.

18항. 대통령의 제청에 따라 중앙은행장을 임면한다.

19항. 중앙은행 위원회 위원 절반을 임면한다.

20항. TV라디오 방송위원회 위원 절반을 임면한다.

21항. 대통령의 제청에 따라 중앙선거위원회 위원을 임면한다.

22항. 관련 법에 따라서 그리고 정보부, 군대, 기타 군조직의 기구와 권한을 승인한다.

23항. 타국에 대한 군사원조 제공, 해외파병, 외국군대의 영토 진입 등에 대한 결정을 승인한다.

24항. 국가의 상징을 결정한다.

25항. 검찰총장의 임면에 동의하며, 검찰총장에 대한 불신임을 표명한다.

26항. 헌법재판소 판사 1/3을 임명한다.

31항. 계엄령과 국가비상사태 선포, 부분 혹은 총동원령, 환경 위험지역선포에 관한 대통령령을 승인한다.

32항. 국제조약 체결과 탈퇴를 승인한다.

34항. 위원회의 요청에 따라 대통령에 대한 조사를 결정하며, 이때는 의회 재적 1/3의 동의가 필요하다.

35항. 의회 사무처장을 임면하고 사무처의 예산을 승인한다.

한편 의회는 정부에 대한 감시 기능을 통해 중앙정부와 지방정부의 고위직, 국영기업, 다양한 형태의 기구와 제도의 인사에 대한 조사권을 지니고 있으며, 동시에 대통령의 요청이나 의회 재적 1/3의 발의에 따라 각료를 견책하고, 재적 1/2 이상의 찬성으로 내각 불신임을 결정할 수 있다.[17]

---

17) 헌법 87조에 따라서 정규 회기 중 1회에 한해 내각 불신임안을 제기할 수 있으며, 내각 프로그램을 승인한 이후에는 1년 내에 불신임을 제기할 수 없고, 마지막 회기 중에도 불신임을 제기할 수 없다.

상기한 우크라이나 대통령의 권한을 다른 탈공산주의 중동부유럽 대통령의 권한과 비교하면 아래의 <표 6-6: 체코, 폴란드, 슬로바키아, 루마니아, 우크라이나 대통령의 권한 비교>와 같다. 국가별로 특수한 상황과 조건 그리고 규정이 달라 대통령의 권한을 단순 비교하기는 어렵다. 그러나 대체적으로 폴란드와 루마니아, 우크라이나 대통령의 권한이 강하고 의회제를 기반으로 대통령 직선제 개헌을 단행한 체코와 슬로바키아 대통령의 권한은 상대적으로 약하다는 사실을 확인할 수 있다.

표 6-6) 체코, 폴란드, 슬로바키아, 루마니아, 우크라니아 대통령의 권한 비교

	행정부와의 관계	입법부와의 관계	주요 변화
체코	총리와 기타 각료 임면 사임 수용 각료회의 참석권	양원 회기 참석, 연설권. 하원 회기 개원 및 해산 법안 거부권	2012년 직선제 개헌
슬로바키아	총리임명, 총리의 제청에 따라 각료 임명. 조건부 각료, 총리 해임. 정부와 특정 각료에게 대통령 직무에 필요한 정보 요청	(엄격한 조건에서) 의회 해산. 의회가 대통령 해임 국민투표 요청. 국민투표 실패의 경우, 의회 해산. 법안 거부권	1999년 직선제 도입.
폴란드	총리 임면. 총리 제청에 따라 각료 임면. 각료회의 개회, 정치 이슈 논의. 외교정책에 대해 총리, 외무장관과 협력 각료의 국가재판소 기소와 관련해 하원에 투표 제의	(엄격한 조건에서)하원과 상원 임기 단축. 법안 제안권 상원의 승인으로 국민투표 실시 상하원 합동회기 연설 거부권	1989년 대통령직 도입 1990년 대통령 선거법 1992년 '소헌법'으로 대통령-입법부 권한 규정 - 준대통령제 요소. 1997년 헌법으로 대통령 권한 상당히 줄임.
루마니아	총리 지명. 총리의 제청으로 공식적으로 각료 임면. 주요 정치 사안을 정부와 협의 외교, 국방, '공공질서	(엄격한 조건에서) 양원 해산. 양원 합동 회기에 국가의 정치적 상황에 대한 보고서. 법안 거부권	2003년 신헌법으로 대통령 임기 5년으로 연장. 여기에서 권한에 대한 주요 변화 없음. 대통령-정부 관계에서 약간의 변화 있음.

	행정부와의 관계	입법부와의 관계	주요 변화
	유지' 이슈와 관련해서 각료회의 참석. 총리 요청시 각료회의 참석 - 이 경우 대통령이 회의 주재	비상사태 선포(의회 승인의 경우) 대통령 해임에 대해 헌법재판소, 양원 합동 회기에서 조율	
우크라이나	총리 후보 제청(의회) 국방, 외무장관 제청 (의회)	의회 발언권 (엄격한 조건에서) 의회 해산 법안거부권(재심요구 의회 반송, 헌법안 제외)	1996년 헌법 제정 2004년 대통령 권한 축소 개헌 2010년 개정 헌법 파기 2014년 개정 헌법 재도입

5. 2010년 야누코비치와 2014년 포로센코

2006년 총선에서 야누코비치가 이끄는 지역당이 티모센코블록을 압도했다. 총리 티모센코와 대통령 유센코가 권한을 둘러싼 문제로 갈등을 일으키지 않았다면, 티모센코블록과 우리우크라이나가 주도하는 연립정부가 구성되어 유센코의 입지가 강화될 수도 있었지만, 티모센코 총리는 결코 대통령의 권한이 강화되는 것을 지켜보지 않았다. 결국 의회는 야누코비치를 총리로 선택했다. 그러나 지난 대선에서의 치열한 대립과 동-서 우크라이나를 분열시켰던 대통령 유센코와 총리 야누코비치는 애초부터 공존할 수 없는 사이였다. 따라서 대통령과 총리는 서둘러서 조기총선을 실시하기로 합의했다.

표 6-7) 2006년 우크라이나 총선

정당		의석
지역당		186
율리아 티모센코 블록	조국 사회민주당	129
우리우크라이나	우리우크라이나 인민운동 산업기업가당 민족주의자대회 공화당 "소보르" 기독민주연합	81
사회당		33
공산당		21
합계		450

표 6-8) 2007년 우크라이나 총선

2007년 총선		의석
지역당		175
율리아 티모센코 블록	조국 사회민주당 개혁과질서	156
우리우크라이나-인민의 자위	우리우크라이나 전진우크라이나 인민운동 우크라이나인민당 공화당 "소보르" 기독민주연합 유럽당 Pora! 모국수호당	72
공산당		27
리트빈블록	인민당 노동당	20
합계		450

2007년 조기총선에서도 여전히 야누코비치의 지역당이 1당을 차지했

다. 그러나 야누코비치와의 동거를 원치 않았던 대통령은 어쩔 수 없이 덜 미운 어제의 동지이자 오늘의 적 티모센코를 다시 총리로 임명했다. 티모센코는 총리직을 맡으면서도 차기 대선에 출마할 생각이었기 때문에 대통령의 권한을 강화시키는 방안을 강구했다. 유센코 역시 2004년 개헌을 통해 총리-대통령제가 된 정치체제를 다시 대통령-의회제로 되돌리기 위해 새로운 개헌을 준비했다. 여기에는 강력한 대통령제와 유사한 내용도 포함되어 있었는데, 이에 따르면 대통령이 국가수반이자 행정수반이 되고, 총리는 형식적인 행정관 역할을 하도록 했다. 그러나 유센코의 인기가 급락하면서 그의 비공식적인 영향력도 급격히 추락했다. 유센코가 준비한 개헌안이 의회를 통과하기 위해서는 최소 300명의 지지가 필요했지만, 이런 지지를 확보하기란 애당초 불가능했다. 유센코는 2010년 1월 재선에 도전했지만 1차 투표에서 겨우 5%를 득표해 5위에 그쳤다.

표 6-9) 2010년 우크라이나 대선

후보자	지지 정당	1차		2차	
		득표	%	득표	%
V. 야누코비치	지역당	8,686,642	35.32	12,481,266	48.95
Y. 티모센코	우크라이나연합 조국	6,159,810	25.05	11,593,357	45.47

2010년 대선에서는 전 총리끼리 맞붙었다. 지역당의 야누코비치와 우크라이나연합의 티모센코가 결선에 진출해, 결국 야누코비치가 대통령에 당선되었다. 대통령에 당선된 야누코비치는 당선 직후 우리우크라이나블록 소속 의원 6명을 빼내와 다수 내각을 구성하는데 성공했다. 동시에 야누코비치와 의회 내 친-대통령 다수파는 대통령의 권한을 축소하고 총리의 권한을 강화했던 개정 헌법에 대한 위헌 심판을 청구했다. 그런데 헌법재판소가 판결을 앞두고 갑작스럽게 헌재 18명의 판사 중 4명이 사임했고, 이후 대통령 측 판사가 새로이 임명되면서 헌법재판소는 2004년

개정 헌법의 무효를 발표했다. 결국 야누코비치는 오렌지 혁명 이전 쿠츠마가 누렸던 대통령의 포괄적 권한을 되찾아 왔고, 의회 다수파를 등에 업고 자신에 반대하는 주요 인사들에 대한 탄압을 시작했다. 주요 대상은 대선에서 접전을 펼쳤던 티모센코였다.

한편 야누코비치는 우크라이나의 외교 목표를 두고 갈팡질팡하는 모습을 보였다. 당초 그는 EU와 연합협정(Association agreement)을 체결하면서 경제개혁은 물론 정치개혁을 추진할 것으로 보였다. 그러나 2013년 12월 EU와의 조약 체결 직전에 이를 취소하고 러시아가 주도하는 유라시아연합 가입을 조건으로 150억 달러 규모의 우크라이나 유로본드를 러시아에 매각하고 러시아산 천연가스 수입 가격을 대폭 낮추는 협정을 체결했다. 친서방적인 정치 엘리트들과 우크라이나 서부는 이에 반발했고, 이는 결국 2014년 유로마이단(Euromaidan) 시민혁명으로 이어졌다. 수도 키이브에서 야누코비치에 반대하는 시위대와 경찰 사이에 무력충돌이 벌어져 82명이 사망하는 등 양측의 충돌은 걷잡을 수 없이 전개되었다. 이 와중에 야누코비치는 반대파와 협상을 벌여 자신이 무력화시켰던 2004년 헌법을 복원하고 12월에 조기대선을 실시하는데 동의했다. 그렇지만 시위는 줄어들지 않았고 오히려 의회는 대통령 탄핵안을 발의했다. 결국 의회가 대통령 탄핵안을 발의한 당일 야누코비치는 동부 우크라이나를 거쳐 러시아로 도망쳤다.

그럼에도 의회는 만장일치로 야누코비치 대통령 탄핵안을 통과시키고 2014년 5월 25일 조기대선을 실시하기로 결정했다. 대통령이 공석이었기 때문에 국회의장이 대통령 권한 대행을 맡아 2013년에 일방적으로 폐기했던 EU와의 연합협정을 체결했으며, 당초 EU가 요구했던 정치, 경제, 사회 전 분야의 개혁을 추진하기로 결정했다. 그러나 친러시아 성향의 동부 우크라이나가 이에 반발했고, 러시아 역시 우크라이나 임시정부를 쿠데타 정부로 간주하면서 이들을 정당성을 인정하지 않았다. 한걸음 더 나아가 러시아는 동부와 남부 우크라이나의 친러시아계 주민들을 자극해 소요를 일으키고 이 틈에 크리미아와 세바스토폴을 점령했으며, 돈바스의 우크라이나 분리파를 지원하기 시작했다.

표 6-10) 2014년 우크라이나 대선

후보자	지지 정당	득표	%
P. 포로셴코	무소속	9,857,308	54.70
Y. 티모셴코	전우크라이나연합 "조국"	2,310,050	12.81
O. 랴쉬코	급진당	1,500,377	8.32
A. 흐리첸코	시민의자리	989,029	5.48
S. 티히프코	무소속	943,430	5.23

2014년 5월 대선에서는 전형적인 올리가르히 포로셴코가 1차에서 과반 이상을 득표해 손쉽게 대통령으로 당선되었다. 그는 대통령의 권한을 강화할 의도가 없음을 거듭 강조했지만, 개헌을 통해 지방과 지역에 대통령 특사를 파견하고 비상시에 이들을 중심으로 지방의 결속을 다진다는 계획을 발표했다.[18] 동시에 포로셴코는 2014년 8월 야누코비치를 지지했던 의원들이 남아있는 의회를 깨끗이 정화하기 위해서 현재의 의회를 해산해야 한다면 조기총선 실시를 요청했다.[19] 이러한 포로셴코의 행보는 겉으로는 지방정부의 자율과 독립성을 보장하고 야누코비치 독재와 그 독재를 떠받들었던 기반을 없애려는 시도로 보였지만, 사실상 대통령의 권한 강화를 위한 시도나 마찬가지였다. 2004년 총리-대통령제 헌법으로의 회귀로 대통령이 직접 영향력을 행사할 수 있는 방법은 없어졌지만, 대통령 정당의 총선 승리와 자신의 대중적 인지도, 러시아와의 대립

---

18) "Semi-presidential form of government is optimal for Ukraine – Poroshenko,"
https://en.interfax.com.ua/news/general/275000.html

19) "Ukraine's Petro Poroshenko Dissolves Parliament, Sets Election Date,"
http://www.themoscowtimes.com/news/article/ukraine-s-petro-poroshenko-announces-new-parliamentary-elections/505837.html

관계 그리고 올리가르히로서의 자원을 활용하고 있는 상황에서 그 역시 권력 강화라는 유혹을 뿌리치기 어려웠다.

표 6-11) 우크라이나 총리와 내각 구성 및 기간

총리	선거	임기/지속기간	정당	대통령
V. 포킨		1991.4.18.~ 1992.10.2	무소속	L. 크라프축
포킨 사임 이후 V. 시모넨코 총리대행(1992.10.2.-10일 사이)				
L. 쿠츠마		1992.10.13.~ 1993.9.22	무소속	
쿠츠마 사임 이후 Y. 즈뱌힐스키 총리 대행 1993.9. 22~1994.6.16				
V. 마솔	1994	1994.6.16.~ 1995.3.1	무소속	L. 쿠츠마
Y. 마르축		1995.3.1.~ 1996.5.28	무소속	
P. 라자렌코		1996.5.28.~ 1997.7.2	무소속	
라자렌코 사임 이후, V. 두르디네츠 총리 대행 1997년 7월 2일에서 30일까지				
V. 푸스토보이텐코	1998	1997.7.30.~ 1999.12.22	인민민주당	
V. 유셴코	—	1999.12.22.~ 2001.5.29	무소속	
A. 키나크	—	2001.5.29.~ 2002.11.21	산업가당	
V. 야누코비치	2002	2002.11.21.~ 2005.1.5	지역당	
야누코비치 사임 이후, M. 아자로프 총리 대행 2005년 1월 5일~24일				
Y. 티모셴코	—	2005.1.24.~ 2005.9.8	전우크라이나연합 조국	V. 유셴코
Y. 예카누로프	—	2005.9.8.~ 2006.8.4	우리우크라이나	
V. 야누코비치	2006	2006.8.4.~ 2007.12.18	지역당	
Y. 티모셴코	2007	2007.12.18.~ 2010.3.4	전우크라이나연합 조국	V. 야노코비치

총리	선거	임기/지속기간	정당	대통령
티모센코 사임 이후, O. 투히노프 총리 대행, 2010년 3월 4일~11일				
M. 아자로프	2012	2010.3.11.~ 2014.1.28	지역당	
아자로프 사임 이후 S. 아르부조프 총리 대행 2014년 2월 22~27일				
A. 야체뉵	2014	2014.2.27.~ 2016.4.14	전우크라이나연합 조국 인민전선	P. 포로셴코
V. 그로이스만	—	2016.4.14.~	페트로 포로셴코 블록	

6. 맺음말

1992년 크라프축에서 2014년 포로셴코 대통령까지 우크라이나의 대통령은 이데올로기적으로 우파이건 좌파이건 혹은 지역적으로 친서방적인 서부를 기반으로 했건 아니면 러시아 지향적인 동부를 기반으로 했건 일단 대통령으로 당선된 이후에는 지속적으로 대통령의 권한을 강화하려 했으며 이 과정에서 총리, 의회와 충돌을 벌였다. 총리를 역임하는 중에는 대통령의 권한을 줄이려고 시도했던 쿠츠마나 유센코 그리고 심지어는 야누코비치까지 모두 대통령이 되면서 정반대의 입장으로 돌아섰다. 이들 대통령들은 자신을 지지하는 정당이나 연립정당이 의회에서 다수를 차지한 경우에는 총리와의 대립 수준을 낮추었지만, 반대로 라이벌 정당이 의회를 주도하는 기간 중에는 예외 없이 첨예하게 대립했다.

대통령과 총리가 계속해서 충돌했던 것은 잦은 헌법 개정으로 대통령의 권한이 공고하게 자리 잡지 못하고 권한의 경계가 모호했기 때문이었지만 시기별 정당체제의 안정 여부 역시 대통령이 자신의 권한을 강화시키는데 중요한 동기였다. 2014년 대통령으로 당선된 포로셴코의 경우 전임 대통령들이 재임하던 시기와 비교해 상대적으로 안정된 정당체제와 권력분립이라는 유리한 환경을 갖고 있었고 또 개혁과 자유를 갈망하는 시민들이 많다는 점에서 대립적인 방법을 통해 대통령의 권한을 강화할 수 있는 기회를 잡지는 못했다. 그러나 우크라이나 동부에서 벌어지고 있는 분쟁으로 군 통수권자로서 자신의 역할과 위상 그리고 올리가르히로서의 충분한 자원을 활용함으로써 전임 대통령들과 마찬가지로 대통령의 권한을 강화하고자 하는 욕구를 완전히 포기하지는 않았다.

제7장

러시아의 준대통령제

강력한 옐친과 더 강력한 푸틴

1. 머리말

1985년 공산당 서기장에 취임한 고르바쵸프(M. Gorbachev)가 내세운 개혁(perestroik), 개방(glasnost), 민주화(democratization)는 개혁파와 반대파 사이의 투쟁을 유발할 수밖에 없었다. 고르바쵸프는 공산당은 물론 소련 내부 곳곳에 자리한 보수파를 억누르고 개혁과 개방을 통한 경제개혁과 민주화를 추진하기 위해서는 강력한 행정부가 필요하다고 인식했다. 또한 그는 강력한 행정부의 기반은 무엇보다도 직선으로 선출되어 민주적 정당성을 갖춘 강한 대통령이라고 판단했다. 이런 이유에서 그는 대통령제 모델 중에서도 미국식 대통령제를 염두에 두었고, 프랑스 제5공화국 시기의 준대통령제 모델도 고려했다.[1] 그가 아무런 고민없이 강력한 대통령제를 선택하지 않고 준대통령제를 유심히 관찰한 것은 개혁을 추진하기 위해 충분한 권한이 필요하다고 생각하고 있었지만 동시에 지난 70여년 간 이어진 소련의 통치체계, 즉 소비에트라는 일종의 의회제를 일거에 해체할 수는 없다는 책임감 때문이었다.

소련 시기에는 대통령 직위 자체가 없었다. 다만 외부에는 최고 소비에트 간부회의 의장을 소련의 대통령으로 부르곤 했었다. 1당 독재 그리고 개인 우상화의 상징인 소련에서 권력의 최고 정점을 의미하는 대통령이 존재하지 않았다는 사실은 일견 모순적일 수 있지만, 1930년대 스탈린(J. Stalin)이 인민에 의해 선출되는 최고 소비에트에는 개인 권력을 집

---

1) Mazo, Eugene D. (2005), pp. 133-139.

중할 직위가 존재할 수 없다고 강조한 이래 대통령제를 두지 않았다. 흐루쇼프(N. Khrushchyov) 시기에 와서는 대통령제로의 전환도 고려했었지만, 그가 실각한 이후에는 더 이상 소련 내부에서 대통령제에 대한 논의는 없었다.[2]

이런 상황에서 1980년대 말에서 1991년 소련이 해체되기 이전까지 고르바쵸프는 경제개혁과 민주화를 추진하기 위해서는 보수파의 저항을 억누를 수 있을만한 권한을 지닌 대통령이 필요하다고 판단했다. 당초 고르바초프가 염두에 두었던 대통령제는 대통령 1인에게 권력이 집중된 모델이었지만, 우선은 직선의 국회의장직과 5년 임기의 대통령직 신설을 제안했다. 그는 소비에트에서 대통령을 선출하는 일종의 하이브리드 형태가 보수파의 반발을 무마시킬 수 있다고 생각했다.[3] 이에 따라 1990년 3월 대통령제로의 전환이 이루어졌고, 고르바쵸프가 인민대의원의 71%의 지지를 받아 소련 최초이자 마지막 대통령으로 선출되었다. 그러나 이렇게 대의원을 통해 간선되는 방식으로 대통령에 선출되었기 때문에 포괄적인 권력 행사에 대한 정당성을 주장할 수는 없었다.

이에 비해 1990년 5월 소련의 구성 공화국이었던 러시아에서는 옐친(B. Yeltsin)이 러시아 국회의장으로 선출되었고, 1991년 6월에는 직선을 통해 러시아 초대 대통령으로 선출되었다. 당시 소련 대통령이나 러시아 대통령 모두 명목상의 대통령에 불과했지만, 1993년 9월 옐친은 직선 대통령으로서의 정당성을 주장하면서 의회를 해산하고 대통령의 권한을 강화시킨 새로운 헌법을 제정했다. 이 과정에서 옐친은 민주화와 경제개혁을 위해 강력한 대통령제가 필요하다고 주장했고 개혁과 민주화에 반대하던 측은 오히려 권력독점의 폐해를 막기 위해 의회제를 강화해야 한다고 주장하는 모순적인 상황이 벌어졌다. 이제 1993년 헌법 제정으로 러

---

2) White, Stephen (2004), p. 216.

3) Mcquire, Kimberly A. (2012), p. 427.

시아에서도 대통령과 총리, 의회 간 권한을 둘러싼 갈등이 시작되었다. 모든 갈등의 원인 중에서 대통령에게 어느 정도의 권한을 부여해야 하는지가 가장 중요한 문제였다.

이런 배경에서 러시아 준대통령제 사례에서는 탈공산주의 국가 중에서 가장 강력한 대통령을 보유한 러시아 준대통령제의 특징을 확인하고 옐친과 푸틴 두 대통령이 지니고 있는 공식 권한과 그 보다 더 강력한 실제 영향력을 파악한다.

2. 옐친과 1993년 헌법

1991년 8월 쿠데타 이후 정권을 차지한 옐친은 경제위기에서 벗어나기 위해서는 개혁이 필요하고 이를 밀어붙이기 위해서는 강력한 대통령이 필요하다며 인민대의원대회를 압박했다. 쿠데타 이후 옐친의 인기가 하늘을 찌르는 상황에서 인민대의원대회는 이에 동의하지 않을 수 없었다. 인민대의원대회는 '1년 시한의 특별법'을 통해 옐친에게 법적인 효력을 갖는 대통령령 반포권, 인민대의원대회의 동의가 필요 없는 주지사 임명권, 동의가 필요한 각료 임명권을 부여했다. 그러나 옐친은 대통령의 권한을 더욱 강화할 방안을 모색하면서 인민대의원대회와 협의를 거치지 않고 자신 스스로를 총리로 그리고 러시아식 충격요법 설계자였던 가이다르(Y. Gaidar)를 제1부총리로 하는 정부를 구성했다.

인민대의원대회와 헌법재판소는 곧 대통령에게 너무 많은 권한을 부여했다는 사실을 깨달았고, 옐친의 개혁으로 인한 전환기 침체의 충격을 비판하면서 옐친에 반대하는 연대를 구축했다. 대통령과 인민대의원대회 양측은 대통령과 총리, 의회의 권한을 어떻게 배분할지를 두고 신경전을 벌이기 시작했다. 옐친은 자신 스스로가 임명한 총리직에서 사임하고 체르노미르딘(V. Chernomyrdin)과 같은 좀 더 보수적인 성향의 각료를 임명하면서 의회와의 직접적인 대립을 피하려고 했다. 그러나 행정부-의회 간 대립은 여기에서 멈추지 않았다. 인민대의원대회는 대통령이 쥐고 있던 중앙은행장 임명권을 되찾아 오고, 옐친이 자의적으로 정책을 추진하기 어렵게 하는 등 옐친이 공들이고 있던 충격요법을 완화시키려고 시도했다.4) 그러나 옐친은 권력을 자신에게 집중시켜 개혁을 추진할 때에만 경제개혁에 성공할 수 있다고 확신했다.5) 이러한 양측의 인식 차이로 대통령과 의회의 갈등은 피할 수 없었다. 이제 양측은 새로운 헌법을 둘러싸고 대립했다.

곧 제헌위원회(Constitutional Commission)가 구성되어 두 개의 헌법 초안을 제시했다. 우선 헌법재판소 소장 조르킨(V. Zorkin)이 작성한 초안에는 대통령이 행정수반이자 동시에 국가수반인 강력한 대통령제가 포함되어 있었다. 이 초안에는 총리직이 포함되지 않았기 때문에 대통령이 각료를 임명하고, 의회가 이를 승인하도록 하는 사실상의 대통령제 모델과 다르지 않았다. 그러나 대통령이 지명한 내각을 의회가 승인하도록 한 것은 적어도 형식상으로는 준대통령제와 가까웠다.6) 두 번째 초안에는 대통령과 총리가 행정부의 권한을 양분하는 전통적인 준대통령제와 아주 유사한 대통령제가 포함되었다.7) 여기에서는 대통령이 총리 후보를 지명하고 두마(하원)가 이를 승인하는 식으로 권한을 양분시켰고, 동시에 두마가 정부 불신임을 의결할 수도 있게 했다.

두 가지 헌법 초안이 각각 전통적인 대통령제와 준대통령제의 내용을 담고 있었지만, 사실 두 초안 모두에서 의회가 총리 혹은 각료를 임명하

---

4) Rahr, Alexander (1993), p. 18.

5) Rahr, Alexander (1992), p. 16.

6) Mazo, Eugene D. (2005), p. 143.

7) Ibid., pp. 143-144.

는 권한을 부여했기 때문에 준대통령제에 보다 더 가까웠다. 따라서 두 개의 헌법 초안에서는 준대통령제 정부 형태를 제안했지만, 사실 더 중요한 문제는 어떤 형태의 준대통령제를 선택할지에 있었다. 즉, 대통령에게 더 많은 권한을 부여하는 '대통령-의회제'를 선택할 것인지 아니면 총리와 정부에 더 많은 권한을 부여하는 '총리-대통령제'를 선택할지의 문제가 가장 핵심적인 의제였다.[8]

그러나 옐친은 제헌위원회가 제안한 것보다 더 강력한 대통령제를 원했고 따라서 두 개의 초안 이외에 자신이 따로 '대통령제 헌법 초안'을 마련했다. 이 초안에서는 6년 임기의 직선 대통령이 행정부를 통제할 권한을 지니는 동시에 법안 거부권이 있었다. 제헌위원회는 옐친이 제안한 초안을 국민투표에 부치는 것을 막기 위해서 당초 위원회가 제출한 초안과 대통령이 작성한 초안의 내용을 섞은 제4의 헌법 초안을 작성했다. 그러나 옐친은 무엇보다 대통령이 독자적인 각료 임명권을 갖는 국가의 수반이자 행정의 수반이 되길 원했고 동시에 의회 해산권도 갖고 싶었기 때문에 중도적 성격의 제4의 초안을 수용하지 않았다.[9]

제헌위원회의 초안에 실망한 옐친은 제헌회의(Constitutional Conference)를 조직해 또 다른 헌법초안을 작성하도록 지시했다. 제헌회의는 대통령이 마련한 초안과 제헌위원회의 초안을 놓고 작업을 시작했고, 1993년 9월 1일 다섯 번째 헌법 초안을 공개했다.[10]

이에 대해 두마는 옐친의 입맛에 맞춘 제헌회의의 초안이 헌법으로 제정되는 것을 막기 위해 대통령제를 폐지하고 의회제로 되돌아가는 여섯 번째 초안을 마련하려고 했다. 그러나 두마가 새로운 헌법 초안을 발

---

8) 준대통령제를 대통령-의회제와 총리-대통령제로 구분할 때, 대통령-의회제는 대통령이 보다 큰 권한을 지니고 있는 정부 형태를 그리고 총리-대통령제는 총리와 의회가 대통령에 비해 상대적으로 더 큰 권한을 지니고 있는 정부 형태를 의미한다.

9) Mazo, Eugene D. (2005), p. 145.

10) McFaul, Michael (2001), p. 194.

표하기 직전인 1993년 9월 21일 옐친은 대통령령을 통해 의회 해산과 조기총선 그리고 제헌회의의 헌법 초안에 대한 국민투표 실시를 발표했다. 옐친은 두마가 민주주의 개혁을 가로막고 있기 때문에 이들을 통제하기 위해서는 대통령이 직접 행동에 나서야 한다고 강조했다.

> 의회는 사회개혁과 경제개혁을 반대하며 공개적으로 그리고 언제나 그렇듯이 직선으로 선출된 러시아 대통령의 권한 행사를 막아왔다. 따라서 의회 다수는 1993년 4월 25일 국민투표를 통해 표출된 민의를 짓밟았다. 러시아연방에서 개혁은 붕괴될 지경에 와 있다. 의회주의가 함량 미달인 상황에서 나는 국민에게서 운명을 스스로 결정할 권리를 박탈하는 정치적 장애물을 제거하기 위해서, 러시아연방의 통일과 통합을 지키기 위해서, 국가를 경제위기와 정치위기에서 구해내기 위해서, 국가안보를 지키고 공공질서를 지키기 위해서, 정부의 권위를 회복하기 위해서 러시아연방 헌법 1, 2, 5조와 121조 5항에 따라, 그리고 1993년 4월 25일 국민투표의 결과에 따라, 대통령령을 반포한다.11)

옐친은 이 대통령령을 통해 두마를 해산하고, 새로운 헌법에 대한 국민투표 실시를 명했다.12) 동시에 옐친은 제헌회의에서 반대파를 제거하고 자신의 측근으로만 구성된 새로운 제헌회의를 재소집해 자신이 요구하는 대로 일곱번째 헌법 초안을 작성하도록 지시했다.13) 제헌회의는 11월 10일 최종안을 발표했고 옐친은 이 최종안을 국민투표에 붙였으며, 마침내 12월 12일 실시된 국민투표에서 54.8%의 지지를 얻어 이것을 러시아 헌법으로 공표했다. 옐친과 두마 간 권력을 둘러싼 갈등에도 불구하고, 1993년 헌법은 대통령과 총리가 존재하는 준대통령제 정부 형태를 제시했다. 헌법 80조에는 "대통령은 헌법을 수호하고, 국내정책과 외교정책의 기본적 방향을 설정하며, 대내외적으로 러시아연방을 대표한다"

---

11) Goodnow, Regina Rose (2013), pp. 108-109.

12) Mazo, Eugene D. (2005), p. 147.

13) 실제로 1993년 헌법 최종안이 마련되기까지는 불과 이틀 소요되었다. 옐친은 오후 3시 15분에 자리에 앉았고, 자문역들과의 조율도 없이 자신의 의도대로 문구를 바꾸었다. 수정내용은 아무런 논의 없이 채택되어 초안에 포함되었다. Ibid., p. 149.

고 규정했다.[14]

우여곡절 끝에 제정된 1993년 러시아 헌법은 준대통령제 중에서도 대통령에게 더 많은 권한을 부여하는 대통령-의회제에 해당된다. 이제 대통령은 공식 권한을 통해 국내외 정책을 주도하면서 자신에게 권한을 집중시키려 했고 의회는 대통령의 독주를 막기 위해 다양한 견제 방안을 모색하기 시작했다. 그러나 러시아라는 특수한 정치 환경에서 의회가 대통령을 견제하고 균형을 맞추는 것은 사실상 불가능했다.

3. 대통령과 총리, 의회의 권한

1) 대통령의 권한

러시아 헌법 제10조에는 "러시아 연방의 국가권력은 입법, 행정, 사법부의 권력분립을 기반해서 행사된다. 입법, 행정, 사법부의 권한은 독립적이다"라고 명시되어 있다. 그러나 사실 행정부 내부에서 대통령과 총리의 권한 차이는 크며, 행정부와 입법부, 즉 두마 사이의 권한도 비대칭적인 성격을 지니고 있다. 이는 기본적으로 1993년 헌법이 강력한 대통령제를 희망하면서도, 민주화와 시장경제로의 이행을 내세운 옐친의 입장에서 작성된 것이기 때문에 어쩔 수 없이 약간의 민주적인 요소를 가미할 수밖에 없었기 때문이었다.

1993년 헌법 80조 1항)에서는 대통령을 국가수반으로 명시하고 있으며, 2항)에서는 대통령을 헌법 수호자, 인권과 시민권, 자유의 보장자로 규정하고 있다. 또한 대통령은 러시아 연방의 주권 수호, 독립, 국가 통합을 지키기 위한 조치를 취하며, 정부기구의 작동과 상호작용을 조율한

---

14) "Russian Federation Constitution,"
   https://rm.coe.int/constitution-of-the-russian-federation-en/1680a1a237

다고 했다. 3항)에서는 대통령이 헌법과 연방법에 따라 국가의 내무정책과 외교정책의 기본적인 목표를 설정하며, 4항)에서는 대통령이 국가의 수반으로서 국내에서 그리고 국제관계에서 러시아연방을 대표한다고 규정했다. 이렇게 헌법 80조를 통해서 대통령이 국가의 수반임을 규정하면서 동시에 행정의 수반이라는 점도 보여주고 있다. 80조에 따라 대통령과 총리의 권한 영역이 어떻게 배분되는지는 확실치 않으나, 83조 이하의 대통령의 권한에서 대통령에게 총리, 각료 임면권을 부여하고 있어, 행정수반이라는 사실도 암시하고 있다.

여기에서 가장 중요한 권한 중 하나는 대통령의 두마 해산권인데, 그 조건이 까다롭긴 하지만 대통령이 이 권한을 통해 의회를 견제할 수 있다는 측면에서는 가장 강력한 권한 중 하나라고 볼 수 있다. 대통령이 두마를 해산할 수 있는 조건은 헌법 111조 4항과 117조 3항에 명시되어 있는데, 111조 4항)에서는 두마가 3차례 총리 후보의 인준을 거부하면 대통령은 두마를 해산하고 조기총선 실시를 명한다고 했다. 그리고 117조 3항)에는 두마가 재적 과반으로 정부 불신임을 표결할 수 있도록 했다. 두마가 정부 불신임을 의결하면 대통령은 정부를 해산하거나 아니면 두마의 결정을 거부할 권한이 있다. 만약 두마가 3개월 내에 재차 정부 불신임을 의결하면 대통령은 정부를 해산하거나 혹은 두마를 해산한다고 규정하고 있다.

헌법 85조는 대통령의 조정자 역할을 명시하고 있는데, 85조 1항)에서는 대통령에게 연방 기구 사이의, 개별 공화국 정부 사이의 그리고 연방 정부의 헌법 기구 사이의 분쟁을 해결하는 권한을 부여하고 있으며, 2항)에서는 러시아 연방 각 공화국 정부의 행위가 연방 헌법이나 러시아가 참여한 국제조약과 상충되고 인권, 기본권을 해친다면 해당 문제가 관련 법원을 통해 해결될 때까지 대통령이 해당 공화국 정부의 기능을 중단시킬 수 있는 권한을 부여했다.

86조에서는 대통령의 외교정책 주도권을 명시하고 있는데, 대통령은 a) 연방의 외교정책을 주도하며, b) 국제조약을 협상, 서명하고, d) 외국 대사의 신임장을 제정받는다고 명시했다. 또한 87조는 군 통수권자로서의 대통령의 권한을 보여주는데, 1항) 대통령은 연방군대의 최고사령관이다. 2항) 침공을 받거나 혹은 침공의 직접적인 위협이 있을 경우, 대통령은 연방 전역 혹은 부분적으로 계엄령을 선포할 수 있고, 이를 즉각 상원과 두마에 알린다고 했다. 한편 90조에 따르면 대통령은 법적 구속력을 지니는 대통령령 공표권을 지니고 있으며, 89조의 사면권, 91조의 면책권 등이 있다.

이외에도 대통령에게는 포괄적인 임명권이 부여되었다. 128조 1항)에 따르면, 대통령은 헌법재판소 판사, 대법원 판사를 지명하며, 2항)에서는 연방법원의 판사를 지명할 수 있고, 129조 2항)에서는 연방 검찰총장과 부총장 후보자를 지명하며, 검찰총장의 요청에 따라 검사를 임명할 수 있다.

그러나 상기한 포괄적인 권한에도 불구하고 대통령이 반역죄 혹은 기타 중대범죄를 저질렀을 경우에는 의회에서 탄핵될 수 있다. 헌법 93조에서는 1항) 두마가 반역죄 혹은 기타 중범죄 혐의를 제기하고, 연방 대법원에서 이를 확증하고 연방 헌법재판소에서 결정할 경우 상원은 대통령을 탄핵할 수 있다. 2항) 두마의 기소 결정과 상원의 대통령 탄핵은 상원과 두마 각각의 재적 1/3의 발의에 따라 그리고 두마가 설립한 특별위원회의 결의에 따라 진행되며, 상원과 두마 각각의 재적 2/3으로 탄핵을 결정한다. 3항) 상원의 대통령 탄핵 결정은 두마가 기소한 날로부터 3개월 내에 진행한다고 규정했다.

2) 총리의 권한

헌법에 따르면 총리는 정부의장으로 러시아 연방정부를 주도한다. 정부는 정부의장(총리)과 부의장(부총리), 각료로 구성된다(헌법 110조). 이전 장에서 언급한 바와 같이, 대통령이 총리를 지명하고 두마가 이를 승인하지만, 일단 총리가 두마에서 인준을 받고 나면 그 이후로 총리 혹은 각료가 두마에 책임질 의무는 거의 없다(헌법 11조 1항). 이는 대통령에게 총리 해임 권한이 있고, 이에 대해서는 두마나 상원의 승인을 받을 필요가 없기 때문이다. 총리는 임명 1주 내에 대통령에게 각료를 추천하는데(헌법 112조 1항), 이런 측면에서 볼 때, 사실상 대통령과 총리가 행정권을 나누는 것이 아니라 실제로는 총리가 대통령에게 전적으로 책임을 지고 의존하는 전형적인 대통령제와 유사하다.

대통령이 제청한 총리가 두마에서 인준을 받기 위해서는 두마 다수의 지지가 필요하다. 두마에서 총리 후보를 검증하고 부적합하다고 판단하면, 후보에 대한 인준을 거부할 수 있다. 두마는 두 번째 총리 후보까지도 거부할 수 있다. 그러나 그 다음 세 번째 총리 후보까지 거부한다면 큰 문제가 야기될 수 있다. 만약 두마가 대통령이 추천한 총리 후보자를 세 번 연속 거부한다면, 대통령은 두마를 해산하고 조기총선을 실시할 헌법 권한이 있다. 따라서 두마는 대통령이 선택한 후보를 거부할 경우 두마 자체의 운명도 함께 걸어야 하는 셈이다. 결국 두마는 사실상 대통령의 선택을 마지막까지 반대할 수도, 반대할 의사도 없게 되며, 대통령의 정책이나 의중의 실행을 막는 직접적인 방법도 없는 셈이다.

총리의 입법권은 매우 적으며 총리가 입법을 위해서는 대통령과 두마라는 두 번의 장애물을 모두 통과해야 한다. 총리와 두마의 가장 중요한 관계는 인준 그리고 재임 중 불신임의 문제가 아니라 예산안 문제이다. 헌법 114조 1항)에서는 정부가 재정정책을 시행하고 두마가 제기한 이슈에 대한 연례 보고서를 제출해야 한다고 했다. 만약 정부가 두마를 만족시키지 못하면 두마의 불신임을 받을 수 있다. 총리가 두마에 출석하여 불신임을 받을 경우, 대통령은 7일 이내에 총리의 사임을 받든지 아니면 두마를 해산한다(헌법 117조 4항). 결국 총리는 자신의 임기를 이어가기 위해서는 두마와 대통령에 의존해야 하는데, 특히 두마 해산권이 있고 총리 해임권이 있는 대통령에 더욱 의존할 수밖에 없다.

요약하면, 헌법에서는 대통령에게 의회와 총리 보다 더 크고 강력한 권한을 부여했다. 대통령은 총리, 두마와의 관계에서 4개의 주요한 도구를 지니고 있는데, 총리 임면권, 각료회의 주재권, 의회의 승인이 필요 없는 대통령령 공표권 그리고 두마 해산권이 바로 그것이다. 이런 4개의 중요한 도구를 통해 볼 때, 대통령은 이를 이용해 언제이건 상황을 자신에게 유리한 쪽으로 돌릴 수 있다. 대통령령 공표권 그리고 절차를 문제 삼아 두마를 통과한 법안을 반려하는 권한은 대통령에게 강력한 입법권을 부여해 준 것이나 마찬가지이다. 의회는 몇 가지 헌법적 권한을 지니고 있는데, 예를 들어 대통령 탄핵권, 정부 불신임안 제출권 등이 그것이다. 그러나 의회 내부의 이질성으로 인해서 즉, 정당체제의 파편화로 인해 두마가 이런 권한을 효율적으로 사용한 사례는 한 번도 없었다.

3) 의회의 권한

러시아의 의회는 두마(하원)와 연방회의(상원)로 구성된 양원제이다(헌법 95조 1항). 입법권은 오직 두마에만 부여되어 있지만, 헌법 94조에 따르면 입법 발의권은 대통령, 상원, 상원의원, 두마의원, 러시아연방정부, 러시아연방 구성공화국 입법기구에 있다.

이처럼 입법 발의권은 여러 헌법기구에 분산되어 있지만, 유일한 입법기구인 두마는 대통령과 총리를 견제하고 권한에 균형을 맞출 수 있는 두 개의 도구인 대통령 탄핵권, 총리지명 거부권을 가지고 있다(헌법 102조 2항과 103조 a),b)항).[15]

---

15) 개정헌법에서는 103조 1항, h)에는 두마가 대통령 탄핵을 위한 기소를 하고, 102조 1항에는 상원이 연방 대통령을 탄핵한다고 규정했다. Mazo, Eugene D. (2005), p. 154.

① 두마

두마는 직선을 통해 선출되는 국민의 대표기구로 정당성을 갖고 있다 (헌법 96조). 두마는 5년 임기의 450명으로 구성되며, 두마 의원의 다른 정부기구 겸직은 금지된다. 헌법 103조에 두마의 의무와 역할이 규정되어 있는데, 이 조항에 따라 두마와 대통령, 두마와 총리의 관계가 형성된다. 103조에 따르면, 두마는 대통령이 제청한 총리를 승인하고 정부에 대한 신임을 결정하며 대통령 탄핵안을 발의할 수 있다.

상기한 바와 같이, 두마는 정부에 대한 신임여부를 결정할 수 있는데, 헌법에서는 두마의 정부 신임 근거를 다음과 같이 언급하고 있다. 즉, 정부가 자신의 행동에 대해 그리고 두마가 요구한 특정 문제에 대해 두마에 보고해야 하는데, 만약 두마가 정부의 정책과 그 결과에 만족하지 않는다면, 정부에 대한 불신임을 제기한다. 그러나 의회제에서의 정부 불신임과는 근본적인 차이가 있다. 러시아에서 두마의 정부 불신임은 사실상 두마 자체의 운명을 걸고 추진하는 것이기 때문에, 정부에 대한 견제 효과가 의회제처럼 그렇게 크지 않다. 결국 두마는 명목상으로는 불신임 위협을 통해 정부를 견제할 수는 있지만, 실제로는 정부를 견제하기보다는 두마의 해산을 막기 위해 정부와 협력하는 쪽을 선택할 가능성이 있다. 앞서 대통령의 권한에서 살펴보았듯이, 두마가 정부를 불신임할 경우 대통령이 두마를 해산할 수도 있기 때문이다.[16]

한편 헌법 103조에서는 두마에게 대통령을 탄핵할 수 있는 권한을 부여했다. 그러나 두마는 탄핵안을 발의할 수 있을 뿐이지 실제로 탄핵을 결정할 권한은 없다. 대통령 탄핵의 최종 결정권은 상원에 있다.

입법 발의권을 지닌 헌법기구는 모든 연방 법안과 각종 법안을 두마에 제출하고 두마가 이를 통과시키는데, 만약 두마가 통과시킨 법안에 대해 대통령이나 상원이 거부권을 행사할 경우에는 재적 2/3으로 당초 두마를

---

16) 개정헌법 117조에는 총리 개인에 대한 불신임은 없고 정부 전체에 대한 불신임만 남았다.

통과한 법안을 법으로 공표할 수 있다(헌법 104조와 105조). 이처럼 헌법 상으로는 두마만이 입법권을 가지고 있지만, 여기에는 많은 허점이 있다. 즉, 대통령이 두마의 복잡한 입법 절차를 우회해서 자신의 정책과 의사를 대통령령을 통해 시행할 경우 이를 막을 수 있는 방법이 많지 않다. 이러한 대통령령 권한은 결국 두마의 입법권을 대폭 줄이고 두마의 대통령 권한 견제와 균형 기능을 완전히 무시할 여지를 두고 있다.

② 상원

푸틴 대통령 이전까지는 러시아 연방을 구성하는 각 공화국 의회에서 1명, 행정부에서 1명이 연방의원으로 차출되는 방식으로 상원이 구성되었다(헌법 95조 2항). 두마와 비교해서 상원의 입법권은 극히 제한적인데, 다만 대통령의 계엄령 승인, 국가비상사태 선포 승인, 대통령 탄핵 결정 등에 대한 권한만을 보유하고 있다.

동시에 총리가 상원에 책임을 지지 않기 때문에 상원의 견제력도 두마에 비해 상당히 작을 수밖에 없다(헌법 102조). 이 때문에 상원은 대통령이나 총리와 대립적인 관계를 맺기보다는 오히려 협력적인 관계를 맺는 것이 더 일반적이다. 예를 들어 1993년 옐친이 대통령령을 통해 대통령청을 국가의 공식 기구로 편입시켰을 때, 두마는 이에 강력히 반대했지만, 상원은 여기에 아무런 의견도 내지 않고 대통령의 결정에 순응했다.[17] 더군다나 헌법에는 상원이 대통령의 결정을 반대하는 것이 아니라 승인한다고 규정하고 있기 때문에(헌법 102조), 사실상 상원은 대통령의 결정을 지지하는 측에 서 있는 셈이다.

상원이 대통령을 견제하거나 혹은 대통령과 대립할 수 있는 단 한 가지 경우는 대통령 탄핵 결정권을 행사할 때이다. 대통령 탄핵에 관한 헌법 93조에 따르면, 대통령이 반역죄, 중대범죄를 저질렀을 경우, 두마가

---

17) Remington, Thomas F. (2001), p. 180.

탄핵안을 발의하고 헌법재판소 혹은 대법원이 두마가 제안한 탄핵을 인정하며 그 뒤에 상원에서 탄핵을 최종 결정한다(헌법 93조 2항-3항, 형헌법 117조)고 했기 때문에, 적어도 헌법상으로는 상원이 대통령 탄핵을 결정할 수 있다.

그러나 현실에서는 상원의 대통령 탄핵 결정권이 그다지 크지 않다. 대통령이 면책권을 지니고 있다는 측면 이외에도(헌법 91조), 두마의 탄핵안 발의 조건인 반역죄와 중대범죄에 대한 해석이 아주 모호하기 때문이다. 반역죄는 비교적 명확히 판단할 수 있지만, 중대범죄가 무엇인지 그리고 그러한 중대범죄가 대통령의 면책권에 포함되어 있는 것인지를 판단할 수 있는 근거가 부족하기 때문에 결국 상원의 대통령 탄핵 결정권은 단지 헌법상의 조문에 불과한 셈이다.

4. 옐친 대통령과 푸틴 대통령

1) 옐친 대통령

헌법 제정과 그에 따라 어떤 정부 형태를 선택할지는 민주주의 발전과 공고화에 큰 영향을 끼칠 수 있다. 러시아에서는 특히 대통령-총리 관계 그리고 대통령-의회 관계가 사실상 우위-종속 관계로 권력균형이 사실상 무의미했고, 견제와 균형 시스템이 작동되지 않아 민주주의 발전과 공고화에 역행했다. 더군다나 안정되고 견고한 정당체제가 없다는 사실도 민주화와 경제개혁에 큰 장애물이 되었다. 두마가 대통령이 소속된 정당에 의해 좌우되고 대통령을 견제할 강력한 야당이 없기 때문에 대통령은 자의적으로 임명권과 입법권 그리고 행정권을 시행할 수 있고 당초 헌법의 취지와는 달리 더욱 더 강력한 대통령이 되고 있다.[18] 대통령이 견제를 받지 않

---

18) 정당체제가 분파화되어 있고, 대통령이 입법권과 행정권을 지니고 있어 대통령이 법률 전쟁에서

고 자신에게 집중된 권한을 휘두르게 되면 체제는 불안정해지고 민주적 정당성도 훼손될 수밖에 없다. 민주화와 시장경제로의 이행을 내세우면서 대통령의 권한 강화를 요구했던 옐친은 강화된 권력을 부여받았지만 그 권한을 이용해 민주화와 경제이행을 제대로 추진하지 않았다.

표 7-1) 옐친 대통령 시기 총리

대통령	임기	당적	횟수	총리
B. 옐친	1991.7.10.~ 1999.12.31.(사임)	무소속	초대(1991~)	I. 실라예프
				자신
			2대(1996~)	V. 체크로미르딘
				S. 키리옌코
				Y. 프라마코프
				S. 스테파신
				V. 푸틴

정당체제가 취약했기 때문에 두마가 제대로 작동되지 않았고, 이 때문에 옐친은 자신이 주장했던 급진적인 경제개혁을 추진하기 위해 두마를 우회하는 대통령령을 마음껏 활용했다. 경제개혁으로 야기된 초인플레이션에 대응하기 위해 다시 대통령령을 활용했지만, 당시 분파화된 인민대의원은 체제 내 권력분배를 둘러싼 헌정 위기만을 야기했을 뿐이었다. 그 결과 의회 내부에서의 온건한 균열과 의회-대통령간 견제와 균형 관계도 작동하지 않았다.[19]

옐친이 총리 해임권을 빈번하게 활용했던 것도 대통령의 권력을 더욱 강화시킨 요인이었다. 옐친은 임기 중 5명의 총리를 갈아치웠다. 그는 총리가 자신과 경쟁할 것이라는 의심이 들거나, 총리가 대선에 출마할

유리한 상황에 있었다. Moser, Robert G. (2001), p. 86..

19) Ibid., p. 81. 사실상 정부 구성을 위해 의회의 다수를 확보할 필요가 없었기 때문에 의회제의 경우처럼 연립정부를 구성하기 위한 타협과 협상의 과정이 무시되었고 대통령령을 통해 의회의 입법권을 우회했다.

조금의 의사라도 내비치면 그를 바로 해임하고 덜 위험하다고 생각되는 후보를 총리로 내세웠다. 게다가 옐친은 총리를 희생양으로 이용하면서 정책실패나 개혁실패의 비난을 자신이 아닌 총리로 돌려 그를 해임해 버렸다.

옐친의 두 번째 임기 중 첫 총리였던 체르노미르딘의 인기가 높아지고, 차기 대선에 출마할 것이라는 소문이 돌자 옐친은 가차 없이 체르노미르딘을 해임했다. 후임으로 임명된 키리엔코(S. Kirienko) 역시 5개월을 채우지 못하고 해임되었는데, 옐친은 키리엔코 정부가 임금체불, 예산적자, 원유가격 하락, 러시아 루블화의 심각한 평가절하 문제를 해결하지 못했다는 이유를 들었다. 이는 분명 정부의 책임이었지만, 사실 옐친은 모든 책임을 총리에게 돌리고 자신은 경제실패의 책임에서 벗어나려고 했다. 키리엔코 해임 이후 옐친은 다시 체르노미르딘을 총리로 지명했지만, 두마가 두 번에 걸쳐 체르노미르딘의 인준을 거부하자 이번에는 프리마코프(Y. Primakov)를 총리로 지명해 의회의 승인을 얻어냈다. 그러나 프리마코프가 차기 대선 출마 의사를 드러내자마자 옐친은 곧바로 그를 내쫓고 자기 자신을 후임 총리로 지명했다. 아이러니하게도 옐친 시기에 대통령이 되고자 하는 열망을 조금이라도 보였던 유력 정치인들을 모두 제치고 무명에 가까웠던 푸틴이 차기 대통령이 되었다.[20]

---

20) Moser, Robert G. (2001), pp. 93-94.

표 7-2) 1991년, 1996년 러시아 대선

1991년 대선	정당	득표	%
B. 옐친	무소속	45,552,041	58.6
N. 리즈코프	공산당	13,395,335	17.2

1996년 대선	정당	1차		결선	
		득표	%	득표	%
B. 옐친	무소속	26,665,495	35.8	40,203,948	54.4
G. 주가노프	공산당	24,211,686	32.5	30,102,288	40.7

자료: Russia Central Election Commission

표 7-3) 1993년 러시아 두마 선거

1993년 두마 선거	명부			지역구			전체
정당	득표	%	의석	득표	%	의석	
자유민주당	12,318,562	22.9	59	1,577,400	3.0	5	64
러시아의선택	8,339,345	15.5	40	3,630,799	6.8	24	64
공산당	6,666,402	12.4	32	1,848,888	3.5	10	42
러시아여성	4,369,918	8.1	21	309,378	0.6	2	23
농민당	4,292,518	8.0	21	2,877,610	5.4	16	37
야블린스키볼디레프루킨	4,223,219	7.9	20	1,849,120	3.5	7	27
통일과 조화	3,620,035	6.7	18	1,443,454	2.7	4	22
민주당	2,969,533	5.5	14	1,094,066	2.1	0	14
기타				377,863	0.7	21	21
무소속				25,961,405	48.7	130	130
공석						6	6
전체	53,751,696	100	225	57,495,248	100	225	450

1995년 두마 선거	명부			지역구			전체
정당	득표	%	의석	득표	%	의석	
공산당	15,432,963	22.30	99	8,636,392	12.78	58	157
자유민주당	7,737,431	11.18	50	3,801,971	5.63	1	51
우리조국-러시아	7,009,291	10.13	45	3,808,745	5.64	10	55
야블로코	4,767,384	6.89	31	2,209,945	3.27	14	45
무소속			0	21,620,835	31.99	77	77
기타						65	65
전체	69,204,819	100	225	69,167,934	100	225	450

1999년 두마 선거	명부			지역구			전체
정당	득표	%	의석	득표	%	의석	
공산당	16,196,024	24.29	67	8,893,547	13.73	46	113
연대	15,549,182	23.32	64	1,408,801	2.17	9	73
조국-전러시아	8,886,753	13.33	37	5,469,389	8.43	31	68
우익연합	5,677,247	8.52	24	2,016,294	3.11	5	29
지리노프스키블록	3,990,038	5.98	17	1,026,690	1.58	0	17
야블로코	3,955,611	5.93	16	3,289,760	5.07	4	20
기타						16	16
무소속	-	-	-	27,877,095	42.98	105	105
전체반대	2,198,702	3.32	-	7,695,171	11.86	8	8
공석	-	-	-	-	-	1	1
전체	66,667,682	100	225	66,295,701	100	225	450

자료: Russia Central Election Commission

어쨌건 옐친은 점차 독단적인 해임권과 대통령령을 활용해 보다 대담하게 민주적 과정을 우회하는 공격적인 방식을 사용하기 시작했다. 더군다나 두마에 대통령을 견제할 수 있는 세력이 존재하지 않았기 때문에, 옐친은 자신이 옳다고 여기는 바를 자의적으로 시행하는데 아무런 장애물도 없었다. 의회제와는 달리 굳이 의회 다수의 지지를 얻을 수 있는 후보를 총리로 기용할 필요가 없었기 때문에 의회의 눈치를 볼 생각도 하지 않았다. 결국 옐친은 총리를 자의적으로 선택할 수 있었기 때문에 임명권을 남발했고 결국 그것이 정부의 효율성을 크게 떨여뜨려 민주주의 발전에 큰 타격을 입히는 결과를 가져왔다.

2) 푸틴 대통령

1993년 러시아 헌법에는 대통령에게 상당한 권한을 부여했지만, 적어도 명목상으로는 두마와의 권력분립을 명시했고 동시에 연방제를 통해 지방정부에게 예산, 입법, 행정 등에서 상당한 자율권을 부여했었다. 또한 두마와 상원이 정부 불신임과 대통령 탄핵이라는 방법을 통해 적어도 명목상이지만 대통령을 견제할 수도 있었다. 그럼에도 옐친의 독주는 계속되었다. 옐친의 독주를 막은 것은 총리나 정부 혹은 의회도 아닌 그 자신의 건강 문제였다. 건강 악화로 임기 후반부로 갈수록 옐친의 적극성은 크게 줄어들었다.

그러나 푸틴 시기에는 푸틴을 방해할 건강 문제도 없었다. 푸틴이 러시아의 최고 통치자이자 유일한 정치적 권위를 갖고 권력을 사유화시킴에 따라 옐친 시기에 적어도 명목상으로는 유지되었던 권력분립과 두마와의 일련의 타협은 완전히 사라졌다.[21] 푸틴은 공식 권한은 물론 비공식적인 영향력을 모두 활용해 정치는 물론 경제, 사회 전 영역에 권력을 휘둘렀다. 그는 전통적인 대통령의 권력 기반인 정부, 안보위원회, 대통령청(크레믈린) 이외에도 지방 세력, 경제 엘리트, 두마와 상원, 주요 언론, 헌법재판소는 물론 대통령 정당과 위성정당을 통해 모든 권력을 자신에게 집중시켰다. 이에 더해 푸틴은 지방의 자율권을 제한하여 지방 엘리트를 자신의 하수인으로 만들었고 사회에 대한 통제를 강화하는 일련의 입법을 통해 사회 전 영역으로 영향력을 확대시켰다.[22]

푸틴이 중앙권력을 강화시키고 대통령 개인에 권한을 집중시킬 수 있었던 요인은 다양했다. 우선 첫째, 지방을 7개의 단위로 재편하고 대통령이 직접 각 단위에 특사를 임명하여 대통령-대통령청-대통령 대행(특사)-연방 조사관이라는 수직적 권력 구조를 통해 중앙-지방의 균형을 중앙정부 쪽으로 확실히 기울여 놓았다. 둘째, 상원의 구성방식을 바꾸어 주지사의 당연직 상원의원 제도를 폐지함으로써 연방의 정책 결정에 대한 주지사의 영향력을 없애버렸다. 즉, 상원을 개편하면서 중앙에 영향력을 행사하던 지방의 역할을 확실하게 없애 버린 셈이었다. 그 대신 푸틴은 주지사들로 구성되는 국가위원회를 설립했지만, 사실상 국가위원회는

---

21) 이러한 권력집중 현상을 체카체제, 준-가산제, 후견제, 약탈정치로 규정하기도 한다. Domańska, Maria et, al (2018), pp. 10-21

22) Zaznaev, Oleg (2008), pp. 27-41

대통령 자문기관에 불과했기 때문에 실질적으로는 대통령의 권한을 견제할 수 없었다. 셋째, 기존과는 달리 중앙에서 지방으로 예산을 배분하는 방식을 도입함으로써 지방 엘리트들의 독자적 행동을 규제하고 연방정부에 의존하게 만들었다.

넷째, 연방법을 통해 지방의회가 러시아 헌법과 기타 연방법과 상충되는 법이나 규정을 만들 경우 그리고 지방의회가 대통령의 주지사 지명을 세 차례 거부할 경우 대통령에게 지방의회를 해산할 권한이 부여되었고, 주지사가 의무를 수행하지 못할 경우 주지사를 해임할 수 있는 권한도 부여되었다. 이는 결국 지방 엘리트들을 실질적으로 대통령에게 종속시키는 조치였다. 다섯째, 기존의 주지사 직선을 대통령이 주지사를 지명하고 지방의회가 승인하는 방식으로 바꾸었다. 결국 대통령에게 충성하는 자만이 주지사가 될 수 있는 구조였기 때문에 중앙권력의 집중 그리고 지방권력의 하락을 초래했다. 여섯째, 2003년 총선 이후 대통령 정당이 두마에서 개헌선을 확보하여 대통령이 원한다면 언제든지 입법 그리고 더 나아가 개헌도 가능해졌다. 더군다나 정당법을 엄격히 조정하고 다수제를 폐지하는 등 선거법을 바꾸어 대통령 정당에 유리한 상황을 만들었다.

또한 헌법재판소의 주지사 직선제 폐지 합헌 결정 등을 통해 볼 때, 헌법재판소를 비롯한 사법부가 대통령에게 종속되어 있는 모습도 보이고 있다. 결국 푸틴 시기의 러시아는 정치적 편의주의 정권으로 회귀했으며 비공식 규칙이 공식적 정당성을 얻었다. 헌법재판소와 사법부가 대통령의 입맛에 맞는 판결을 내려 푸틴 대통령의 통치 방식에 정당성을 부여하고 있기 때문에 푸틴 스스로도 자신의 독주를 멈출 하등의 이유를 찾을 수 없게 되었다.[23)]

푸틴의 두 번째 대통령 임기(2004-2008) 중반에 들어서자, 대통령의 권한은 소련 시기 공산당 서기장의 권한과 유사해졌고 오히려 옛 공산당

---

23) Shevtsova, L. (2006), p. 2.

체제보다도 더 단일하고, 위계적인 명령구조가 제도화되었다.

표 7-4) 2000-2018년 러시아 대선

2000년 대선	정당	득표	%
V. 푸틴	무소속	39,740,434	53.4
G. 쥬가노프	공산당	21,928,471	29.5
G. 야블린스키	야블로코	4,351,452	5.9
A. 툴레예프	무소속	2,217,361	3.0
V. 지리노프스키	자유민주당	2,026,513	2.7

2004년 대선	정당	득표	%
V. 푸틴	무소속	49,565,238	71.31
N. 하리토노프	러시아연방공산당	9,513,313	13.69
S. 글라지예프	무소속	2,850,063	4.10
I. 하카마다	무소속	2,671,313	3.84
O. 말리시킨	러시아자유민주당	1,405,315	2.02

2012년 대선	정당	득표	%
V. 푸틴	연합 러시아	45,602,075	63.60
G. 쥬가노프	공산당	12,318,353	17.18
M. 프로코로프	무소속	5,722,508	7.98
V. 지리노프스키	자유민주당	4,458,103	6.22
S. 미로노프	공정 러시아	2,763,935	3.85

2018년 대선	정당	득표	%
V. 푸틴	무소속	56,430,712	76.69
P. 그루디닌	공산당	8,659,206	11.77
V. 지리노프스키	자유민주당	4,154,985	5.65
K. 소브착	시민이니셔티브	1,238,031	1.68
G. 야블린스키	야블로코	769,644	1.05

자료: Russia Central Election Commission

이로써 대통령으로의 권력집중이 소련 수준에 이르러, 두마와 상원이 대통령과 정부 정책을 찬성하는 거수기로 전락했다. 푸틴은 두마와 상원의 선거제도를 마음대로 바꾸어 자신의 정당인 연합러시아당이 압승을 거두도록 만들었다. 연합러시아당은 야당인 공산당, 초강경 민족주의세력인 자유민주당 그리고 명목상 사회민주주의를 내세우는 오직러시아(Just Russia)의 지지를 받으면서 의회를 주도했다. 이런 식으로 해서 명목상으로는 다당제가 유지되는 것처럼 보였으나, 실질적으로는 의회가 대통령의 하위 기구로 전락해 대통령이 마음껏 권력을 휘두르고 영향력을 행사할 수 있도록 정당성을 부여하는 친위부대가 되었다.

표 7-5) 푸틴 집권 시기 총리

대통령	임기	당적	순서	총리
V. 푸틴	2000.5.7.~ 2008.5.7	무소속	3대 (2000~)	M. 카시야노프
			4대 (2004~)	M. 프라드코프
				V. 주브코프
D. 메드베데프	2008.5.7.~ 2012.5.7	연합러시아	5대 (2008~)	V. 푸틴
V. 푸틴	2012.5.7.~ 현재	연합러시아	6대 (2012~)	D. 메드베데프
		무소속	7대 (2018~)	

2012-17년 사이 의회가 푸틴의 권력 강화와 사회통제를 위해 통과시킨 주요 법을 살펴보면 우선 2012년 7월의 '외국기구에 관한 법(on foreign agents)'이 있다. 이 법에서는 해외로부터 자금을 지원받고 동시에 정치 활동을 하는 국내의 비정부기구를 일괄적으로 '외국기구'로 분류했다. 기구(agent)라는 단어의 부정적 뉘앙스는 차치하고라도, 정치활동에 대한 정의를 아주 포괄적으로 규정함으로써 외국과 조금이라도 관계를 맺고 있는 여하간의 비정부기구는 자동적으로 모두 외국기구가 되

어 국내의 비정부기구와는 달리 더욱 까다롭고 복잡한 회계, 감사, 보고
의 의무를 져야 한다. 동시에 이들에게 외국기구라는 명칭을 부여해 국
내의 비정부기구와의 협력 자체를 어렵게 만들었다.

둘째, 2015년 5월 국내에서 활동하는 외국 및 국제비정부기구(INGO)
와 관련된 '바람직하지 않은 조직에 관한 법(on undesirable organisa
tions)'을 통해 이들이 러시아 헌법질서를 어지럽히거나 혹은 방위와 안
보에 위협이 된다고 판단할 경우 이들을 '바람직하지 않은 조직'으로 구
분해 활동 자체를 금지시키고 여기에 참여한 사람들에게는 행정규제를
부과하거나 법적조치를 취할 수 있도록 했다.

표 7-6) 2003~2016년 러시아 두마 선거

2003년 두마 선거							
정당	정당명부			지역구			전체
	득표	%	의석	득표	%	의석	
연합러시아	22,776,294	37.6	120	14,123,625	23.9	103	223
공산당	7,647,820	12.6	40	6,577,598	11.2	12	52
자유민주당	6,944,322	11.5	36	1,860,905	3.2	0	36
가족	5,470,429	9.0	29	1,719,147	2.9	8	37
인민당	714,705	1.2	0	2,677,889	4.5	17	17
기타						15	15
무소속	–	–	–	15,843,626	26.9	67	67
공석	–	–	–	–	–	3	3
전체	60,633,177	100	225	60,222,554	100	225	450

2007년 두마 선거			
정당	득표	%	의석
연합러시아	44,714,241	64.30	315

러시아연방 공산당	8,046,886	11.57	57
자유민주당	5,660,823	8.14	40
공정러시아	5,383,639	7.74	38
투표수/ 투 표율	69,537,065	63.71	450

2011년 두마 선거			
정당	득표	%	의석
연합러시아	32,379,135	49.32	238
공산당	12,599,507	19.19	92
공정러시아	8,695,522	13.24	64
자유민주당	7,664,570	11.67	56
전체	64,623,062	100	450

2016년 두마 선거							
정당	정당명부			지역구			전체
	득표	%	의석	득표	%	의석	의석
연합러시아	28,527,828	55.23	140	25,162,770	50.12	203	343
러시아연방 공산당	7,019,752	13.59	35	6,492,145	12.93	7	42
자유민주당	6,917,063	13.39	34	5,064,794	10.09	5	39
공정러시아	3,275,053	6.34	16	5,017,645	10.00	7	23
전체	52,631,849	100	225	51,967,805	100	225	450

자료: Russia Central Election Commission

셋째, 인터넷을 포함한 독립 언론을 대상으로 한 '정보접근 규제법'을 통해 2014년 10월부터 외국자본의 러시아 언론사 지분 보유를 20% 이하로 규제했다. 이 법은 실제로는 대통령과 정부의 정책에 비판적인 언론사를 폐쇄하거나 통제를 하려는 목적을 지니고 있다.

넷째, 2017년 11월 언론법 개정을 통해, 러시아에서 활동하는 외국 언론사를 2012년 '외국기구법'의 대상에 포함시켰으며, 법원의 명령 없이도 '바람직하지 않은 조직'의 웹사이트를 폐쇄할 수 있도록 했다.

다섯째, 2017년 7월부터는 정부의 언론통제기구인 로스콤나조르(Roskomnadzor)에게 모든 인터넷 정보에 접근할 권한을 부여하고 일반 유저들이 VPNs, 프록시서버, TOR 네트워크와 같은 익명 서비스를 사용하지 못하도록 했다.

여섯째, 2012년 7월부터는 로스콤나조르에게 법원의 허락 없이도 아동포르노, 마약과 자살 조장 등과 같은 해로운 콘텐츠를 포함하고 있는 웹 페이지를 막을 수 있는 권한을 부여했다. 로스콤나조르는 블랙리스트 사이트를 작성해 댓글에 해로운 콘텐츠가 포함되어 있는 경우에도 해당 웹사이트를 폐쇄할 법적 권한을 부여받았다. 더 나아가 2014년 2월 로스콤나조르에게 '극단적 행동과 대중 선동을 조장하는' 내용을 담은 어떤 웹사이트라도 폐쇄할 수 있는 권한이 부여되었다. 여기에서 극단적 행동과 대중 선동 조장이라는 조문이 아주 포괄적으로 적용되어 정부에 대한 비판을 했다는 이유만으로도 해당 콘텐츠를 막을 수 있었다.

이외에도 2013년 6월부터는 동성애조장 금지, 종교모욕에 대한 처벌을 강화시켰다. 푸틴 정부는 이를 서구의 퇴폐와 부패를 상징하는 것이라 규정하고, 전통적인 러시아의 가치를 부각시키려는 하고 있다. 또한 2014년 5월부터는 일반인 블로거에게도 상기한 언론사를 대상으로 한 규제를 동일하게 적용하여 정부에 비판적인 '의견'을 인터넷에 게시하지 못하도록 규제했으며, 하루 3천명 이상이 팔로우한 블로거들을 로스콤나조르에 등록하도록 했고 극단주의적인 내용을 유포할 경우 이에 대한 법적 책임을 물었다.

한편 2014년 12월에 발효된 '개인정보 지역화법'을 통해, 러시아인의 개인정보는 러시아 영토 내에서만 유지되도록 규제했는데, 외국에 기반을 둔 서버를 사용하지 못하게 함으로써 연방정보부(FSB)가 개인정보에 쉽게 접근할 수 있도록 했다.

또한 테러와의 전쟁을 명시한 2016년 7월 '야로바야법(Yarovaya Act)'을 통해 인터넷 서비스 제공자와 소유자들 그리고 메신저 어플 제공자들에게 인터넷을 통한 모든 텍스트와 시청각 컨텐츠를 저장하도록 의무화했을 뿐만 아니라, 대화, 전화, 문자메시지 등을 6개월 동안 저장하도록 강제했다. 동시에 법원의 명령 없이도 정보부가 모든 정보에 접근할 수 있도록 했으며, 요청할 경우 서비스 제공자뿐만 아니라 일반 유저들도 메신저 비밀번호를 제공하도록 했다. 이와 함께 2017년 7월부터 인스턴트 메시지(쪽지) 사용의 익명성을 폐지했다. 또한 2018년 1월부터는 접속번호를 누른 다음에 메신저 어플을 사용하도록 했다.

푸틴 시기에는 결사의 자유를 제약하는 법도 제정되었는데, 2012년 6월 '결사에 관한 법'과 '행정 위반법' 개정으로, 불법 시위를 조직한 자에 대한 벌금을 올렸고, 합법적 시위자에게도 재산과 신체에 해를 입혔을 경우 벌금을 부과했다. 또한 두 차례 이상 행정처분을 받은 자들은 시위를 조직하지 못하도록 규제했다.[24]

이처럼 푸틴 시기 대통령의 권한은 소련 시기와 마찬가지로 모스크바에 집중되어 있을 뿐만 아니라 행정부에도 집중되어 있다. 그러나 사실상 소련 시기보다도 더 대통령 1인에게 모든 권력이 집중되어 있는데, 스탈린 시기를 제외하고 이처럼 어느 한 개인에게 모든 권력이 집중되었던 사례는 없었다. 소련 시기에는 중앙에 집중된 권력이 공산당 내부의 집단통치 형태로 분산되어 있었지만, 푸틴 시기의 권력은 푸틴에 집중되어 있고 대통령 정당과 총리는 푸틴과 권력을 공유하는 것이 아니라 푸틴이 권력을 더욱 공고하게 만드는 기반 역할을 할뿐이다. 최고 통치자로서 푸틴은 자신의 의지대로 법을 바꾸거나 무시하며, 다른 헌법기구와

---

24) Domańska, Maria et, al (2018), pp. 53-57.

행위자들의 견제를 받지 않는 궁극의 권력을 보유하고 있다.

5. 맺음말

러시아에서는 이미 1993년 헌법 제정 이전부터 사실상 공식적으로도 그리고 현실 정치에서도 대통령이 확실한 승자였다. 그것이 당초 개혁과 민주화를 외치면서 대중들의 열광적인 지지를 이끌어낸 옐친의 개인적인 승리에서 비롯된 것인지 아니면 집권 이후 공식적으로 다른 헌법 기구를 우회하면서 자신 이외에는 대안이 없는 현실을 만든 푸틴의 권위 때문인지 확실치는 않지만, 적어도 탈공산주의 국가 중에서 러시아 대통령만큼 공식적, 비공식적으로 이처럼 강력한 권한을 보유하고 또 행사한 대통령은 없었다.

이는 대통령에게 강력한 권한을 부여한 1993년 헌법을 작성한 이가 바로 대통령 자신이었기 때문이기도 하며, 의회 내 안정적인 다수를 차지하지 못하고 유권자 기반이 취약한 정당체제로 대통령을 충분히 견제하지 못하는 러시아 정치의 현실 때문이기도 하다. 푸틴 시기에 와서는 연합러시아당이 의회 다수를 넘어 개헌선을 확보함에 따라 대통령 정당의 두마 장악력은 더욱 강화되었다.

그 이유가 어쨌건, 대안이 없는 상황에서 푸틴 대통령의 마지막 임기가 시작되었고 2024년 현행 헌법으로 규정된 푸틴의 대통령 임기가 종료된다. 그 이후 그가 4년을 쉰 뒤 다시 5번째 대통령에 도전하는 것도 가능하겠지만, 2029년 대선에 도전할 쯤이면 그의 나이가 이미 79세가 되어 사실상 5선 도전은 어려울 수도 있다. 강력한 대통령 옐친과 더 강력한 푸틴이 사라진 뒤에 당선될 대통령이 옐친이나 푸틴과 같이 강력한 카리스마를 갖고 있지 못하고 동시에 안정되고 견고한 정당체제가 등장할 경우에는 대통령의 공식, 비공식 권한은 상당히 줄어들 것이다. 강력한 대통령이 사라진 시점에서 러시아가 의회주의적인 성격의 타협과 협상의 민주주의로 변모될 것인지 아니면 불안정한 혼돈을 기반으로 또 다른 강력한 권력자가 등장할 것인지는 러시아 민주주의 발전에 일대 전환점이 될 것이다.

제8장

보스니아-헤르체고비나의 대통령제

민족 갈등과 '집단·순환 대통령제'

1. 머리말

1995년 보스니아 내전이 종결된 이후 '보스니아-헤르체고비나(이하 BiH)는 1국가 2구성체로 재편되었다. 국가를 구성하는 두 구성체(entity) 인 '보스니아-헤르체고비나 연방(이하 FBiH)'과 '스르프스카 공화국(이하 SR)'은[1) 국가 수준 정부의 하위에 구성체 정부를 두고 있을 뿐만 아니라, 독자적인 의회, 헌법, 사법부를 운영하고 있어, 국가 전체적인 통합을 저해하고 있다. 한편 '데이튼 평화협정(Dayton Agreement)'의 준수를 감시하여 보스니아의 평화정착을 목적으로 설립된 '평화정착위원회(PIC)'에서는 고위대표(Office of High Representative; OHR)를 파견해 국가 수준뿐만 아니라, 두 구성체 수준의 정치에 개입함으로써 보스니아의 안정을 유지하고 민족 간 갈등을 규제하고 있다. BiH의 헌법은 국가와 구성체의 민주주의 성장과 민족 간 화해, 타협을 유도하기 위해 어느 한 민족의 독주를 막고자 하는 목적을 지니고 있지만 오히려 이것이 정치발전과 민주주의 정착을 가로막는 장애 요인으로 작용하고 있다.

BiH가 국가 수준과 두 구성체로 분리된 것은 일차적으로는 보스니아인(무슬림), 크로아티아인, 세르비아인으로 구성된 다민족 국가라는 사실에 기인하며, 1991년 유고슬라비아에서 독립을 선언하면서 시작된 보스니아 내전을 끝내기 위한 NATO와 EU 그리고 미국의 영향력 때문이었

---

1) 본문에서는 보스니아-헤르체고비나를 BiH(Bosnia and Herzegovina)로 표기하고 두 구성체인 보스니아-헤르체고비나 연방을 FBiH(Federation Bosnia and Herzegovina)로, 스르프스카 공화국을 SR(Srpska Republika)로 표기한다. 또한 FBiH와 SR을 개별 '구성체(Entity)'라고 표기하여 국가수준이 아닌 국가 하위 단위로 지칭한다.

다. 최근 고위대표 및 외부의 개입이 줄어들고 있고, 구성체 수준의 군대와 경찰이 국가 수준으로 통합되고 있다는 측면에서 BiH의 미래가 낙관적으로 관측되기도 하지만, 여전히 민족 간 갈등의 요소가 편재한다는 측면은 BiH의 미래를 비관적으로 보이게도 한다.

BiH는 국가를 구성하는 보스니아계, 크로아티아계 그리고 세르비아계를 반영하듯, 세 민족이 각각 한 명의 대통령을 선출해 대통령이 순번으로 대통령 의장직을 맡는 '집단 순환 대통령제'를 채택하고 있다. 각 구성체에도 구성체의 대통령이 존재하며, 대통령의 출신 민족과는 다른 민족 출신의 두 명의 부통령을 두고 있다. 이처럼 BiH에서 채택하고 있는 '집단-순환 대통령제'의 기본 목적은 민족 간 균형을 유지하는데 있다. 이는 과거 '유고슬라비아 사회주의 연방공화국'이 유지되던 시기에도 적용되었던 방식인데, 당시에도 여섯 개의 구성 공화국과 두 개의 자치주에서 각기 한 명씩의 대통령을 선출해 이들이 순환하여 대통령직을 맡았다. BiH에서는 국가의 헌법과 두 구성체의 헌법에 따라 대통령뿐만 아니라 내각이나 의회 그리고 사법부에서도 민족 간 구성 비율이 철저히 지켜지고 있다.

하나의 국가에서 인위적인 방법을 통해 세 민족의 대표성과 이해를 균형있게 유지하는 방법은 전쟁 이후 세 민족 간 갈등이 벌어지지 않게 하는 효과를 발휘하고는 있지만, 다른 한편에서는 국가 수준의 권력이 구성체 수준으로 분산됨으로써 국가 전체의 통합과 통일을 저해하는 요인으로 작동되기도 한다.

이런 배경에서 보스니아-헤르체고비나 대통령제 사례에서는 우선 보스니아의 민족분규와 집단-순환 대통령제의 기원에 대해 간략히 살펴본 이후, 1국가 2구성체라는 독특한 제도를 통해 주요 민족 간 균형을 맞추려는 노력을 살펴본다. 그리고 국가 대통령과 구성체 대통령의 권한을 비교해 국가를 유지하려는 목적으로 시행되고 있는 권력분산이 오히려 국가의 통합을 저해하고 또 민족갈등의 요인으로 남아있음을 확인한다.

2. 민족분규와 '집단-순환 대통령제'의 기원

보스니아-헤르체고비나는 로마제국 시기 로마의 지배를 받았고 로마의 멸망 이후 비잔틴 제국과 로마를 계승해 등장한 왕국 간 각축장이 되었다. 이후 7세기 경에 슬라브인들이 이 지역에 정착했고, 9세기에 들어서는 세르비아와 크로아티아가 그리고 11-12세기에는 헝가리가 각각 이지역을 차지했었다. 13세기 초반 보스니아 왕국이 등장했지만, 이후 1463년에 가서는 오스만 터키의 침공을 받아 왕국이 무너졌다. 이 시기 보스니아인들은 대거 이슬람으로 개종했다. 이후 합스부르크의 지배를 받게 되면서 보스니아의 세르비아계가 세르비아 왕국과 함께 남슬라브 왕국을 건설했고 이에 대해 무슬림 보스니아계와 크로아티아계가 강하게 저항했었다.

1914년에는 보스니아계 세르비아인 프린시프(G. Princip)가 사라예보에서 오스트리아 페르디난트(F. Ferdinand) 대공을 암살하는 사건이 벌어졌고 이는 곧 제1차 세계대전으로 이어졌다. 보스니아는 1차대전 이후 세르비아, 크로아티아, 슬로베니아가 연합한 남슬라브 국가에 편입되었고, 2차 대전 중에는 나치의 위성국이었던 크로아티아에 합병되기도 했다.

한편 냉전 시기 동안에는 티토(J. Tito) 주도의 '유고슬라비아 연방공화국'이 성립되었고, 이 때 보스니아는 연방을 구성하는 6개의 공화국 중 하나가 되었다. 당시 유고슬라비아는 세르비아, 크로아티아, 슬로베니아, 마케도니아, 몬테네그로, 보스니아-헤르체고비나 등 모두 6개 공화국의 연방 체제였고, 여기에 보이보디나와 코소보 자치주가 포함되어 있었다.

그러나 1986년 밀로세비치(S. Milošević)가 정권을 잡으면서 유고슬라비아의 해체가 시작되었다. 밀로세비치는 강력한 세르비아 민족주의를 기반으로 민족 정서를 자극하고, 다른 민족들도 여기에 맞서 자신들만의 민족의식과 민족이해를 내세우기 시작했다. 결국 1991년 6개 공화국 중에서 가장 먼저 슬로베니아와 크로아티아가 독립을 선언했고, 그 뒤를 이어 1992년 4월에 보스니아도 독립을 선언했다. 그러나 유고슬라비아의 존속을 바라던 세르비아가 이에 강력히 반발했고 역시 세르비아계 보스니아인들도 보스니아의 독립을 받아들이지 않았다.

독립 선언을 계기로 독립에 찬성하는 보스니아계 무슬림과 이를 반대하여 따로 분리 독립하려던 크로아티아계 그리고 세르비아계의 갈등이 시작되었고, 세르비아와 크로아티아가 여기에 개입하면서 보스니아 내전으로 이어졌다. 1994년 3월에 와서는 보스니아계 무슬림과 크로아티아계가 보스니아-헤르체고비나 연방(FBiH)의 설립에 합의하여 전쟁이 끝나는 듯했지만, 1995년까지 세르비아계와의 전쟁이 이어졌고 마침내 1995년 11월 21일 '데이튼 협정'을 통해 전쟁이 끝났다.

데이튼 협정의 주요 내용은 첫째, 각 진영이 종전 선에 따라 군대를 철수하고 중장비 무기는 반납한다. 둘째, 60,000명 규모의 NATO 군대(전체 규모의 1/3은 미군)가 주둔하여 종전을 감시하고 영공을 통제한다. 셋째, 전범재판소에서 전범으로 지정하는 인물을 공직에 임명 혹은 선출하지 않는다. 넷째, 피난민들은 다시 자신의 집으로 돌아가고 보상을 받을 권리가 있다. 다섯째, BiH는 현재의 국경을 유지하고 헌법에 따라 집단 대통령제, 의회, 법원, 중앙은행 등을 두는 중앙정부를 구성한다. 여섯째, 보스니아는 두 하위 구성체로 구성된다. 영토의 51%를 차지하는 FBiH과 영토의 49%를 차지하는 SR 각각은 구성체 대통령과 의회를 둔다. 일곱째, 국제기구에서 감시하는 선거를 치른다.[2]

---

2) Organization for Security and Co-operation in Europe, "The General Framework Agreement for Peace in Bosnia and Herzegovina," (14. Dec. 1995).

이러한 데이튼 협정의 내용은 곧 보스니아-헤르체고비나 헌법에 포함되었고, 헌법에 따라 BiH 국가는 FBiH와 SR이라는 두 하위 구성체로 이루어진 1국가 2구성체로 재편되었다.

3. 하나의 국가와 두 개의 구성체

1995년 데이튼 협정을 통해 보스니아-헤르체고비나는 보스니아계 무슬림과 크로아티아계가 다수를 차지하는 FBiH와 세르비아계가 다수를 차지하는 SR이라는 두 구성체로 재편되었다. 현재 보스니아-헤르체고비나의 전체 인구는 약 440만명으로, 보스니아계 무슬림이 44%, 세르비아계가 31%, 크로아티아계가 17%를 차지하고 있다. FBiH에는 무슬림인 보스니아계가 50%를 그리고 크로아티아계가 22%, 세르비아계가 약 20%를 차지하고 있으며, SR에는 세르비아계가 약 52% 그리고 보스니아계가 32%, 크로아티아계가 9%를 차지하고 있다.

표 8-1) 보스니아-헤르체고비나와 각 구성체의 인구비율(%)

민족별 국가 및 구성체	세르비아계	보스니아계	크로아티아계	기타
BiH(보스니아-헤르체고비나 국가)	31.3	43.7	17.3	7.7
FBiH (보스니아-헤르체고비나 연방)	19.7	50.3	21.8	8.1
SR(스르프스카 공화국)	51.6	32.3	9.3	6.7

자료: Bosnia Report (Jan. 1996). Http://www.bosnia.org.uk/default.cfm

가장 최근에 치러진 2018년 대선에서는 보스니아계에서는 민주행동의 쟈페로비치(Š. Džaferović), 크로아티아계에서는 민주전선의 콤시치(Ž. Komšić) 그리고 세르비아계에서는 독립사회민주동맹의 도딕(M. Dodik)이 대통령으로 당선되었다.

표 8-2) 2018년 보스니아-헤르체고비나(BiH) 대선

후보자	정당	득표	%
<보스니아계>			
Š. 쟈페로비치	민주행동	175,053	37.17
D. 베치로비치	사회민주당	157,731	33.49
<크로아티아계>			
Ž. 콤시치	민주전선	177,638	51.56
D. 초비치	크로아티아민주연합	127,172	36.91
<세르비아계>			
M. 도딕	독립사회민주동맹	313,209	53.87
M. 이바니치	승리동맹	249,692	42.95
전체		1,496,565	100

출처: CEC (86.13% of polling stations reporting)

2018년 총선의 경우 FBiH에서는 민주행동이 SR에서는 독립사회민주동맹이 승리했지만, 전체 42석 중에서 제1당이 차지한 의석은 고작 9석에 불과했다.

표 8-3) 2018년 보스니아-헤르체고비나(BiH) 총선

정당	FBiH		SR		전체	
	%	의석	%	의석	%	의석
민주행동	25.48	8	4.45	1	17.01	9
독립사회민주동맹	0.47	0	39.10	6	16.03	6
SDS-NDP-NS-SRS	-	-	24.34	3	9.80	3
사회민주당	14.23	5	1.45	0	9.08	5
HDZ-HSS-HSP-HNS-HKDU 등	14.71	5	0.66	0	9.05	5
민주전선-시민동맹	9.72	3	-	-	5.81	3
민주진보	-	-	12.56	2	5.06	2
민주인민동맹	0.07	0	10.29	1	4.18	1
BiH미래연합	6.83	2	0.21	0	4.16	2
우리당	4.89	2	-	-	2.92	2
독립블록	4.20	1	-	-	2.51	1

정당	FBiH		SR		전체	
	%	의석	%	의석	%	의석
민주행동운동	3.88	1	–	–	2.32	1
사회당	–	–	4.69	1	1.89	1
민주행동당	3.01	1	0.11	0	1.84	1
전체	100	28	100	14	100	42

보스니아-헤르체고비나를 1국가 2구성체라고 칭하는 것은 공식적으로
는 단일한 BiH 국가가 존재하지만, 동시에 국가의 하위에 두 개의 구성
체가 존재하며, 두 구성체 역시 공식적으로 하나의 독립국으로 존재하기
때문이다. 국가 수준에서 정부가 구성되는 동시에 각 구성체에도 정부가
구성되고 입법부와 사법부 역시 마찬가지이다.

이렇게 하나의 국가에 두 개의 구성체 국가가 존재하는 것은 보스니
아계 무슬림, 세르비아계, 크로아티아계가 하나의 국가 안에서 공존하기
가 불가능하다는 판단 때문이었다. BiH 수준에서 대통령과 의회, 사법부
가 구성되어 있으면서 동시에 두 구성체인 FBiH와 SR에도 각기 대통령
과 의회, 사법부가 존재한다는 것은 보스니아-헤르체고비나의 취약한 국
가 통합력을 보여주는 것이지만, 이는 결국 갈등 관계에 있는 세 민족이
하나의 국가에서 공존하고 또 그 국가를 유지하기 위해서는 어쩔 수 없
는 선택이었다.

한편 국제기구 고위대표(OHR)가 BiH는 물론 FBiH와 SR 수준에서의
정책 결정에 적극적으로 개입하는 것도 BiH가 독립국이지만 실제로는
여전히 국제기구의 보호령에 머물러 있다는 사실을 보여준다. 보스니아
의 평화정착과 데이튼 협정 준수를 감시할 목적으로 임명된 고위대표에
게는 데이튼 협정의 부칙 10조 5항에 따라 데이튼 협정 전체를 유권 해
석할 수 있는 최종 권위가 부여되어 평화정착을 위한 국제사회의 강제력
을 행사할 수 있다.[3]

이미 1997년 5월 평화정착위원회의 포르투갈 회담에서 고위대표에게

데이튼 협정의 실행을 방해하거나 거부하는 보스니아 언론을 통제할 수 있는 권한을 부여했고, 같은 해 12월 본에서 개최된 회담에서는 고위대표에게 선출직 대표를 해임할 수 있는 권한과 법적 책임을 물을 수 있는 권한, 즉 '본-파워(Bonn-authority 혹은 Bonn power)'를 부여했다. 결국 고위대표는 '본-파워'를 통해 일련의 개혁을 실행할 수 있는 권한을 부여받았고, 보스니아-헤르체고비나 정치 지도자들이 시행하지 못하는 과감한 정책을 도입할 수 있게 되었다.

고위대표는 '본-파워'를 통해 당시까지 FBiH와 SR 두 구성체 수준 정치인들의 반대로 시행하지 못했던 구성체간 교역의 자유와 인적 이동의 자유, 단일 통화 도입, 국기에 관한 법 등을 통과시키기도 했다. 또한 고위대표는 민족주의 성향의 대통령을 해임하는 등 과감한 정치적, 헌법적 결단을 내리기도 했다. 이와 함께 고위대표는 경찰력 통합, 중앙은행 설립, 언론 독립 보장, 정부 부처에 대한 개혁과 규제 완화를 통해 두 개의 구성체로 분산되어 국가의 통합을 저해하는 각종 장애물을 거둬내고 있다. 고위대표는 2001년 중반까지 150개 이상의 법안을 통과시켰고 75명의 고위 공직자를 면직시켰으며 2004년 카라지치(R. Karadžić)의 전범재판소 회부 문제를 둘러싸고 이에 반대하는 SR 국회의장을 포함해 59명의 공직자를 파면하기도 했다.

2006-7년까지 고위대표를 맡았던 슈바르츠-쉴링(C. Schwarz-Schiling)은 '본-파워'를 최소한으로 유지하면서 임기 말까지 고위대표 제도의 폐지를 추진했지만, 내정 불안이 지속되면서 폐지를 번복했다. 이로써 2007년 6월에 고위대표로 임명된 라이착(M. Rajčak)은 본-파워를 통해 사법부 개혁 등 본격적인 개혁을 단행했다.[4]

---

3) Organization for Security and Co-operation in Europe(OSCE), "The General Framework Agreement for Peace in Bosnia and Herzegovina," (14. Dec. 1995).

4) "Decisions of the High Representative." OHR(Office of the High Representative); http://www.ohr.int/?page_id=1196

고위대표의 임무와 역할은 여러 분야의 결정을 통해 분쟁을 방지하고 민족 간 갈등을 완화시키는 것인데, 고위대표가 담당하는 8개의 주요 결정 분야는 첫째, 국가상징, 헌법적 문제와 관련된 결정, 둘째, 경제 분야 결정, 셋째, 사법개혁 관련 결정, 넷째, 연방, 모스타르, 지역과 관련된 결정, 다섯째, 공직자의 직무 정지와 파면에 관한 결정, 여섯째, 언론과 관련된 결정, 일곱째, 재산권과 난민에 관련된 결정 그리고 마지막 여덟째, 옛유고슬라비아 전범과 관련된 결정이다.

이러한 8개의 결정 분야는 사실상 고위대표가 보스니아-헤르체고비나 국가 전체에 대한 최종 결정권과 사법권을 지니고 있다는 의미나 마찬가지이다. 다만 고위대표는 사전적 결정이 아닌 사후적 판단을 내리기 때문에, 특정 정책, 사법, 사회 등 전 분야의 결정 및 시행은 보스니아-헤르체고비나 정부와 대통령, 의회에 그 권한이 있다. 따라서 국가와 구성체가 국내문제에 대한 결정권을 갖고 고위대표는 그러한 결정과 시행에 대한 사후 판단을 내리는 것이 일반적이다. 2014년 8월 이후에는 고위대표가 특정 정책과 이슈를 사전에 결정하거나 아니면 이에 대해 사후적으로 판단을 내리는 것을 극도로 자제하고 있다.[5] 이를 통해 볼 때, 고위대표의 결정과 판단은 사실상 폐지된 셈이며, 다만 그의 역할은 감시와 권고에 한정되어 있다고 할 수 있다.

1국가 2구성체의 구조를 간략히 요약하면 아래의 <그림 8-1: 보스니아-헤르체고비나의 구조>와 같다. 여기에서 국가인 BiH는 구성체인 FBiH와 SR로 구분되는데, 우선 BiH의 대통령은 보스니아계(B), 크로아티아계(C), 세르비아계(S) 각 1명씩으로 구성되는 집단 대통령제 방식이다. BiH 헌법에 따라 FBiH에서 보스니아계 1명과 크로아티아계 1명의 대통령을 선출하며, SR에서 세르비아계 대통령 1명을 직선으로 선출한

---

5) Decisions of the High Representative, "Notice of Decision by the High Representative to Lift the Ban Imposed on Ante Jelavić by the High Representative Decision dated 7 March 2001." (19. Aug. 2014).

다고 규정했다(BiH 헌법 제5조 1-3항).[6)]

한편 BiH의 각료회의(내각)는 의장과 9명의 각료 등 모두 10명으로 구성되는데, BiH 헌법에 따르면 각료 중 2/3 이상이 FBiH 출신이어서는 안된다. 또한 헌법에 따라 각료회의 의장은 부의장을 지명하는데, 부의장은 의장과 같은 민족 출신이어서도 안된다(BiH 헌법 제5조 4항). 2000년 2월까지 국가 수준에서의 각료는 외무, 대외무역, 공무 및 통신 분야로 한정되었고 의장은 개별 민족별로 3명이 순환해 담당했다. 2002년 총선 이후에 각료의 임기가 4년으로 그리고 의장과 9명의 각료로 고정되어 현재까지 유지되고 있다. 현재의 부처는 외무, 대외무역/통상, 통신/교통, 재무, 인권, 법무, 안보, 국방, 사회부 등 모두 9개이다.

하원과 상원 역시 민족별로 구성된다. 하원의 경우 전체 42명으로 구성되는데, FBiH에서 28명이 그리고 SR에서 14명이 선거를 통해 선출되며(BiH 헌법 제4조 2항), FBiH에서도 보스니아계가 14명 그리고 크로아티아계가 14명이 되어야 한다. 이때 28명의 의원 중 21명은 5곳의 선거구에서 선출되며, 나머지 7명은 정당 명부를 통해 선출된다. 하원에서 의장과 부의장 2명은 세르비아계 1명, 보스니아계 1명 그리고 크로아티아계 1명으로 구성되며, 3명의 의장과 부의장이 순번대로 의장직을 맡는다. 법안 통과의 경우 각 민족계 의원이 적어도 1/3 이상 투표해야 하며, 과반수 투표가 어느 민족계 의원 1/3 이상의 찬성을 얻지 못했을 경우에는 해당 법안이 부결되거나 혹은 의장과 부의장 직권으로 다시 표결 절차를 거친다. 헌법에 따르면 의회의 결정이 보스니아계, 크로아티아계, 세르비아계의 '핵심이해(vital interests)'에 반할 경우, 반드시 각 민족별 의원들의 출석 과반수 동의를 얻어야 한다(BiH 헌법 제4조 3항).[7)]

---

6) "Constitution of Bosnia and Herzegovina,"
http://www.ohr.int/ohr-dept/legal/laws-of-bih/pdf/001%20-%20Constitutions/BH/BH%20CONSTITUTION%20.pdf

7) 헌법에서 규정하고 있는 민족의 핵심이해는 다음과 같다. ① 개별 구성체 국민의 이해가 입법, 행정,

그림 8-1) 보스니아-헤르체고비나의 구조

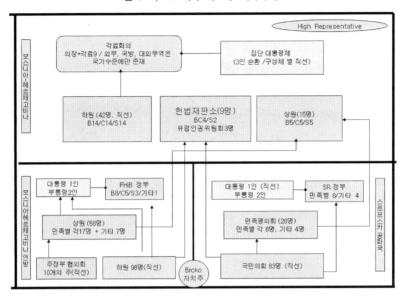

15명으로 구성되는 BiH 상원의 2/3는 FBiH에서(그중 5명은 크로아티
아계, 5명은 보스니아계) 그리고 1/3은 SR(5명) 출신이어야 한다. FBiH
출신 10명의 상원의원은 FBiH 상원에서 선출되며, SR 출신 5명의 상원
의원은 SR 민족평의회(상원)에서 선출된다. 법안 통과의 경우 각 민족별
3명의 정족수가 필요하다(BiH 헌법 제4조 1항). 상원에서는 하원을 통과
한 법안을 승인하는데, 이때 가장 중요한 법안 승인 요건은 민족의 '핵
심이해'이다. 따라서 해당 법안이 어느 한 민족의 핵심이해에 반한다면
상원은 이를 거부할 권한이 있다.

BiH 헌법에서는 "보스니아계, 크로아티아계 의원의 과반수 그리고 세

사법부에서 충분히 대표, ② 개별 구성체 국민의 정체성, ③ 헌법 개정, ④ 행정 조직, ⑤ 정책 결정
에서 개별 구성체 국민의 평등성, ⑥ 교육, 종교, 언어, 문화 증진, 전통과 문화유산, ⑦ 영토 내 각종
행정기구, ⑧ 대중 정보체제, ⑨ 상원의 ⅔ 이상이 규정하는 기타 중요한 문제들.

르비아계 의원의 과반수 동의로 의회에서 의결된 내용이 보스니아계, 크로아티아계 혹은 세르비아계의 핵심이해에 반한다고 판단할 경우, 이 결정은 상원에서 다시 심의하는데, 이때 보스니아계와 크로아티아계 그리고 세르비아계 상원 의원의 과반수를 얻어 통과된다"고 규정하고 있다. 또한 만약 보스니아계, 크로아티아계 혹은 세르비아계 의원이 상기한 조항을 반대하면 상원 의장은 보스니아계, 크로아티아계 그리고 세르비아계 대표 각 1명씩 참여하는 회의를 거치며 이 회의에서도 문제가 해결되지 않을 경우에는 헌법재판소로 이 사안을 송부한다.

개별 구성체 수준에서도 각기 민족 비율에 따라 의회의 구성 비율이 결정되어 있다. FBiH의 상원은 58명으로 구성되며 각 민족별로 17명의 의원이 선출되고 나머지 7명은 기타 다른 민족 출신 중에서 선출된다. 이들 상원의원은 10개의 주 의회(Cantonal Assembly)에서 각각 인구비례에 따라 선출되는데, 각 주에서 적어도 1명의 보스니아계, 1명의 크로아티아계 그리고 1명의 세르비아계가 포함되어야 한다.

FBiH 하원의 경우는 98명이 직선으로 선출되는데, 이때 73명은 12곳의 선거구에서 선출되고 25명은 정당명부를 통해 선출된다. 특히 각 선거구에서는 민족별로 최소 4명이 선출되어야 하는데, 만약 선거구에서 어느 민족별 의원이 4명이 되지 않을 경우 정당명부 방식에서 우선권을 주어 최소 4명이 되도록 한다. FBiH에는 모두 10개의 자치 주(Canton)가 주 정부와 주 의회를 구성하고 있는데, 주 의회 선거에서는 정당명부식 비례대표제를 통해 각각 21인에서 35인까지의 주 의회 의원을 선출한다(FBiH 헌법 제4조).[8] 17명으로 구성되는 FBiH의 내각 역시 총리를 제외하고 민족 구성 비율에 따라 보스니아계 8명, 크로아티아계 5명 그리고 세르비아계 3명의 각료로 구성된다.

---

8) "Constitution of the Federation of Bosnia and Herzegovina,"
   https://www.refworld.org/docid/3ae6b56e4.html

SR의 상원인 '민족평의회'는 세르비아계, 보스니아계, 크로아티아계 의원 각각 8명 그리고 기타 다른 민족 출신 4명을 포함해 모두 28명으로 구성된다.[9] 하원인 국민의회는 직선으로 선출된 83명으로 구성되는데, 이중 62명은 6곳의 선거구에서 그리고 나머지 21명은 정당명부를 통해 선출된다. FBiH와 마찬가지로 어느 선거구에서 세르비아계, 보스니아계, 크로아티아계 의원이 4명 미만일 경우 정당명부 선출에서 우선권을 주어 최소 4명이 되도록 조정한다. 내각은 세르비아계 8명, 보스니아계 5명, 크로아티아계 3명으로 구성된다(SR 헌법 제2조).[10]

이렇게 국가수준과 각 구성체 수준의 대통령, 의회가 모두 민족에 따라 일정비율로 구성되는 것은 보스니아-헤르체고비나가 다민족으로 구성되어 있고 그 구성이 결코 안정적이지 않고 강한 폭발성을 지니고 있기 때문이다. 1995년 데이튼 협정의 체결이 가능했던 것도 어느 측면에서는 민족별로 구성되는 국가 수준이나 구성체 수준에서 민족별로 구성되는 국가 수준의 제도를 제시하고 두 구성체의 완전한 자치를 보장했기 때문인데, 이렇게 국가 수준이나 구성체 수준에서 민족별로 헌법 기구 구성의 비율을 정한 것은 어느 한 민족이 독주하는 것을 방지하려는 의도이다. 그러나 민족별 구성 비율은 국가의 유지와 개별 민족의 불만을 누그러뜨리는 효과가 있지만, 실질적인 국정운영에는 비효율적이며, 똑같은 제도가 구성체별로 존재하기 때문에 권한의 범위가 명확하지 않다는 문제를 지니고 있다.

BiH 헌법 4조 1항에 따르면 BiH 정부는 외교정책, 대외무역, 관세, 금융 및 국가수준에서의 국제조약에 그 역할이 한정되어 있다. 데이튼 협정과 BiH 헌법 3조 1항은 "헌법에서 명확히 규정하지 않는 모든 정부의 기능과 권한은 개별 구성체 정부가 갖는다"라고 규정하면서 상기한

---

9) OECD/ODIHR Report (2006), pp. 2-4.

10) "Constitution of Republika Srpska," https://www.refworld.org/docid/3ae6b53414.html.

BiH 정부가 가지고 있는 권한을 제외한 모든 권한을 개별 구성체 정부에 부여하고 있다.[11] 실제로 2005년 이전까지 개별 구성체 정부는 개별적인 군 통수권은 물론 구성체 영토 내에서 완전히 배타적인 권한을 지니고 있었다. 결국 BiH는 하나의 국가이지만 실제로는 '가장 완벽하게 분리된' 국가인 셈이다.

개혁을 위한 프로그램이 번번이 의회에서 가로막히는 상황에서 개헌의 필요성이 대두되었지만, 민족별로 나뉜 의회 표결에서 부결되기 일쑤였다. 더군다나 BiH의 권한이 구성체에 분산되어 있고 고위대표를 비롯한 외부의 감시와 통제를 받고있기 때문에 국가의 통합을 기대하기란 현실적으로 불가능했다. 또한 경찰과 군대가 각 구성체 수준에서 운영되고 있어 국가의 안보와 질서유지가 사실상 의미가 없었다.

2005년 각 구성체 수준의 군대가 BiH로 통합되면서 국가의 역할이 정립되고 있지만 BiH로의 경찰력 통합 및 개혁 문제는 다시금 국가의 분열이 시작되는 계기가 되고 있다.[12] 경찰개혁은 BiH가 경찰에 대한 통제권을 가지고 구성체 수준에서 만연하던 정치권과 경찰력의 부패 고리를 끊어버리려는 목적을 지니고 있지만, 구성체 민족주의 세력이 이를 강력히 반대해 그 시행 여부가 여전히 불투명하다.

---

11) 데이튼 협정 부칙 4조 3항에서는 BiH 정부의 권한을 다음과 같이 규정했다. ⓐ 대외정책, ⓑ 대외무역, ⓒ 관세정책, ⓓ BiH의 국제기구 및 국제조약 이행을 위한 재정, ⓔ 이민, 망명 등의 문제, ⓕ 국제조약 및 구성체 간 사법권 적용 문제, ⓖ 단일한 국제 통신 설비, ⓗ 구성체 간 교통 정책, ⓘ 항공교통 정책. 한편 구성체 수준에서의 권한은 ⓐ BiH의 자치와 영토적 통합을 저해하지 않는 범위 내에서 구성체 자체적으로 인접국과의 관계 설정, ⓑ BiH 정부가 국제조약 및 의무를 수행할 수 있도록 필요한 사항을 제공, ⓒ 국민에게 안정적 환경 제공, ⓓ 의회의 동의를 거쳐 다른 국가와 국제기구와의 협정 체결 권리 등이다. 한편 데이튼 협정 부칙과 BiH 헌법에서는 BiH 정부의 권한으로 명확히 제시되지 않은 모든 권한을 구성체 정부의 기능과 권한으로 인정했다.

12) 국가수준의 군 창설, 구성체 간의 자유로운 이동, 국가수준 경찰력에 의한 국경수비, 단일한 VAT 징수 등이 '본-파워'에 의해 시행된 대표적인 사례이다. http://www.realinstitutocano.org/analisis/1114.asp "Bosnia: The Future on Hold?"

4. 보스니아-헤르체고비나의 대통령제

1) BiH의 대통령

상기한 바와 같이 BiH는 보스니아계, 크로아티아계, 세르비아계 각 1명씩 모두 3명으로 운영되는 집단-순환 대통령제를 채택하고 있다. 데이튼 협정 부칙 제4조 및 BiH 헌법에서는 "보스니아-헤르체고비나의 대통령은 3명으로 구성되며, 각 민족별 1명씩의 대통령을 직선으로 선출한다"고 규정하고 있다.13) 이 조항에 따르면 보스니아계 대통령과 크로아티아계 대통령은 FBiH에서 직선으로 선출되며, 세르비아계 대통령은 SR에서 직선으로 선출된다. 모든 유권자들은 대통령 선거에서 1표를 행사하지만 만일 해당 유권자가 SR 국민이라면 세르비아계 대통령 후보에게만 표를 던져야 하며, FBiH 국민이라면 보스니아계와 크로아티아계 대통령 후보에게만 표를 던져야 한다. 즉, 이 규정은 SR에서의 대통령 후보는 세르비아계이며, FBiH의 대통령 후보는 보스니아계나 크로아티아계라는 의미이다.14)

BiH 대통령의 임기는 4년이며 선출된 대통령이 8개월마다 순환하여 대통령직을 수행한다. 3명 중에서 최다 득표자가 첫 번째 임기를 수행하며 이후 나머지 2명이 순환한다. 대통령은 3명이 모두 참석하는 회의에서 대통령령을 채택한다. 대통령령의 채택은 원칙적으로 만장일치가 필요하지만 2명이 찬성할 경우에도 이를 채택할 수 있다. 그러나 대통령이 채택한 결정사항이 어느 민족의 핵심이해를 심각하게 저해할 경우 다른 대통령은 이를 거부할 수 있으며, 이 경우에는 이를 각 구성체 의회로 송부해 의견을 구하여 채택을 결정한다.

BiH 헌법에서는 BiH 대통령의 권한을 다음과 같이 규정하고 있다. 헌

---

13) OSCE, op. cit., 4-5.

14) Delamer, Ikka and Rabkin, Miriam (2006), p. 17.

법 5조 1항) 외교정책 수행, 2항) 국제기구 대표와 외교관 제청권, 단 이 경우 FBiH출신이 2/3을 초과해서는 안된다. 3항) 국제기구와 유럽기구에서 국가를 대표한다. 4항) 의회의 동의를 얻어 국제조약을 체결하거나 폐기한다. 5항) 의회의 결정사항을 집행한다. 6항) 각료회의의 제청에 따라 의회에 예산안을 제출한다. 7항) 의회의 요구가 있을 경우 1년에 1회 이상 의회에 출석해 보고한다. 8항) 국제기구 및 비정부 기구와의 필요한 사항을 협의한다. 그리고 마지막 9항) 의회의 동의나 각 구성체의 동의로 대통령의 직무 수행에 필요한 기능을 수행한다.

한편 대통령은 총리(각료회의 의장) 후보를 지명하고 총리 후보는 하원의 인준을 통해 총리로 임명된다. 총리는 하원에 외무장관, 통상장관 및 기타 장관 후보를 제청하고 하원의 동의에 따라 이들을 각료로 임명한다.

또한 대통령은 군 통수권자이며, 대통령의 승인이 없이는 군대의 이동이나 주둔이 엄격히 금지된다. 헌법에서는 어떤 경우라도 정부와 대통령의 승인 없이는 각 구성체의 개별 군대가 다른 구성체로 이동하거나 주둔해서는 안된다고 규정하고 있다. 지난 2005년 8월부터 각 구성체 군대가 국가 수준으로 통합되었기 때문에 구성체의 국방장관직이 폐지되었고 BiH에서만 유지되고 있다.

지난 1998년 대통령 선거에서는 보스니아계의 이제트베고비치(A. Izetbegović)와 세르비아계의 라디시치(Ž. Radišić) 그리고 크로아티아계의 옐라비치(A. Jelavić)가 대통령으로 선출되었다. 세르비아계의 라디시치가 세르비아인 전체 투표의 52%를 획득해 첫 번째 대통령직을 맡았고 크로아티아계 유권자의 52%를 얻은 옐라비치와 보스니아계의 87%를 얻은 이제트베고비치가 그 뒤를 이어 대통령직을 수행했다. 원래는 헌법에 따라 최다 득표자가 첫 번째 대통령직을 맡아야 했지만, 이제트베고비치가 이미 1996년 3월부터 대통령직을 수행해왔었기 때문에 첫 번째 임기를 맡지 않았고, 라디시치와 옐라비치에 이어 세 번째 임기에 대통령직을 맡았다.

2002년 10월 대선에서는 크로아티아계의 쵸비치(D. Čović), 세르비아계의 샤로비치(M. Šarović) 그리고 보스니아계에서 티히치(S. Tihić)가 대통령으로 선출되었다. 샤로비치는 세르비아계 유권자의 35.5%를 득표해 첫 8개월간의 임기를 맡았고, 쵸비치는 크로아티아계의 61.5%의 지지를 그리고 티히치는 보스니아계의 37.3%를 얻었다. 그러나 샤로비치는 2003년 이라크 무기판매 혐의로 대통령직에서 물러났고 의회에서는 샤로비치를 대신해 파라바츠(B. Paravac)를 세르비아계 대통령으로 지명했다. 한편 크로아티아계 대통령이었던 쵸비치 역시 부패 혐의로 기소되어 대통령직에서 물러났고 의회에서 요비치(I. M. Jović)를 크로아티아계 대통령으로 지명했다.

2018년 가장 최근의 대선에서는 보스니아계의 샤페로비치, 크로아티아계의 콤시치, 세르비아계의 도딕이 당선되었고, 최다 득표자인 도딕이 집단 대통령제의 의장으로 8개월 간의 첫 번째 순환 대통령이 되었다.

2) FBiH와 SR의 대통령

FBiH 대통령은 대통령 1명과 부통령 2명으로 구성되는데, 이때 대통령과 부통령 2명은 각기 다른 민족 출신이어야 한다. FBiH 상원에서 각 민족계가 최소 1/3 이상 참여하여 민족별 대통령 후보 3명을 추천하고, 이렇게 추천된 3명의 후보는 상하원 합동회기에서 최다 득표한 후보가 대통령으로 그리고 나머지 후보가 부통령으로 선출된다. FBiH 대통령의 임기는 4년이며, 총리 추천권, 대사 추천권, 군 장성 추천권, FBiH 헌법재판소 판사 추천권, FBiH를 대표해 국제조약 체결 및 개정권, 전범을 제외한 사면권을 지니고 있다. 한편 FBiH 대통령은 양원의 2/3 이상의 발의 및 헌법재판소의 결정으로 해임될 수도 있다(FBiH 헌법 제4조).

SR의 대통령은 FBiH와는 달리 직선으로 선출되는데, 이때 민족별 투표를 실시하여 세르비아계, 보스니아계, 크로아티아계 중에서 민족별 최다 득표자 3명을 선출하고 이 중에서 최다 득표자가 대통령으로 그리고 나머지 2명이 부통령으로 선출된다. SR 대통령은 SR을 대표하며, 국민의회에 BiH 대통령 후보 추천권, 국민의회 의원 중 20명 이상의 발의에 따라 BiH 대통령 중 SR 출신 대통령의 사임 요구권, BiH 정부에 SR 관련 중요 이슈에 관한 보고 요청권, 국민의회에 헌법재판소 판사 후보 추천, 국민의회에서 채택한 법률을 7일 이내에 공표 혹은 거부권, SR 출신 인사를 BiH 외교관 혹은 국제기구 대표로 추천, 감사기구 설립권, 대통령 자문기구 설립권, 사면권, 포상권, BiH 대통령과 SR 국민의회 의장의 의견에 따라 국민의회 해산권, 국민의회 의장의 요구에 따라 국민의회 개회, 법, 규제, 조약 제안권, BiH 헌법 개정 발의권 등의 권한을 지니고 있다(SR 헌법 제2조).

3) BiH 대통령제의 특징과 이슈

앞서 살펴본 대로, 집단-순환 대통령제의 목적은 각 민족에게 동일한 기회를 주고 자리를 배분함으로써 개별 민족의 박탈감, 소외감을 없애 민족갈등의 요인을 원천적으로 제거하기 위한 것이며, 어느 한 민족 출신 대통령에 의한 결정이 다른 민족에게 불리하게 작용하는 것을 방지하려는 것이다. 그러나 실제에서는 협의체로 운영되는 집단 대통령제로 인해 민족별 맞춤 정책을 마련하고 이를 시행하지 못하는 상황에 처했고 정책의 연속성과 효율성이 떨어지는 결과가 나타났다. 이는 BiH 내각과 의회에서도 마찬가지였는데, 이 때문에 구성체로 분산된 권한을 BiH로 통합하려는 고위대표나 통합론자들은 인위적인 민족별 권력분산이 지니는 문제점을 지적하고 개혁의 필요성을 강조하고 있다.[15]

이런 문제를 해결하기 위해 이미 2002년 이전부터 개헌 논의가 있었다. 그러나 본격적인 의미에서 개헌을 논의하기 시작한 것은 2002년 '사라예보 협정'부터였다. 이 협정에 따라 FBiH와 SR 두 구성체는 협의를 통해 개헌의 주요 의제를 설정했는데, 여기에는 각 민족의 핵심이해에 대한 명확한 규정, 주요 정치적 역할의 분배, 두 구성체 정부의 역할 축소 및 국가수준 정부의 역할 확대, 모든 공적 영역에서 비례성에 입각한 대표성 확보 등이 그것이었다.16)

한편 2005년 이후의 개헌 논의에서는 BiH 대통령, 각료회의(내각), 의회에 대한 개혁에 초점이 맞추어졌다. FBiH와 SR의 주요 정당들이 협의한 개헌의 내용에는 집단-순환 대통령제를 폐지하고 대통령과 2명의 부통령을 선출하는 방식이 포함되어 있었는데, 이는 1995년 전쟁 종결을 위해 채택한 집단-순환 대통령제의 비효율성과 정책의 단절성을 수정하려는 목적 때문이었다. 또한 대통령의 권한을 축소해 현행 직선제를 의회 간선제로 변경하는 내용도 주요한 개헌의 내용이었다. 민족별로 구성된 현행 집단 대통령제에서 내각과 의회의 정책이 계속해서 민족별 대통령에 의해 거부되는 한 BiH의 개혁과 민족 통합이 어렵다는 판단 때문이었다.17)

의회 역시 개혁의 대상이었는데, BiH 상원과 하원으로 구성된 의회에서 민족별 동수로 구성된 상원이 하원의 결정을 거부할 권한을 지니고 있어서 국가적 정책이 민족적 이해에 가로막힌다는 판단 때문이었다. 개별 민족의 이해를 대변하는 상원의 거부권을 줄이거나 아예 폐지하면 국가 전체의 이해를 대변하는 하원의 권한이 강해지고, 내각이 효율적으로 정책을 시행할 수 있다는 것이 개헌 찬성론자들의 주장이었다. 실제로 상원이 민족별로 민감한 정책에 대해 거부권을 많이 행사했기 때문에 국

15) Bieber, Florian (2006), pp. 43-64.

16) Bojkov, Victor D. (2003), pp. 59-60.

17) Jelisic, Jasna (2007), p. 168.

가 전체적인 발전을 막는 경우가 많았다. 따라서 개헌 논의의 핵심은 개별 민족의 핵심이해에 대한 정의를 명확히 규정해 그 범위를 축소하는 것이었다.[18]

개헌론자들의 목적은 우선 BiH 대통령과 의회 그리고 내각을 개혁한 이후에 개혁을 구성체 수준으로 확대해 분산된 국가의 권한을 통합시키는 것이었다. 현행 헌법에 따르면 BiH 의회의 입법안은 민족별 표결을 통과해야 하기 때문에 구성체의 권한을 줄이고 국가의 권한을 강화하기 위한 기본적인 법안의 통과도 어렵다. 실제로 그동안 FBiH와 SR의 주요 민족주의 정당들은 민족별 표결을 통해 개별 구성체의 권한을 줄이고 국가의 권한을 강화하는 입법안을 막아왔다.

그러나 개헌론자들의 노력에도 불구하고 2006년 BiH의 권한을 강화하는 개헌안이 의회에서 부결되었다. 특히 FBiH의 보스니아-헤르체고비나당(SBiH)과 크로아티아민주공동체(HZD)가 개헌에 강력히 반대했는데, 이들은 개헌으로 결국 다른 쪽 구성체, 즉 SR의 위상이 강화될 것이며, 각 민족별 표결이 폐지된다면 상대적으로 소수인 민족이 큰 피해를 입을 것이라고 주장했다.[19] 개헌을 둘러싼 SBiH와 HZD의 민족주의적인 주장은 2006년 10월에 있었던 선거에서 양당의 승리로 이어졌는데, 개헌 논의가 오히려 양 구성체 간의 긴장을 고조시키는 데 일조함으로써, 향후 개헌에 대한 더 이상의 논의도 어려워졌다.

SR의 총리 도딕 역시 경찰력의 BiH 통합에 반대함으로써 구성체의 권한을 BiH로 이전하지 않겠다는 뜻을 분명히 밝혔다. 그는 또한 몬테네그로가 세르비아에서 분리 독립을 선언한 것처럼 SR도 보스니아-헤르체고비아에서 분리 독립할 권리가 있다고 주장하는 한편 세르비아에서

---

18) Ibid., pp. 168-169
19) 당시 OHR의 슈바르츠-쉴링은 '본-파워'를 최소화하겠다는 의지의 표현으로 이 문제에 깊이 개입하지 않았다.

코소보가 분리할 경우 SR 역시 똑같은 과정을 반복하겠다며 BiH 정부를 위협하고 있다. 강경 민족주의자인 세르비아의 코스투니차(V. Kostunica) 총리 역시 세르비아에서 코소보가 독립을 선언할 경우 BiH에서 SR의 독립도 정당하다며 이를 부추기고 있다.

표 8-4) 국가 형태에 대한 개별 민족의 여론 조사

단일국가의 형태	보스니아인	세르비아인	크로아티아인
BiH 단일국가 (opštine 유지)	55.6	19.7	15.3
BiH 단일국가 (지역과 (opštine 유지)	11.7	4.9	7.6
BiH 단일국가 (주 자치)	4.1	4.4	13.6
BiH 국가 (연방 혹은 국가연합)	2.8	5.0	22.0

지난 2005년 실시된 여론조사에서는 구성체 정치인들이나 민족별로 구분된 정치인들의 민족주의적 혹은 분리주의적 성향이 잘 반영되어 있다. BiH 단일 국가를 선호하는 여론은 보스니아계가 55.6%로 가장 높았지만, 세르비아계가 19.7%, 크로아티아계가 15.3%에 머물러 단일 국가를 선호하기보다는 연방제나 혹은 국가연합 형태, 심지어는 국가 분리를 선호하는 경향이 강했다. 현재의 구성체로 분리된 국가보다는 연방국가나 국가연합이 낫다고 응답한 크로아티아인은 22%에 달했다.[20]

지난 2006년 10월 선거 이후 보스니아-헤르체고비나에서 다시 민족분쟁과 국가 분리의 징후가 나타났다. SBiH의 실라이지치(H. Silajdžić)는 도딕 SR 총리의 분리주의 성향에 반발해 보스니아 민족주의를 선거에 이용하여 대통령에 당선됐고 SR을 '대량학살과 인종청소의 기반 위에 세워진 공화국'이라고 비난하며 SR의 해체를 공언하는 위험한 발언을 쏟아냈었다.[21]

---

20) Tuathail, Gearoid O., O'Loughlin, John and Djipa, Dino (2006), p. 68.
21) Jelisic, Jasna (2007). p. 171.

도딕은 국민투표를 통해 독립의 의지를 확인하겠다며 국가의 분리를 암시했고, 구성체의 권한을 BiH로 넘겨 국가의 권한을 강화하고자 했던 개혁주의자들과 국제기구의 노력을 반민족적 행위로 맹비난했다. 이러한 논쟁은 안보 불안과 정치 불안정을 유도했고 결과적으로는 BiH의 EU 가입에 큰 걸림돌이 되었다. 더군다나 2007년으로 예정되어 있었던 고위 대표 폐쇄 일정이 당초 1년간 유예되었다가 이후 무기한 연기되었고, 그동안 본-파워 행사를 자제해온 쉴링 후임으로 임명된 라이착은 이전과는 달리 보다 적극적으로 본-파워를 행사하고 있어 BiH의 내정은 다시 혼란에 빠져들었다.

5. 맺음말

지난 2018년 BiH 대선에서는 보스니아계의 쟈페로비치, 크로아티아계의 콤시치, 세르비아계의 도딕이 각각 자민족을 대표하면서 동시에 보스니아-헤르체고비나 국가를 대표하는 세 명의 집단 순환 대통령으로 선출되었다. 헌법에서는 어느 한 민족 출신의 대통령이 독주하는 것을 철저히 막고 있고, 또 민족의 핵심이해와 관련된 특정 정책에 대해서는 집단 대통령의 만장일치를 요구하고 있어, 개별 대통령 및 집단 대통령의 권력과 영향력은 사실 명목상의 권한에 불과하다. 이 때문에 BiH 대통령은 헌법으로 규정된 공식 권한도 제대로 행사할 수 없는 상황에 놓여 있다. 세 명의 대통령들은 민족 간 갈등을 줄이고 또 상호 이해를 조정하는 역할을 부여받았지만, FBiH, SR로 나뉘어 선출되기 때문에 실제로는 어떤 문제가 생겼을 때는 이를 조정할 능력이나 권한도 없으며 사실상 그럴 의지도 보이지 않는다.

세 민족 사이에 완벽히 분리된 정치구조는 민족 간 충돌을 방지하려는 목적으로 고안된 것이었지만, 이렇게 분리된 정치구조가 세 민족의 실제적, 정서적 분리를 더욱 고착시키고 있으며, 상황의 변화에 따라서는 강경 민족주의 세력과 인종주의 세력의 부상을 유도할 수도 있다.

지난 1995년 데이튼 협정이 체결된 이후 25년 이상이 지난 현 시점에서 BiH에서도 민주화가 진행되고 있지만, 민족으로 구분된 균열로 국가의 통합과 유지가 여전히 불투명한 상황이다. 집단-순환 대통령제는 이런 충돌을 막기 위한 임시방편의 하나였다. 그러나 국가의 통합과 발전을 위해 개혁되어야 할 대상으로 인식되면서, BiH는 집단-순환 대통령제를 존속시켜 국가를 유지하는 것에 만족할 것인지 아니면 이를 폐지하고 개혁해 민족분규와 국가 분리의 위험을 감수할 것인지라는 딜레마에 놓여 있다.

제9장

헝가리의 대통령

의회제 국가 대통령의 기회와 좌절

1. 머리말

대부분의 탈공산주의 중동부유럽 국가들과 마찬가지로 헝가리의 대통령 역시 체제전환 이후에 등장한 새로운 현상이다. 1차대전 이후 오스트리아-헝가리가 해체되어 독립한 헝가리는 왕정을 폐지하고 공화제를 선포했지만 곧 다시 왕정을 복고하고 섭정 통치를 시행했다. 제2차 세계대전 이후에는 소련 헌법을 모델로 제정한 신헌법을 통해 '집단 대통령제'가[1] 도입되었다가 공산정권이 붕괴된 1990년 이후에는 의회제가 도입되면서 여기에서 간선의 대통령이 총리와 행정권을 공유하고 입법부, 사법부와 특별한 관계를 맺는 새로운 정부 형태가 나타났다.

체코나 슬로바키아와 같은 인접한 중동부유럽 국가들이 대통령 직선제 개헌을 통해 의회제에서 준대통령제로 전환된 것과는 달리, 1949년 옛 공산주의 헌법에서 대통령 간선을 규정한 이래 현재까지 헝가리의 모든 대통령은 의회에서 선출되고 있다. 현재의 대통령은 공산정권 시기의 집단 대통령제보다 권한이 줄어들었으며 동시에 개별 대통령마다 행사하는 실제의 영향력에도 큰 차이가 있다. 즉, 체제전환 이후 현재까지의 모든 대통령들이 동일한 헌법 권한을 부여받았지만 실제로 이들이 그러한 권한을 행사하거나 혹은 헌법상의 권한을 초월해 행사한 비공식적인 대

---

[1] 1946년 헌법을 통해서 의전, 상징적 대통령이 존재했었지만 1949년 공산독재가 시작되면서 소련 헌법을 모델로 한 새로운 헌법이 제정되었다. 이 헌법을 통해 대통령 1인, 부통령 2인, 서기 1인, 대통령 위원 17인 등 모두 21명으로 구성되는 대통령 위원회라는 집단 대통령제가 설립되었다. 대통령 위원회는 국가수반의 권한뿐만 아니라 입법부의 역할도 담당했는데 의회가 회기 중이 아닐 경우에는 대통령 위원회가 법적인 구속력을 지니는 법령을 반포할 권한을 지니고 있었다. O'neil, P. (1997), p. 202.

통령의 영향력은 아주 상이했다.

이런 측면에서 헝가리 대통령 사례에서는 우선 헌법에 명시된 헝가리 대통령의 공식 권한을 살펴보고 그 다음으로 1기와 2기 임기 사이에 달라진 괸츠(Á. Göncz) 대통령의 역할과 그 영향력을 분석한다. 이어 마들(F. Mádl)과 숄롬(L. Sólyom) 그리고 표절 시비로 사임한 슈미트(P. Schmitt) 대통령의 권한 행사를 비교해서, 체제전환 이후 대통령과 총리, 정부 간의 첨예했던 대립이 점차 사라지고 있음을 확인한다. 마지막으로 헌법상의 권한이 동일한 가운데 개별 대통령들의 실제 영향력이 큰 차이를 보였던 것은 대통령의 공식 권한 차이 때문이 아니라 비공식 권한을 행사했는지 여부에 따른 것임을 파악한다.

2. 대통령의 헌법 권한과 비공식 권한

공산정권 시기 집단 대통령제의 대통령은 상징적, 의전적 역할을 하는 명목상의 국가수반에 불과했다. 당시 권력의 중심은 공산당 정치국 중앙위원회였고, 더 정확히는 제1서기였다. 이런 상황은 1989년 체제전환과 함께 완전히 바뀌었다. 여전히 권력을 유지하고 있던 공산당은 야당과의 협상을 통해 대통령직을 신설하는데 합의하고 대통령의 권한에 대해서도 부분적으로 합의했다. 그러나 대통령 선출방식을 두고는 이견이 있었다.2)

공산당은 실용적 측면에서 강력한 대통령제를 선호했다. 당시 공산정권은 여전히 대중적 인기가 높았던 개혁 공산주의자 포즈가이(I. Poszgay)를 내세워 직선을 통해 대통령 선거에서 승리할 자신이 있었다. 반면 야당에는 포즈가이와 맞설만한 인물이 없어 직선제에서는 패배가

---

2) Ágh, Geoffrey (2001), p. 159

예상되었다.3) 한편 안탈(J. Antall) 총리가 주도하는 중도우익 헝가리민주포럼(MDF)은 이행기 동안 공산당의 과격한 저항을 방지하고 협력을 유도하는 차원에서라도 공산당이 요구하는 직선제 개헌을 거부하지 못하고 유보적 입장을 취했다.4) 반면 다른 민주계 급진 야당들은 의회가 대통령을 선출하는 간선제를 내세웠다. 심지어 자유민주연맹(SZDSZ)과 청년민주동맹(Fidesz)은 대통령 직선제를 선택할 경우 공산당과 민주계 정당 사이에 체결된 원탁협상 합의문을 거부하겠다고 위협하면서 대통령 선출 방식을 국민투표를 통해 결정하자고 제안했다.

요컨대, 공산당은 총선 패배가 확실한 상황에서 대중적 인기가 높았던 개혁 공산주의자 포즈가이를 후보로 내세워 직선을 통해 대통령 자리라도 차지하려고 했다. 반면 민주계 야당들은 순수한 의회제를 기반으로 권한이 약한 간선의 대통령을 두는 방안을 내세웠고, 집권 민주포럼은 공산당의 반발을 사전에 막는 차원에서 공산당이 원하는 직선제를 거부하지는 않았다. 마침내 국민투표를 통해 대통령 직선제 문제가 해결되었다. 국민투표 결과 대통령 직선 찬성이 85.9%, 반대가 14.1%로 직선 대통령에 대한 찬성이 압도적으로 높았다. 그러나 투표율이 14%에 불과해 직선제 개헌은 실패했다.5)

이후 민주화가 진행되면서 대통령 선출방식에 대한 논의는 점차 정치 의제에서 배제되었다. 의회제가 서서히 뿌리를 내리는 와중에 굳이 직선제 개헌을 통해 직선의 대통령에게 통치의 정당성을 부여할 필요가 없었기 때문이었다.

이렇게 의회제 국가가 된 헝가리에서 대통령의 헌법상 공식 권한은 크지 않다. 주요 헌법 권한인 의회 해산권이나 정부 구성과 해산권 그리

---

3) Adair, B. L. (2002), p. 58.

4) Dobos, Gábor, Gyulai, Attila and Horváth, Attila (2013), p. 82.

5) Körösenyi, András (1999), p. 276; Nohlen, Dieter and Stöver, Philip (2010).

고 법안 거부권과 주요 임명권을 종합해 볼 때, 다른 의회제 국가나 혹은 명목상의 준대통령제 국가인 체코, 슬로바키아 등과 비교해서도 대통령의 공식 권한은 상당히 약한 편이다.6)

표 9-1) 중동부유럽 4개국 대통령의 헌법 권한 비교

0=없음, 4=자의적 권한	폴란드	슬로바키아	체코	헝가리
의회 해산	1	1	1	1
국민투표 실시	2	2	0	2
내각 구성	2	2	2	1
내각 해산	1	1	1	0
법안 거부권	3	2	2	1
헌법재판소 판사 임명	1	1	1	0
안보위 주재	1	1	1	1
법안 발의권	1	0	0	1
위헌 심판 청구	1	1	1	1
합계	13	11	9	8

출처: Metcalf (2000), p. 670.

헝가리 대통령의 공식 권한을 편의상 상징적, 의전적, 절차적, 임명적, 정치적 권한으로 구분하면, 상징적 권한에는 주요 행사에서의 연설 등과 같이 정치적 중요성이 없는 권한이 포함된다. 의전적 권한에는 훈장이나 작위 수여, 외교관 신임장 제정과 같은 의전적인 권한이 포함된다.7) 절차적 권한은 의회 개원권, 선거일 공고 등이 해당되는데, 보통 의회 개원 연기, 총선 일자 공고 등과 같이 현실에서 일정 부분 영향을 발휘할 여지가 있는 권한이 포함된다. 임명권은 이보다 정치적으로 더 중요한 권한인데, 특정 인사를 추천, 임명함에 따라 대통령의 직무 수행에 큰 영향을 끼칠 수 있기 때문이다. 마지막으로 정치적 권한에는 법안에 대한 전

---

6) Metcalf, Lee Kendall (2000), pp. 660-685.

7) McGregor, James (1994), pp. 24-26.

체 혹은 부분 거부권이 포함되는데, 대통령은 이를 통해 총리와 정부의 정책에 반대 의견을 내어 정치적으로 영향력을 행사할 수도 있다.

헝가리는 2011년 개헌을 통해 대통령 관련 조항을 약간 변경했지만, 선출 방법과 권한에는 큰 변화를 주지 않았다. 우선 헌법 11조에 따라 대통령은 의회 간선으로 선출되며,8) 헌법 9조에는 대통령이 "국가수반이며, 국가의 통일을 구현하고 국가 기구의 민주적 작동을 수호한다."(1항) 그리고 "군통수권자"(2항)라고 규정했다. 대통령의 구체적인 헌법상의 권한은 9조 3항과 4항에 규정되어 있는데, 우선 3항에서는 "대통령은 a) 국가를 대표한다. b) 의회 회기에 참석, 연설한다. c) 법안을 발의한다. d) 국민투표를 제안한다. e) 총선, 지방선거, 자치단체장 선거, 유럽의회, 국민투표 일자를 정한다. f) 특별 명령에 대한 결정을 한다. g) 의회의 첫 번째 회기를 개원한다. h) 의회를 해산한다. i) 채택된 법안의 위헌 심판을 위해 해당 법안을 헌법재판소로 송부하거나 아니면 의회로 반송해 재고를 요청한다. j) 총리, 대법원장, 최고행정법원장, 사법위원회 위원장, 검찰총장, 기본권 위원장을 (의회에) 제청한다. k) 판사와 예산위원회 의장을 임명한다. l) 과학아카데미 원장과 예술아카데미 원장 임명을 승인한다. m) 대통령청을 구성한다."9)

또한 9조 4항에는 "대통령은 a) 의회의 승인으로 국제조약을 비준한다. b) 대사와 특사를 임명, 수용한다. c) 각료, 중앙은행장과 부행장, 감사원장, 대학교수를 임명한다. d) 대학 총장을 선임한다. e) 장성을 임명한다. f) 메달, 시상, 작위를 수여한다. g) 사면권을 행사한다. h) 대통령의 기능과 권한에 포함되는 지방 조직의 문제를 결정한다. i) 시민권 취

---

8) 헌법 11조 1항)에는 대통령 후보는 의회 재적 1/5의 추천을 받아야 한다. 이때 개별 의원은 1명의 후보만을 추천할 수 있기 때문에 전체 199석 규모의 의회에서 추천할 수 있는 대통령 후보는 최대 4명이다. 헌법 11조 3항과 4항에서는 1차 투표에서 재적 2/3 이상을 얻은 후보가 대통령에 당선되며, 1차 투표에서 당선자가 없을 경우에는 1차 투표의 상위 1, 2위를 대상으로 결선투표를 진행하여 다수를 얻은 후보를 당선자로 결정한다.

9) "Hungary's Constitution of 2011," https://www.constituteproject.org/constitution/Hungary_2011.pdf

득, 말소와 관련된 문제를 결정한다. j) 법으로 부여된 권한 내에서 모든 문제를 결정한다"고 규정했다.

주의해야 할 측면은 상기한 대통령의 공식 권한이 자의적인 권한이 아니라 총리나 혹은 관련 각료의 부서(副署)가 필요한 권한이라는 사실이다. 즉, 헌법 9조 5항에는 "상기한 대통령의 모든 행동과 결정에는 각료의 부서가 필요하다. 법으로 대통령에게 부여된 권한에 따라 (어떤) 결정을 하는데 있어 부서가 필요치 않은 사항은 법으로 정한다"고 규정함으로써 사실상 헌법상 대통령의 모든 권한을 부서의 대상으로 두고 있다.

또한 헝가리 대통령은 헌법 S조 1항에 따라 "새로운 기본법(신헌법) 발의 혹은 기존 헌법의 수정안 발의권을 정부, 의회 위원회, 의원과 공유한다"고 했다. 동시에 대통령은 정부, 의회, 의원과 함께 법안 발의권도 있다(6조 1항). 또한 대통령은 법안에 대한 서명권과 거부권을 갖고 있는데, 6조 3항에는 "국회의장이 법안에 서명하고 이를 5일 이내에 대통령에게 송부한다. 대통령은 해당 법안에 서명하며, 이를 5일 이내에 공표하도록 명한다. 만일 의회가 해당 법안을 헌법재판소로 송부해 위헌 여부를 검증받기로 한다면, 국회의장만이 해당 법안에 서명한 뒤 헌법재판소에서 위헌 여부를 확인한 이후에 대통령에게 해당 법안을 송부한다"고 규정했다.

6조 4항에는 "만약 대통령이 송부받은 법안 혹은 헌법안이 기본법과 상충된다고 판단하면, 이를 헌법재판소로 보내 판결을 구한다." 그리고 6조 5항에는 "대통령이 해당 법안 혹은 헌법안에 반대하여 서명하지 않으면, 의견을 첨부해 해당 법안을 의회로 반송한다. 의회는 해당 법안에 대해 새로운 논의를 하며, 다시 채택할지를 결정한다. 또한 대통령은 헌법재판소가 해당 법안을 검토하면서 기본법과의 상충성을 발견하지 못하면 해당 법안에 서명하고 이를 법으로 공표한다"고 규정했다.

대통령은 의회 개원권(3조 1항)과 해산권을 갖고 있지만(3조 3항), 의회 해산권은 엄격한 조건에서만 발휘되는 권한으로 사실상 문서상의 권한에 불과하다. 즉, 대통령은 "3조 3항 a) 정부의 임기가 종료된 시점에서 의회가 대통령이 제청한 총리 후보를 40일 이내에 인준하지 않을 때, b) 의회가 3월 31일까지 당해연도의 예산안을 채택하지 못할 경우 의회를 해산할 수 있다." 이와 함께 대통령은 의회 해산에 앞서 "반드시 총리, 국회의장 그리고 원내 정당 대표들과 협의해야 한다(3조 4항)"고 규정했다.

대통령의 임명권 중 가장 중요한 것은 총리 후보 제청권(16조 3항)이다. 대통령은 총리 후보를 지명해 의회로 하여 결정하도록 하는데, 이때 총리 후보는 의회의 인준을 받은 뒤 총리로서 대통령에게 각료를 제청한다(16조 7항). 대통령은 판사 임명권(26조 2항), 의회에 대법원장 제청권(26조 3항), 검찰총장 제청권(29조 4항), 중앙은행장과 부행장 임명권(41조 2항), 예산위원회 위원장 임명권(44조 4항)을 갖고 있다. 이외에도 대통령은 공식적으로 국민투표 발의권(8조 1항), 재임 중 면책권(13조 1항)을 갖고 있다.

한편 헝가리와 같은 의회제 국가의 대통령이라 하더라도 대통령의 실제 권한이 헌법 권한에만 머물러 있는 경우는 거의 없다. 예외적으로 헌법 권한도 행사하기 꺼리는 대통령도 있지만 사실 거의 모든 대통령은 개인의 카리스마나 퍼스낼리티, 재임 중의 특별한 정치, 경제적 맥락, 자신의 지지율이나 신뢰도 수준 등과 같은 요인에 따라 적극적으로 대통령의 의무를 수행하거나 혹은 헌법상의 권한을 뛰어넘어 영향력을 행사하는 경우가 많다.[10]

따라서 대통령의 실제 영향력은 헌법에 규정된 공식 권한과는 달리 정확히 수치화하거나 계량적으로 파악하기 어렵다. 예를 들어, 의회가 요구한 법안 서명에 대해 대통령이 해당 법안이 위헌 소지가 있다고 판단

---

10) McGregor, James (1994), pp. 24-26.

할 경우에 의회의 결정에 반대하여 거부권을 행사할 것인지 아니면 그대로 서명을 할 것인지는 대통령의 공식 권한과는 상관없다. 즉, 대통령이 전체 혹은 부분 거부권을 갖고 있다 해도 그 권리를 행사할지 여부는 개인의 퍼스낼리티에 따라 달라질 수 있다는 의미이다. 어떤 경우 대통령은 해당 법안에 대해 거부권을 행사하지 않고 이에 대한 위헌 심판을 청구할 수도 있으며, 또 어떤 경우는 고의적으로 해당 법안에 대한 서명을 늦추어 거부 의사를 표현할 수도 있다. 또 다른 경우는 의회 연설이나 언론 인터뷰 등을 통해 해당 법안을 공개적으로 비판할 수도 있다. 이런 모든 경우는 헌법에 규정되어 있는 것이 아니라 대통령의 퍼스낼리티나 재임 중의 특정한 정치, 경제, 사회, 국제관계의 맥락에 따라 달라질 수 있다.

　더군다나 의회 다수를 차지하고 정부를 구성하는 정당이 대통령이 소속된 정당이어서 '허니문' 관계에 있는지 아니면 서로 라이벌 관계에 있는 총리와 대통령이 불편한 '동거'를 하고 있는지도 중요한 요인이 될 수 있다. 만약 대통령 정당이 야당인 경우 대통령과 총리는 동거하면서 대립할 여지가 많아질 것이기 때문에, 대통령은 집권당에 불리하도록 법안에 거부권을 행사하거나 혹은 헌법재판소에 위헌 심판을 청구하든지 아니면 공개적으로 이를 비판하는 방법을 선택할 수 있다. 물론 이럴 경우 행정부 내부에서의 갈등은 물론 대통령과 의회 사이에도 충돌이 벌어질 여지가 있다.

　대통령은 법안 발의나 국민투표 발의 혹은 특정 인사의 임명에 대해서 헌법 권한을 지키면서도 충분한 영향력을 행사할 수 있다. 예를 들어 대통령이 법안을 발의함으로써 정부나 의회의 정책에 자신의 의지를 반영할 수 있으며 국민투표를 발의해서 정부와 의회를 위협할 수 있고, 동시에 임명권을 행사하면서도 이에 대해 헌법재판소에 위헌 여부를 문의할 수도 또 해당 인사에 대한 임명 시기를 최대한 늦출 수도 있다. 즉,

현실에서 대통령의 실질적 영향력은 헌법 규정에 정확히 들어맞게 행사되고 제한되는 것이 아니라 상황적 맥락과 개인의 성향에 따라 상당 부분 확대될 수도 혹은 축소될 수도 있는 것이다.

이런 사실에서 의회제에서 대통령의 실제 권한을 살펴보기 위해서는 먼저 몇 가지 사실을 염두에 두어야 한다. 우선 첫째, 어떤 대통령이라도 일정 수준의 비공식 권한을 갖고 있다는 점이다. 그것이 대통령 개인의 카리스마 혹은 퍼스낼리티이건, 현실 정치인에 비해 월등히 높은 대중적 인지도이건 대통령은 헌법에 규정되어 있지 않은 비공식 권한을 어느 정도는 보유하고 있다. 둘째, 개별 대통령의 영향력은 재임 중에 나타나는 정치, 경제, 사회, 국제관계에서의 특정한 '맥락'에 영향을 받는다. 특히 임기 중 특정한 정치적 지형과 정치 아젠다에 영향을 받으며, 경제 상황이나 국제관계의 맥락 그리고 해당 시기의 우세한 여론과 같은 속성에 의해서도 영향을 받는다. 셋째, 헌법상의 권한을 행사하는 방법으로 어떤 선택을 할 것인지에 따라서도 실제의 권한과 영향력이 달라질 수 있다.11) 이런 측면을 고려하면서 이제부터는 괸츠, 마들, 솔롬, 슈미트 대통령을 통해 헝가리 대통령의 공식 권한과 현실에서 행사하는 영향력 간의 차이를 검토한다.

3. 괸츠 대통령의 권한과 영향력

제2차 세계대전 중 반나치 저항운동에 참여했고 1956년 부다페스트 혁명에서는 개혁을 외쳤던 괸츠 대통령은 공산정권 시기에는 거의 무명에 가까운 인물이었다. 그가 대중들에게 이름을 알리기 시작한 것은 개혁 공산주의자 임레 너지(I. Nagy)의 이장 행사를 주도하면서 부터였다.

---

11) Dobos, Gábor, Gyulai, Attila and Horváth, Attila (2013), pp. 89-90.

이후 그는 공산당 대안 세력으로 자유민주연맹(SZDSZ)의 창당에 참여했다.

1990년 3-4월에 치러진 첫 번째 자유총선으로 민주포럼이 386석 중 164석을 차지해 제1당이 되었고 자유민주연맹이 92석으로 2당이 되었다. 이 선거에서 옛 공산당은 사회당(MSZP)으로 변신했지만 33석을 얻는데 그쳤고, 1988년에 재창당한 소지주당(FKGP)이 44석, 우르반(V. Orbán)이 이끄는 청년민주동맹(Fidesz)이 22석 그리고 기독민주인민당(KDNP)이 21석을 차지했다.

1당을 차지한 민주포럼의 안탈(J. Antall)은 소지주당, 기독민주인민당과 연정을 구성했다. 그러나 3당 연정의 의석은 의회 간선으로 대통령을 당선시키는 데 필요한 재적 2/3에는 미치지 못했다. 이에 따라 개헌을 원했던 민주포럼은 대통령을 원하는 자유민주연맹과의 타협을 통해 개헌과 대통령을 맞바꾸는 거래를 성사시켰다. 기독민주연맹은 민주포럼의 개헌을 지지하는 대가로 자당 소속의 괸츠를 양당의 단일 후보로 내세웠다. 양당의 의석이 모두 258석이었기 때문에 두 정당의 협력을 통해 개헌과 대통령 선출이 모두 가능했다.

예상대로 대선은 싱겁게 끝났다. 민주포럼과 기독민주연맹의 의석이 전체의 2/3인 258석이었고, 괸츠가 단독 출마해 찬반을 묻는 투표에서 37표가 더해져 찬성표는 모두 295표로 전체의 76.45%였다. 괸츠는 당선 인터뷰에서 정당을 넘어서 국가의 이해를 반영할 것이라고 선언하면서, "정치적으로 소극적이고 의전적인 대통령이 될 생각은 없다"고 강조했다.[12] 또한 그는 "특정 정당의 이해에 얽매어있지 않았고 앞으로도 그럴 것이다. 내가 정당 소속이었건 아니었건 간에 언제나 국가의 독립, 사상의 자유, 신념의 자유, 자유 조국, 인권 그리고 차별과 배제가 없는 사회정의 구현을 위해 노력했고 앞으로도 그렇게 할 것이다. 나는 또한 보호

---

12) Nohlen, Dieter and Stöver, Philip (2010), p. 209.

받지 못하는 약자를 위해 봉사할 것이다"[13)]라고 강조했다.

대통령의 공식 권한은 제한적이었지만, 괸츠는 대통령의 법적, 정치적 영역을 구획했고, 정부를 견제하는 균형자처럼 행동했다.[14)] 그는 1기 임기 대부분을 체제전환 초기의 불완전하고 모호한 헌법상의 맹점과 자신의 도덕적 권위, 대중적 인기를 활용해 정부와 대립했다. 헌법재판소의 판결로 대통령의 권한 확대를 둘러싼 주요 대결에서 번번이 패배했지만 반대로 이를 통해 모호하게 규정된 대통령의 헌법 권한이 명확히 규정되어 갔고 이에 따라 이후의 대통령들이 총리나 정부와 첨예하게 대립하지 않도록 하는데 기여했다.

괸츠와 총리가 가장 첨예하게 대립했던 분야는 헌법으로 규정된 대통령의 '군통수권'과 '임명권'이었다. 첫 번째 대립은 1990년 10월 유가 인상에 반대하는 택시 기사들의 도로 점거로 시작되었다. 당시 걸프전과 소련의 석유공급 감소로 정부는 유가 65% 인상을 발표했다. 이에 반발한 택시 기사들이 주요 도로를 막고 부다와 페스트를 잇는 다리를 봉쇄했다. 안탈 정부가 군대를 동원해 시위를 진압하려 하자 괸츠는 헌법에 따라 자신이 군 통수권자이기 때문에 어떠한 경우라도 무력 사용을 허락하지 않겠다고 밝히면서 총리와 대립했다. 총리와 정부는 괸츠 대통령이 자신의 권한을 강화하기 위해서 인기몰이를 하는 것이라고 비판하면서 군 통수권에 대한 해석을 헌법재판소에 문의했다.

헌법재판소는 헌법에는 대통령을 군통수권자(헌법9조2항)로 규정하고 있지만 이 권한은 보다 상징적인 의미로 해석되어야 한다고 판단했다. 헌법재판소는 판결문을 통해 "대통령은 군대에서 공식적인 지위를 갖고 있지 않다. 통수권자인 대통령이 군대의 명령 체계 밖에 존재하기 때문

---

13) "KÉT GÖNCZ ÁRPÁD-IDÉZET, AMELYET MINDEN MAGYAR POLGÁRNAK MEG KÉNE TANULNIA," (2015. OKTÓBER 6),
https://kettosmerce.blog.hu/2015/10/06/ket_goncz_arpad_idezet_ami_minden_magyar_polgar_meg_k ene_tanulnia

14) Körösenyi, András (1999), p. 110.

에, 실제 명령을 내리는 지휘관이라고는 할 수 없다. 따라서 대통령은 군대의 최고 사령관으로 행동해서는 안된다"[15]고 강조하면서 정부의 손을 들어주었다.

또 다른 주요한 충돌은 괸츠와 정부 간 소위 '미디어 전쟁'이었다. 1990년 7월 여-야 합의대로 국영 TV와 국영 라디오 방송국 사장을 임명했지만, 1991년 7월 안탈 정부는 TV와 라디오 방송국 이사회에 대한 임명권을 행사하여 미디어 감독권을 강화하고자 했다. 괸츠는 이들의 임명을 거부했는데, 정부는 즉각 대통령이 정부의 임명권을 침해하고 있다고 주장하면서 이 문제를 다시 헌법재판소로 가져갔다. 헌법재판소는 "해당 직위의 후보가 법적인 조건, 예를 들어 헝가리 시민권자가 아니거나 전문성이 부족하다거나 등과 같은 문제가 있거나 아니면 후보의 임명으로 해당 제도의 민주적 작동이 심각하게 위협받을 것이라는 타당한 결론에 도달한 경우를 제외하고는 대통령이 해당 후보의 임명을 거부할 수 없다"고[16] 강조하면서 "대통령에게는 자의적으로 임면을 결정할 권한이 없다"고[17] 판결했다.

이러한 헌법재판소의 결정에도 불구하고 괸츠는 이번에는 임명을 지연시키는 전술을 통해 해당 인사의 임명을 고의적으로 방해했다. 이에 다시 헌법재판소는 1992년 1월 28일 "대통령은 합리적 기간 내에 임명안에 서명해야 한다"라고 결정하여 또 다시 정부의 손을 들어 주었다. 1992년 5월 괸츠는 정부가 인사권 남용을 통해 미디어를 통제한다고 비판했지만, 당시 헌법재판소 소장이었던 솔룜은 괸츠 대통령이 월권행위를 하고 있다는 비판적인 입장을 밝혔다. 아이러니하게도 솔룜은 15년 뒤 자신이

---

15) "Decision 48/1991 ON - Separation of powers. over the Armed Forces",
https://hunconcourt.hu/dontes/decision-48-1991-on.

16) "A határozat száma: 48/1991. (IX. 26.) AB határozat",
http://public.mkab.hu/dev/dontesek.nsf/0/413887D00724A32FC1257ADA00529B43?OpenDocument

17) "A határozat száma: 36/1992. (VI. 10.) AB határozat",
http://public.mkab.hu/dev/dontesek.nsf/0/DA6CAEF75D9C7CF7C1257ADA00528F45?OpenDocument

대통령이 되고 나서는 대통령의 인사권 확대를 강력히 요구했다.

대통령과 총리의 대립은 여기에 그치지 않았다. 이번에는 1991년 제1
차 비세그라드 정상회의를 앞두고 누가 참석할지를 두고 대립했다. 괸츠
는 헌법상 대통령이 국가를 대표하고 동시에 체코슬로바키아와 폴란드
대통령이 정상회의에 참여하기 때문에 자신이 참석해야 한다고 강조했고
결국 자신의 주장을 관철시켰다.[18]

이외에도 괸츠는 수차례 법안 거부권을 행사하면서 정부와 대립했는데,
가장 대표적인 것이 과거청산과 관련된 '보상법(Law on Compensation)'
그리고 공산정권 시기에 자행된 범죄의 공소시효 폐지에 관한 소위 '제텐
니-타카츠(Zetenyi-Takacs)법'을 둘러싼 대립이었다. 우선 괸츠는 공산정
권 희생자들에 대한 보상법이 기대에 미치지 못하자 이를 헌법재판소에
보내 위헌 심의를 받도록 했으며, 이후 수차례의 개정에도 불구하고 계속
해서 해당 법안에 반대했다. 또한 괸츠는 제텐니-타카츠 법안에 대해서는
소급 적용은 법치 훼손이라며 반대했다. 이외에도 정부의 경제정책에 대
해서 간접적으로 반대 의견을 제시하는 등 괸츠는 1기 대통령 임기 중에
주요 정책과 법안에 대해서 번번이 정부/총리와 대립했다.

한편 1994년 총선에서는 민주포럼이 참패해 38석을 얻는데 그쳤고,
이전 총선에서 소수정당에 머물렀던 옛 공산계 사회당이 209석을 얻어
제1당으로 올라섰다. 자유민주연맹은 의석을 많이 잃기는 했지만 69석을
차지해 여전히 제2당의 지위를 유지했다. 소지주당이 26석, 기독민주인
민당이 22석, 청년민주동맹이 20석을 차지했다. 209석의 사회당은 단독
으로 내각을 구성할 충분한 의석을 확보했지만, 제2당인 자유민주연맹과
연립정부를 구성했다. 이는 재적 2/3 이상의 찬성이 필요한 개헌과 대통
령 선출을 위해 충분한 의석을 확보하겠다는 전술이었을 뿐만 아니라 동
시에 옛 공산당이 재집권한다는 국내외의 우려를 불식시키기 위해 반공

---

18) Raadt, Jasper de. (2008), p. 24.

산계인 자유민주연맹과 협력한다는 사실을 보여주는 의미도 있었다.

이런 상황에서 1기 임기 중에 여당인 민주포럼과 대립했던 괸츠가 재선할 가능성이 높아졌다. 자신의 친정 정당인 자유민주연맹이 제2당으로 연정에 참여했기 때문에 연립정부의 단일 후보로 출마할 경우 두 정당이 차지한 278석은 252표가 필요한 대통령 당선에 충분했다.

1기 임기 중 민주포럼 주도의 정부를 견제하는 균형자 역할을 떠맡았던 괸츠는 2기 임기에 들어서는 친정 정당인 자유민주연맹이 연립정부에 참여하고 있었기 때문인지 정부와 대립하기보다는 상징적, 대표적, 의전적 역할에 머물렀고 이에 따라 대통령의 정치적 무게감도 크게 줄어들었다.[19] 이렇게 갑자기 소극적인 대통령이 된 것은 한편에서는 대통령 정당과 총리 정당이 상이한 동거 시기가 끝나고 대통령 정당이 연립에 참여하는 허니문 시기가 시작되었기 때문일 수도 있다. 또 다른 한편으로는 이전 임기 중에 헌법재판소의 판결을 통해 주요 부문에서 대통령의 권한이 명확히 규정되었기 때문에 더는 충돌할 분야가 남아있지 않았기 때문일 수도 있다.[20] 더군다나 괸츠는 이 시기에 들어와서 이미 육체적, 정신적으로 쇠약해졌으며,[21] 이제 정치권이나 국민들이나 대통령의 권한에는 관심이 없어졌고 점차 의회제가 뿌리를 내리고 있었기 때문이기도 했다. 그 이유가 무엇이었든 간에 괸츠는 2기 대통령 임기 중에는 일상의 정치 문제에는 거의 개입하지 않았고, 주로 의전적인 역할에 머물렀다.

<표 9-2: 괸츠 대통령의 특징>에서 확인할 수 있듯이, 시기별 괸츠 대통령의 정치 개입, 해외 순방, 법안 발의, 의회 회기 참석 등에서 큰 변화가 있는데, 이는 대통령의 정치적 역할과 정치적 무게감이 크게 달라졌음을 의미한다. 예를 들어 괸츠는 1990-94년까지 안탈-보로소 내각에

---

19) Körösenyi, András (1999), p. 280.

20) Šiška, Martin (2014), pp. 72-87.

21) Dae Soon, Kim (2013), p. 188.

서 모두 22번의 의회 연설을 했지만, 그 이후 6년 간 이어진 두 번의 내각에서는 6번의 연설을 하는데 그쳤다. 또한 전반부에 7번, 후반부에 1번의 헌법안 거부권을 행사했으며, 법안 발의도 전반부에 5회, 후반부에는 전혀 없었다. 이런 측면에서 볼 때, 괸츠는 1기 임기 중에는 정부를 견제하는 균형자 역할을 했고 2기에 와서는 정부를 지지하며 상징적, 의전적인 역할로 그리고 2기 임기 말엽에 들어서는 주로 상징적인 역할로 물러섰음을 확인할 수 있다.[22]

표 9-2) 괸츠 대통령의 특징(1990-2000년)

대통령 임기	1기 임기(1990-1995)		2기 임기(1996-2000년)
시기 (총리)	1990-94(안탈-보로스)	1994-98(호른)	1998-2000(우르반 1기)
의회연설	22	4	2
해외순방(일)	49 (215)	79 (273)	35 (119)
국제조약 서명	1	-	-
국민투표 발의	-	-	-
법안 발의	5	-	-
비상회기 개원	-	-	-
의회 회기 참석	71	15	12
헌법안 거부권	7	-	1
법안 거부권	-	2	-
찬-대통령 정당	SZDSZ(MDF)	MSZP, SZDSZ	MSZP, SZDSZ
의회 다수	우(MDF-FKGP-KDNP)	좌(MSZP-SZDSZ)	우(Fidesz-FKGP-MDF)
대통령의 역할	균형맞춤(견제)	지지/상징적	상징적
정부와의 충돌	다	소	최소
일상정치 활동	많음	감소	감소
정치적 무게	중/강	약	약

자료: "Árpád Göncz."

22) "Árpád Göncz",
    https://en.wikipedia.org/wiki/%C3%81rp%C3%A1d_G%C3%B6ncz#CITEREFKim2012

4. 마들, 솔롬 슈미트 대통령의 권한과 영향력

1994년 총선 패배 이후 민주포럼, 기독민주인민당, 청년민주동맹 등 우익 정당들은 심각하게 분열되어 있었다. 이때 우르반이 이끄는 청년민주동맹이 우익 정당의 결집을 위해 1995년 대선에 우익의 단일 후보로 마들을 내세우면서 자신이 향후 우익을 주도하겠다는 의지를 드러냈다. 예상대로 1995년 대선에서 마들은 76표를 얻어 괸츠에게 패했다.

1998년 총선에서는 집권 사회당이 75석을 잃어 134석으로 2당으로 추락했고, 그 대신 1995년 총선 이후 우익정당의 결집을 주도했던 청년민주동맹이 128석이 늘어난 148석으로 제1당이 되었다. 소지주당 48석, 기독민주연맹 24석, 민주포럼 17석을 차지했고 추르카(I. Csurka)가 이끄는 극우 정의와삶(MIÉP)이 14석을 얻어 처음으로 원내에 진출했다. 총선 직후 청년민주동맹의 우르반은 소지주당, 민주포럼 함께 중도우익 연립정부를 구성했다. 청년민주동맹 주도의 연정은 193석으로 의회 과반은 확보했지만, 대통령을 선출할 수 있는 258석에는 한참 부족했다.

이런 상황에서 2000년 대선에서 청년민주동맹의 우르반 총리는 이전 대선 후보였던 마들을 다시 우익 연립의 단일 후보로 내세웠다. 이는 우익 단일 후보라는 상징성도 있었지만, 사실 마들이 1996-2000년 사이 우익 정당들이 어려웠던 시기에 시민협력회의를 조직해 외곽에서 청년민주동맹을 지원했고 개인적인 인맥과 역량으로 보수파와 기독민주계를 청년민주동맹 지지로 돌려세우는 등 청년민주동맹의 총선 승리에 큰 기여를 했기 때문이었다. 이런 이유에서 우르반은 1995년에 이어 다시 한번 마들을 우익의 단일 후보로 내세우는데 주저하지 않았다.

그러나 2000년 대선에서 마들의 당선이 쉽지만은 않았다. 마들은 1차 투표에서 251표, 2차 투표에서는 238표를 얻어 당선에 필요한 258표를 얻지 못했다. 결국 단순 과반이 필요한 3차 투표에 가서[23] 찬성 243표,

---

23) Kubát, M. (2004), pp. 62-63.

반대 96표, 기권 35표, 무효 12표로 대통령으로 당선되었다.

마들은 국제법 학자 출신으로 1990-1994년 사이 안탈 내각에서 과학 담당 무임소 장관과 문화교육부 장관을 역임했었다.[24] 그는 전임 괸츠 대통령과 마찬가지로 '완벽한 공인(dokonalá veřejná figura)'으로 인식되었다.[25] 이번에도 적어도 표면적으로는 대통령이 정당을 초월한 인물, 즉 부분의 정치인이 아닌 국가 전체를 위한 정치가가 되어야 한다는 전통이 계속 이어졌다.[26] 전임 괸츠와 마찬가지로 마들 역시 정치계뿐만 아니라 사회로부터 큰 지지를 얻고 있어서 정당을 초월한 대통령으로 역할을 할 것으로 기대됐었다.[27]

괸츠 2기 마지막 기간에 나타났던 대통령의 상징적, 의전적 역할과 정치 개입 자제 경향이 마들 임기 초반에도 계속되었다. 마들 자체가 학자 출신이었기 때문에 사실상 그는 일상의 정치에 개입하려는 의지가 거의 없었다. 대통령의 헌법 권한이 제한되어 있기도 했지만, 마들 역시 이런 공식 권한에 의한 제약보다는 임기 중의 정치적 상황이나 대통령 개인의 퍼스낼리티에 더 큰 영향을 받았고, 학자라는 출신 배경 역시 정치적 영향력 행사를 주저하는데 중요한 배경으로 작용했다.

전임 대통령 괸츠는 1956년 반소 혁명에 가담했다는 이유로 공산정권에 의해 종신형을 언도받았다가 사면된 이후 번역가로 활동했었기 때문에 정치계는 물론 학계, 일반 대중들과의 거리가 멀었다. 따라서 괸츠는 대통령으로 재임하면서 될 수 있으면 정당정치를 초월해 일반인과 직접 대면하려는 '국가의 아저씨'가 되려고 노력했었다.[28] 그가 총리/정부와 충돌한 것은 실제로는 대통령 개인의 권력을 확대하거나 혹은 자신의 정

---

24) Tesař, Ondřej (2009), pp. 26-27.

25) Šiška, Martin (2014), p. 83.

26) Tavits, N. (2008), p. 165.

27) Ágh, Geoffrey (2001), p. 159.

28) Dobos, Gábor, Gyulai, Attila and Horváth, Attila (2013), p. 89.

치적 위상을 높이려는 시도였다기보다는 일반 시민들에게 유리하고 도덕과 법치가 통용되는 사회를 만들고자 했기 때문이라는 평가가 우세했다.

반면 두 번이나 장관을 역임했던 마들은 대통령 임기 초반에는 기본적으로 자신의 학자적 배경에 더 큰 의미를 부여했다. 이 시기에는 자신을 지지한 우르반 주도의 우익 연립정당이 집권한 것도 대통령과 총리/정부의 대립이 최소화되었던 요인일 수 있다. 따라서 국가수반으로 마들 대통령의 역할은 전임 괸츠의 역할과는 확실히 달랐다. 특히 마들은 법학자 출신답게 헌법상의 권한을 철저하게 준수했고, 당선 직후부터 공정한 조정자의 역할을 했으며 일상 정치에는 개입하지 않고 의전적인 수준에 머물렀다.29)

그러나 임기 후반으로 넘어가면서 상징적, 의전적 대통령의 역할에서 벗어나 점점 더 일상정치에 개입하고 대통령의 헌법적 권한을 활용하는 사례가 늘어갔다. 이는 무엇보다도 2002년 총선 이후 제2당인 사회당이 자유민주연맹과 좌파 연립정부를 구성했기 때문이었다. 5% 제한선 규정으로 우익계 소수정당들이 의석을 차지하지 못하면서 헝가리는 사회당, 청년민주동맹-민주포럼, 자유민주연맹의 3당체제로 전환되었다. 청년민주동맹은 연정 파트너를 찾지 못했고 따라서 제1당이었음에도 불구하고 사회당의 메드베시(P. Medgyessy)에게 총리를 넘겨줄 수밖에 없었다. 즉, 2002년 총선으로 대통령과 총리가 다른 정당 출신인 동거 기간이 시작되면서 마들도 정치에 개입하기 시작했던 것이다. 예를 들어 2003년 마들은 '병원법'에 거부권을 행사했고, 의회는 바로 당일 별다른 논의도 없이 대통령의 거부권을 무시하고 해당 법안을 재차 통과시켰다. 재임 중 마들은 헌법안에 대해 9번의 거부권, 일반 법안에 대해 5번의 거부권을 행사했었다.30)

그러나 마들은 기본적으로 일상의 정당정치에서 초월해 있었다. 1994년

---

29) Tesař, Ondřej (2009), p. 30.

30) Tavits, N. (2008), p. 78.

연립정부 내부에서의 갈등과 연정붕괴 위기, 공무원 임금 인상과 대학 등록금 인상 등의 포퓰리즘 정책에 대한 반발 등으로 메드베시 총리가 사임하고 같은 사회당의 쥬르차니(F. Gyurcsány)가 총리가 되는 과정에서도 대통령은 전혀 개입하지 않았다. 헌법상 총리 임면에 대통령이 개입할 여지가 없긴 했지만, 헌법 9조 3항 j)에 따라 대통령은 의회에 총리 후보를 제청할 수 있는 권한은 있었다. 따라서 친대통령 정당인 청년민주동맹은 마들이 총리 후보 지명권을 활용해 좌익정부를 견제하는 역할을 해주었으면 하고 바랬다. 그러나 마들은 총리 지명, 내각 구성에 일체 개입하지 않고 의회의 인준을 받을 가능성이 높았던 사회당 대표를 총리로 지명했다. 이런 측면에서 마들 대통령은 될 수 있으면 현실 정치에 대한 개입을 최소화하면서 헌법에 규정된 대통령의 공식 권한 내에서 행동하려 했다.[31]

마들 대통령이 재선을 포기하면서 2005년 대선은 집권 사회당의 실리(K. Szili)와 무소속으로 출마한 전 헌법재판소 소장 솔룜의 대결이었다. 솔룜은 공식적으로는 무소속으로 출마했지만, 야당인 청년민주동맹의 지지를 받고 있었다. 좌익 연정 내부의 갈등으로 총리가 교체되는 등 정부 불안정이 이어지면서 상황은 솔룜에게 유리하게 전개되었다. 대선에서 좌익 연정 후보인 실리는 1차 투표에서 183표, 2차 투표에서 185표, 3차 투표에서 182표를 얻는데 그쳤다. 결국 1차, 2차 투표에서 2/3을 득표한 후보가 없어 3차 투표에 들어갔고 단순다수가 필요한 3차에서는 실리보다 3표를 더 얻은 솔룜이 대통령으로 당선되었다.

전임 대통령 마들과 마찬가지로 솔룜 역시 법학자 출신으로 헌법재판소 소장을 역임했지만, 마들보다는 더 적극적인 퍼스낼러티를 지니고 있었다. 사실상 솔룜의 당선으로 적극적으로 정당 활동을 하는 정치인을 대통령 후보로 내세우지 않는다는 오랜 정치적 전통도 깨져버렸다.[32]

---

31) Dobos, Gábor, Gyulai, Attila and Horváth, Attila (2013), p. 90.

32) Csányi, P. (2005), p. 1.

당초 솔륨은 소극적인 국가수반이 되려는 의도를 내비치면서도 이전 대통령들이 세운 전통과의 결별을 선언했다. 솔륨은 자신이 정당정치와 독립되어 있으며, 대통령의 이미지를 변화시키고 싶다고 강조하면서 대중들로부터 사랑받는 대통령이 목표는 아니라고 언급했다. 그는 인터뷰를 통해 대통령으로서의 입장을 언급했는데, 우선 대통령 발언의 중요성을 높이기 위해 공적 등장 횟수를 줄이겠다고 했다. 또한 솔륨은 독자적으로 법안 발의도 하지 않을 것이며, 대통령의 독립성을 강조하기 위해서 정치인들과의 만남을 줄이겠다고 언급했다.[33] 한편 솔륨은 독자적인 행동도 병행했는데, 대통령으로는 처음으로 환경보호와 재외 헝가리인 보호와 같은 '대통령 아젠다'를 내세웠다. 솔륨은 헌법을 언급하면서 자신은 재외 헝가리인도 책임져야 하는 대통령이며, 다양한 컨퍼런스와 모임을 조직해 해외 헝가리 시민사회와의 연계를 강조했고 환경보호를 내세워 NATO 레이더 기지 건설을 반대하기도 했다.

그러나 솔륨은 대통령의 헌법상의 권한을 완전히 독립적인 것으로 해석하고 총리 지명, 인사권과 같은 헌법 권한을 적극 행사하면서 의회와 충돌을 빚기도 했다.[34] 2006년 총리/정부와 논의 없이 검찰총장 후보를 지명했던 것이 대표적인 사례였다. 물론 대통령이 독자적으로 검찰총장 후보를 지명할 권한(헌법 9조 3항 j)을 갖고 있는 것은 사실이었지만, 해당 후보가 검찰총장으로 임명되기 위해서는 의회의 인준이 필요하다는 점에서 사전에 총리나 정부와 이 문제를 협의하는 것이 관행이었다. 결국 솔륨이 추천한 검찰총장 후보는 의회의 인준을 받지 못했다. 이런 사태는 옴부즈만, 대법원장 임명과 같은 사례에서도 계속 반복되었다.

더군다나 솔륨은 그 어떤 대통령보다도 적극적으로 거부권을 활용한 대통령이었다. 솔륨은 사회당-자유민주연맹이 연정을 구성한 2005년에서

---

33) Dobos, Gábor, Gyulai, Attila and Horváth, Attila (2013), p. 94.
34) Ibid., pp. 94-95.

2010년까지 모두 43번의 거부권을 행사했고, 청년민주동맹이 집권한 2010년에는 4건의 거부권을 행사했다. 이는 가장 적극적으로 현실 정치에 개입했다고 평가받던 괸츠가 10년간 10번의 거부권을 행사했던 것보다 5배나 더 많은 수준이었다.35)

또한 솔룜은 2006년 총선 직후 쥬르차니 총리의 사임과 그 이후의 조기총선에도 적극적으로 개입하는 등 체제전환 이후 재임한 대통령 중에서 공식 권한을 통해 비공식 지위를 강화하고자 했던 가장 대표적인 대통령이었다. 이를 위해 솔룜은 헌법에 의존하면서도 기존 대통령들과는 달리 헝가리 정치체제에서 대통령의 독립적 지위를 강조하는 방법을 선택했다. 또한 그는 정부 정책에 대응하는 방식이 아니라 자신이 먼저 환경과 재외 헝가리인 문제와 같은 아젠다를 설정하면서 대통령의 권한 영역을 구획했다. 한편 일상정치에서도 적극적으로 자신의 의견을 제시하고 거부권을 활용함으로써 의회제 국가 대통령의 특징인 소극적, 의전적, 상징적 대통령으로 남기를 거부했다.36)

2010년 4월 실시된 총선에서 263석을 얻어 압도적 승리를 차지한 청년민주동맹은 여세를 몰아 2010년 6월 대선에서도 낙승을 거두었다. 청년민주동맹은 대중적으로 잘 알려진 올림픽 펜싱 금메달리스트 출신 슈미트를 후보로 내세워 사회당의 발로흐(A. Balogh) 후보를 1차 투표에서 압도했다.

슈미트는 이전의 다른 대통령에 비해 훨씬 더 강한 정당 연계성을 갖고 있다는 특징이 있었다. 그는 청년민주동맹 소속으로 유럽의회 의원, 부대표 등을 역임했던 정치인으로 그의 당선은 대통령은 비정당인이거나 혹은 정당정치에서 초월한 인물이어야 한다는 헝가리의 전통적 대통령관과는 완전히 상이한 결과였다. 이 때문에 일각에서는 그를 헝가리 최초

---

35) Ibid., p. 100.
36) Ibid., p. 96.

의 순수한 '정당 대통령(stranický prezident)'이라고 부르기도 했다.37)

실제로 그는 "경제적, 사회적, 도덕적으로 국가 재건을 위해 대통령, 총리, 정부가 함께 가는 것이 옳다"라거나 혹은 자신은 대통령으로서 "정부정책을 방해하지 않을 것이며, 신헌법 작성과 같은 분야에서는 적극적으로 협력할 것"이라고도 했다. 또한 자신은 "국민의 대통령이 될 것이지만, 동시에 정부의 활동을 지지하고 돕겠다"고 강조했다. 2010년 10월 15일 언론과의 인터뷰에서는 "우리 정부는...."이라는 말을 반복해 사용하면서,38) 정부와의 일체감을 드러내기도 했었다.

슈미트의 대통령 역할 인식은 전임 대통령들과는 근본적으로 달랐으며, 이는 자신을 대통령 후보로 추천하고 당선에 절대적인 역할을 한 청년민주동맹의 우르반 총리에 대한 맹목적인 충성이라고까지 할 수 있을 정도였다. 그는 의회에서 채택된 많은 법안이 야당과 국제사회, 특히 EU로부터 비판받는 비민주적 성격이었음에도 이에 대한 거부권은 물론 헌법안 거부권을 단 한 차례도 행사하지 않았다. 또한 이후 헌법재판소가 많은 법안이 위헌이라고 판결했지만 슈미트는 이에 아랑곳하지 않고 청년민주동맹이 지지한 법안에 서명하고 공표했다. 고위직 임명에 대해서도 정부와 사전에 협의하기보다는 정부가 제안한 인물을 그대로 의회에 추천해 임명하도록 했다. 물론 슈미트 대통령은 국가수반으로서 헝가리 언어 보존, 건강한 삶의 증진, 스포츠와 평생교육의 중요성, 국가 통합이라는 이슈를 강조하면서 자신의 대중적 이미지를 만들어 나가려고도 했다.

그러나 그는 헝가리 대통령을 허수아비로 만들어 버렸다는 비판과 함께 박사학위 논문의 표절 시비로 엄청난 비난을 받았다. 이에 그는 대통령 취임 21개월 만인 2012년 4월 2일 "헌법에 따라 대통령은 국가의 통합을 유지해야 하지만 불행히도 나는 분열의 상징이 되어 버렸다"고39)

---

37) Šiška, Martin (2014), p. 85.

38) "Pál Schmitt", https://en.wikipedia.org/wiki/P%C3%A1l_Schmitt#cite_note-20

밝히면서 사임했다. 이후 국회의장 쾨베르(L. Kövér)가 대통령 권한을 대행했고 조기 대선을 통해 아데르(J. Áder)가 후임 대통령으로 선출되었다.

결국 슈미트 대통령은 전임 솔룜과는 달리 자신만의 독자적인 영역을 구축하지도 못했고, 적극적으로 일상정치에 참여하고 거부권을 행사하기 보다는 총리와 정부에 순응하고 충성함으로써 헌법상으로 제한적이었던 대통령의 권한을 더욱 줄여놓는 데 일조했다.

표 9-3) 헝가리 대통령의 거부권 행사

년도	1990-94	1994-1998	1998-2000	2000-2002
내각 구성	MDF -FKgP-KDNP	MSZP -SZDSZ	Fidesz -FKgP-MDF	Fidesz -FKgP-MDF
대통령 (정당)	괸츠 (SZDSZ)	괸츠 (SZDSZ)	괸츠 (SZDSZ)	마들 (Fidesz-MDF)
재임기간(년)	4년	4	2.2	1.8
정치적 거부권	0	2	0	1
헌법적 거부권	7	0	1	3
전체 거부권	7	2	1	45
연간 거부권(평균)	1.8	0.5	0.5	2.2

년도	2002-2005	2005-2010	2010	2010-2012
내각 구성	MSZP -SZDSZ	MSZP -SZDSZ	Fidesz -KDNP	Fidesz -KDNP
대통령(정당)	마들 (Fidesz-MDF)	솔룜 (Fidesz-MDF)	솔룜 (Fidesz-MDF)	슈미트 Fidesz-KDNP
재임 간(년)	3.2	4.8	0.2	1.8
정치적 거부권	5	28	3	0
헌법적 거부권	10	15	1	0
전체 거부권	15	43	4	0
연간 거부권(평균)	4.7	8.9	23.5	0

출처: Dobos, Gábor, Gyulai, Attila and Horváth, Attila (2013), p. 100.

---

39) Karasz, Palko (2012).

5. 맺음말

20세기에 처음 등장한 헝가리의 대통령직은 양차대전 사이의 짧은 대통령제 시기와 공산정권 시기 집단 대통령제를 거친 이후 1989년 체제 전환과 함께 다시 등장했다. 탈공산주의 헌법으로 의회제를 선택한 헝가리의 대통령은 다른 중동부유럽의 대통령들과 비교해서 헌법상의 공식 권한이 훨씬 약했다. 그러나 1990년 괸츠 대통령에서 2012년 슈미트 대통령까지 모든 대통령에게 동일한 헌법상의 권한이 부여되었지만 대통령마다 그리고 동일 대통령이라도 시기에 따라 현실에서 행사한 권한과 그 영향력은 큰 차이를 보였다.

괸츠는 첫 번째 임기 중에는 적극적으로 활동하면서 일상정치에 개입했다. 그는 자신의 높은 인기와 도덕적 우위를 바탕으로 인기없고 도덕적으로도 별로 내세울 것이 없었던 총리와 정부를 압도하는 듯 보였다. 공개적으로 대통령이 총리와 정부에 대한 균형자 역할을 해야 한다고 선언한 괸츠의 주장대로, 대통령은 국민의 대통령으로 부분의 정당정치를 대표하는 총리를 압박했다.

그러나 괸츠는 두 번째 임기 중에는 다른 의회제 국가의 대통령과 비슷하게 의전적, 상징적 역할에 머물렀다. 그것이 육체적, 정신적 건강 문제 때문이었는지 아니면 대통령의 친정 정당이 연립내각에 참여하고 있었기 때문인지는 확실치 않지만, 이미 헌법재판소가 수차례에 걸쳐 대통령의 권한을 명확히 규정하면서 권한 행사에 제동을 걸었던 것도 원인일 수 있다. 물론 괸츠의 입장에서는 헌법재판소의 대통령 권한 축소 결정이 탐탁지 않았을 수도 있겠지만, 한 가지 분명한 사실은 헌법재판소의 결정으로 헌법 기구 사이의 권한이 명확해짐에 따라 그만큼 충돌 가능성이 줄어들고 그들 사이의 역할이 확실히 설정되어 민주주의 발전과 법치 신장에 도움이 되었다는 점이었다.

두 번째 대통령 마들은 괸츠 2기와 비슷한 대통령의 역할을 보여주었다. 그는 정당정치와 거리를 두면서도 법학자로서 원칙을 고수하여 수차례의 거부권을 행사해 원칙과 법치를 지키려는 의지를 보여주었다.

세 번째 대통령 솔륨의 경우는 괸츠 1기 임기와 비슷한 적극적인 대통령의 역할로 되돌아왔다. 스스로 정치계와 거리를 둘 것이라고 선언했고 또 자신이 괸츠 1기 당시에 대통령의 권한 축소를 결정한 헌법재판소 소장이었음에도 불구하고 그는 법학자로 헌법에 기초한 원칙을 고수하면서 그 어떤 대통령보다도 많은 거부권을 행사했다.

네 번째 대통령 슈미트는 이전 세 명의 대통령과는 완전히 다른 모습을 보여주었다. 슈미트는 대통령으로 재임하면서도 정당 정치인으로의 정체성을 유지했고, 정부와 총리를 견제하는 대신 오히려 그들을 위한 충성스러운 조력자가 되기를 자처했다.

이처럼 체제전환 이후의 대통령들은 헌법상의 권한이 동일했음에도 불구하고 모두 상이한 역할을 맡았다. 의회제 국가인 헝가리 대통령의 공식 권한은 약할 수밖에 없지만, 어떤 경우에는 당시의 정치 상황을 이용해서, 또 어떤 경우에는 개인의 퍼스낼리티로 인해서 정당정치에 깊숙이 개입하면서 자신의 영향력을 강화하기도 했었다. 결국 헝가리의 사례를 통해 볼 때, 대통령의 실질적인 역할은 헌법 규정에 머물러 있는 것이 아니라, 재임 중의 정치, 경제, 사회적 맥락 그리고 그 자신의 개인적 퍼스낼리티에 따라 크게 달라진다는 사실을 확인할 수 있다.

제10장

슬로베니아의 준대통령제

어제의 동지 오늘의 적

1. 머리말

슬로베니아는 역사적으로 독립 국가를 경험하지 못하다가 1991년 내전을 거쳐 유고슬라비아에서 독립하여 주권 국가가 되었다. 인접한 탈공산주의 중동부유럽 국가들과 마찬가지로 슬로베니아에서도 독립 직후에 새로운 헌법을 제정하면서 국가수반인 대통령의 권한을 어떻게 설정하고 또 어떤 방식으로 선출할지를 두고 큰 논쟁이 벌어졌다. 슬로베니아는 이미 옛 유고슬라비아 사회주의 공화국 시기 '집단 대통령제'를 경험한 바 있었지만, 당시의 대통령은 명목상의 국가수반이었지 개별 공화국 혹은 국가 전체를 대표하는 실질적인 국가수반, 행정수반이 아니었다. 체제전환 이후 정치 엘리트들은 대통령을 국가의 수반으로 하는 공화제를 도입하는 데는 동의했지만, 의회 민주주의를 구축한다는 측면에서 의회에 권한을 부여하고 총리가 행정의 수반을 맡는 정부 형태를 모색했다.

이렇게 슬로베니아는 체제전환 초기 복잡한 정치 상황 속에서 대통령을 직선으로 선출했지만, 대통령에게는 그 어떤 국가의 대통령보다도 약한 권한을 부여함으로써 준대통령제[1] 중에서도 의회제에 가장 근접한 제도를 만들어 냈다.[2] 그러나 많은 준대통령제 국가들에서 확인할 수 있듯이 슬로베니아에서도 헌법에 규정된 대통령의 권한이 약하다고 해서 대통령이 실제로 행사하는 영향력이 약한 것은 아니었다.

---

1) 앞선 장의 정의와 마찬가지로 본문에서는 준대통령제를 "고정된 임기의 직선 대통령이 총리와 행정권을 공유하고, 총리는 대통령이 아닌 의회에 책임을 지는 정부 형태"로 정의한다.

2) Cerar, Miro (1999), p. 232.

이런 측면에서 1992년부터 2012년까지 대통령으로 재임했던 쿠찬 (Milan Kučan), 드르노프섹(Janez Drnovšek), 튀르크(Danilo Türk) 대통령의 공식, 비공식 권한을 통해 헌법상의 공식 권한이 곧 대통령의 실제 영향력이 아님을 확인한다. 쿠찬 대통령은 옛 공산체제에서 최고위직을 맡으며 정치인으로 성공적인 경력을 이어갔고 유고슬라비아 국가분리와 슬로베니아 독립 과정에서 커다란 역할을 했기 때문에 새로운 민주체제에서도 존경받는 인물로 남아있었다. 또한 드로노프섹과 튀르크 대통령 역시 옛 체제부터 시작해 국내외의 주요한 요직을 거치면서 정치적, 사회적 역할을 해왔던 인물들이었다. 그럼에도 이들이 일상 정치를 주도하는 총리가 아니라 영향력이 거의 없는 대통령직을 수행하려고 했던 것은 진흙탕 싸움에 빠져있는 정당정치에서 벗어나 정파나 부분이 아닌 국민 전체를 대표하고 봉사하는 슬로베니아 대통령의 전통을 이어가고 싶었기 때문일 수도 있다. 이런 이유에서 슬로베니아 대통령은 "지난 정치 경력에 대한 일종의 포상이자 현실정치로부터의 명예로운 퇴진을 의미하는" 것이라는 평가도 있다.[3]

이런 배경에서 슬로베니아 준대통령제 사례에서는 옛 공산체제에서 공산당 중앙위원회 의장, 집단 대통령제의 제1대통령을 역임한 쿠찬이 향후 슬로베니아 대통령의 위상에 끼친 영향을 살펴보고, 그 뒤를 이은 드르노프섹과 튀르크가 이렇게 형성된 대통령의 위상을 어떻게 현실에 적용했는지를 파악한다.

2. 체제전환과 정부 형태 선택

일반적으로 새로이 민주주의를 받아들인 국가가 가장 먼저 직면하게

---

3) Deželan, Tomaž (2014), p. 105.

되는 문제는 어떤 선거제도를 선택하고 입법부-행정부 관계를 어떻게 설정할지의 문제였다.4) 선거제도와 입법-행정부의 관계를 고려할 때, 신생 민주국가들이 선택할 수 있는 정부 형태는 민주주의의 경쟁적 모델인 대통령제와 합의제 모델인 의회제 중 하나가 될 것이었다. 마찬가지로 1989년 말에서 1991년 사이에 독립했거나 아니면 위성국의 지위에서 벗어나 주권을 되찾은 중동부유럽과 옛 소련을 계승한 각국의 주요 정치 엘리트들도 의회제와 대통령제 둘 중 어느 것이 국가의 안정과 민주주의 발전에 더 적합한 정부 형태인지를 두고 논쟁을 벌었다. 물론 당시 정치 엘리트 중 많은 이들은 국가의 발전이나 안정보다는 어떤 정부 형태가 자신이나 자신이 포함된 분파에 유리할지를 계산하기도 했었다.

그렇다고 이들이 반드시 대통령제와 의회제 중에서 하나를 선택해야 할 필요는 없었다. 대안으로는 영국식의 입헌 군주제도 있었으며, 대통령제와 의회제 사이에 놓인 새로운 형태도 고려할 수 있었다. 현실에서도 순수한 의회제 국가나 강력한 대통령제보다는 그 둘 사이의 어느 지점에 위치해 있는 혼합형 의회제나 대통령제가 일반적인 것처럼, 슬로베니아 역시 양극단 사이의 어딘가에 위치한 새로운 정부 형태를 찾기 시작했다.

7세기 사모 공국이라는 독자적인 정치체를 조직했던 것을 제외하고는 1991년 독립할 때까지 독립 왕국이나 주권 국가에 대한 경험이 없었던 슬로베니아는 독립 이후 제도구축과 체제전환의 성공에 어떤 정부 형태가 적합한지 그리고 정치 엘리트 자신과 자신의 분파에 무엇이 더 유리할지를 두고 열심히 계산하고 또 논쟁했다.

옛 유고슬라비아 시기에는 6개의 구성 공화국인 슬로베니아, 크로아티아, 세르비아, 보스니아-헤르체고비나, 몬테네그로, 마케도니아와 2개의 자치주인 코소보, 보이보디나에서 각각 1명의 대통령을 선출해 국가 수준에서 집단 대통령제를 운용했었다. 동시에 구성 공화국 중 하나였던

---

4) Lijphart, A. (1992), pp. 10-12.

슬로베니아에서는 공산당 중앙위원회 의장과 사회주의 노동연맹 위원장 그리고 시의회를 통해 선출된 7인 등 모두 9명으로 구성된 집단 대통령제를 운용했었다. 개별 공화국 수준의 대통령은 슬로베니아를 대표하는 권한과 통수권, 임명권 등을 지니고 있었는데, 1989년에 와서는 집단 대통령의 수를 4명으로 줄이고 의장을 선거를 통해 선출하는 방식을 적용했다.[5]

그러나 옛 유고슬라비아 시기를 포함해 슬로베니아 대통령제의 역사는 짧았고 운용 방식도 빈번히 바뀌었으며, 대통령이 국내 정치를 대표하는 행정수반도 아니었고 대외적으로 국가를 대표하는 국가수반의 역할도 하지 못했다. 슬로베니아 대통령이 민주적 방식으로 선출되고 일정 수준의 행정권을 지니며 국가를 대표하는 국가수반의 지위를 차지하게 된 것은 1991년 독립과 민주헌법을 채택한 이후였다. 독립 직후 여느 체제전환 국가와 마찬가지로 새로운 헌법의 초안을 작성하는 과정에서 가장 큰 문제 중 하나는 정부 형태에 관한 것이었고 공화제를 선택할 경우 국가수반인 대통령에게 어떤 권한을 부여할지 그리고 대통령을 어떻게 선출할지의 문제가 가장 큰 논쟁거리였다.

당시 제헌의회의 헌법위원회는 새로운 헌법의 초안을 작성하는 첫 단계부터 명목상의 대통령을 두는 의회제에 가까운 준대통령제를 도입할 것인지, 아니면 보다 강력한 지위의 대통령이 존재하는 혼합형 준대통령제를 도입할 것인지를 두고 논쟁했고 이에 따라 2개의 헌법 초안이 마련되었다.[6]

첫 번째 헌법안은 대통령이 의전적인 역할을 하는 '의회제에 가까운 준대통령제' 헌법안이었다. 이 헌법안에서는 의회가 총리를 선출하며, 선출된 총리는 대통령에게 각료 후보를 제청하고 대통령이 각료를 임명하

5) Krasovec, Alenka and Lajh, Damjan (2013), pp. 147-148.

6) Fink-Hafner, Danica and Lajh, Damjan (2003), p. 51.

도록 했다. 이 초안 작성자들은 의회제에 가까운 준대통령제의 근본적인 문제점인 정부의 불안정성, 특히 정당체제가 파편화되어 정부를 구성하지 못하거나 정부가 분열될 가능성도 염두에 두고 있었다. 따라서 여기에 '건설적 불신임'을 포함시켜 정부의 안정을 유지하는 최소한의 안전장치로 삼았다. 동시에 이 초안에서는 대통령이 대외적으로 국가를 대표하여 국제관계와 국방 분야의 책임을 맡는 국가수반이 될 것이며, 총리의 제안에 따라 의회를 해산할 수 있는 권한과 총리의 제청에 따라 임명권을 행사할 수 있는 권한을 갖도록 했다.[7] 즉, 대통령이 독자적으로 입법권과 임명권, 국가수반의 지위를 행사하는 것이 아니라 대부분 총리의 부서(副署)가 필요한 의전적 대통령의 지위를 제시했다.

두 번째 헌법안은 '혼합형 준대통령제' 모델로 직선의 대통령이 국가수반과 행정수반을 맡는 형태였다. 이 초안에 따르면 대통령이 독자적으로 총리를 임명하고, 총리의 제청에 따라 각료를 임명하게 될 것이었다. 동시에 이 초안에는 의회가 재적 2/3를 통해 정부를 불신임하고 해산할 수 있도록 했는데, 현실적으로 재적 2/3의 불신임을 얻기란 상당히 어렵기 때문에 사실상 의회의 권한을 줄이면서 정부가 의회에 책임을 질 필요가 없음을 암시하는 반-의회제의 내용도 포함되어 있었다.[8]

첫 번째 초안에서 제시한 '의회제에 가까운 준대통령제'를 지지하는 측은 이것이 대통령제에 가까운 혼합형 준대통령제보다 정부의 안정과 민주화에 유리할 것임을 강조했으며, 동시에 이러한 형태의 준대통령제에서는 의회의 신임이 있어야만 정부가 구성되고 유지될 수 있기 때문에 의회제의 원칙이 지켜질 것이라고 강조했다. 또한 이들은 대통령의 권한이 상대적으로 강한 혼합형 준대통령제에서는 정부가 불안정해지고 비효율적으로 작동하게 될 것이며, 특히 대통령 소속 정당과 의회 다수 정당

---

7) Krasovec, Alena and Lajh, Danjan (2008), pp. 201-202.
8) Ibid., p. 203.

이 다른 소위 '정치적 동거(political cohabitation)' 기간 중에는 대통령, 정부, 의회의 대립이 격화되어 정치 불안정이 고조될 것이라고 경고했다.

반대로 두 번째 헌법안에서 내세웠던 '혼합형 준대통령제'를 지지하는 측에서는 무엇보다도 국민의 직접적인 의사를 확인할 수 있는 직선이 중요하며, 대통령에게 제한적, 특히 의전적인 권한만을 부여할 경우 직선이라는 강력한 민주적 정당성을 지닌 대통령이 현실에서는 허수아비 국가수반으로 전락하는 모순적 상황이 벌어질 것이라고 경고했다. 또한 이들은 체제전환이라는 정치적, 경제적, 사회적 혼란을 극복하기 위해서는 무엇보다도 안정적이고 강력한 지도력이 필요하다고 강조했다.

결국 헌법위원회는 첫 번째 초안에서 제안했던 '의회제에 가까운 준대통령제'를 선택했다. 당시 순수한 의회제를 지지하는 측도 있었지만 체제전환 직후의 상황에서 국민 사이에서 지도자를 직접, 비밀투표를 통해 선출하고자 하는 열망이 강했기 때문에 대통령을 직선으로 선출하는 동시에 의회제에 가까운 정부 형태를 혼합하는 방식을 선택했던 것이다. 그러나 무엇보다도 의회제에 가까운 준대통령제를 선택한 요인은 체제전환 과정에서 대통령에게 권력이 집중된다면 대통령이 의회를 무시하고 우회하는 독재의 유혹에 빠질 수 있는 가능성을 사전에 차단하기 위한 것이었다. 즉, 사회주의 체제에서 오랜 기간 독재를 경험한 상황에서 어느 한 개인이나 헌법기구에 권한이 집중되는 것을 막고 효율적으로 행정기구를 통제하고 감시할 수 있는 의회제에 대한 선호가 결합된 것이 바로 슬로베니아의 '의회제에 가까운 준대통령제'였다.[9]

그러나 신헌법 작성에서 무엇보다도 중요한 측면은 헌법 초안을 작성하던 당시의 정치적 맥락이었다. 1990년 첫 번째 자유 총선에서 승리한 중도-우익의 데모스(DEMOS)는 1990년 대선에 푸츠닉(J. Pučnik)을 후보로 내세웠지만, 이전 공산정권을 주도했던 쿠찬에게 패배했다. 푸츠닉

---

9) Cerar, Miro (1999), p. 238.

은 1990년 1차 투표에서 26.6%를 얻는 데 그쳐 총선 승리의 여세를 대선까지 이어가려 했던 데모스를 당황하게 만들었다. 그러나 데모스는 쿠찬의 높은 인기를 잘 알고 있었다.[10]

1980년대 공산주의연맹 의장을 역임하면서 슬로베니아의 개혁과 유고슬라비아로부터 자치권을 넘겨받으려 했던 개혁 공산주의자 쿠찬은 이미 사회주의 시기에도 높은 인기를 구가하고 있던 정치인이었다. 더군다나 슬로베니아의 독립을 위해 세르비아 패권주의에 대항해 싸운 그의 영웅적 행동은 그가 비록 공산주의자였음에도 불구하고 슬로베니아인들의 존경과 지지를 받았던 요인이었다. 따라서 데모스의 입장에서는 체제전환 직후라는 시대의 요청으로 대통령 직선제를 수용하면서도 쿠찬의 당선이 확실한 상황에서 대통령이 될 그에게 많은 권한을 부여하고 싶지는 않았다. 결국 이들은 헌법 초안을 작성하는 과정에서 될 수 있으면 대통령의 권한을 줄이기로 결정했고 그것이 결국 '의회제에 가까운 준대통령제'로 이어진 것이었다.[11]

3. 대통령의 헌법 권한과 비공식 권한

이처럼 1990-91년 새로운 헌법을 작성하는 헌법위원회의 선택은 직선으로 선출되지만, 권한이 약한 대통령이었다. 당초 헌법위원회는 대통령 간선제를 의도했었지만, 체제전환 직후 국가의 수반을 직접 선출하고자 하는 국민적 열망에 밀려 국민투표 성격의 직선을 선택할 수밖에 없었다. 그러나 헌법위원회를 주도하던 데모스와 쿠찬 반대 세력들이 대통령

---

10) 데모스(Demokratična opozicija Slovenije)는 민주연합, 사회민주연맹, 기독민주당, 농민연맹, 녹색당으로 구성된 중도우익 연립으로 1990년 첫 번째 자유총선에서 54%를 득표했다. 총선 승리 이후 기독민주당의 페테를레(L. Peterle)가 총리로 선출되었다.

11) Cerar, Miro (1999), p. 240.

직선제를 받아들였다고 해서 대통령으로 당선될 가능성이 큰 쿠찬에게 큰 권한을 부여해줄 생각은 조금도 없었다. 이렇게 해서 헌법위원회는 될 수 있으면 대통령의 권한을 줄이려 했고 의도적으로 헌법에 관련 내용을 짧게 기술하며 대통령의 역할을 최소한으로 규정했다.

헌법 102조에는 "대통령은 슬로베니아를 대표하고, 군 통수권자"라고 규정했다. 이 문구대로라면 대통령이 상당한 권한을 지니고 있는 것처럼 보이지만, 사실 이는 명목상의 대표권에 불과하다. 이에 대한 내용은 후술하겠지만, 이를 둘러싸고 대통령과 총리, 대통령과 국방장관이 대립한 사례를 통해 국가를 대표하는 권한과 군 통수권은 헌법상으로도 그리고 실제적으로도 대통령의 권한이 아니라 총리, 각료의 권한이었다.12)

대통령의 주요 권한은 헌법 107조에 규정되어 있다. 107조에 따르면 대통령은 a) 총선 실시를 공지한다. b) 법안을 공포한다. c) 법으로 규정된 국가 관료를 임명한다. d) 대사와 공사를 임면하고 외국 대사의 신임장을 제정받는다. e) 비준서를 발표한다. f) 사면을 결정한다. g) 훈장과 명예직위를 수여한다. h) 헌법에 규정된 기타 의무를 수행한다. i) 의회가 요청하는 특정 이슈에 대한 의견을 밝힌다. 여기에서 주목할 만한 점은 슬로베니아 헌법에는 상기한 대통령의 권한에 총리나 관련 각료의 부서 조항을 두지 않는다는 점이다. 이는 인접한 대부분의 중동부유럽 준대통령제 국가의 헌법과는 다른 내용인데, 슬로베니아 헌법에는 이미 대통령이 권한을 자의적으로 행사할 수 없도록 다른 헌법 조항을 통해 충분히 규제하고 있기 때문에 굳이 부서 조항을 둘 필요가 없었다.

한편 대통령은 총선 직후 의회를 개원하고(헌법 81조), 비상회기를 개회할 수 있다(헌법 85조). 입법권과 관련해서는 대통령에게 법안 발의권이나 헌법안 발의권이 부여되어 있지 않고, 동시에 법안과 헌법안에 대

---

12) "Slovenia's Constitution of 1991 with Amendments through 2016,"
   https://constituteproject.org/constitution/Slovenia_2016?lang=en

한 거부권도 없다. 다만 대통령에게는 의회를 통과한 법안을 8일 이내에 공포할 권한이 있고(헌법 91조), 해당 법안에 대한 개인적인 의견을 의회에 전달할 수도 있다(헌법 107조).

총리 임명과 관련해서 대통령은 총리 제청권을 가지고 있다(헌법 111조). 다만 대통령이 의회에 총리 후보를 제청할 경우에는 의회와 사전에 협의를 거쳐야 하며, 총리 후보는 의회 재적 과반의 지지를 얻어 총리로 임명된다.

헌법 173조는 대통령의 의회 해산을 규정하고 있어 슬로베니아 대통령이 상당히 강한 권한을 보유하고 있는 듯한 혼란을 불러일으킨다. 그러나 대통령이 의회를 해산할 수 있는 조건은 아주 까다롭다. 헌법 111조에는 대통령이 제청한 "총리 후보가 의회 재적 과반의 지지를 얻지 못하면, 대통령은 의회와의 조율을 통해 14일 이내에 새로운 총리 후보 혹은 기존과 동일한 후보를 의회에 제청한다. 이때 의회 역시 의원 10인 이상의 제청으로 총리 후보를 추천할 수 있다. 다만 의회의 표결은 대통령 제청, 의회 제청 후보 순으로 진행한다. 이때도 총리를 선출하지 못하면 의회는 세 번째 총리 후보에 대한 인준 투표를 실시한다. 이때도 총리를 선출하지 못하면, 대통령은 의회를 해산하고 새로운 총선 실시를 명한다"고 규정했다.

이외에도 대통령이 의회를 해산할 수 있는 경우는 의회가 총리와 정부를 불신임할 때이다. 즉, 총리는 정부에 대한 신임투표를 요구할 수 있다. 정부가 재적 의원 과반의 신임을 얻지 못하면, 의회는 30일 이내에 새로운 총리를 선출하거나 혹은 현 총리에 대한 신임을 표할 새로운 투표를 실시할 수 있다. 만약 이렇게 할 수 없을 경우에는 대통령이 의회를 해산하고 새로운 총선 실시를 공표한다(헌법 117조). 결국 대통령의 의회 해산은 아주 특별한 상황에서만 발동되는 권한으로 사실상 현실에서는 거의 행사되지 못하는 명목상의 권한이다.

총리 임명과 관련된 추천권 이외에도 대통령의 주요 직위에 대한 임명권은 그리 크지 않다. 예를 들어 헌법재판소는 9명의 판사로 구성되며, 관련법에 따라 대통령이 추천한 후보를 의회가 선출한다(헌법 163조). 또한 11인으로 구성되는 사법위원회 중 5명은 법대 교수, 변호사, 기타 법관 중에서 대통령이 의회에 추천하고 의회가 임명한다(헌법 131조). 상기의 헌법 조항을 종합해 보면 슬로베니아 대통령의 권한은 아래의 <표 10-1: 슬로베니아 대통령의 권한과 역할>로 요약할 수 있다.

표 10-1) 슬로베니아 대통령의 권한과 역할

분야		내용
선거와 책임	선거	직선, 결선포함 다수제
	기간	5년, 1회 연임
	후보자 조건/규제	18세 이상. 슬로베니아 시민, (법적)행위능력
	부적합성(양립불가성)	다른 공직 혹은 직업
	대행(한시적)	국회의장
	탄핵	헌법위반, 심각한 법률 위반. 의회 발의, 헌법재판소 2/3 결정
외교, 국방권	대외적 국가대표	O, 의전적 성격
	외국대사 신임장	O
	대사 임면	O, 의회 추천
	국제조약 비준	×
	군통수권자	O, 명목상의 통수권
	비상사태, 전쟁 선포	O, 제한적 범위 및 특정한 조건
임명권	총선 실시 공표	O
	의회 비상회기 개회	O
	의회 해산	O; 엄격한 조건
	총리 후보 추천	O
	각료 추천, 임명	×
	법관 추천, 임명	판사 제안, 의회가 판사 선출
입법권	거부권	×
	입법 발의권	×
	개헌 발의권	×

분야	내용
각료회의 협력	×
국민투표 요청, 실시	×
의회에 의견 전달	○

출처: Krasovec, Alena and Lajh, Danjan (2008), pp. 204-205.

이러한 대통령의 헌법 권한을 통해 볼 때, 슬로베니아 대통령에게는 총리/정부, 의회와 대립할 만한 헌법상의 임명권, 입법권, 정치적 권한이 없다. 대통령은 총리나 각료 임명에 거의 혹은 전혀 영향력을 행사할 수 없으며 명목상으로는 의회를 해산할 권한을 갖고 있지만, 현실적으로는 의회를 해산하는 것이 불가능하다. 또한 대통령에게는 입법권, 거부권, 개헌 발의권, 국민투표 발의권이 없어 특별히 정부나 의회를 견제할 수단도 없다. 법안 공표권의 경우 대통령이 의회로부터 법안을 송부받은 뒤 8일 이내에 서명, 공표해야 하는데, 이 내용은 결국 인접한 다른 준대통령제 국가의 대통령들이 의회와 정부를 견제하는 수단으로 활용하는 거부권(suspensive veto)이나 서명과 공표를 무기한 연기하는 지연 전술을 슬로베니아 대통령은 활용할 수 없다는 의미이다. 더군다나 슬로베니아 대통령은 의원들과는 달리 면책권이 없어 직무 수행 중 헌법을 위반하거나 법률을 심각하게 위반했을 경우, 의회가 대통령 탄핵안을 발의하고 헌법재판소 2/3의 결정으로 면직될 수 있다(헌법 109조). 이렇게 슬로베니아 대통령은 의회제의 대통령보다도 헌법으로 규정된 공식 권한이 약해 직선으로 선출된다는 정당성에도 불구하고 그 존재감이 너무나 약해 보인다.

그러나 현실에서는 약한 헌법적 권한에도 불구하고 대통령이 다양한 분야에서 상당히 큰 영향력을 행사하고 있다. 실제로 슬로베니아 대통령들은 계속해서 총리/정부, 의회와 충돌했고 비공식적인 방법을 활용해 자신의 의견을 알리거나 중요한 정치적, 경제적, 외교적 사안에 영향력을 행사하고 있다. 이렇게 대통령이 직, 간접적인 영향력을 행사할 수 있는 요인 중에는 대통령의 역할 규정이 모호하고 동시에 대통령의 권한에 대한 헌법 규정이 너무 간략하고 두리뭉실하다는 점도 들 수 있다. 동시에 헌법상의 공식 권한과는 상관없이 재임 당시의 정치, 경제, 국제적 상황, 개인적인 카리스마나 퍼스낼리티 그리고 직선으로 선출되고 국민으로부터 높은 신뢰를 얻고 있다는 민주적 정당성 등에 따라 대통령의 실제 영향력이 상당히 달라질 수 있다. 이런 사실에서 이제부터는 대통령의 영향력 행사 사례를 통해 슬로베니아 준대통령제에서 대통령의 공식 권한과 현실에서의 영향력 사이에 상당한 차이가 있음을 확인한다.13)

4. 대통령의 실제 영향력 행사

1) 쿠찬 대통령의 영향력

쿠찬은 1992년 대통령으로 당선되기 이전에 이미 옛 유고슬라비아에서 그리고 체제전환 시기 슬로베니아에서 최고위직을 두루 거쳤던 인물이었다. 더군다나 쿠찬은 1986년 슬로베니아 공산당 서기로 선출된 이래 유럽적 가치와 원칙을 내세우며 밀로세비치(S. Milosević)가 주도하는 세르비아 우월주의에 반기를 들어 슬로베니아인들 사이에서 공산주의자라기보다는 민족 지도자의 이미지를 쌓았다. 그는 1990년 1월 23일 유고슬라비아 공산당 대회에서 폭력과 억압을 통한 국가의 존속을 거부하고 잘 통제된 평화적 분리를 주장하면서 자리를 박차고 나왔다. 결국 이 사건이 유고슬라비아 붕괴의 도화선이 되었다.

쿠찬은 1991년 6월 25일 "오늘 우리의 꿈이 허락되었고, 내일은 새로운 날이 될 것이다"라며 독립을 선언했고 바로 그 다음날 유고슬라비아와 '10일 전쟁'에 돌입했다. 치열한 전쟁 끝에 EU가 중재한 브리오니 평

---

13) Deželan, Tomaž (2014), p. 94.

화회담을 통해 슬로베니아에서 유고슬라비아 군대가 철수했고, 뒤이어 헤이그와 브뤼셀 평화회담을 통해서는 슬로베니아의 독립이 인정되었다. 따라서 슬로베니아 역사에서 가장 급박하고 영광스러웠던 순간을 주도했던 쿠찬의 명성과 인지도는 그 어느 정치인보다 높을 수밖에 없었다.

앞서 살펴본 바와 같이 국가 분리 이후 슬로베니아의 헌법 초안 작성 과정에서 대통령 선출 방식과 권한을 둘러싼 치열한 논쟁이 벌어졌다. 당시 정치 엘리트들은 국민이 열망하는 대통령 직선은 수용했지만,[14] 대통령의 권한 만큼은 결코 양보할 생각이 없었다. 이미 쿠찬의 당선이 확실시되는 상황에서 데모스를 비롯한 거의 모든 정치세력이 미래의 대통령 쿠찬에게 큰 권한을 부여하지 않기로 결정한 가장 큰 이유는 내전, 독립과 같은 절체절명의 순간에 드러났던 쿠찬의 지도력과 그에 대한 국민의 존경심 때문이었다. 그들은 섣불리 대통령에게 많은 권한을 부여하는 헌법을 제정할 경우, 그 권한에 의해 피해를 입게 될 당사자는 바로 자신들이라는 사실을 잘 알고 있었다. 쿠찬의 인기는 1992년 12월 대선 결과를 통해서도 알 수 있는데, 그는 이미 대선 1차 투표에서 압도적인 지지를 얻어 결선을 거치지 않고 대통령에 당선되었다. 이는 1997년 대선에서도 마찬가지였는데, 당시에도 1차 투표에서 55.5%를 얻어 결선을 치르지 않고 재선에 성공했다.

---

14) 1980년대 말과 1990년대 초반 국민들 사이에 대통령 직선에 대한 열망이 강했다. 국민들은 직선 대통령이 강력한 정치적 영향력을 가지게 되고, 중요한 역할을 하게 될 것이라고 기대했다. 그러나 사실 대다수의 국민들은 이전의 집단 대통령제에서도 대통령의 권한이 어느 정도인지 몰랐고 의회가 어떤 권한을 지니고 있는지도 몰랐다. 신헌법 제정 이후 1992년 총선 당시까지도 상황은 비슷했다. 옛 공산정권 시기의 복잡한 권력 구조 때문에 국민들은 정치에 무관심했고 이와 관련된 정보도 없었다. 새로운 헌법이 언론을 통해 대중들에게 잘 전달되지 못했던 것도 일반 국민들이 대통령의 권한이 어느 정도이고 그 권한이 어떻게 행사되었는지 알지 못했던 이유였다. 다만 1992년 대선 당시 유권자들은 자신들이 직접 국가수반을 선출할 수 있다는 열망에 사로잡혀 있었을 뿐이었다. Cerar, Miro (1999), p. 239.

표 10-2) 1992년 12월 슬로베니아 대선

후보	정당	득표	비율(%)
쿠찬	무소속	795,012	63.93
비즈약	기독민주	262,847	21.14
카친	민주당	90,711	7.29
부세르	인민당	24,051	1.93

출처: Državna volilna komisija, "VOLITVE PREDSEDNIKA RS - LETO 1992," https://www.dvk-rs.si/index.php/si/arhiv-predsednika-rs/volitve-predsednika-rs-leto-1992

1992년 대선에서는 자유민주당 주도의 연립정부가 쿠찬에 대항할 유력한 후보를 내세우지도 않았다. 당시 자유민주당의 드르노프섹 총리조차도 쿠찬 이외에는 대안이 없다고 판단하고 헌법을 통해 대통령의 권한을 줄여놓은 상황에서 굳이 여당이 대통령직까지 차지하려 한다는 비난의 소리도 듣고 싶지 않았다. 그러나 자유민주당이 주도 정당이었기에 대선을 보이콧할 수는 없어 어쩔 수 없이 후보를 내세우기는 했다. 이렇게 해서 1992년 총선에서 23.4%의 지지를 얻어 제1당이 되었던 자유민주당은 같은 해에 실시된 대선에서는 자당의 후보로 시르츠(L. Sirc)를 내세워 1.5%를 득표하는 데 그쳤다.

결국 드로노브섹 총리는 쿠찬 대통령과의 불편한 동거를 받아들였고, 오히려 이것이 슬로베니아 민주화 과정에서 긍정적인 역할을 했다. 쿠찬이나 드르노프섹이 모두 옛 공산정권에서 고위직을 차지했던 인물이었기 때문에 어떤 측면에서는 이 시기를 총리와 대통령의 '허니문 기간'으로 평가할 수도 있다. 그러나 양자의 이데올로기 성향이 비슷했을지는 몰라도 현실에 대한 관점과 그 인식에서 큰 차이를 보였기 때문에 이 기간은 허니문이 아닌 동거 기간이었고 실제로 이 시기에 양자 간 충돌이 이어졌다.

체제전환 초기라는 특성으로 당시의 정부와 총리는 경제 문제에 집중할 수밖에 없었고, 신생 독립국의 위상 강화를 위해서 외교 분야도 중요했다. 따라서 드르노프섹은 경제와 외교를 최우선시했고 이 때문에 쿠찬이 국내 정치에 개입할 여지가 많았다. 이런 사실에서 양자가 충돌할 지점은 없었지만, 의회제에 가까운 준대통령제 국가 슬로베니아에서 대통령의 정치 관여가 그대로 용인될 리는 없었다. 사실 대통령에게 헌법상의 권한을 거의 부여하지 않았던 이유가 쿠찬의 영향력을 막기 위한 것이었지만, 직선이라는 정당성, 정파를 초월한 대통령의 높은 지지율, 총리의 경제, 외교 집중 등의 상황에서 대통령의 정치 개입 빈도는 늘어갔고 따라서 대통령과 총리/정부 그리고 대통령과 의회 사이의 대립은 피할 수 없었다.

표 10-3) 1997년 12월 슬로베니아 대선

후보	정당	득표	비율(%)
쿠찬	무소속	578,925	55.54
포도브닉	인민당	191,645	18.39
베르닉	SDSS-SKD	98,996	9.50
세라르	무소속	73,439	7.05

출처: Državna volilna komisija, "VOLITVE PREDSEDNIKA RS - LETO 1997,"
https://www.dvk-rs.si/index.php/si/arhiv-predsednika-rs/leto-1997

대통령과 총리에 대한 국민의 신뢰, 퍼스낼리티의 차이 그리고 대통령의 국내 정치에 대한 관심 등은 전혀 예상치 못한 부분에서 총리, 의회와의 충돌로 이어졌다. 예를 들어 기념식에서 누가 축사를 할 것인지와 같은 사소한 문제에서부터 누가 국가를 대표해 해외 순방을 할 것인지와 같은 의전적, 대표성 문제까지 갈등을 빚었다. 더군다나 국내문제에 관심이 많았던 쿠찬은 정부에게 다양한 분야의 정보를 요구했지만, 총리와 정부는 대통령이 요구하는 정보를 제공하지 않았고 대통령은 비공식적인 방법으로 필요한 정보를 취하는 경우가 많았다. 한편 헌법상 국가를 대표하는 대통령에게 아무런 보고도 하지 않고 총리가 독단적으로 국가를 대표하는 사건도 있었다. 이런 일들은 체제전환 초기에 헌법에 규정된 대통령의 권한이 제도화되지 못했기 때문에 발생한 것이며, 특히 쿠찬 대통령 개인에 대한 견제일 수도 있었다. 결국 이런 사소한 충돌은 무엇보다도 단독 대통령에 대한 경험 부족과 대통령과 정부, 대통령과 의회 관계에 대한 규정이 상당히 모호했기 때문에 나타난 결과였다.15)

대통령과 정부가 충돌한 사건 중 가장 중요한 것은 '국방법'을 둘러싼 국방장관 얀샤(J. Janša)와의 대립이었다. 평시에 누가 군통수권을 갖고 있는지를 둘러싼 논쟁이 사건의 출발점이었다. 당시 얀샤는 내무부 소속의 비밀요원을 군부가 체포한 사건을 둘러싸고 벌어진 소위 '데펠라 바스 스캔들(Depela Vas Scandal)'로 곤욕을 치르고 있었다.16) 얀샤는 민간영역에 군대가 개입한 이 사건에서 자신은 아무런 지시도 내린 적이 없다고 부인하면서도 군정보부를 두둔하는 발언을 하여 정부 내에서 큰 분란을 일으켰다. 이에 대해 총리는 의회에 얀샤의 해임을 요구하고 사회민주당을 연정에서 배제했다. 얀샤는 이 사건의 배후에는 국방장관을 대신해 군통수권을 행사하고자 하는 대통령 쿠찬이 있다고 확신하면서 이 스캔들은 쿠찬이 자신을 제거하기 위해 꾸민 음모라고 반발했다. 그러나 이 사건으로 사실상의 승자는 아무도 없었다. 얀샤는 국방장관에서 해임되었고 그의 정당인 사회민주당은 연정에서 배제되었으며, 얀샤의 일방적인 주장과는 상관없이 국방장관과의 진흙탕 싸움을 한 대통령 쿠찬도 국민적 신뢰를 잃었다.

어쨌든 평시에는 물론 전시나 비상사태의 경우에도 대통령의 군사적 권한이 크지 않았는데, 헌법 92조에는 (전시나) 국가 비상사태의 경우 의회가 군대 동원을 결정하지만, 의회가 개원하지 못하는 경우에 대통령

---

15) Krasovec, Alena and Lajh, Danjan (2008), pp. 210-211.

16) "Feature: 25 Years on from the Depela Vas Scandal," March 21, 2019,
    https://www.total-slovenia-news.com/politics/3275-feature-25-years-on-from-the-depela-vas-scandal

이 이를 결정한다. 대통령은 의회가 개원하는 즉시 해당 결정에 대한 승인을 받아야 한다고 규정했다. 이를 통해 볼 때, 결국 대통령은 평시는 물론 전시나 국가 비상사태에서도 군 통수권자의 권한을 행사할 수 없는 셈이었다.

쿠찬과 얀샤의 충돌은 얀샤와 사회민주당이 연립정부에서 배제된 이후에도 계속되었다. 얀샤는 대통령이 비공식적 수단을 통해 정보를 취득하고 있다는 점을 문제삼아 쿠찬을 의회로 불러내 누구로부터 어떤 정보를 얻고 있는지를 공개하라고 압박했다. 헌법 107조에 따라 대통령은 의회가 요청하는 특정 이슈에 대해 자신의 의견을 밝힐 수 있는데, 당시 연립정부에서 추출된 얀샤는 바로 이 조항을 대통령의 권한이 아닌 의무로 해석하여 대통령을 의회로 불러내 정보 취득의 불법성을 공격하려 했다.[17] 그러나 쿠찬은 의회에 출석해 의견을 밝히고 곧바로 자리를 떠나면서, 대통령이 견해를 밝히는 것은 헌법적 권한이지만 그 이후의 질의와 응답에 대한 헌법적 의무는 없다고 강조했다.

한편 1997년 대선 토론회에서는 대통령의 법안 공표권에 대한 논쟁이 벌어졌다. 헌법 107조는 "대통령은 법안을 공표한다" 그리고 91조는 "대통령은 의회를 통과한 법안을 8일 이내에 공표한다"고 규정했다. 문제는 이 토론회에서 과거청산과 관련된 '정화법'에 대한 질의응답 과정에서 불거졌다. 쿠찬은 만약 의회가 정화법을 통과시킨다면 헌법에 규정된 기한 내에 이 법을 공표할 것인지의 질문에 자신은 이 법을 공표하지 않을 것이라고 대답했다.[18] 이는 분명 위헌적인 발언이었지만, 다행히도 슬로베니아 의회가 정화법을 제정하지 않아 실제로 쿠찬이 법안을 공표하지 않는 위헌적 행동을 하지는 않았다.

대통령이 총리나 정부와 대립한 것은 아니지만 정부의 정책에 큰 영향

---

17) Deželan, Tomaž (2014), pp. 154-155.

18) Krasovec, Alena and Lajh, Danjan (2008), p. 213.

을 끼친 경우도 있었다. 대통령의 헌법 권한 중 하나가 의회에서 의견을 개진하는 것이기 때문에 쿠찬 대통령은 재임 중 4번에 걸쳐 주요 정책에 대한 자신의 의견을 의회에 전달했다. 더군다나 쿠찬 대통령은 다양한 비공식적인 방법을 활용해 국민들에게 직접 의견을 밝혔는데, 일간지에 광고를 싣는 것도 그중 하나였다. 가장 대표적인 사례는 1997년 EU 가입 협상 과정에서 이탈리아가 제기한 슬로베니아의 외국인 토지매입 금지법에 관한 논란이었다. 슬로베니아 정치인들과 많은 국민들이 외국인의 토지매입 금지를 지지하는 상황에서, 쿠찬은 신문 광고를 통해 EU 가입을 위해서는 논란이 되는 토지법을 폐지하는 것이 마땅하다는 의견을 개진했다. 가장 신뢰받던 정치인이었고 또 대통령으로서 높은 권위를 지니고 있던 쿠찬의 설득으로 여론이 바뀌었고[19] 결국 외국인도 토지를 매입할 수 있도록 헌법을 개정함으로써 EU 가입을 위한 큰 고비를 넘겼다.[20]

2) 드르노프섹, 튀르크 대통령의 영향력

2002년 대선에서는 당시 총리 드르노프섹이 자유민주당 후보로 출마해 결선에서 보수파가 지지하는 무소속의 브레지가르(B. Brezigar)를 물리쳤다. 이미 2000년 총선에서 승리한 자유민주당은 2002년 대선에서도 승리하여 정국을 주도했다. 이전 쿠찬 대통령 시기 오랜 기간 총리를 역임했던 드르노브섹은 암 투병으로 총리직에서 물러난 이후 다시 정계에 복귀해 이번에는 대통령직을 차지했다. 드르노프섹은 대통령 당선 이후에도 당분간은 항암치료를 받아야 했기 때문에 임기 초반에는 대통령직을 제대로 수행할 수 없었고 민주당이 총선에서 승리한 이듬해인 2005년에 가서야 공개적으로 활동을 재개했다.

---

19) Deželan, Tomaž (2014), pp. 156-157.

20) Fink-Hafner, Danica and Lajh, Damjan (2003), pp. 76-77.

표 10-4) 2002년 12월 슬로베니아 대선

후보	정당	1차 투표		결선 투표	
		득표	%	득표	%
드르노프섹	자유민주당	508,114	44.39	586,263	56.58
브레지가르	무소속	352,520	30.80	449,995	43.42
플레메니티	민족당	97,178	8.49		
아르하르	무소속	86,836	7.59		

출처: Državna volilna komisija, "VOLITVE PREDSEDNIKA RS - LETO 2002,"
https://www.dvk-rs.si/index.php/si/arhiv-predsednika-rs/leto-2002

민주당이 집권하고 대통령이 정상적으로 직무를 수행하기 시작함에
따라 민주당의 얀샤 총리와 자유민주당의 드르노프섹 대통령의 불편한
동거가 시작되었다. 이미 언급했던 바와 같이 드르노프섹은 총리 시절부
터 경제와 외교에 적극적이었는데, 대통령이 된 이후에도 여전히 이 분
야에 관심을 갖고 있었다. 이런 이유에서 드르노프섹은 2005년 코소보
분쟁과 타푸르 분쟁을 해결하기 위해 자신이 직접 분쟁 조정을 주도했고
이것이 대통령과 총리 얀샤 사이에 외교정책을 둘러싼 권한 논쟁으로 이
어졌다. 특히 다푸르 분쟁 해결을 위한 노력이 오히려 역효과를 낸 이후
얀샤 총리는 대통령이 독자적으로 외교정책을 추진하는 월권행위를 하고
있다고 비판하면서 드르노프섹이 추진하는 정책에 대한 지원을 중단했
다.21) 이외에도 여러 사안을 둘러싸고 양자의 충돌은 계속 이어졌다. 이
런 충돌 중 일부는 정치적인 성격이었고 이 때문에 대통령의 헌법 권한
에 관한 논쟁으로 비화되었다.22)

드르노프섹은 공개 활동을 시작한 이래 임기 말까지 총리가 모든 권

---

21) "Janez Drnovsek: Slovenian president who achieved membership of the EU and Nato for the
former Yugoslav republic," *Independent,* February 25, 2008,
https://www.independent.co.uk/news/obituaries/janez-drnovsek-slovenian-president-who-achieved-me
mbership-of-the-eu-and-nato-for-the-former-yugoslav-republic-786789.html

22) Krasovec, Alenka and Lajh, Damjan (2013), p. 158.

력을 집중하고 있다고 비판하면서 헌법에 독립성이 보장된 옴부즈만, 반
부패위원회마저도 정부의 압력을 받고 있다고 주장했다. 2006년에는 이
전 쿠찬 시기에도 한번 논란이 되었던 대통령의 법안 공표권 문제가 다
시 제기되었다. 이번에는 '망명법'을 둘러싼 갈등이었다. 드르노프섹은
의회의 새로운 망명법으로 비호신청자들의 권리가 침해될 것이라며 의회
를 통과한 새로운 망명법을 공표하지 않을 것이라고 선언했다. 쿠찬 시
기의 정화법 논란에 이어 다시 한번 헌법 91조 대통령의 법안 공표권이
대통령의 권한인지 아니면 의무인지의 대한 문제가 대두되었다. 결국 대
통령이 한발 물러서 해당 법안을 공표하기는 했지만, 여전히 대통령의
법안 공표에 대한 이견이 남아 있었다.23)

한편 2007년 10월에는 대통령이 헌법재판소 판사 후보 5명을 의회에
추천했지만, 의회는 두 차례에 걸쳐 이를 무시하고 대통령이 추천한 인
사 중에서 2명만을 헌법재판소 판사로 임명했다. 이에 격분한 드르노프
섹은 임기 중에는 더 이상 헌법재판소 판사 후보를 추천하지 않을 것이
라며 대통령의 추천권 행사를 거부했다.24) 일부에서는 이를 대통령의 직
무유기라고 비판했지만, 대통령은 자신의 권한 행사를 의도적으로 막는
의회의 행태를 권한 남용이라고 맞받아쳤다.

더군다나 드르노프섹은 재임 중에 사조직인 공정발전운동(Movement
for Rightness and Development)을 조직해 '더 나은 세상을 위해'라는
모토를 내세우고 정부의 외교정책에 개입해서 총리, 외무장관과 빈번히
대립했다. 총리와의 충돌은 외교정책은 물론 국내정책을 둘러싸고도 이
어졌는데, 전임 쿠찬 대통령이 의원들에게는 서한을 그리고 국민들에게
는 신문 광고를 통해 자신의 의견을 밝혔다면, 드르노프섹은 공정발전운
동의 웹사이트(citizen janez D)를 통해 국내외 주요 이슈에 대한 자신의

---

23) Deželan, Tomaž (2014), p. 90.
24) Krasovec, Alenka and Lajh, Damjan (2013), p. 159.

의견을 적극적으로 개진했다.[25]

2007년 5월에는 국가정보원에서 드르노프섹이 지난 2002-2004년 사이 개인적인 목적으로 비밀 자금을 활용했다고 폭로하는 사건이 벌어졌다. 대통령은 즉각 정부와 집권당이 자신의 명예를 실추시키기 위해 권력을 남용했다고 비판하면서 총리를 '가장 나쁜 X'라고 맹비난했다.[26] 이 직후 드로노우섹은 건강상의 이유로 재선에 도전하지 않을 것임을 밝혔다.

2007년 대선이 다가오면서 사회민주당 파호르(B. Pahor)의 대통령 당선이 유력했지만, 그가 총선 집중을 위해 대선 불출마를 선언하면서 상황이 복잡해졌다. 자유민주당은 전중앙은행장 가스파리(M. Gaspari)를 후보로 결정했고 민족당은 당대표 옐린치치(Z. Jelinčič)를 후보로 내세웠다. 사회민주당은 자당의 독자 후보를 내지 않고 그 대신 무소속 튀르크(D. Türk) 지지를 선언했다. 상기한 주요 후보들은 명목상으로는 무소속으로 출마했지만 실질적으로는 모두 특정 정당의 지지를 받고 있었다. 이런 상황에서 당시 여론에서는 민주당과 신슬로베니아의 지지를 받고 있던 페테를레(L. Peterle)가 결선에서 가스파리 또는 튀르크와 상대해 승리할 것으로 예상했다. 그러나 예상과는 달리 결선에서 튀르크가 차기 대통령에 당선되었다.

대선 이틀 뒤에 얀샤 총리는 야당들이 슬로베니아를 벨라루스 수준의 독재국가로 묘사하는 등 국가를 비방하는데 너무나 많은 에너지를 쏟아붓고 있다고 비판하면서 대선과 국민투표 패배를 인정하고 의회에 정부의 재신임을 요청했다. 야당들은 슬로베니아의 EU 가입 몇주 전에 총리가 사임하겠다고 압박하면서 재신임을 요구하는 것은 무책임하고 현명하

25) Ibid., p.160.

26) "Obletnica Dnevnikovega razkritja: Po letu dni afera Sova še vedno brez epiloga," https://www.dnevnik.si/306840

지 못한 처사라고 비판했지만, 긴급한 상황에서 울며겨자먹기로 2007년 11월 19일 정부를 재신임했다. 그러나 집권 사회민주당의 지지율은 역대 최저 수준인 18%까지 떨어졌다.

표 10-5) 2007년 10-11월. 슬로베니아 대선

후보(소속)	1차 투표		결선 투표	
	득표	%	득표	%
튀르크 (무소속)	241,349	24.47	677,333	68.03
페테를레 (무소속)	283,412	28.73	318,288	31.97
가스파리 (무소속)	237,632	24.09		
펠레멘니티 (민족당)	188,951	19.16		

출처: Državna volilna komisija, "VOLITVE PREDSEDNIKA RS - LETO 2007," https://www.dvk-rs.si/index.php/si/arhiv-predsednika-rs/leto-2007

튀르크의 재임 기간에도 대통령과 총리의 갈등은 계속되었다. 별로 중요한 권한이 아닌 것으로 보이는 경우에도 대통령과 정부가 충돌하는 사례가 많았다. 가장 대표적인 사건은 튀르크 대통령이 내무부 관료였던 에르틀(T. Ertl)에게 훈장(Silver order of Merits)을 수여하면서 시작되었다. 에르틀은 1989년 류블라냐에서 진행된 '북부 작전(Operation North)'으로 밀로세비치 지지자들이 조직한 '진실집회(rally of truth)' 일망타진하는 공을 세웠다. 진실집회는 개혁 공산주의자들을 제거하려는 목적으로 여러 곳에서 동시다발적으로 나타났던 일종의 친공산계 비밀결사였다. 튀르크는 당시 에르틀이 이 진실집회를 적발해 슬로베니아의 개혁파를 구원한 공로가 있기 때문에 그에게 훈장을 수여하는 것은 당연하고 이는 헌법 107조에 규정된 대통령의 권한이라고 강조했다.

문제는 에르틀이 단순한 관료가 아니라 내무부 산하 비밀경찰의 수장이었다는 점이었다. 이 때문에 그에게 훈장을 수여하는 것이 과연 정당한지에 대한 논란이 일었고, 대통령의 결정에 항의하는 시위가 벌어졌다.

얀샤가 이끄는 민주당은 튀르크가 공산정권 시절에도 사회주의동맹 소수민족 위원장을 맡으면서 각종 테러 사건에 연루되었다고 주장하고 대통령이 "모든 이들은 개인의 존엄과 안전을 보장받을 권리가 있다"는 헌법 34조를 위반했다며 탄핵을 추진했다. 그러나 곧 민주당의 튀르크 대통령 공격이 거짓 정보에 근거한 것이 밝혀지면서 탄핵안은 폐기되었다.[27]

튀르크 대통령은 이 사건 이후 조기 총선에서 민주당이 승리하더라도 결코 민주당의 얀샤를 총리로 제청하지 않을 것이라고 맹세했었다. 당시 튀르크는 총선 제1당의 대표를 총리 후보로 추천해야 할 헌법상의 의무가 없다고 강조했는데, 민주당의 얀샤를 견제하려던 이 발언은 헌법상 제1당의 대표를 총리 후보로 선택할 의무는 없지만, 후보 추천 이전에 의회 정당, 특히 원내 주요 정당과의 협의를 거쳐야 한다는 헌법 조항(111조)에 대한 도전으로 비칠 여지가 있었다.

다행히도 2011년 조기 총선에서 긍정슬로베니아(Positive Slovenia)가 28석으로 제1당을, 민주당이 26석으로 제2당을 차지했다. 이에 튀르크는 서둘러 긍정슬로베니아의 얀코비치(Z. Janković)를 총리 후보로 지명했다. 그러나 얀코비치가 의회의 인준을 받지 못하면서 상황은 복잡해졌다. 이제 두 번째 총리 후보에 대한 표결이 실시될 예정이었는데, 헌법에 따르면 두 번째 표결을 위해서는 대통령이 새로운 총리 후보를 지명하거나 아니면 1차와 동일한 후보를 추천할 수 있다. 동시에 의회 역시 의원 10인 이상의 지지로 의회 자체의 총리 후보를 지명할 수도 있었다(헌법 111조).

긍정슬로베니아를 제외한 정당들이 이미 민주당의 얀샤를 총리로 하는 연정 구성에 합의한 상황이었기 때문에 결국 튀르크 대통령이 얀샤를 총리 후보로 지명할 것으로 기대했다. 그러나 예상과는 달리 튀르크는 제3의 인물인 볼이츠(M. Voljč)를 총리 후보로 거론했다. 볼이츠는 2011

---

27) Deželan, Tomaž (2014), pp. 93-94.

년 총선에 참여하지도 않은 인물로 튀르크 대통령이 얼마나 얀샤를 싫어하는지를 잘 보여주는 대목이었다. 튀르크는 얀샤가 부패 혐의로 기소되었기 때문에 총리직을 수행할 정당성이 없다고 비판하면서 계속해서 그를 총리로 지명하지 않았다. 그러나 대통령에게도 다른 대안이 없었기 때문에 언제까지나 얀샤를 무시하면서 버틸 수도 없었다. 결국 튀르크는 얀샤를 총리로 지명했고 의회는 그를 총리로 인준했다.

이제 예상대로 2012년 2월부터 차기 대선이 치러진 12월 사이에 얀샤와 튀르크 사이의 충돌이 이어졌다. 정부의 중요 정책을 결정해야 하는 상황과 2012년 연말 대선을 앞둔 상황에서 튀르크는 정부와 대립각을 세웠다. 예를 들어 튀르크는 정부의 재정규칙 도입을 반대하면서 정부가 권력을 독점하면서 공공교육과 과학 분야 그리고 사회정책에 예산을 삭감했다고 비판했다. 그러나 대체적으로 대통령과 총리 간 충돌은 2차대전 중에 일어났던 사건이나 사회주의 기간 동안에 벌어졌던 사건을 둘러싼 입장 차이 등 주로 이데올로기적인 내용에 집중되어 있었기 때문에 정치적으로 큰 영향을 끼치지는 않았다.[28]

5. 맺음말

1991년에 제정된 헌법을 통해서 슬로베니아 대통령은 주로 의전적 역할만을 부여받았고 따라서 대통령은 일상 정치 개입이나 총리/정부, 의회를 견제하고 균형을 맞출 수 있는 충분한 권한을 보유하지 못했다. 의회는 체제전환 초기 국민들의 대통령 직선에 대한 열망으로 직선제를 선택했지만, 이는 대통령에게 통치의 정당성을 부여하거나 혹은 다른 헌법기구와의 균형을 맞추려는 의도가 아니었다. 이 때문에 헌법에서는 대통

---

28) Krasovec, Alenka and Lajh, Damjan (2013), p. 164.

령의 권한과 역할을 아주 짧게 규정하면서 될 수 있으면 그의 존재감을 없애버렸다.

단독 대통령에 대한 경험도 없었고 헌법상의 권한도 매우 약했지만 그렇다고 해서 1992년 이후 재임한 대통령들이 일상의 정치에서 떨어져 소극적, 의전적인 역할에 만족했던 것만은 아니었다.[29] 1992년에서 2012년 사이 재임했던 쿠찬, 드르노프섹, 튀르크 세 명의 대통령은 헌법에 규정된 제한적 권한을 뛰어넘어 자신들의 영향력을 행사하려고 했다. 무엇보다도 이들이 헌법 권한을 초월할 수 있었던 도구는 직선으로 선출되고 여타 헌법 기구와 비교해 국민들에게 훨씬 더 높은 신뢰를 받고 있다는 정당성이었다. 대통령은 일상 정치의 진흙탕에서 뒹굴고 있는 총리, 각료, 의원들과는 달리 정당정치를 초월한 인물로 부분이 아닌 전체를 대표하는 정치인이라는 이미지가 강했다. 특히 초대 대통령이었던 쿠찬과 두 번째 대통령이었던 드르노프섹이 슬로베니아의 독립 과정 보여주었던 영웅적 행동은 국민들의 존경과 지지의 원천이었다. 튀르크 대통령의 경우는 앞선 두 대통령과 같은 카리스마나 퍼스내릴티는 없었지만, 그럼에도 그가 정당 정치인이 아니었다는 사실은 국민들 사이에서 그나마 다른 정치인보다는 낫다는 이미지를 심어 주었다.

결국 실권이 없는 슬로베니아 대통령들이 현실에서 영향력을 행사하기 위한 조건 중 하나는 국민으로부터 높은 신뢰와 존경받은 정치인의 이미지였다. 물론 개인의 능력과 적극성도 중요했는데, 쿠찬은 대중들과 직접 소통을 위해 신문 광고나 서한을 통해서 그리고 드르노프섹은 사조직과 그의 인터넷 사이트를 통해 계속해서 국민들과 소통하는 모습을 보여주었다. 이를 통해 볼 때, 결국 슬로베니아 대통령의 권한과 영향력도 헌법 규정에 제약되어 있는 것이 아니라 대통령 자신의 카리스마나 정치 스타일 그리고 개인적 야심과 같은 퍼스낼리티, 임기 중의 특별한 정치,

---

29) Cerar, Miro (1999), p. 255.

경제, 사회, 국제적 맥락에 의존하고 있음을 확인할 수 있다.

표 10-6) 슬로베니아 대통령, 총리, 연립정부

총리	임기			정부	의회	대통령
정당	시작	끝	일	연정		
L. 페테를레 DEMOS	16.5. 1990	14.5 1992	729	중도-우익 다수정부 SKD-SDZS-SDZ-SLS-ZS	1990	
J. 드르노프섹 자유민주당	14.5. 1992	25.1. 1993	2,946	중도 다수정부 LDS-DS-SDS-SSS-ZS-ZLSD	1992	M. 쿠찬 8.10.1991 ~ 22.12.2002
	25.1. 1993	27.2 1997		중도 다수연정(1993-1996) 중도 소수정부(1996-1997) LDS-SKD-SDS (1993-1994)-ZLSD (1993-1996)		
	27.2. 1997	7.6. 2000		중도 다수정부 LDS-SLS-DeSUS	1996	
A. 바육 인민당 (SLS+SKD) 이후에는 Slovenia (NSi)	7.6. 2000	30.11 . 2000	176	중도-우익 다수정부 SLS-SKD-SDS		
J. 드르노프섹 자유민주당	30.11 . 2000	19.12 . 2002	749	중도 다수정부 LDS-SLS-DeSUS-ZLSD	2000	J. 드르노 프섹
A. 로프 자유민주당	19.12 . 2002	3.12. 2004	715	중도 다수정부 LDS-SLS-DeSUS-ZLSD		
J. 얀샤 민주당	3.12. 2004	21.11 . 2008	1,449	중도-우익 다수정부 SDS-NSi-SLS-DeSUS	2004	22.12.2002 ~ 23.12. 2007
B. 파호르 사회민주당	21.11 . 2008	10.2. 2012	1,176	중도-좌익 다수정부 (2008-2011) 중도-좌익 소수정부 (2011-2012) SD-DeSUS (2008-2011)-LDS-Zares (2008-2011)	2008	D. 튀르크 23.12.2007 ~ 22.12.2012
J. 얀샤 민주당(SDS)	10.2. 2012	20.3. 2013	404	중도-우익 다수정부 SDS-NSi-SLS-DeSUS-DL	2011	B. 파호르

총리	임기			정부	의회	대통령
정당	시작	끝	일	연정		
A. 브라투섹 긍정당(PS) 이후에는.. 브라투섹연맹 (ZaAB)	20.3. 2013	18.9. 2014	547	중도-좌익 다수정부		22.12.2012 ~
				PS-DeSUS-DL-SD-ZaAB		
M. 체라르 현대중도당 (SMC)	18.9. 2014	13.9. 2018	1,456	중도-좌익 다수정부	2014	
				SMC-DeSUS-SD		
M. 샤레츠 샤레츠 리스트(LMŠ)	13.9. 2018	13.3. 2020	547	중도-좌익 소수정부	2018	
				LMŠ-SD-SMC-SAB-DeSUS		
J. 얀샤 민주당	13.3. 2020	~	208	중도-우익 다수정부		
				SDS-SMC-NSi-DeSUS		

제11장

리투아니아의 준대통령제

의회제에서 준대통령제로

1. 머리말

1989년을 전후해 공산체제에서 벗어난 중동부유럽 국가들과 1991년 소련 해체 이후에 독립한 소련 계승 국가들에서 탈공산화와 민주화를 위해 어떤 정부 형태가 더 나은 지에 대한 논쟁이 벌어졌고 이 과정에서 많은 국가들이 대통령제와 의회제의 단점을 피하고 장점을 취합했다고 여겨지는 준대통령제를 선택했다. 1991년 소련으로부터 독립한 리투아니아 역시 어떤 정부 형태를 선택할지를 두고 치열한 논쟁과 대립 끝에 준대통령제를 선택했다. 그러나 리투아니아는 곧바로 의회제로 돌아섰다가 또 다시 준대통령제를 선택한 특이한 이력을 가진 사례였다.

리투아니아는 양차대전 사이의 시기에 의회제를 대통령제로 바꾸었고, 소비에트 시기에는 최고 소비에트 그리고 독립 이후 1992년 헌법을 통해서는 '준대통령제'를 선택한 경험으로 인해 준대통제의 실제 영향을 분석할 수 있는 최적의 사례로 여겨진다.[1] 국가의 독립과 체제전환이 시작되면서 리투아니아 역시 향후의 정치안정과 경제발전을 위해 어떤 정부 형태를 선택할지를 놓고 정치세력 사이에 치열한 논쟁이 벌어졌다. 이 과정에서 양차대전 시기와의 연속성을 강조하고 헌법 초안 작성 당시의 정치적 이해 사이의 타협으로 준대통령제가 들어섰다.

문제는 준대통령제가 리투아니아의 정치발전에 어떤 영향을 끼쳤는지에 관한 것이다. 2004년 유럽 대통령 중 최초로 리투아니아 대통령이 의회에서 탄핵된 사실을 통해 볼 때, 대통령과 총리/정부 그리고 의회 간의

---

1) Krupavicius, Algis (2004), p. 65.

관계가 그렇게 조화롭고 협력적이지는 않았을 것으로 추정할 수 있다.

따라서 리투아니아 준대통령제 사례에서는 우선 1992년 헌법 제정 과정을 통해 준대통령제를 선택한 이유와 그 내용을 확인하고 그 뒤를 이어 헌법에 명시된 대통령의 공식 권한을 입법권, 비입법권, 임명권 등으로 구분해 살펴본다. 이렇게 권한을 구분하는 것은 대통령의 헌법 권한과 실제 행사한 영향력 사이에 어떠한 차이가 있는지를 검토하기 위함이다. 어떤 경우에는 헌법에 규정된 권한만을 행사한 경우도 있었지만, 대부분의 경우는 헌법 규정을 초월해 그리고 헌법에 규정되어 있지 않은 부분을 활용해 현실에서 더 강력한 영향력을 행사한 경우가 많았다. 따라서 왜 어떤 경우에는 헌법 권한을 준수했고 또 어떤 경우에는 권한의 범위를 확장해 실제 영향력으로 전환시켰는지를 파악한다.

마지막 부분에서는 리투아니아가 준대통령제를 선택한 것은 독립 이후 역사적 연속성을 강조하는 사회적, 정치적 분위기 그리고 헌법 제정 당시 정치세력들의 타협에 의한 것이었음을 강조하면서, 개별 대통령의 실제 권한은 헌법상의 공식 권한에 머물러 있지 않고 대통령의 퍼스낼리티, 해당 시기의 정치, 경제적 맥락, 여론의 움직임 등에 따라 크게 달라졌음을 확인한다.

2. 대통령의 헌법 권한과 비공식 권한

리투아니아는 1990년 3월 독립을 선언하면서 소비에트 헌법을 폐기하고 그 대신 독립 국가 시기였던 1938년의 헌법을 복원시켰다.[2] 1938년 헌법은 상징적으로도 그리고 실질적으로도 독립 선언 이후 리투아니아의 제도 선택에 큰 영향을 끼쳤는데, 이는 무엇보다도 새로이 독립한 리투

---

2) Dančák, Břetislav (1999), p. 88.

아니아가 전간기에 경험했던 독립 국가와의 연속성을 강조했기 때문이었다. 그러나 1990년 3월 11일 제헌의회가 채택한 임시 기본법(Basic Provisional Law)은 1938년 헌법과 마지막 소비에트 헌법의 내용을 뒤섞어 놓은 것이었다.

대부분의 체제전환 국가와 마찬가지로 리투아니아에서도 이행기 동안 의회가 새로운 제도의 핵심이었다. 최고위원회-제헌의회(Supreme Council-Reconstituent Seimas)에게 중앙과 지방의 행정권은 물론 통상 국가수반이나 행정수반 중 어느 한쪽에 부여하는 임명권, 비상권, 외교정책 결정과 실행권, 시민권 부여와 대법원 판사 임명권 등을 모두 부여했다. 동시에 옛 소비에트 체제의 유산 중 하나인 간부회의의 권한도 의회가 그대로 물려받았다. 당시까지 간부회의는 일종의 집단 대통령제로 국가수반의 역할을 했던 기구였다. 이처럼 임시 기본법을 통해 권력의 중심은 의회로 이동했고 이에 따라 1992년 신헌법이 채택되기 이전까지 리투아니아는 분명한 의회제 국가였다. 다만 총리가 아니라 국회의장을 중심으로 행정권, 입법권이 행사되었고, 의장이 실질적인 국가수반의 역할을 담당했다.[3]

독립 이후 민주주의 복원과 이를 뒷받침할 새로운 헌법을 둘러싼 치열한 논쟁이 이어졌다.[4] 여기에서 중요한 이슈 중 하나는 양차 대전 사이 독립 리투아니아와의 연속성의 측면에서 당시의 대통령제를 부활시킬지에 관한 내용이었다. 정부와 대립하던 사유디스(Sajūdis, 리투아니아 개혁운동)는 연속성을 강조하면서 대통령제의 복원을 지지했다. 특히 사유디스를 이끌고 있던 최고위원회-제헌의희 의장 겸 국가수반 란드스베르기스(V. Landsbergis)와 그 측근들은 대선 승리를 자신하면서 강력한

---

3) Krupavicius, Algis (2004), pp. 67-68.

4) 1990-1992년 사이에 모두 7개의 헌법 초안이 작성되었는데, 각국의 초안은 각각의 초안은 대통령제에서 순수한 의회제까지 다양한 내용을 담고 있었다. Urbanavicius, Dainius (1999), p. 168.

대통령제 개헌을 위한 국민투표를 추진했다. 이에 따라 실시된 1992년 5월 23일 대통령제 개헌에 관한 국민투표의 투표율은 59.2% 그리고 강력한 대통령제에 대한 찬성은 73%, 반대는 27%였다. 그러나 이 결과는 대통령제에 찬성한 전체 유권자가 41%라는 것을 의미했기 때문에, 국민투표 가결에 필요한 50%에 미치지 못해 부결되었다.5)

공산당의 경우 오히려 가장 높은 인기를 구가하고 있던 브라자우스카스(A. Brazauskas)의 대통령 당선 가능성이 높았음에도 불구하고 의회제를 기반으로 하는 헌법안을 지지했다.6)

결국 1992년 신헌법에는 사유디스를 비롯한 우파가 제안한 강력한 대통령제도, 개혁공산당을 비롯한 좌파가 내세운 순수 의회제도 아닌 준대통령제를 채택했다. 이는 좌우의 균형을 맞춘 일종의 타협안이라고도 볼 수 있다. 그러나 강력한 대통령제와 순수한 의회제의 중간 지점을 선택한 것은 좌우의 이데올로기나 가치에 따른 균열 때문도 그리고 대통령제와 의회제의 장점과 단점에 대한 충분한 논의를 거친 결과도 아니었다. 오히려 그것은 당시 정치적 상황에서 어떤 제도가 자신에게 유리한지에 대한 정치인들 사이의 근시안적인 판단과 개인적 야망이 뒤섞인 일종의 타협안이었다. 즉, 준대통령제를 선택한 이유는 어느 쪽에게 완전한 패배나 완전한 승리를 가져다주는 극단적인 상황을 피하기 위함이었다. 1992년 헌법에 준대통령제를 포함한 이유를 다음 세 가지로 요약할 수 있다.7)

첫째, 당시 많은 리투아니아인들이 소련 시기의 정당성을 부정하면서 2차대전 이전의 전간기 독립 리투아니아와의 역사적, 헌법적 연속성을 중요시했다. 문제는 이 시기의 리투아니아 정치체제는 스메토나(A. Smetona)

---

5) Matsuzato, Kimitaka and Gudžinskas, Liutauras (2006), pp. 155-156.

6) Krupavicius, Algis (2004), p. 69.

7) Urbanavicius, Dainius (1999), pp. 151-152.

대통령의 독재 시기였다는 점이었다. 따라서 연속성을 위해서는 독재자 스메토나를 리투아니아를 위해서 강력한 권한을 행사했던 영웅적 대통령으로 묘사해야 했다. 특히 사유디스와 란드스베르기스는 스메토나 시기의 강력한 지도자에 의존한 안정적인 정부 그리고 인접한 다른 국가들과는 다른 빠른 경제성장을 강조하면서 독립 리투아니아에서도 강력한 대통령제를 통해 안정과 성장을 동시에 달성할 수 있을 것이라고 강조했다.

둘째, 독립 이후 소련 시기의 부정적 유산, 즉 소비에트에 대한 반발이 거셌다. 소비에트는 의회였지만 입법권을 초월하여 행정권과 사법권 등 모든 권력을 집중시켜 '초의회주의(super-parliamentarism)'를 구가했었고 따라서 또다시 의회가 모든 권력을 차지해 버리는 순수 의회제를 피하고자 했다.[8]

셋째, 독립 이후 전간기 리투아니아와의 연속성을 강조했지만 실제로는 이 시기 주요 정치인들이 1938년 헌법의 복원을 맹목적으로 지지한 것도 아니었다. 1938년 헌법은 대통령에게 모든 권한을 집중시켜 대통령 1인 독재의 위험을 내포하고 있었기 때문에 이를 복원한다는 것은 소련으로부터의 독립, 민주주의 복원, 새로운 체제로의 이행과는 완전히 모순적이었다. 다만, 당시의 국민적 정서, 정치인들 사이의 대립으로 순수한 의회제와 강력한 대통령제 그 중간의 어느 지점을 설정해 적어도 양쪽의 불만을 어느 정도 누그러뜨릴 수 있는 선택이 필요했다. 그것이 바로 1992년 헌법이었고 이 헌법에 규정된 대통령, 의회, 정부의 역할과 권한 규정이었다.

이 헌법에는 준대통령제의 요소가 많이 포함되어 있었지만,[9] 헌법에 적시된 직선 대통령의 공식 권한이 '상당한 권한'이 아니었기 때문에 이 시기의 정부 형태를 의회제로 파악할 수도 있다.[10] 그러나 대통령이 실

---

8) Ibid., p. 151.
9) Pugačiauskas, V. (1999), pp. 88-113.

제에서 행사하는 권한은 헌법 권한과는 차이가 나는 경우가 많고, 개별 대통령의 퍼스낼리티나 혹은 당시의 정치, 경제적 맥락 그리고 여론의 추세에 따라 더 크게 혹은 더 작게 발현되는 경우가 많다.[11] 따라서 이를 확인하기 위해서는 우선 당시 리투아니아의 헌법에 대통령의 권한을 어떻게 규정하고 있는지를 살펴보아야 한다.

헌법 77조에는 "대통령은 국가수반이다. 대통령은 국가를 대표하며, 헌법과 법에 규정된 의무를 수행한다"고 규정하면서 84조에 대통령의 권한을 구체적으로 제시하고 있다. 헌법 84조에서는 "대통령은 1항) 외교정책 원칙을 정하고 정부와 함께 외교정책을 수행한다. 2항) 국제조약에 서명하고, 비준을 위해 의회에 송부한다. 3항) 정부의 의견에 따라 외교관을 임면하고 외국 대사로부터 신임장을 제정받는다. 기타 고위 외교관이나 특별직을 임명한다"고 규정했다.[12] 이와 같이 리투아니아 대통령이 보유한 특별한 권한 중 하나는 외교정책 분야에서의 역할이다. 대통령은 정부와 함께 주요 외교정책을 설정하고 실행하며 국제조약 서명과 비준, 외교관 임명 등의 권한을 지니고 있었다.

한편 1992년 헌법 84조에는 대통령의 임명권을 규정하고 있는데, 대통령은 4항) 의회의 동의에 따라 총리를 임명하며 그에게 정부를 구성하도록 하고 그 구성을 승인한다. 5항) 의회의 동의에 따라 총리를 해임한다. 6항) 총선 결과에 따라 정부가 반려한 권한을 수용하고, 새로운 정부가 구성될 때까지 그 의무를 행사한다. 7항) 정부의 사임을 수용하고 필요하다면 정부에게 다음번 정부가 구성될 때까지 직무를 수행하도록 하거나 아니면 각료 1인에게 총리의 의무를 수행하도록 권한을 위임한다. 또한 대통령은 각료의 사임을 수용하고, 새로운 각료가 임명될 때까지

---

10) Mesonis, Gediminas (2008), pp. 46-53.

11) Novák, M. and Brunclík, M. (2008), p. 96.

12) "Constitution of the Republic of Lithuania (Adopted by citizens of the Republic of Lithuania in the Referendum of 25 October 1992)," https://www.wipo.int/edocs/lexdocs/laws/en/lt/lt045en.pdf

그에게 계속해서 의무를 수행시키거나 위임한다. 8항) 정부가 사임하거나 혹은 총선에 따라 정부의 권한을 대통령에게 반려하는 경우, 대통령은 15일 이내에 의회에 새로운 총리 후보를 제청하고 인준을 요청한다.

상기한 헌법 조문에 따르면, 대통령의 정부 구성 영향력이 상당히 큰 것처럼 보인다. 그러나 사실상 정부의 구성과 유지는 의회의 신임에 의존하고 있기 때문에 대통령의 정부 구성 권한은 의전적인 역할에 머물러 있다고 보는 편이 타당하다. 헌법 92조에는 "총리는 의회의 동의에 따라 대통령이 임면한다. 각료는 총리의 제청에 따라 대통령이 임면한다. 총리는 임명된 지 15일 이내에 의회에 내각 명단을 전달하고, 정부 프로그램을 의회에 제출해 심의를 요청한다"고 규정해서 총리의 임명과 면직은 오직 '의회의 동의'에 그리고 각료의 임면은 오직 '총리의 동의'에 의존하고 있음을 보여주고 있다.

이외에도 1992년 헌법 84조에는 대통령에게 각료를 비롯한 사법부, 헌법재판소, 감사원 등에 대한 임명권을 부여하고 있다. 이에 따르면 "대통령은 9항) 총리의 제청에 따라 각료를 임면한다. 10항) 기존 절차에 따라, 법에 정한 대로 국가 관료를 임면한다. 11항) 대법원 판사 후보자를 의회에 추천하고, 대법원 판사를 임명하며 그중에서 대법원장 후보자를 의회에 추천한다. 고등법원 판사를 임명하고, 그 중에 고등법원장 후보자를 의회에 추천한다. 지방과 지역 법원의 판사와 법원장을 임명하고, 복무지역을 교체한다. 법에 따라 의회가 판사를 해임하도록 해임건의안을 제출한다. 의회의 동의에 따라 검찰총장을 임면한다". 또한 "대통령은 12항) 의회에 헌법재판소 판사 3명을 제청하고 헌법재판소 모든 판사가 임명되면 그중에서 소장 후보를 의회에 제청한다. 13항) 감사원장 후보와 중앙은행장 후보를 의회에 추천한다. 필요한 경우 의회에 이들의 불신임안을 제안한다. 14항) 의회의 동의에 따라 군 사령관, 정보부 원장을 임면한다."

대통령에게는 비상사태나 위기 상황에서 특별한 권한이 부여되는데, "16항) 국가의 주권이나 영토를 위협하는 군사적 공격이 있을 경우, 해당 공격에 대한 방어와 관련된 결정을 할 수 있다. 계엄령을 선포할 수 있으며 동원령을 내릴 수 있다. 이러한 결정은 의회의 차기 회기에서 승인받는다. 17항) 법에 의한 사례와 절차에 따라 국가 비상사태를 선포하고, 이런 결정을 의회에 제출해 승인받는다."

또한 대통령에게는 국가를 대표할 권한뿐만 아니라 국내외 정세 보고서를 작성해 이를 의회에 제출하여 의회로 하여 검토하게 할 권한이 있는데, "대통령은 84조 18항) 국가의 상황과 국내, 외교정책에 관한 연례 보고서를 작성해 의회에 제출한다. 19항) 헌법에 따라 의회 비상회기를 개회한다. 20항) 의회 선거를 공표하고, 헌법 58조 2항에 따라 조기 총선을 실시한다."

이외에도 대통령은 기타 의전적 권한과 사면권을 갖고 있다. "대통령은 84조 20항) 법으로 정한 절차에 따라 시민권을 부여한다. 21항) 훈장을 수여한다. 22항) 기소된 자를 사면한다."

한편 대통령에게는 법안에 대한 거부권이 부여되어 있어서, "대통령은 84조 23항) 의회가 채택한 법안에 서명하고 공표하거나 헌법 71조에 규정된 절차에 따라 이를 의회에 반송할 수 있다. 이외에도 대통령은 권한 행사에 필요할 경우 법령과 포고령을 공표할 수 있는데, 다만 대통령령이 효력을 갖기 위해서는 총리나 관련 각료의 부서가 필요하다. 책임은 부서한 총리와 각료가 지기 때문에 총리나 각료는 되도록이면 대통령령 부서에 신중을 기한다."

상기한 권한 이외에도 대통령은 입법권을 행사할 수 있다. 헌법 68조에는 '입법 발의권은 의원, 대통령, 정부에' 있음을 밝히고 있으며, 헌법 71조에서는 "의회는 채택한 법안을 10일 이내에 대통령에게 송부하며, 대통령은 이에 서명을 하여 법으로 공표하거나 아니면 적절한 이유를 명시해 의회로 반송할 수 있다." 또한 헌법 72조에서는 대통령이 의회가 송부한 법안을 반송하지 않고 또 서명하지도 않으면, 해당 법안은 국회 의장의 서명, 공표로 효력을 갖는다고 했다. 다만 대통령은 반송한 법안 이 다시 의회를 통과할 경우에는 3일 이내에 이를 공표할 의무가 있다고 규정했다.

대통령의 군 통수권에 대해서는 헌법 133조 "국방관련 주요 이슈는 국방위원회가 조율한다. 국방위원회는 대통령, 총리, 국회의장, 국방장관, 참모총장으로 구성된다. 국방위원회는 대통령이 주재한다. 대통령은 군 통수권자이다"라고 명시했다. 142조에는 "국가 비상사태이거나 혹은 전 시일 경우 대통령이 이에 대한 대응 결정을 하며, 이를 다음번 회기 중 에 승인을 받도록" 했다.

이처럼 리투아니아 대통령이 지니고 있는 헌법상의 권한은 같은 의회 제 국가인 헝가리나 다른 준대통령제 국가인 슬로바키아, 슬로베니아보 다는 강하지만 강력한 대통령이 존재하는 대통령-의회제 국가와 비교해 서는 현저히 낮은 수준이다.[13] 한편 헌법에 규정되어 있지는 않지만 현 실에서 발휘할 수 있는 실제 영향력이 어느 정도인지를 정확히 파악하기 는 어렵다. 무엇보다도 비공식적인 권한을 측정할 방법이 없다는 점과 헌법 규정이 현실에서 어떤 수준으로 발휘되는지도 파악하기 어렵기 때 문이다.

일반적으로 대통령이 비공식 영향력을 행사할 수 있는 조건 중 하나 로 허니문과 동거 기간이 있다. 대통령이 소속된 정당이 의회 다수를 차 지하여 정부를 구성하거나 혹은 연립정부에 참여하는지 여부가 바로 그 것이다. 대통령 정당이 의회 다수를 차지하고 있어 정부를 구성하는 경 우와 그렇지 않은 경우를 각각 허니문과 동거 기간으로 볼 때, 동거보다 는 허니문 기간 중에 대통령의 영향력이 더 강하게 발휘될 여지가 있다.

---

13) Sedelius, Thomas (2006), p. 115.

그러나 중동부유럽의 다른 준대통령제 국가에서 암묵적 혹은 관행적으로 대통령이 당원권을 정지하거나 혹은 아예 정당을 떠나는 것과는 달리 리투아니아 헌법에는 대통령이 재임 중에는 정당에 소속될 수 없다고 명확히 적시하고 있다(헌법 83조). 따라서 리투아니아에서는 대통령과 정부의 동거나 허니문이 대통령의 권한 활용에 큰 의미가 없을 수도 있다. 다만 대통령이 일시적으로 당원권을 정지했을 경우 그리고 지난 대선과 차기 대선에서 특정 정당의 도움을 받았고 또 도움이 필요할 경우, 해당 정당과의 암묵적인 관계를 유지할 수는 있다. 그러나 이 경우는 대통령이 해당 정당을 통해 영향력을 확대하고 발휘하는 것이 아니라 오히려 해당 정당과의 우호적인 관계를 유지하기 위해 영향력을 포기하는 경우가 나타날 수도 있다.

대통령이 현실에서 영향력을 확대할 수 있는 또 다른 요인에는 해당 대통령의 강력한 퍼스낼리티가 있다. 직간접적인 네트워크와 인적, 물적 기반을 갖추고 있는 대통령이 헌법 권한을 뛰어넘어 정부, 의회와 충돌하는 경우도 있고 오히려 그 반대의 경우도 있다. 이는 지극히 개인적인 퍼스낼리티에 의존하는 것으로, 대통령 개인의 정치적 야망, 사명감, 개성 등이 모두 여기에 포함된다.

해당 시기의 정치적, 경제적 맥락 그리고 특정한 국제관계 역시 대통령의 실제 권한을 증가시킬 수 있는 기회가 되기도 한다. 의회가 정부를 구성하지 못하거나 정부를 불신임해 내각이 붕괴되는 경우 혹은 그 반대로 정부가 의회를 압박해 조기 총선을 요구하는 경우 등은 대통령이 정부를 구성하고 의회를 해산하는데 영향력을 행사할 수 있는 절호의 기회가 된다. 이런 경우 대통령은 의회의 동의나 정부 혹은 총리의 부서 없이 자의적인 결정을 통해 자신에게 부여된 헌법 권한을 초월할 가능성이 있다. 또한 특정 시기의 경제상황도 대통령이 영향력을 발휘할 수 있는 배경이 된다. 대통령은 경제정책을 결정하거나 집행하는데 참여하지 못하지만 동시에 그 결과에 대한 책임도 지지 않는다. 따라서 특정 정부의 경제정책이 실패할 경우 대통령은 정부를 압박하고 해당 정부를 신임하고 있는 의회를 공격하기 위해 경제 실패의 책임을 정부와 의회로 돌릴 수 있다. 이때 대통령은 자신이 직접 대안을 수립, 집행, 성공할 수 있음을 강조하여 여론을 돌려놓고 대안적인 정책의 입안에 영향력을 행사할 기회를 얻게 된다.

요컨대, 준대통령제에서 대통령은 헌법상의 공식 권한 이외에도 의회나 정부에 불리한 상황과 개인적인 퍼스낼리티에 따라 영향력을 발휘할 기회를 얻을 수 있다. 물론 그 반대일 경우도 있다. 대통령이 정치적 야심이 적고 해당 시기의 의회 다수파가 안정된 정부를 구성하고 있으며 경제적 발전과 사회적 안정이 이어지는 상황에서는 대통령이 자신의 권한을 확대할 의지도 그리고 정부와 의회를 압박할 무기도 사라진다. 따라서 헌법상의 권한이 바뀌지 않았음에도 불구하고 대통령의 영향력이 크게 줄어들 수도 있다.

3. 브라자우스카스 대통령과 아담쿠스 대통령 1기

독립 이후 신헌법에 따라 1993년에 최초의 대선이 치러졌다. 대다수 중동부유럽 국가들과는 반대로 공산당 제1서기 출신인 브라자우스카스가 1차 투표에서 61% 이상을 득표해 반공산주의 개혁운동을 주도한 사유디스의 후보를 가볍게 물리쳤다.

브라자우스카스는 소비에트 체제 말기에 개혁주의에 동참하면서 소련 공산당에서 벗어나려고 했으며 리투아니아의 독립을 주도했었다. 당시 그는 "우리는 더 이상 유토피아적 이상을 선전 선동해서는 안된다. 공산당의 더러운 역사는 더 이상 비밀이 아니다"[14]라고 선언했으며, 공산당

을 민주적 성격의 정당인 민주노동당으로 재편하여 이미 1992년 총선에
서 압승을 거둔 바 있었다. 이렇게 공산계였지만 개혁과 독립을 주도한
브라자우스카스는 강력한 카리스마와 높은 인기를 바탕으로 총선 승리의
여세를 몰아 대선에서도 압승을 거두었다.

표 11-1) 1993년 2월 리투아니아 대선

후보	정당	득표	비율(%)
A. 브라자우스카스	민주노동당	1,212,075	61.06
S. 로조라이티스	무소속	772,922	38.94
무효표		34,018	-
전체		2,019,015	100
등록/투표율		2,568,016	78.62

출처: Nohlen &Stöver

앞서 신헌법 제정 과정에서 브라자우스카스의 카리스마와 높은 인기
를 두려워했던 세력들이 직선을 도입하면서도 대통령의 권한을 대폭 줄
였던 상황을 언급한 바 있다. 샤유디스를 주도했던 란드스베르기스는 당
초 자신의 당선을 확신했지만 곧 상황을 파악하고 오랫동안 외교관을 역
임했던 로조라이티스(S. Lozoraitis)를 사유디스의 대통령 후보로 내세웠
다. 그러나 결과는 예상대로 브라자우스카스의 압승으로 끝났다. 사실상
인생의 대부분을 외국에서 보냈던 로조라이티스는 국내 사정을 잘 몰랐
고, 더군다나 유권자들 역시 그에 대해 아는 바가 거의 없었다. 따라서
그는 전적으로 사유디스에 의존할 수밖에 없었다. 반면 브라자우스카스
는 풍부한 정치 경험과 총선 승리, 국회의장, 임시 대통령 등 거의 모든
최고위직을 거쳐왔기 때문에 국내 사정에 정통했고, 시장경제로의 이행
문제, 국내 정치개혁 등의 구체적인 공약을 내세워 유권자들로부터 압도

---

14) "Algirdas Brazauskas," https://en.wikipedia.org/wiki/Algirdas_Brazauskas

적인 지지를 받았다.

앞서 살펴본 바와 같이 브라자우스카스는 소비에트 체제에서 리투아니아 공산당 제1서기를 역임했었고 동시에 소련에서 벗어나 독립과 개혁을 주도했던 가장 핵심적인 인물이었다. 그는 공산당을 민주노동당으로 재편한 이후에도 총선에서 제1당을 차지하여 국회의장 등을 역임하는 등 적극적으로 현실 정치에 참여했지만, 대통령으로 당선된 이후에는 현실 정치와 거리를 두고 상징적, 의전적인 역할에 집중했다. 즉, 그는 대통령 당선 이전까지는 매우 적극적인 현실 정치인이었지만, 당선 이후에는 민주노동당 당원직을 정지시키고 대통령의 헌법 권한 중에서 주로 의전적인 부분에 집중했다.[15)

브라자우스카스 대통령 재임 시기는 민주노동당 정부가 들어선 시기로 비록 대통령이 당선 직후 당원 자격을 정지시켰지만 사실상 대통령과 총리/정부의 허니문 기간이나 마찬가지였다. 이미 1992년 11월 총선에서 전체 141석의 의석 중 73석을 차지한 민주노동당은 정국을 주도하고 있었고 여기에 대선에서도 압승을 거두어 사실상 우월적 지위를 확보했다. 그러나 예상과는 달리 대통령과 총리/정부와의 관계는 그렇게 우호적이지 않았다. 당원권 정지 이후 민주노동당과 대통령 사이에는 더 이상 공식적인 관계가 존재하지 않았지만 사실상 브라자우스카스 대통령의 영향력은 여전히 유효했다. 반면 총리는 대통령의 그늘에서 벗어나 행정의 수반으로 독자적으로 헌법 권한을 행사하고 싶었다.

따라서 대통령이 의전적 역할에 머물러 있었다고 해서 총리와의 대립이 없었던 것은 아니었다. 특히 대통령은 거부권을 활용해 때때로 총리와 정부를 괴롭혔다. 1993년에서 1995년 사이 브라자우스카스는 모두 16차례의 거부권을 행사했다. 물론 이러한 거부권이 총리/정부 혹은 의

---

15) "President of the Republic Lithuania. A. M. Brazauskas," http://www.president.lt/lt/prezidento institucija/istorija/algirdas mykolas_brazauskas.html

회에 대한 전면전을 의미하는 것은 아니었다. 거부권은 사실상 형식상의 불만을 표출하는 수단일뿐 입법권을 원천적으로 봉쇄하는 무기가 될 수 없었기 때문이었다. 결국 대통령은 자신에게 부여된 헌법상의 권한 내에서 총리/정부와 대립한 셈이었다.[16]

브라자우스카스는 임기 중 대체로 의전적인 역할에 머물렀지만, 1996년 리투아니아를 강타한 금융위기의 와중에 은행 파산에 관한 내부 정보를 입수해 개인 예금을 인출했던 슬레제비치우스(A. Šleževičius) 총리를 비난하며 사임을 요구했다. 총리가 사임을 거부하자 브라자우스카스는 민주노동당을 자극해 의회에서 총리를 불신임하도록 부추겨 결국 그를 쫓아냈다.[17]

슐레제비치우스 사임 이후 8개월 후인 차기 총선까지 총리를 맡은 인물은 정치계는 물론 일반 국민들 사이에서도 거의 알려져 있지 않았던 스탄케비치우스(L. Stankevičius)였다. 영향력이 없는 임시방편 총리가 들어서 대통령이 영향력을 행사할 기회의 창이 활짝 열렸지만 브라자우스카스는 이런 절호의 기회를 활용하려 들지 않았다.

한편 1996년 10월 총선에서는 민주노동당이 불과 12석을 얻는데 그쳤고 그 대신 조국연대-보수가 70석으로 1당을 차지해 기독민주당, 중도연합과 연립정부를 구성했다. 조국연대-보수의 바그노리우스(G. Vagnorius)가 총리로 선출되었다.

1997년 10월 퇴임을 앞둔 상황에서 브라자우스카스는 대중 연설을 통해 정부의 무책임함을 비판하고 전 검찰총장이었던 파울라우스카스(A. Paulauskas)를 자신의 후계자로 내세웠다.[18] 어쨌든 그는 재선 도전을 포기하고 정계 은퇴와 함께 자신의 오랜 꿈인 '연금생활자'로의 삶을 살

---

16) Urbanavicius, Dainius (1999), p. 164.

17) Krupavicius, Algis (2004), p. 218.

18) Urbanavicius, Dainius (1999), p. 165.

겠다고 선언했다. 실제로 그는 대통령 퇴임 이후 2년간 완전한 은둔생활을 하면서 저술활동에 몰두했었다. 그러던 그가 갑작스럽게 정계에 복귀해 2001년 7월부터 2006년 6월까지 총리를 역임했다. 총리로 재임하던 당시 브라자우스카스는 팍사스 대통령과 대립하면서 대통령을 탄핵하는데 앞장서기도 했다.[19]

어쨌든 브라자우스카스 대통령 시기는 헌법을 통해 의회, 정부, 대통령의 권한이 규정되었지만, 현실에서는 이들 간의 권한 경계가 명확하게 구분되지도 않았고 견제와 균형체제도 확립되어 있지 않았다. 따라서 오랜기간 정계를 주도했던 풍부한 경험과 대중적 인기를 갖춘 대통령이 모호한 대통령의 권한을 최대한 확대할 수 있었고 또 향후 강력한 권한 행사를 꿈꾸던 차기 대통령들을 위한 역할 모델이 될 수도 있었다.[20] 그렇지만 브라자우스카스는 조국연대-보수가 집권한 이후로는 주로 의전적인 역할에 머무르면서 오히려 자신에게 주어진 최소한의 헌법 권한도 행사하지 않았다.

1997-98년 대선에는 7명이 후보로 나섰지만, 아담쿠스(V. Adamkus)와 조국연대-보수의 란드스베르기스 그리고 브라자우스카스가 지지한 전 검찰총장 파울라우스카스가 경쟁하는 삼파전으로 진행되었다.[21] 예상과는 달리 연립정부를 주도하던 조국연대-보수의 란드스베르기스가 1차에서 3위를 기록하며 결선에도 진출하는 못하는 이변이 벌어졌다. 반면 1차에서 27.9%를 얻었던 아담쿠스가 결선에서 50.37%를 얻어 승리했다. 아담쿠스와 파울라우카스의 표 차이는 고작 14,256표에 불과했다.

---

19) "Baltic times article on resignation," *Baltictimes.com* (1 June 2006)

20) Fuchsová, Barbora (2014), pp. 113-114.

21) 아담쿠스는 당초 대선에 입후보하는데도 문제가 있었다. 그가 대부분의 삶을 미국에서 보냈기 때문에 3년 국내 거주 조건을 만족시키지 못했기 때문이었다. 그러나 그는 헌법에서 3년 장기체류가 물리적인(육체적인) 거주를 의미하는 것이 아니라는 청원을 냈다. 중앙선거관리위원회는 그의 후보자 금지를 철회했고 그제서야 대통령 후보로 등록할 수 있었다. 아담쿠스는 대통령 당선 직후 미국 시민권을 포기했다. Fuchsová, Barbora (2014), p. 115.

아담쿠스는 정당에 소속되어 있지 않아서 정당의 힘을 빌릴 수 없었다. 따라서 그는 대통령 재임 중에 자신의 카리스마, 적극적 퍼스낼리티, 여론몰이를 통해 영향력을 확대해 나갔다. 대통령으로 당선된 시점에는 조국연대-보수와 기독민주당의 다수연립이 안정적으로 정국을 주도하고 있었기 때문에 대통령이 이들과 정면 대립한다는 것은 불가능했다. 따라서 아담쿠스 대통령은 큰 영향력이 없는 소수정당들과의 협력을 통해 다수당과 정부를 견제하는 방법을 선택했다.[22] 다시 말해 2000년 총선으로 뚜렷한 우위정당이 사라지고 또 이들 간의 경쟁으로 다수 연립이 구성되기 어려운 시점까지 대통령은 자신의 목소리를 낼 수 없었고 국내정치에도 개입할 여지가 없었다. 물론 이 시기에도 아담쿠스는 전임 브라자우스카스와는 달리 매우 적극적인 모습을 보였는데 대표적인 사례는 바그노리우스 총리의 해임을 주도한 사건이었다. [23]

2000년 총선 이후 드디어 아담쿠스에게도 영향력을 행사할 수 있는 기회가 생겼다. 총선에서 4당 연합체인 사민연합이 51석을 차지했지만, 내부적으로는 민주노동당 26석, 사회민주당 19석, 러시아연합 3석, 신민주당 3석으로 갈려 있었다. 아담쿠스는 야당인 자유연합이 39석, 신연합이 29석을 차지한 상황을 이용해 자유연합과 신연합의 연립을 추진하고 자유연합의 팍사스(R. Paksas)를 총리로 임명했다. 그러나 팍사스 내각은 불안정했고 결국 8개월도 채우지 못하고 물러났다. 팍사스의 뒤를 이어 전임 대통령 브라자우스카스가 총리로 나섰다.

이처럼 아담쿠스와 자유연합, 신연합 사이의 허니문 기간은 짧았다. 러시아의 재정위기가 리투아니아로 파급되면서 사회적, 경제적 위기가 시작되었고 이에 팍사스 내각은 연금축소와 같은 다양한 긴축조치를 내놓고 엄청난 적자를 보이고 있던 사회보험을 전면 개편하는 방안을 선택

---

22) Krupavicius, Algis (2013), p. 221.

23) Protsyk, Oleg (2000), p. 234.

할 수 밖에 없었다. 당장 필요한 조치이긴 했지만 여론은 정부에 비판적으로 변했고, 여론에 민감한 아담쿠스 대통령 역시 팍사스 내각을 흔들었다. 2001년 4월 19일 의회에 전달한 국정 의견을 통해 아담쿠스는 "의회와 내각에는 새로운 방안이 전혀 없다. 연정은 불안정하다. 경험 부족을 드러내고 있으며 정책 방향과 행동의 연속성도 없다"고 맹비난했다.[24]

2000-2001년 파편화된 의회에서 대통령의 개입과 중재로 다수 내각을 구성했는데, 정치적 파편화가 심각할 경우에는 정부의 구성과 유지가 대단히 어렵기 때문에, 이런 상황에서 대통령의 역할이 중요했다. 당시 아담쿠스 대통령은 헌법상의 권한인 의회의 동의를 통한 총리 임명과 총리와의 협의와 추천을 통한 각료 임명은 물론 막후에서 다양한 중재를 이끌어내는 비공식 권한을 행사해 정국을 안정시키는데 기여했다.

4. 팍사스, 아담쿠스 2기, 그리바우스카이테 대통령

2002년 12월에 실시된 대선 1차 투표에서 재선에 도전한 아담쿠스가 35.53%를 얻어 1위를 차지했지만 과반 획득에 실패해 2003년 1월에 팍사스 후보와 함께 결선을 치렀다. 결선투표에서는 예상을 뒤엎고 '변화를 위한 투표'를 구호로 내세우면서 빈곤감소, 소득 불균형 해소, 마약사범에 대한 사형, 시장경제로의 빠른 이행을 강조하는[25] 팍사스가 54.71%를 얻어 대통령으로 당선되었다.

팍사스는 대통령으로 당선되기 이전에 이미 두 차례나 총리를 역임했었다. 그러나 한번은 부패 의혹으로 4개월 만에 그리고 또 한번은 경제

---

24) Krupavicius, Algis (2013), p. 224.

25) "Profile: Rolandas Paksas," *BBC* (6 April 2004).

실패로 9개월 만에 총리직에서 물러난 불명예를 안고 있었다. 팍사스는 총리 재임 기간 중에 대통령과 갈등을 빚었다. 특히 그가 활용했던 포퓰리즘 정책은 국민들로부터 지지를 얻어내는데는 성공했을지 몰라도 다른 정당, 정치인들과의 공존을 어렵게 만들었던 요인이었다.[26] 이번 대선에서의 공약 역시 대통령으로는 할 수 없는 비상식적인 포퓰리즘 정책에 가까웠다. 그의 이런 전략이 성공을 거두었지만, 대통령으로서 팍사스의 미래에는 큰 걸림돌이 되었다.

당선 초기부터 팍사스의 기행이 구설수에 올랐다. 가장 먼저 심령술사와의 관계가 문제가 되었다. 이미 팍사스는 1995년에 자칭 믿음 치료사이자 심령술사인 롤리슈빌리(L. Lolisvili)와 개인적인 친분이 있었는데, 대통령청 직원 고용에 롤리슈빌리가 영향력을 행사했다는 의혹이 번졌다. 더 큰 문제는 2003년 국무부의 의회 보고서를 통해 나타났다. 당시 보고서에서는 EU, NATO 가입 이후 국제 범죄조직의 유입 증가를 경고하면서, 팍사스 대통령과 러시아 범죄조직과의 연루설을 언급했다. 의회는 조사위원회를 구성해 대통령과 범죄집단 사이의 관계를 조사해 팍사스의 선거를 지원했던 러시아 기업 알멕스(Almax)가 러시아 정보부와 관련되어 있으며 이들이 대통령청에 영향력을 행사했다고 결론 내렸다. 또한 보리소프(J. Borisov)라는 기업인이 대통령뿐만 아니라 대통령청에도 영향력을 행사하고 있다고 언급했다. 조사위원회는 조사대상 인물에게 비밀정보를 넘겨 주었다는 혐의로 팍사스 대통령을 기소했다.[27]

141석 중 110석을 차지하고 있었던 사민당, 신연합의 연립정부와 야당인 조국연합, 자유중도연합이 2004년 2월 19일 대통령 탄핵안을 통과시켰다. 이후 수개월 동안의 조사를 토대로 헌법재판소는 팍사스 대통령이 재정 지원의 대가로 보리소프에게 시민권을 부여했다고 결론 내렸다.

---

26) Řiháková (2007), p. 7.

27) Krupavicius, Algis (2004), p. 75.

또한 헌법재판소는 팍사스가 보리소프에게 경찰의 조사 내용을 전달했다고 밝혔다. 그리고 2003년 대통령이 자신의 지위를 이용해서 측근의 사적 이득을 도모했으며, 제마이티요스 켈리아이(Žemaitijos keliai)사의 사장과 주주의 결정에 영향력을 행사했다고도 밝혔다.[28] 이에 따라 의회는 2004년 4월 6일 비밀 정보 유출, 부적절한 시민권 부여, 사유화 거래 개입에 대해 각각의 표결을 진행했고 86-17, 86-18, 89-14로 각각의 내용을 통과시켜 팍사스를 탄핵했다.[29]

짧은 대통령 재임 기간 동안 팍사스는 여론을 양분시키고 정치를 불안정하게 만들어 국민들로부터 존경받는 기존 대통령의 이미지를 끝없이 추락시켰다. 동시에 그는 대통령과 정부, 대통령과 의회의 관계도 심각하게 훼손시켰다. 탄핵 이후 팍사스는 차기 대선에 출마할 것이라고 발표했는데, 의회는 이를 막기 위해 탄핵된 장본인은 탄핵일로부터 5년간 대선에 출마할 수 없도록 하는 개헌을 추진했다.[30] 헌법재판소는 이를 위헌이라고 판결하면서도 "헌법을 파괴하거나 혹은 선서를 통해 공직에 임명된 자가 해당 선서를 위반했을 경우에는 향후 해당 공직을 맡을 수 없다"[31]고 결정하면서 팍사스의 대선 출마 시도를 원천 봉쇄했다.

---

28) "The ruling of the Constitutional Court of the Republic of Lithuania of 31 March 2004," The Constitutional Court of the Republic of Lithuania, https://www.lrkt.lt/en/court-acts/search/170/ta1263/summary

29) "Lithuanian Parliament Removes Country's President After Casting Votes on Three Charges" New York Times (7 April 2004).

30) "Democratic State-building in Post-communist Lithuania." http://www.lituanus.org/2005/05_4_2Palubinskas.htm

31) Ibid.

표 11-2) 2004년 6월 리투아니아 대선

후보	정당	1차 투표		결선	
		득표	비율(%)	득표	비율(%)
V. 아담쿠스	무소속	387,837	31.14	723,891	52.65
K. 프룬스키에네	농민신민주연합	264,681	21.25	651,024	47.35
유권자/투표율		2,655,309	48.40	2,659,211	52.46

출처: Central Election Committee, Central Election Committee

파사스 탄핵 이후의 대선에서는 전임 대통령 아담쿠스가 결선투표 끝에 다시 대통령에 당선되었다. 대선의 주요 쟁점은 여전히 혼란스러운 국내문제였다. 아담쿠스는 자신의 경력을 내세워 국내정치를 안정시킬 수 있다고 강조했고, 또 파사스 시기에 만연했던 포퓰리즘 정책을 없애는데 앞장설 것이라고 약속했다.

대통령으로는 마지막 2기 임기라는 특성상 그리고 소수내각인 정부가 불안정하고 의회는 파편화되어 있는 상황에서 대통령의 정치 개입이 점차 증가했고 총선 이후에는 내각 구성에도 개입했다. 대선 직후에 치러진 2004년 10월 총선으로 노동당이 39석으로 1위를 차지했고, 사민당과 신연합이 연대한 리투아니아과업이 31석으로 2위, 조국연합이 25석, 질서정의가 10석, 자유중도연합이 18석 등 전체 의석 141석 중에 1당이 차지한 의석이 27.7%에 불과했다. 이렇게 파편화된 정당체제에서 대통령이 정부 구성을 위해 막후에서 영향력을 행사할 가능성이 커졌다. 2008년 총선에서도 조국연대-기독이 45석으로 1위, 사민당이 25석, 민족부흥 16석, 질서정의 15석 등 연정을 구성하기 어려운 파편화 현상이 재현되면서 대통령이 의회에 개입해 정부를 구성할 여지가 더 많아졌다.

의회 다수를 차지하는 안정적인 정부가 등장하지 못하면서 아담쿠스의 국내 행보도 더욱 적극적이 되어갔다. 그는 2006년 의회 연설을 통해 "대중들의 정치 참여 증진, EU 기금의 적재적소 투입 및 투명한 활용,

공공 거버넌스 향상, 교육, 과학, 사회보장, 의료개혁, 원전 문제 해결, 연구와 고등교육 지원 확대" 등을 대통령의 최우선 과제로 내세우는 등[32] 적극적인 대통령의 모습을 보였다.

2006년 5월에는 노동당의 불법 기부금 수령과 회계부정 스캔들이 터지면서 아담쿠스 대통령이 여기에 관련된 노동당 출신 각료의 해임을 건의했다. 결과적으로 이 사건이 계기가 되어 2006년 7월 브라자우스카스 총리가 사임하고 키르킬라스 내각이 구성되었다. 각료 해임에 대한 아담쿠스의 영향력이 해당 각료는 물론 총리까지 갈아치워 버린 셈이었다. 다만 의회가 아담쿠스가 원했던 인사의 임명을 거부하면서 대통령이 의회와의 협의나 허가 없이는 보다 근본적인 변화를 추진할 수 없다는 한계를 드러냈다.

아담쿠스는 2기에 와서는 외교 문제에도 적극적으로 개입했다. 우선 그는 폴란드의 크바시니예프스키, EU 외교안보고위대표 솔라나 등과 함께 2004년 우크라이나 대선에 개입해 대선 결과 무효화 및 결선투표 재실시를 위한 타협을 이끌어냈다. 또한 아담쿠스는 EU는 물론 회원국들과의 대화에 적극적으로 참여하고, 조지아, 우크라이나, 몰도바의 EU 가입을 추진하는 활동도 전개했다.

2009년 대선에서는 EU 집행위원 출신의 그리바우스카이테가 1차 투표에서 69% 이상을 득표해 대통령으로 당선되었다. 당시 심각한 경제위기 와중이었기 때문에 그리바우스카이테는 화려한 외교경력에도 불구하고 주로 경제문제에 집중한 선거운동을 전개했다. 때마침 경제위기에 항의하는 반정부 시위를 무력으로 진압하는 사건이 벌어지면서 그리바우스카이테는 관료제 타파, 하위 소득자 보호, 재정 지원, 정부의 불투명한 투자 검토, 경제회복 등 사실상 대통령이 감당할 수 없는 공약을

---

32) "State of the Nation Address to the Seimas of the Republic of Lithuania by H. E. Mr. Valdas Adamkus, President of the Republic of Lithuania," http://archyvas.lrp.lt/en/news.full/6524

남발했다.[33]

표 11-3) 2009년 5월 리투아니아 대선

후보	정당	득표	비율(%)
D. 그리바우스카이테	무소속	950,407	69.09
A. 부트케비치우스	사회민주당	162,665	11.82
투표율		51.76	

출처: Central Election Commission

　　EU 집행위원으로 재임할 당시부터 그리바우스카이테는 이미 독설가로 정평이 나있었는데, 특히 정부의 재정지출에 기초한 경제정책을 '흑사병이 도는 시기에 벌이는 축제'와도 같다고 맹비난하면서 정치적으로 이름을 알리기 시작했다. 물론 이런 발언은 대선을 염두에 둔 것이었는데, 이러한 정부에 대한 독설로 대선 출마를 선언하기 이전부터 이미 여론조사에서 선두를 달렸다. 대상을 가리지 않는 강경 발언으로 그리바우스카이테의 인기는 점점 높아졌는데, 2007년 8월에는 지지도가 10% 정도에 불과했었지만, 다양한 독설을 쏟아낸 이후인 2008년 말에는 38%로 그리고 대선 당일에는 69%가 넘는 지지를 얻었다.

　　그리바우스카이테는 대통령으로 당선된 이후에도 국민에게 직접 접근하는 방법을 사용했다. 그는 연설에서 "나는 계속해서 시민들을 만나고 있다... 우리는 개인에게 최고의 가치를 부여해야 한다... 개인이 우선 고려 대상이며, 개인이 모든 제도와 정책을 관통하는 대상이다"라고 강조했다. 그는 또한 "현재의 제도와 정당들은 개별적 목표와 이해를 가지고 있는 작은 공작령이 되고 있다." 더군다나 "그러한 체제는 관료주의적이며 너무 오만하다. 국가는 구세주가 필요하고 그 구세주는 우리를 행동하게 하며 또 모든 것을 명확하게 해줄 것이다"라고 선언했다. 물론 여

---

33) *CBC News* (May 18, 2009)

기에서 구세주는 바로 자신을 지칭하는 것이었다.[34)]

그리바우스카이테는 정부 구성에도 적극적으로 개입했다. 2012년 총선을 통해 또다시 파편화된 정당체제가 등장했는데, 제1당을 차지한 사회민주당의 부트케비치우스가 노동당, 질서정의와 함께 연립 구성을 시도했다. 그러나 대통령은 노동당의 선거 부정을 문제 삼으며 부트케비치우스와의 협의를 거절하고 노동당이 연정에 포함된다면 해당 연정에 찬성할 수 없다는 의견을 내놓았다. 사실 이런 발언은 대통령이 총선 결과에 의문을 제기하고 의회 다수가 찬성하는 정부 구성을 막겠다는 의미로 대통령이 헌법상의 의무를 수행하지 않겠다고 선언하는 것이나 마찬가지인 위험천만한 발언이었다. 여기에서 대통령은 노동당 출신의 각료 임명을 저지하는데는 성공했지만, 연정 구성과 총리 임명을 막을 수는 없었다.

리투아니아 헌법 84조에서는 대통령에게 외교분야에 보다 큰 권한을 부여하고 있는데, EU 집행위원 출신인 그리바우스카이테는 이를 적극적으로 활용했다. 문제는 대통령의 외교, 국제관계 권한이 단독으로 행사하는 것이 아니라 정부와 협의하고 함께 수행해야 한다는 점이었다.

이런 규정에도 불구하고 외교 전문가인 그리바우스카이테와 외무장관 사이에 충돌이 발생할 수 밖에 없었다. 대통령과 외무장관 사이의 충돌은 이미 그리바우스카이테의 대통령 당선 직후인 2009년에 시작되었다. 대통령은 리투아니아에 있는 중앙정보부 구금 시설에 대한 조사를 요구했고 외무장관은 공개적으로 그러한 시설이 존재하지 않는다고 대통령의 언급을 일축했다. 이 사건 이후로 외교정책을 협의해야 할 대통령과 외무장관이 거의 4개월 동안 단 한마디의 말도 섞지 않았다. 대통령은 외교는 국가의 이해를 반영하는 중대사이기 때문에 자기 홍보에만 열을 올리는 외무장관은 필요치 않다며 공개적으로 외무장관의 사임을 요구하기도 했다.[35)]

---

34) Krupavicius, Algis (2013), pp. 226-227

더군다나 그리바우스카이테는 전임 대통령이나 총리들과는 달리 유럽 이사회 정상회의에 자신이 직접 참석하는 것을 공식화시켜 버렸다. 아담 쿠스와 팍사스 시기에는 총리가 참석하거나 아니면 총리와 대통령이 함께 참석하기도 했었지만, 그리바우스카이테 시기에 와서는 언제나 대통령이 단독으로 유럽이사회에 참석하기 시작했다. 현실적으로는 행정수반인 총리가 유럽이사회에 참석하는 것이 맞지만, 그리바우스카이테는 옛 EU 집행위원으로서의 경험과 지식을 강조하면서 자신이 참석하는 것이 국가적 이해에 부합된다고 강조했다. 당시 쿠빌리우스(A. Kubilius) 총리는 경제위기 상황에서 정부가 추진하고 있는 긴축정책에 대한 대통령의 지지가 필요했기 때문에 대통령과의 충돌을 피하고자 했고 따라서 EU 정책 대부분을 대통령에게 넘겨주었다.[36] 이와 함께 그리바우스카이테는 전임 대통령들과는 달리 국가정보원장 임명권을 이용해 정보를 통제하려고 했다. 물론 헌법에 따르면 대통령의 정보원장 임명은 의회의 동의가 필요한 사안이었다(헌법 84조 14항).

그리바우스카이테가 국내외 정책에 적극 개입하면서 기존 리투아니아의 준대통령제가 대통령제 쪽으로 한걸음 이동했다고 볼 수도 있다.[37] 즉, 그리바우스카이테가 대선에서 압승을 거두었던 당시 쿠빌리우스 총리가 이끄는 연립정부가 상당히 취약했기 때문에 준대통령제가 '대통령제화' 될 수 있는 좋은 환경이 조성되어 있었으며, 이런 환경 속에서 그리바우스카이테가 외교정책을 주도하고 정보원장 임명권을 활용해 정보를 통제하고 결국에는 정부 구성에까지 영향력을 행사했다.

이를 두고 많은 이들은 그리바우스카이테를 '철의 여인' 혹은 '철의 목련'이라고 부르면서 영국의 대처 총리와 비교하곤 했다. 실제로 그리

35) Ibid., p. 229.
36) Ibid., pp. 229-230.
37) Norkus, Zenonas (2013), pp. 17-18.

바우스카이테는 강력한 퍼스낼리티, 푸틴의 면전에서도 독설을 쏟아내는 무모할 정도의 개인적 카리스마,[38] 포퓰리즘적 발언과 행동을 활용한 대중적 인기를 기반으로 헌법에 명기된 대통령의 권한을 확대 해석하고 결국에는 그 권한을 뛰어넘으려고 했다.[39] 그는 자신의 강력한 카리스마와 포퓰리즘을 활용해 2014년 재선에 성공했다.

5. 맺음말

이상과 같이 브라자우스카스, 아담쿠스 1기, 팍사스, 아담쿠스 2기, 그리바우스카이테 1기까지 모두 5번의 대통령 임기를 통해 리투아니아 대통령이 지니고 있는 헌법상의 공식 권한과 대통령이 실제 발휘했던 영향력 사이에 큰 차이가 있음을 확인했다.

4명의 대통령이 5번의 임기를 수행하는 동안 모두 동일한 헌법의 적용을 받았다. 팍사스 대통령 탄핵 이후에는 탄핵된 대통령의 대선 출마를 금지하는 개헌이 추진되기도 했지만 헌법재판소의 위헌 판결로 불발에 그쳤다. 다만 당시 헌법재판소는 탄핵된 공직자가 다시 해당 직위에 선출되지 못하도록 하는 결정을 내림으로써 사실상 의회가 요구했던 탄핵 대통령의 대선 출마 금지를 받아들였다. 그렇지만 이를 제외한 헌법은 모두 동일하게 적용되었다. 즉, 모든 대통령의 헌법상의 공식 권한은 동일했다.

그럼에도 시기별, 그리고 대통령별 공식 권한을 행사하는 횟수나 그 강도는 모두 상이했다. 앞서 대통령의 권한은 헌법에 규정된 공식 권한으로만 제한되지 않는다고 강조했었는데, 이것이 리투아니아 대통령에게

---

38) "Meet the Iron Lady of Lithuania,"
   https://www.ozy.com/news-and-politics/meet-the-iron-lady-of-lithuania/80056/

39) Norkus, Zenonas (2013), p. 19.

도 그대로 적용되었다. 즉, 정치적 열망의 정도, 취향, 관심 분야와 같은 대통령의 퍼스낼러티, 대통령 정당과의 관계 및 대통령 정당이 여당인지의 관계, 특히 국민과의 원활한 커뮤니케이션 능력 그리고 해당 시기의 정치적 환경이나 경제적 맥락 등과 같은 외적 요인이 모두 대통령의 실제 영향력 행사를 좌우하는 요인이었다.

리투아니아 대통령뿐만 아니라 준대통령제, 의회제, 대통령제 국가의 모든 대통령들은 공식적으로 규정된 권한이 어느 정도인지와는 상관없이 비공식적인 수단이나 개인적인 능력을 통해 더 큰 영향력을 행사할 수도 있고 아니면 그 반대로 영향력을 줄여나갈 수도 있다. 헌법의 권한은 다만 대통령이 행사할 수 있는 권한의 최소 범위를 설정하고 있을 뿐이지 대부분의 대통령들은 그 한계선 안쪽에 머물러 있기를 거부하고 있다. 그것은 리투아니아 대통령의 경우도 마찬가지였다.

제12장

몰도바의 준대통령제

의전적 대통령과 강력한 대통령

1. 머리말

임기가 보장된 직선의 대통령이 의회의 지지를 받는 총리와 행정권을 공유하는 준대통령제는 대통령제와 의회제의 장점을 결합하고 단점을 제거한 새로운 정부 형태로 여겨지면서 민주화를 추진하고 있는 탈공산주의 중동부유럽과 소련을 계승한 국가들 사이에서 가장 인기있는 정부 형태로 자리 잡았다.

일반적으로 준대통령제에서 대통령과 총리 그리고 대통령과 의회 사이의 갈등이 이데올로기 요인으로 출발하여 모호한 권한 규정에 의해 확산되는 것과는 달리 몰도바에서는 개인적인 라이벌 관계가 헌법 기구 사이의 갈등으로 확전되는 양상을 보이고 있고, 그것이 최고조에 달하는 순간 개헌을 통해 문제를 해결하려는 특징을 보여왔다. 그러나 불행히도 개헌을 통해서도 문제를 해결하지 못하고 있으며, 오히려 잦은 개헌으로 인해 게임의 규칙이 불안정해지는 문제가 발생하고 있다. 더군다나 1991년 소련으로부터 독립한 몰도바는 "간선 대통령의 권한은 약하고 직선 대통령의 권한은 강하다"는 상식에서 벗어나 간선 대통령의 권한이 강하고 반대로 직접 대통령의 권한이 약한 이례적인 준대통령제를 운용했던 특징을 지니고 있다.

이러한 배경에서 몰도바 준대통령제 사례에서는 몰도바 대통령의 헌법 권한과 실제 영향력 사이의 차이를 파악하고, 스네그루(M. Snegur), 루친치(P. Lucinschi), 보로닌(V. Voronin), 도돈(I. Dodon) 대통령의 주요한 특징과 각 대통령의 정치적 야망, 개인적 관계, 현실 정치 참여 의

지 등의 퍼스낼리티를 살펴본다.[1]

이런 논의를 통해 권력 독점을 방지하기 위해 강력한 대통령제를 피하고 의회제에 기반한 의전적 대통령을 선출하는 몰도바의 준대통령제가 현실에서는 의회제와 대통령제의 장점을 결합하기보다는 오히려 양 제도의 결함을 극대화해 정치적 위기를 초래하고 있음을 확인한다.

2. 체제전환과 준대통령제 도입

1980년대 중반 고르바쵸프(M. Gorbachev)가 소련 공산당 서기장으로 등장하면서 몰도바에서도 변화의 물결이 일어났다. 특히 1차 대전과 2차 대전으로 소련에 편입된 몰도바의 경우는 그동안 러시아 지배에 대한 국민적 반발이 상당히 컸는데, 이미 1988년 중반에 반체제인사들이 재건민주운동(이후에는 대중전선)을 조직해 민주화를 요구하고 몰도바인의 차별적 대우를 시정하라는 목소리를 높이기도 했었다.[2]

독립선언 이전인 1990년에 치러진 최고 소비에트 선거는 비록 체제전환 이전에 치러진 선거였지만 몰도바 최초의 자유 선거였다. 당시 루친치가 이끄는 공산당만이 유일한 정당으로 선거에 참여했고 다른 모든 후보는 무소속으로 출마했다. 그러나 사실상 이들은 대중전선 소속이었기 때문에 선거는 공산당 대 대중전선 간의 대결이었고 대중전선이 전체 의석의 27%를 차지해 온건 공산계와 함께 내각을 구성했다.[3] 1990년 5월

---

1) 보로닌과 도돈 사이에는 김푸(M. Ghimpu), 필라트(V. Filat), 루푸(M. Lupu) 등의 대통령 권한 대행이 있었고, 2012년에 의회 간선으로 선출된 티모프티(N. Timofti)가 있었지만, 이 시기는 사실상 2009년 9월에서 2016년 12월까지 이어진 헌정 위기와 그 이후 다시 4년 동안 이어진 허수아비 대통령이 존재했던 시기였다. 이 시기의 대통령은 헌법에 명시된 권한 내에서 의전적인 역할만을 수행했기 때문에 대통령의 실제 영향력을 파악하기에는 부적절한 사례로 본문에서는 이들의 권한과 영향력 분석은 제외한다.

2) Roper, Steven D. (2002), p. 109.

3) Crowther, Wiliiam and Roper, Steven D. (1996), pp. 135-136.

스네구르가 최고 소비에트 의장으로 선출되었고, 6월 5일 최고 소비에트는 국명에서 사회주의를 뺀 몰도바 공화국을 새로운 국명으로 정하고 6월 23일 주권을 선언했다. 1990년 9월에는 아직 소련으로부터 독립하기 이전이며 소비에트 헌법에 따른 것이었지만 어쨌든 의회 간선을 통해 스네그루를 몰도바 공화국 초대 대통령으로 선출했다.

1990년의 총선과 대선 이후에는 그동안 억눌렸던 이데올로기적 차이나 민족적 갈등이 분출되기 시작했다. 특히 루마니아와의 관계에 대해 소수 종족들이 반발하고 러시아와의 관계를 둘러싼 대립이 심해졌다. 이런 상황에서 몰도바에서는 다른 탈공산주의 국가에서 일반적이었던 반공산주의와 체제전환 지지와 같은 정치적 합의는 애당초 존재하지 않았다. 새로이 최고 소비에트에 진출한 의원들은 정치적 경험이 없는 상태에서 타협보다는 대립을, 대화보다는 폭력을 통해 문제 해결을 시도했다. 이로써 사회 내부의 대립과 균열이 그대로 의회 내부의 충돌로 이어졌다. 이는 대중전선 내부에서도 마찬가지였다. 당초 공산당에 반대하거나 혹은 체제전환을 지지한다는 대의가 없는 상황에서 일시적인 연대를 통해 소기의 목적을 달성한 이후에는 이들 사이에서도 대립이 벌어졌다. 사실상 대중전선은 연대 의식이나 구심점이 없었던 포괄적인 우산조직이었기 때문에 각자의 이데올로기, 정책, 종족, 이해관계에 따라서 뿔뿔이 흩어지는 파편화 현상이 지속되었다.

이처럼 1990년 총선이 몰도바의 개혁과 독립을 위해 중요한 단계였지만 실제로는 안정된 탈공산주의 정부를 구성하지 못하고 불안정한 상황이 그대로 유지되었다. 무엇보다도 정당과 정치문화의 제도화 수준이 낮았고, 체제전환이라는 이행의 상황에서 제대로 된 권한 규정도 없어 입법부와 행정부 사이에 그리고 각자의 내부에서 권한을 둘러싼 충돌이 벌어졌기 때문이었다.[4]

---

4) Crowther, William (2011), p. 211.

1991-92년 의회가 신헌법 초안을 논의하면서 의회제 지지파인 대중전선과 스네그루 중심의 대통령제 지지파 사이에 논쟁이 이어졌고 이 와중에 스네구르의 지지 세력은 1991년 말에 대통령 직선제 개헌을 추진했다. 이렇게 해서 신헌법 제정 이전에 이미 옛 소비에트 헌법을 개정해 대통령 직선제를 도입했다. 또한 1993년 10월 선거법 개정을 통해 기존 380석 규모의 최고 소비에트를 104석의 의회로 변모시켰고 동시에 폐쇄식 정당명부제, 전국을 단일 선거구로 하는 비례제 방식 그리고 4% 이상을 득표한 정당에 의석을 배분하는 제한선 규정을 도입했다.

새로운 선거법으로 실시된 1991년 대선에서는 대중전선이 대선을 거부하면서 예상대로 스네구르가 98.1%의 찬성으로 대통령에 당선되었고, 공산당의 활동이 금지된 상황에서 실시된 1994년 총선에서는 민주농민당이 56석, 사회당-연합운동이 28석, 농민지식인연대가 11석을 차지했고 그동안 정국을 주도했던 대중전선은 9석을 얻는데 그쳤다. 의회가 가장 먼저 처리해야 할 시급한 문제는 신헌법 제정이었다. 옛 소비에트 헌법을 유지한 채 상황에 따라 부분적인 수정을 가하는 바람에 이미 헌법은 누더기가 되어있었기 때문이었다.[5]

이런 현실에서 국회의장이자 다수당인 민주노동당을 이끌고 있던 루친치의 의지가 가장 중요했다. 루친치는 옛 체제에서 공산당 제1서기를 그리고 대통령 스네구르는 당시 최고 소비에트 의장으로 서로 경쟁적인 입장이었다. 이제 독립 몰도바에서 한 명은 입법부의 수장으로 그리로 다른 한 명은 대통령으로 대립했다. 국회의장직을 버리고 대통령직을 선택했던 스네구르는 대통령이 헌법 초안 작성에 영향력을 행사하지 못한다는 사실을 잘 알고 있었기 때문에 신헌법 초안 작성에 직접 개입하지는 않았다.[6] 반면 루친치는 국회의장으로 신헌법 초안 작성에 가장 큰

---

5) Ibid., p. 212.

6) Matuzato, Kimitaka (2006), p. 329.

영향력을 행사할 수 있는 위치에 있었다. 이 때문에 루친치의 선택은 당연히 의회제일 것으로 보였다. 그러나 그가 선택한 것은 순수한 의회제도 그렇다고 대통령제도 아니었다.7) 그는 헌법을 작성할 의회를 권력 기반으로 삼아 대통령 스네구르의 세력을 줄이고 그 대신 자신의 영향력을 확대하려고 했기 때문에 대통령제를 선택할 마음은 조금도 없었다. 동시에 그는 순수한 의회제도 선택하지 않았는데, 대통령이 여전히 민주농민당 내부에서 지지 세력을 확보하고 있는 상황에서도 무턱대고 의회제를 지지하기도 어려웠기 때문이다.

한편 당시의 정당 일체감, 충성도가 극단적으로 약한 의원들의 경우는 어느 한편으로 권한이 집중되는 것보다는 권한이 분산되어 있는 편이 자신들에게 더 유리하다고 판단했다. 따라서 이들은 어느 한 제도를 지지하기보다는 중간을 지지함으로써 자신들의 이해를 방어하는데 더 관심이 있었다.8) 이와 같이 신헌법 제정 당시 정당의 제도화 수준이 매우 낮았다는 측면도 준대통령제 선택의 주요한 요인이었다. 독립 직후의 상황에서 헌법적 전통도 없었고 법치에 대한 경험도 부족했기 때문에 확고한 의지나 비전보다는 그때그때의 현실에 따라 이리저리 부유하는 정치인들이 대부분이었다.9) 이런 현실에도 불구하고 몰도바에서는 정당체제가 파편화되고 정당 자체의 결속력이 낮아지면 대통령의 권한이 강해지고 그 반대의 상황에서는 대통령의 권한이 줄어드는 '정당 취약성-대통령 권한 강화의 비례성'도 나타나지 않았다.10)

루친치를 비롯한 지도부의 입장에서도 불안정한 현재의 상황에서 자신들의 미래가 어떻게 될지 예측하기 어려웠다. 대통령 스네구르 역시

7) Mazo, Eugene D. (2004), pp. 1-43.

8) King, Charles (2000), p. 161.

9) Crowther, William (2011), pp. 214-215.

10) Schleiter, Petra and Jones, E. Morgan (2006), pp. 1-40.

자신도 언젠가는 의회로 돌아갈 수 있었고 루친치 역시 자신이 대통령이 될 수도 있다고 판단했다. 따라서 만약 한쪽에 권한을 몰아준다면 현재의 자신에게는 유리할 수 있지만 미래의 자신에게는 독이 될 수도 있었다. 실제로 대통령의 권한을 줄이고자 했던 루친치는 스네구르에 이어 차기 대통령이 되었고, 대통령 재임 시기 의회에 대통령의 권한을 확대해 달라는 요청을 여러 차례 전달한 바 있었다.

따라서 대통령, 국회의장, 총리, 의원을 막론하고 많은 정치인들은 극단을 피하고 중간의 것을 선택하는 것이 미래의 자신의 이해를 지킬 수 있다고 판단했다. 이 경우에 중간의 것은 순수한 의회제도 강력한 대통령제도 아닌 그 중간에 위치한 준대통령제였다. 결국 준대통령제를 선택한 정치 엘리트들은 현재의 지위는 물론 미래의 지위를 유지하기 위한 일종의 '정치적 헤징(political hedging)'을 시도했으며, 확실한 상황에서라면 자신들이 원했을 정도보다는 약간 부족한 수준의 것을 선호했고 그래서 다소 모호한 제도인 준대통령제를 기꺼이 받아들였다.[11]

3. 대통령의 헌법 권한과 비공식 권한

1990년에서 2016년까지 대통령 선출방식은 간선(1990-1991년), 직선(1992-2000), 간선(2001-2015)에서 다시 직선(2016년 이후)으로 바뀌었다. 이는 대통령을 둘러싼 행정부 내부의, 입법부와 행정부 간의 긴장과 갈등 그리고 이를 해결하기 위한 과정에서 나타난 결과였다. 선거 방식의 잦은 변경과는 달리 대통령의 공식 권한은 크게 바뀌지는 않았지만, 매번의 개헌에서 약간씩 줄어들어 현재에는 의전적인 수준에 머물러 있다.

우선 헌법 77조에서는 "대통령은 1항) 몰도바 공화국의 대통령은 국

---

11) Frye, Timothy (1997), pp. 546-547.

가수반이며, 2항) 대통령은 국가를 대표하고 주권과 독립을 수호하고 영토와 국가통합을 지킨다"고 규정했다. 헌법 88조에는 대통령의 권한이 규정되어 있는데, "대통령은 메달과 명예직위 수여, 장성 임명, 시민권 부여와 난민 자격 부여, 법에 따른 공직자 임명, 사면권을 지니고 있다. 대통령은 외교관 임명, 고위 공직자, 판사 임명 그리고 헌법재판소의 최종 판단 이전까지 위법한 정부령 취소권, 법으로 정한 기타 권한 행사와 같은 임명권과 기타 임시적인 권한을 행사할 수 있다"고 했다.12)

입법권의 경우 헌법 73조에 따라 "대통령이 의원, 정부, 가가우지아 자치의회와 함께 법안 발의권을 갖고 있다." 그러나 대통령에게는 법안에 대한 거부권이 없는데, 헌법 74조 2항에는 "의회가 법안 공표를 위해 대통령에게 해당 법안을 송부한다." 그리고 76조 "법은 관보를 통해 출판하며, 해당 관보 발행일 혹은 지정한 일자에 효력이 발효된다. 관보에 출판하지 않을 경우 해당 법은 무효다"라고 규정하여 대통령에게 법안에 대한 전체 혹은 부분 거부권을 부여하지 않고 있다. 또한 헌법 94조 1항에는 "대통령이 법안을 공표한다"고 규정했으며, 94조 2항에는 "대통령이 해당 법안에 대해 반대 의견이 있을 경우, 2주 내에 의회에 재고를 요청할 권한이 있다. 의회가 이전에 채택한 결정을 고수할 경우 대통령은 이를 법으로 공표해야 한다"고 규정하고 있다. 이처럼 94조에서는 대통령이 의회에 재고를 요청할 수 있다고 하여 이것을 거부권 행사와 같이 해석될 여지를 남겨두고 있지만, 대통령의 요청에 대해 의회가 다시 표결을 진행하지 않기 때문에 이를 거부권이라고 할 수는 없다. 또한 대통령에게는 법안의 위헌 여부를 헌법재판소에 신청할 권한도 부여되지 않았다.

한편 헌법 94조 1항에는 "대통령이 권한을 행사하면서 국가 전체에 적용되는 대통령령을 공표한다. 대통령령은 관보에 게재한다"고 규정하고

---

12) "Constitution of the Republic of Moldova," https://www.presedinte.md/eng/constitution

있다. 다만, 2항에서는 "대사 임명, 군대의 동원령, 전쟁 선포, 국가안보와 공공질서 유지를 위한 특별 조치 등에 총리의 부서"를 요구하고 있어 실제로 대통령이 자의로 대통령령을 공표하지 못하도록 규제하고 있다.

대통령의 공식 권한 중에서 가장 중요한 권한 중 하나는 "국가적 이해와 관련된 문제에 대해 국민투표를 실시해 국민들의 의견을 청취"하는 국민투표 발의권이다(88조 f항). 동시에 헌법 66조 b)항에서는 의회에게 '국민투표 실시권'을 부여하고 있다. 이는 얼핏 대통령과 의회가 모두 국민투표를 발의할 수 있는 권한을 공유하고 있는 것처럼 보이지만, 대통령의 발의에 따른 국민투표는 법적 효력이 없이 여론을 파악하기 위한 자문적 성격의 국민투표를 의미하기 때문에 사실상의 국민투표 발의권은 의회에 있는 셈이다.

한편 헌법 98조에는 대통령의 정부 구성 역할을 규정하고 있는데, "대통령은 1항) 원내 정당들의 의견을 청취한 이후 총리 후보를 지명하고, 2항) 대통령이 총리 후보를 지명한 이후 15일 이내에 총리 후보자는 정부의 프로그램과 내각 전원에 대해 의회에 인준을 요청한다. 3항) 의회는 회기 중에 제출받은 정부 프로그램과 내각 전원에 대해 논의하고, 재적 과반으로 정부에 대한 신임을 표명한다. 4항) 의회의 신임에 따라 대통령이 정부를 임명하며, 5항) 대통령 앞에서 각료 전원이 선서한 이후부터 임기가 시작된다. 6항) 개각 혹은 각료 공석인 경우 총리의 제청에 따라 대통령이 일부 각료를 임면한다."

결국 대통령에게는 자의적으로 총리나 각료를 임명할 권한이 없으며, 다만 의회와의 사전 조율에 따라 총리 후보를 지명할 수 있고 의회만이 총리를 결정한다. 따라서 총리 후보를 지명하는 과정에서 대통령이 사전에 원내 정당들과 조율을 거치지 않을 경우 의회와 심각한 충돌이 벌어질 것으로 예상할 수 있다. 실제로 의회 다수파의 의견을 무시하고 자의적으로 총리를 임명했던 티모프티 대통령의 사례나 각료 임명을 둘러싸고 의회와 충돌한 도돈 대통령의 사례를 통해 이를 확인할 수 있다.

한편 대통령은 엄격한 조건에서 의회를 해산할 권한을 지니고 있다. 헌법 85조 1항)에서는 "대통령은 3개월 이내에 정부 구성이 불가능하거나 법안 채택 절차가 막히는 경우 정당들과의 사전 조율에 따라 의회를 해산할 수 있고, 2항) 대통령이 새로운 정부 구성을 위한 인준을 요청하는데 의회가 이 요청이 있은 뒤 45일 이내에 새로운 정부를 인준하지 않고 2회 이상 인준 요청을 거부할 경우 의회를 해산할 수 있다." 물론 이 경우에도 대통령이 자의적으로 의회를 해산할 수는 없다. 의회 해산을 위해서는 특별한 조건이 필요한데, 대통령은 총선 이후 일정 기간 동안 정부가 구성되지 못하는 경우 의회와 사전 조율을 거쳐 의회를 해산하고 조기총선 실시를 명할 수 있다.

이외에도 대통령에게는 국가를 대표하여 국제조약을 협상하고 체결할 권한과 외교관을 임명할 권한이 있으며(헌법 86조), 기타 의전적 권한으로는 88조 a) 메달과 명예직위 수여, b) 고위 장성 임명, c) 시민권 부여와 난민 자격 부여, d) 법에 따른 공직자 임명, e) 사면권 등이 있다.

요컨대, 몰도바의 대통령은 주로 의전적, 상징적인 권한을 지니고 있으며, 특정한 조건에 따라 입법권과 정부 구성, 의회 해산권을 지니고 있다. 그러나 이러한 헌법상의 권한도 대통령마다 다르게 행사되고 있으며, 어떤 경우는 헌법적 권한을 넘어서는 영향력을 행사하는 경우도 있다. 즉, 일반적으로 대통령들은 자신에게 주어진 헌법 권한에 딱 맞추어 그것을 현실에서 행사하는 경우가 거의 없다. 어떤 경우에는 헌법으로 규정된 권한보다도 적게, 그 반대로 어떤 경우에는 헌법 규정보다 훨씬 더 많은 영향력을 발휘하다가 정부나 의회와 충돌하는 사례도 있다. 또 어떤 경우에는 공식 권한보다 더 많은 권한을 행사하면서 대통령이 정부와 의회를 압도하는 경우도 있다. 이런 측면에서 개별 대통령의 실제 영향력 사례를 살펴보면서 대통령의 권한이 반드시 헌법상의 권한에 머물러 있지 않음을 확인할 필요가 있다.

여기에서는 독립 이후 현재까지 대통령을 역임했거나 재임 중인 5명의 대통령 중에서 1993년 신헌법 제정 이전에 대통령에 당선된 스네구르와 최초로 경쟁을 통해 대통령으로 당선된 루친치(1996-2001) 그리고 간선 대통령인 보로닌(2001-2009)과 다시 직선으로 당선된 도돈(2016-) 대통령의 공식 권한과 실제 영향력 행사를 통해 권한과 영향력의 차이를 비교한다.13)

4. 대통령의 실제 영향력

1) 스네구르 대통령과 루친치 대통령

1991년 대선은 스네구르가 단독으로 출마해 84%의 투표율에 98% 이상의 압도적 지지를 얻은 국민투표의 성격이었다. 반면 1996년 대선은 복수의 후보가 출마해 결선투표까지 가는 치열한 경쟁이 벌어져 사실상의 첫 번째 자유, 경쟁 대선이었다. 1996년 대선은 스네그루 대통령을 비롯해, 무소속의 루친치 그리고 민주농민당의 총리 상겔리(A. Sangheli)의 3파전으로 전개되었다. 세 명 모두 전직 공산당 최고위 출신이었다는 점은 몰도바가 다른 탈공산주의 중동부유럽 국가들과는 달리 적어도 인적인 측면에서는 옛 체제로부터 완전히 벗어나지 못했다는 사실을 보여주는 것이었다. 어쨌든 1996년 대선은 옛 최고 소비에트 의장이었고 현재는 대통령으로 재임하고 있는 스네구르와 옛 공산당 제1서기였지만 지금은 국회의장으로 재임하는 루친치 그리고 현재 총리로 재임하는 상겔리가 대결한 민주적 경쟁 선거였다.

---

13) 여기에서는 2012년 단독으로 출마해 간선으로 선출된 티모프티(2012-2016)는 제외하는데, 무엇보다도 그의 선출 자체가 타협에 의한 급조된 결과였고 대통령 재임 중 총리에 완전히 의존했던 특성으로 대통령의 권한 행사를 이해하는데 적합한 사례가 아니기 때문이다.

한편 1996년 대선 전에 실시되었던 1994년 최초의 자유, 경쟁 총선에서는 민주농민당이 43%의 지지를 얻어 104석 의회에서 56석을 차지했다. 그러나 곧 민주농민당을 주도하던 대통령 스네구르, 총리 상겔리 그리고 국회의장 루친치 간의 대립으로 당이 분열되었다. 스네구르는 우익 세력을 규합해 재생화해당을 설립하고 이를 지지 기반으로 삼아 재선을 노렸다. 상겔리 총리는 민주농민당을 주도했으며, 루친치는 무소속으로 남아 기회를 엿보았다. 당시 대통령-총리-국회의장 간의 관계는 예전의 동지가 오늘의 적으로 바뀐 대표적인 사례였다.

이들은 대선에서 경쟁하기 이전부터 이미 헌법을 둘러싸고 충돌한 적이 있었다. 당시 대통령 스네구르는 신헌법 작성에 직접 개입하지는 못했지만 어쨌든 대통령으로서 대통령의 권한 강화를 기대했었다. 반면 당시 국회의장이었던 루친치와 총리 상겔리는 될 수 있으면 대통령의 권한을 줄이고 의회와 총리의 권한을 강화하는 것이 현재의 자신들에게 유리하다고 판단했다. 그러나 세 명 모두는 여기에서 더 나아가 향후의 정치현실이 현재와 똑같지는 않을 것이라고 예측했다. 따라서 스네구르, 루친치, 상겔리 모두 현재의 위치가 미래에 어떻게 바뀔지 모르는 상황에서 잠재적인 위험을 피하는 정치적 헤징을 선택했다. 이들 모두는 순수한 의회제도 그렇다고 강력한 대통령제도 아닌 그 중간의 준대통령제를 일종의 안전판으로 여겼던 것이다.

1996년 대선이 다가오자 재선을 노리는 스네구르는 이전까지의 의전적, 상징적 대통령의 모습을 버리고 보다 적극적인 대통령으로의 변신을 꾀했다. 그는 임명권을 둘러싸고 총리, 의회와 대립했으며, 1993년 헌법이 치명적 결함을 지니고 있다고 경고하면서 대통령에게 더 강력한 권한을 부여하는 개헌을 요구하고 나섰다. 한편 이미 당을 떠나 무소속으로 남아있던 루친치에게는 대통령에 도전하는 선택지 밖에 없었다. 그동안 루친치는 스네구르 대통령의 권한을 약화시키기 위해 앞장섰지만, 이제는 스네구르가 요구하는 강력한 대통령제를 막기 위해 자신이 대통령이 되어야 한다는 논리를 내세웠다.

이 시점에서 그동안 스네구르 대통령의 권한 행사와 영향력을 경계하고 비판해 왔던 루친치와 상젤리는 향후 대통령에게 실질적인 권한이 집중될 것이라고 전망했다. 그들은 스네구르가 대통령의 권한을 확대시키지 못한 것은 제도의 문제가 아니라 스네구르 개인의 실패로 인식했다. 실제로 스네구르는 다른 탈공산주의 국가의 대통령들처럼 대통령의 권한을 확대시키지 못했고 대중들에게 직접 호소해 영향력을 얻지도 못했다.[14] 따라서 루친치와 상젤리는 현재의 의장직과 총리직을 버리고 향후에 권력이 집중될 가능성이 커보이는 대통령직에 도전장을 던졌다.

1996년 대선 결과는 유권자들이 대통령제로의 전환을 우려하고 있다는 사실을 보여준 것이나 마찬가지였다.[15] 1차 투표에서 스네구르는 38.8%를 얻어 1위를 차지했고, 루친치가 27.7%로 2위를 차지했다. 공산당 후보였던 보로닌이 10.2%로 3위 그리고 상젤리 총리는 9.5%로 4위에 그쳤다. 스네구르와 루친치 양자 대결로 치러진 결선에서는 좌익의 표를 끌어모은 루친치가 54%를 득표해 우익의 지지를 받았던 스네구르를 꺾고 새로운 대통령으로 당선되었다.

루친치는 공산당 제1서기에서 국회의장으로 그리고 이번에는 대통령으로 변신했다. 그는 자신이 의장으로 재임하던 당시 순수한 의회제를 선택하지 않았던 선견지명으로 대통령의 자리에서 어느 정도는 권한과 영향력을 행사할 수 있게 되었다. 그러나 루친치는 여기에 만족하지 않았다. 의장 시절에는 대통령의 권한 확대 요구를 강력히 반대하고 비판했었지만 일단 대통령이 된 이후에는 대통령의 공식, 비공식 권한이 부족하다며 대통령제로의 개헌을 추진하기 시작했다.

---

14) Ropper, Steven D. (2008), p. 119.
15) Crowther, William (2011), pp. 215-216.

루친치의 대통령 재임 기간에는 그가 약속했던 정치안정과 경제개혁이 제대로 진행되지 않았다. 사실상 대통령이 정치, 경제에 직접 개입하지 못하는 상황에서 대통령이 바뀌었다고 문제가 해결되는 것은 아니었지만, 대통령이 정파를 초월해서 이러한 문제 해결을 위한 중재, 조정 역할은 해야 했다. 그러나 현실은 그와는 달랐다. 형식상이라도 대통령이 임명한 총리와 내각은 무능하거나 우유부단했고, 정당 간 그리고 정당 내부의 파편화 현상으로 총리와 내각이 의회 다수의 지지를 확보하기도 어려웠다.

이런 상황에서 루친치는 민주번영당을 창당해 좌익세력을 규합하고 이를 자신의 지지 기반으로 삼으려 했다. 그러나 좌익에는 이미 가장 높은 지지를 받고 있던 공산당이 버티고 있었다. 우익은 전대통령 스네구르의 재생화해당을 비롯해 기독민주당, 민주세력당 등으로 분열되어 있었다. 1998년 총선에서는 기존 정당과 정치인들에 대한 거부감이 너무나 컸기 때문에 그 대안으로 얼마전까지 활동이 금지되었던 공산당이 제1당으로 부상했다.

총선 이후 우익계 정당인 민주대회, 민주세력 그리고 중도좌익의 대통령 정당인 민주번영당이 민주개혁연맹(Alliance for Democracy and Reforms)을 결성해 연립정부를 구성하고 공산당을 견제했지만, 연립정부 내부에서의 분열로 의회 다수를 유지하기 어려웠다. 동시에 민주번영당 내부의 갈등 그리고 민주번영당과 대통령 사이의 갈등으로 대통령은 목소리를 낼 기회조차 없었다. 보통의 경우라면 정부 구성이 어렵고 의회 다수를 유지하기 힘든 상황에서 대통령이 이를 중재하여 자신의 헌법상의 권한을 넘는 영향력을 발휘했겠지만 몰도바의 상황에서는 이마저도 쉽지 않았다. 의회의 파편화 그리고 공산당을 제외한 개별 정당 내부의 분열이 대통령의 영향력 확대로 이어지지 못했던 것이다. 이런 상황에서 오히려 경제실패와 정국 불안정의 책임에서 자유로운 제1당 공산당의 지지율이 높아졌다.

루친치는 국회의장이던 당시 자신이 그토록 반대했던 대통령제 개헌을 들고 나왔다. 그는 1999년 5월 23일 "대통령이 정부 구성과 활동을 주도하며, 국정에 대한 전체적인 책임을 지는 대통령제 개헌"을 요구하는 국민투표를 발의했지만 성공하지 못했다.16) 그럼에도 루친치는 계속해서 헌법개혁위원회를 조직해 대통령에게 총리와 각료 임면권을 부여하는 대통령제 개헌을 주장했다.17)

이에 대한 의회와 대다수 정당의 반응은 4년 전 스네구르의 개헌 요구에 대해 루친치가 내놓았던 것과 똑같았다. 대부분은 루친치의 개헌 요구를 개인의 권력욕으로 치부했고 의회에 대한 위협이라고 비판했다. 공산당은 루친치의 대통령제 개헌 요구가 민주적 원칙에 위배된다고 비판하면서 전체주의 정권의 탄생으로 이어질 것이라고 경고했다. 연립에 참여했던 민주회의와 민주세력 역시 대통령제 요구를 러시아의 독재적인 '초강경 대통령제'를 모방하려는 것이라고 비판했다. 더군다나 그동안 명목상으로나마 대통령을 지지했던 민주번영당 내부에서도 루친치를 비판하면서 의원 11명이 집단 탈당했다.18)

이제 루친치에게 남아있는 최상의 시나리오는 재선에 성공하여 연립정부 내부의 갈등을 이용하고, 차기 총선 승리가 예상되는 공산당과의 협력을 통해 의회를 무력화시키는 것이었다. 이에 루친치는 공산당에 총리직을 제안하면서 화해의 제스처를 보내고 반대로 연립정부에게도 총리직을 제안하면서 분열을 유도하는 방법을 사용했다. 루친치는 만약 이런 전술이 성공한다면 자신이 원하는 총리를 내세워 의회 내부의 분열을 이용하여 대선에서 승리하고 그 여세를 몰아 대통령 친위 정당을 재창당할

---

16) Nohlen, Dieter and Stöver, Philip (2010).
17) East European Constitutional Review (1999).
18) Ibid., p. 219.

수도 있을 것이라 판단했다. 그렇게만 된다면 2기 임기 중에 대통령제로의 개헌도 가능할 것이라 기대했다.

그러나 갈등 관계에 있던 민주계 정당들 그리고 이들과 대립하던 공산당은 대통령이라는 외부의 적을 만나서는 긴밀히 협력했다. 2000년 7월 5일 의회는 대통령 간선을 포함해 가뜩이나 제한적이었던 대통령의 헌법 권한을 더 줄이는 개헌을 추진했고 재적 101석 중에서 92명의 찬성으로 '의회제 개헌'을 단행했다.[19]

의회제 개헌은 무엇보다도 루친치가 직선을 통해 재선에 성공하지 못하도록 막는 것이 목적이었다. 물론 대통령의 권한을 더 줄이는 것도 포함되어 있었지만 사실 기존의 권한이 크지 않았기 때문에 권한 축소는 별 의미가 없었다. 그러나 이 개헌의 내용 중에는 10년도 채 지나기 않아 몰도바의 헌정을 마비시켜 900일 이상 대통령을 선출하지 못하고 의회의 갈등을 최고조에 이르게 하는 조항이 포함되어 있었다. 그것은 2000년 헌법 제78조 4항) 결선에서도 의회 재적 3/5의 지지(즉, 61석 이상)를 얻은 후보가 없을 경우, 새로운 대선을 실시한다. 5항) 새로운 대선에서도 (의회가 재적 3/5으로) 대통령을 선출하지 못하면, 현 대통령은 의회를 해산하고 새로운 총선을 실시한다는 대통령의 의회 해산권이었다. 당시까지 의원들은 이 조항이 실제로 대통령에 의해서 발동될 것이라고는 상상도 하지 못했다.

2) 보로닌과 도돈 대통령 시기

2001년 2월 총선에서는 공산당이 101석 중 71석을 차지하는 압승을 거두었다. 이는 단독으로 대통령을 선출할 수도(재적 3/5), 개헌을 할 수도 있는(재적 2/3) 의석이었다. 예상대로 2001년 대선에서 공산당의 보

---

19) Crowther, William (2011), pp. 220-221.

로닌 후보가 71표를 얻어 대통령으로 선출되었다. 더군다나 대선 직후 헌법재판소에서는 대통령이 정당의 대표가 될 수 있다고 판결함으로써 보로닌은 공산당 대표직을 유지하면서 총리 임명, 내각 구성, 입법 등에 직접적인 영향력을 행사할 수 있는 강력한 대통령이 되었다.[20]

2005년 대선에서도 75표를 얻어 재선에 성공한 보로닌은 여당인 공산당 대표로서 자신이 염두에 둔 총리 후보를 자기에게 추천하고 자신이 대표로 있는 공산당에게 그를 인준하도록 했다. 보로닌은 준대통령제에서도 '수직권력(vertical power)' 거버넌스 시스템을 통해 의회, 정부, 국가수반의 자리와 영향력을 모두 독점함으로써 대통령제의 대통령을 넘어서는 막강한 권한을 행사했다.[21]

보로닌을 중심으로 8년 동안 이어진 공산당의 정치적 헤게모니는 2009년 4월과 7월 연달아 실시된 두 번의 총선을 통해 끝났다. 4월 총선에서는 공산당이 49%를 얻어 60석을 차지해 제1당의 지위를 유지했지만, 대통령 선출에 필요한 61석에는 1석이 부족했다. 공산당도 이 총선 결과에 불만이었지만 야당의 불만은 더 컸다. 야당과 시민들은 불법 선거 의혹을 제기하며 의사당과 정부청사를 점거하는 등 공산당 정권에 격렬히 항의했다. 더군다나 자유당, 자유민주당, 우리몰도바 세 정당의 의회 보이콧으로 2009년 5-6월 대선이 무산되었다. 공산당 단독으로 실시한 대선에서는 공산당의 후보인 그레체아니(Z. Greceanîi)가 60표를 얻는데 그쳤다. 두 번째 대선에서도 1차에서 공산당 후보인 그로파(S. Groppa), 2차에서는 네구타(A. Neguţă)가 모두 대통령 당선에 필요한 61표를 얻는데 실패했다. 이제 2000년 헌법에서 아무도 눈여겨보지 않았던 조항이 발동되었다. 바로 "2차 대선이 모두 실패할 경우 대통령이 의회를 해산하고 조기 총선을 실시한다"는 조항이었다.

---

20) Szajkowski, Bogdan (2005), p. 414.

21) Crowther, William (2011), p. 224.

이렇게 해서 대통령은 의회를 해산하고 총선이 끝난 지 3개월 만에 조기 총선 실시를 명했다. 7월 총선에서도 공산당이 여전히 제1당의 지위를 유지했지만, 이번에는 의석이 더욱 줄어 48석을 얻는데 그쳤다. 이번 총선에서는 새로운 정당들이 원내 진출에 성공해 자유민주당(18석), 자유당(15석), 민주당(13석) 그리고 우리몰도바(7석)가 53석으로 지난 9년 간의 공산당 독재를 끝내는 연립정부를 구성하는데 성공했다.

그러나 이들도 독자 후보나 혹은 단일 후보를 대통령으로 선출하는데 필요한 의석 61표에서 8표가 부족했다. 이 때문에 2009년 11-12월에 치러진 대선에서도 대통령을 선출하지 못했다. 연립정부가 자신들의 단독 후보를 대통령으로 선출하기 위해서는 공산당으로부터 8표를 얻어와야 했지만, 공산당은 후보를 내지 않는 대신 연립정부 후보가 아닌 제3의 후보를 지지하겠다고 선언했기 때문에 그럴 가능성은 없었다. 공산당 역시 48석으로 자당의 후보를 대통령으로 당선시키기 위해서는 13표가 더 필요했지만, 민주계 연립정부로부터 이탈표를 기대하기는 불가능했다. 만약 이번에도 대통령을 선출하지 못하면 다시 의회를 해산하고 총선을 치러야 했다. 그러나 한해 동안 총선은 한번 만 실시하도록 하는 헌법 규정으로 이번에도 대통령을 선출하지 못하면 2011년에 총선을 실시해야 했는데, 실제로 그런 사태가 벌어졌다.

이렇게 간선으로 대통령을 선출하지 못하여 국가수반이 공석으로 남고 이에 따라 계속해서 의회가 해산되고 조기 총선이 실시되는 총체적인 '헌정 위기'가 이어졌다. 이에 따라 대통령 직선제 개헌이 추진되었고 마침내 2010년 대통령 직선제 개헌 국민투표가 실시되었다. 당시 투표율은 30.29%였고 직선제 찬성이 87.83%, 반대가 12.17%로 직선제 개헌 요구가 압도적으로 많았다. 그러나 문제가 있었다. 국민투표가 효력을 발휘하기 위해서 필요한 투표율은 33.33%였다. 결국 이 국민투표는 무효였다.[22]

---

22) "Republican Constitutional Referendum of September 5, 2010,"

2010년 11월 다시 총선이 실시되었다. 이번 총선에서도 공산당이 42석으로 1당을 차지했지만, 총선이 계속될수록 지지율과 의석은 줄어들었다. 자유민주당이 32석, 민주당이 15석, 자유당 12석을 얻어, 공산당을 제외한 세 정당이 59석으로 연립정부를 구성했다. 그러나 이번에도 대통령을 선출하는데 필요한 61표에 2표가 부족했다.

이런 상황에서 2011년 12월-2012년 1월에 실시될 대선을 앞두고 공산당이 분열되었다. 2011년 11월 4일 도돈을 비롯한 공산당 소속 의원 세 명이 헌정 위기 극복을 위해 대통령 선거에 참여하겠다고 선언하면서 공산당에서 탈당했다.[23]

만약 이번에도 대통령 선출에 실패한다면 또 다시 의회가 해산되고 총선을 실시해야 하는 절체절명의 위기가 시작되었다. 이제 민주계 정당들에게는 더 이상 물러설 곳이 없었고 타협을 통해 부랴부랴 최고치안판사 출신의 티모프티를 단일 후보를 내세웠다. 티모프티는 민주계 정당 소속 58표와 공산당에서 이탈한 3표를 합해 61표를 얻는데 성공했다. 드디어 만 4년, 900일 이상 공석이었던 대통령이 선출되었다.

티모프티는 유럽 지향적인 목표로 내세우고, 몰도바에게는 유럽 이외의 다른 대안이 없다는 일성으로 대통령직을 시작했다.[24] 그러나 부랴부랴 서둘러서 선출된 허수아비 대통령에게는 아무런 비전도 아젠다도 없었고, 설령 그러한 것이 있었다 해도 그것을 추진할 수 있는 정치적 기반이 전혀 없었다. 대통령은 다만 자신을 대통령 후보로 추천하고 당선시켜준 민주계 정당, 특히 총리에 의존하는 수밖에 없었다.

티모프티의 대통령 임기가 종료되는 2016년이 다가오면서 다시 긴장감이 돌기 시작했다. 2년 전 2014년 총선 결과 어느 정당도 독자 후보를

http://www.e-democracy.md/en/elections/referendum/2010/

23) "Moldovan Politics: Presidential Crises 2009-2018." *Geohistory* (January 23, 2018).

24) "Profile: Who Is Moldova's New President-Elect?." Radio Free Europe (March 17, 2012).

대통령으로 당선시킬 수 있는 충분한 의석을 차지하지 못했고, 여전히 정당 연합의 단일 후보를 기대하기도 어려웠기 때문이었다. 2014년 총선으로 사회당이 25석을 차지해 1당이 되었고, 자유민주당 23석, 공산당 21석, 민주당 19석 그리고 자유당이 13석을 차지했다. 좌익의 사회당과 공산당이 46석을 차지했지만 대통령 선출에 필요한 61표에 한참 부족했고 도돈, 그레체아니 등 사회당 의원 대부분이 공산당을 탈당한 전력이 있어 애초부터 공산당과의 협력은 불가능했다. 민주계 정당의 의석은 55석으로 역시 대통령 선출에 6표가 부족했다. 또 다시 의회가 대통령을 선출하지 못하는 헌정 위기가 재현될 가능성이 있었다.

이런 상황에서 헌법재판소는 2000년 대통령 간선제 개헌이 위헌이라는 판결을 내놓았다.25) 이에 2016년 10월의 대선은 1996년 이후 다시 직선으로 실시되었다. 이번 선거에서는 사회당의 도돈이 결선에서 근소한 차이로 행동연대의 산두(M. Sandu) 후보를 누르고 대통령으로 당선되었다.

도돈은 대통령 당선 연설에서 자신은 모든 국민의 대통령이 되겠다고 선언했지만,26) 취임 3일 만에 집무실에서 EU 깃발을 떼어내 버렸고 독일 언론과의 인터뷰에서는 국익을 위해 EU와 거리를 두고 러시아와 협력하겠다고 강조했다. 그는 또한 몰도바는 푸틴과 같은 애국자가 필요하다고 주장하는 등 러시아와 푸틴을 자신의 롤 모델로 삼고 있음을 분명히 했다.27)

2016년 헌법재판소의 결정으로 대통령 직선제가 복원되었지만 그렇다고 이번 결정으로 대통령의 권한까지 확대된 것은 아니었다. 따라서 도돈의 경우는 직선 대통령의 정당성을 주장하면서 의회, 총리, 정부 내각

---

25) "Moldovan Politics: Presidential Crises 2009-2018." Geohistory (January 23, 2018).

26) Paun, Carmen (2016).

27) DW (2018/02/26).

과 잦은 충돌을 이어가고 있어 새로운 정치 위기를 만들어 내고 있다.

도돈 대통령은 주요 법안을 거부하거나 각료나 관료 임명을 거부하면서 의회와 충돌했는데, 대표적인 사례는 총리가 제청하고 의회가 표결로 결정한 국방장관 임명을 두 차례나 거부한 사건이었다. 대통령에게는 법안이나 임명에 대해서 의회에 재고를 요청할 수 있고, 특정 각료에 대해서는 총리의 제청으로 임면하는 형식상의 권한이 있지만, 헌법상 법안에 대한 거부권과 각료와 관료 임명에 대한 거부권은 없다.

그럼에도 도돈은 여러 차례 각료 임명을 거부하면서 총리, 의회와 대립했다. 이에 대해 의회는 헌법재판소에 대통령이 각료 임명을 거부한다며 위헌 심판을 청구했고 헌법재판소는 각료 임명을 거부한 대통령의 행위는 위헌이라고 판단하고 대통령의 직무를 한시적으로 정지시켰다.

이런 결정에도 불구하고 도돈은 계속해서 총리 임명에도 개입했다. 헌법에 따르면 대통령은 의회 다수와의 사전 협의를 통해 총리 후보를 지명하고 해당 후보는 의회의 인준을 받아 정식 총리가 된다. 그러나 2018년 도돈은 의회의 총리 제청안을 거부하고 이를 의회로 반송했었다. 물론 이 경우에는 해당 후보의 부패 연루설 등으로 대통령의 재고 요청이 충분히 납득할 만한 조치였지만, 그래도 대통령이 의회 다수가 제청한 총리 후보자를 공개적으로 반대한 것은 상당히 이례적인 사건이었고 위헌 소지도 있었다.[28]

이미 도돈은 대통령 당선 직후에 자신의 영향력을 강화하고 의회를 견제할 수 있는 권한을 요구하는 대통령제 개헌을 요구한 바 있었다. 당시 도돈은 첫째, 의회 다수와 협의할 경우, 둘째, 의회가 국민투표를 통해 표출된 국민의 의지를 12개월 이내에 시행하지 않을 경우, 셋째, 대통령 탄핵 국민투표가 무효가 될 경우 혹은 헌법재판소가 대통령 탄핵안을 기각할 경우, 넷째, 의회가 재정 회기 이후 2개월 내에 예산안을 채택

---

28) Ibid.

하지 않을 경우에 의회 해산권을 달라고 요구했었다. 또한 도돈은 대통령에게 의회 해산을 위한 국민투표 발의권이 필요하다고 주장하면서 국민투표의 성공과 대통령의 사임을 연계시키는 '러시안 룰렛' 방식을 제안하기도 했었다.[29]

5. 맺음말

몰도바의 준대통령제는 다른 탈공산주의 중동부유럽의 준대통령제와는 확연히 다른 특성을 지니고 있다. 무엇보다도 체제전환의 와중에 공산당이 합법화되고 옛 공산당 출신의 인사들이 새로운 정치 환경에서도 우위를 차지하는 기간이 길었기 때문에, 옛 공산당 내부의 정적들이 민주적 환경에서 대통령, 총리, 국회의장을 나누어 맡으면서 서로를 견제하는 모습을 보였다. 이런 배경에서 몰도바의 경우는 의회제와 대통령제의 장점을 결합하기 위해 준대통령제를 선택했다기보다는 정치적 라이벌 관계에 따라 어느 한쪽에 권한이 집중되지 못하도록 하기 위해 준대통령제를 선택했다고 보는 편이 타당하다.

이렇게 선택된 준대통령제는 체제전환 이후의 정치발전을 위한 제도의 의미가 아니라 개별 정치인들이 서로를 견제하기 위한 수단이었으며, 동시에 정치 엘리트 사이의 일종의 보험인 정치적 헤징의 의미도 있었다. 즉, 그들은 현재의 위치에서 권력을 행사하면서도 미래의 새로운 위치에서도 권력을 유지할 수 있도록 하는 대안으로 준대통령제를 선택했던 것이다.

매번의 개헌으로 선출 방식이 바뀌고 공식 권한이 약간씩 줄어들어 결국에는 의전적인 대통령의 지위로 하락했지만 그렇다고 대통령의 권위

---

29) Lutenco, Andrei (2017).

마저 줄어든 것은 아니었다. 각각의 대통령들은 헌법상의 권한과는 상관없이 권위의 대통령이라는 위상을 유지하면서 상황에 따라 영향력을 행사할 준비를 하고 있었다. 그러나 이들은 권위보다는 실제 권력이 필요했고 그 때마다 권한 강화에 필요한 개헌을 요구했다. 이에 대해 의회는 오히려 대통령의 권한을 더 줄이고 더군다나 권위마저 줄이기 위한 간선제를 선택했다.

그러나 간선을 통해 선출된 대통령이 오히려 직선의 대통령보다 더 강력한 권력과 권위를 차지하는 아이러니가 발생하기도 했다. 즉, 의회제에서의 대통령이 오히려 대통령제의 대통령보다 더 강한 권력과 영향력 그리고 권위를 차지하기도 했다. 이것이 가능했던 것은 해당 대통령의 개인적인 퍼스낼리티와 더불어, 의회의 파편화, 정당 내부의 균열 그리고 대통령이 정당의 지도자라는 특정한 환경 때문이었다. 반대로 가장 최근 직선으로 선출된 대통령은 직선의 정당성을 주장하면서 간선제보다 약해진 대통령의 권한을 다시 되찾고자 함에 따라 정치적 위기를 불러오고 있다.

결국 몰도바의 준대통령제는 의회제와 대통령제의 장점을 조합해 정치발전의 기틀이 되기보다는 오히려 양 제도의 결함을 극대화해 정치적 위기를 초래하는 원인이 되고 있다. 이를 극복하기 위해서는 양 제도 중 어느 하나를 선택하든지 아니면 현재의 준대통령제를 유지하면서 정치 엘리트와 유권자들 사이에서 성숙한 정치문화가 자리잡기를 기다려야 하지만, 현재 몰도바의 정치 현실에서는 당분간은 두 가지 중 어느 하나도 기대하기 어렵다.

표 12-1) 몰도바의 대통령

대통령	임기시작	임기종료	정당	직/간
M. 스네구르	1990.09.03	1997.01.15	무소속	직선
P. 루친치	1997.01.15	2001.04.07	민주농민당	직선
V. 보로닌(1.2)	2001.04.07	2009.09.11	공산당	간선
M. 김푸 (대)	2009.09.11	2010.12.10	자유당(유럽통합동맹)	—
V. 필라트 (대)	2010.12.28	2010.12.30	자유민주당(유럽통합동맹)	—
M. 루푸 (대)	2010.12.30	2012.03.23	민주당(유럽통합동맹)	—
N. 티모프티	2012.03.23	2016.12.23	무소속(유럽통합동맹)	간선
I. 도돈	2016.12.23		무소속	직선

참고문헌

김신규 (2011). "유럽연합에 대한 체코 대통령 클라우스(V. Klaus)의 비판적 태도와 영향력 연구." 『통합유럽연구』. 제3호. pp. 39-57.

김신규 (2015). "마사리크(T. G. Masaryk)의 민주주의 재해석과 현대적 평가." 『기억과 전망』 여름호 (통권 32호). pp. 168-193.

김신규 (2017). "난민을 위한 나라는 없다: 체코의 선동적 정치인과 페이크 뉴스." 『2017 KIEP 신흥지역연구 통합학술회의 발표문』. pp. 255-276.

Adair, B. L. (2002). "Democratization and Regime Transformation in Hungary." *Problems of Post-Communism.* Vol. 49, No. 2. pp. 52-61.

Ágh, Geoffrey (2001). "Early Democratic Consolidation in Hungary and the Europeanisation of Hungarian Polity." in Geoffrey Pridham and Geoffrey Ágh (eds.). *Prospects for Democratic Consolidation and East-Central Europe.* Manchester: Manchester Univ. Press. pp. 157-179.

Balicki, Ryszard (2001). *Udział Prezydenta Rzeczpospolitej Polskiej w postępowniu ustawodawczym.* Wrocław: Wydawnictwo Uniwesytetu Wrocławskiego.

Baylis, T. A. (1996). "Presidents versus Prime Ministers. Shaping Executive Authority in Eastern Europe." *World Politics.* Vol. 48, No. 3. pp. 297-323.

Bieber, Florian (2006). "Bosnia and Herzegovina: Slow progress towards a functional state." *Southeast European and Black Sea Studies.* Vol. 6, No. 1. pp. 43-64.

Blondel, Jean (1992). "Dual Leadership in Contemporary World." in A. Lijphart (ed.). *Parliamentary versus Presidential Government.* Oxford: Oxford Univ. Press, pp. 162-172.

Bojkov, Victor D. (2003). "Democracy in Bosnia and Herzegovina: post-1995 political system and it's functioning." *Southeast European Politics.* Vol. IV, No. 1. pp. 41-67.

Boyes, Roger (1994). *The Naked President: A Political Life of Lech Walesa.* London:

Martin Secker & Wartbur Ltd.

Cabada, Ladislav and Sandra, Štollová (2014). *Proměny postavení prezidenta ve střední Evropě.* Brno: Václav Klemm.

Cerar, Miro (1999). "Slovenia." in Robert Elgie (ed.). *Semi-presidentialism in Europe.* Oxford: Oxford Univ. Press. pp. 232-259.

Choudhry, Sujit, Sedelius, Thomas and Kyrychenko, Julia (2018). *Semi-presiden tialism and Inclusive Governance in Ukraine: Reflections for Constitutional Reform.* Kyiv: Centre of Policy and Legal Reform.

Chrastilová, Brigita and Mikeš, Petr (2003). *Prezident Václav Havel a jeho vliv na československý a český právní řád.* Praha: ASPI.

Crowther, Wiliiam and Roper, Steven D. (1996). "A Comparative Analysis of International Development in the Romanian and Modovan Legislatures." *The Journal of Legislative Studies.* Vol. 2, No. 1. pp. 133-160.

Crowther, William (2011). "Semi-Presidentialism and Moldova's Flawed Transition to Democracy." in Robert Elgie (ed.). *Semi-Presidentialism and Democracy.* New York: Palgrave Macmillan. pp. 210-228.

Csányi, P. (2005). "Prezidenske voľby v Maďarsku." *Slovenska politologicka revnue.* c. 3. pp. 1-15.

Dae Soon, Kim (2013). *The Transition to Democracy in Hungary: Árpád Göncz and the post-Communist Hungarian presidency.* Oxon: Routledge.

Dale R., Herspring (2000). "Civil –Military Relations in Post-Communist Poland; Problems in Transition to a Democratic Polity." *Communist and Post-Communist Studies.* Vol. 33, No. 1. pp. 71-100.

Dančák, Břetislav (1999). *Pobaltí v transformaci, Politický vývoj Estonska, Litvy a Lotyšska.* Brno: Mezinárodní politický ústav Masarykovy univerzity.

Delamer, Ikka and Rabkin, Miriam (2006). *Democracy in Bosnia and Herzegivina in Transition to Democracy Bosnia and Herzegovina.* Union Street: Queen's Univ. Press.

Derbyshire, J. D. and Derbyshire, I. (1996). *Political Systems of the World.* New York: St. Martin's Press.

Deželan, Tomaž (2014). "Přímo Volený Prezident v Parlamentním Systému: Slovinská Dvacetiletá Zkušenost." in Ladislav Cabada et al. (eds.). *Proměny*

Postavení Prezidenta ve Střední Evropě. Praha: Václav Klemm. pp. 88-107.

Dobos, Gábor, Gyulai, Attila and Horváth, Attila (2013). "Weak but not Powerless: The Position of the President in the Hungarian Political System." in Vit Hlousek et al. (eds.). *Presidents Above Parties? Presidents in Central and Eastern Europe, Their Formal Competencies and Informal Power*. Brno: Muni Press. pp. 77-100.

Domańska, Maria et, al (2018). *Putin for the fourth time: The state of and prospects for Russia (2018–2024)*. Warsaw: Ośrodek Studiów Wschodnich.

Duverger, Maurice (1980). "A New Political System Model: Semi-Presidential Government." *European Journal of Political Research*. Vol. 8, No. 2. pp. 165-187.

Duverger, Mourice (1997). "Reflections: The Political System of the European Union." European Journal of Political Science. Vol. 31, No. 1. pp. 137-146.

Easter, G. M. (1997). "Preference for Presidentialism. Postcommunist Regime Change in Russia and the NIS." *World Politics*. Vol. 49, No. 2. pp. 184-211.

Elgie, R. and Moestrup, S. (2008). *Semi-Presidentialism in Central and Eastern Europe*. Manchester: Manchester Univ. Press.

Elgie, Robert (1999). "The Politics of Semi-Presidentialism." in Robert Elgie (ed.). *Semi-Presidentialism in Europe*. Oxford: Oxford Univ. Press, pp. 1-21.

Elgie, Robert (2004), "Semi-Presidentialism: Concepts, Consequences and Contesting Explanations." *Political Studies Review*. Vol. 2, No. 3. pp. 314–330.

Elgie, Robert (2011). "Semi-Presidentialism: An Increasingly Common Constitutional Choice." in Robert Elgie. et al. (eds.). *Semi-Presidentialism and Democracy*. New York: Palgrave Macmillan. pp. 1-20.

Fabbrini, S. (1995). "Presidents, Parliaments, and Good Government." *Journal of Democracy*. Vol. 6, No. 3. pp. 128-138.

Fink-Hafner, Danica and Lajh, Damjan (2003). *Managing Europe From Home: The Europeanisation of the Slovenian Core Executive*. Ljubljana: Univ. of Ljubljana.

Fish, Steven M. (2001). "The Inner Asian Anomaly: Mongolia's Democratization in Comparative Perspective." *Communist and Post-Communist Studies*. Vol. 34. pp. 323-338.

Focseneanu, Eleodor (1992). *Istoria constitutionla a Romanie 1859-1991*. Bucharest: Editura Humanitas.

Fortin, J. (2013). "Measuring Presidential Powers: Some Pitfalls of Aggregate Measurement." *International Political Science Review*. Vol. 34, No. 1. pp. 91-112.

Frye, Timothy (1997). "A politics of institutional change: Post-communist Presidencies." *Comparative Politics*. Vol. 30, No. 5. pp. 523-552.

Fuchsová, Barbora (2014). "Prezident v politickém systému Litvy." in Ladislav Cabada (ed.). *Proměny Postavení Prezidenta ve Střední Evropě*. Brno: Václav Klemm. pp. 108-124.

Fuksiewicz, A. (2011). "The Polish Parliament under the Lisbon Treaty – adaptation to the institutional reform." *Research Reports Policy Papers*. Warsaw: Fundacja Instytut Spraw Publicznych. pp. 1-22.

Gallagher, Tom (2005). *Theft of a Nation: Romania since Communism*. London: Hurst & Co.

Gallagher, Tom (2006). *Balancii in Noul Mileniu*. Bucharest: Humanitus

Gallagher, Tom and Andrievivi, Viorel (2008). "Romania: political irresponsibility without constitutional safeguards." in Robert Elgie and Sophie Moestrup (eds.). *Semi-Presidentialism in Central and Eastern Europe*. Manchester: Manchester Univ. Press. pp. 138-158.

Garlicki, Lech and Garlicki, Zofia A. (2010). "Constitution Making, Peace Building and National Reconciliation: The Experience of Poland." in Laurel E. Miller and Louis Aucoin (eds.). *Framing the State in Times of Transition: Case Studies in Constitution Making*. Washington, D.C. : United States Institute of Peace Press. pp. 391-416.

Garlicki, Leszek (2007). *Polskie peawo konstytucyjne. Zarys wykładu*. Warszawa: LIBER.

Gherghina, Sergiu (2013). "Formal and informal Powers in a semi-presidential regime: the case of Romania." in Vit Hlousek (ed.). *Presidents above*

Parties? Presidents in Central and Eastern Europe, Their Formal Competencies and Informal Power. Brno: Muni Press. pp. 257-270.

Giovannelli, A. (2002). "Semipresidentialism: an emerging pan-European model." Sussex European Institute (SEI) Working Paper. No. 58. pp. 1-14.

Goodnow, Regina Rose (2013). "Post-Soviet Super-Presidentialism: Explaining Constitutional Choice in Russia and Ukraine." doctoral dissertation. The University of Texas, Austin.

Górski, Grzegorz (2014). "Constitutional changes in Poland between 1989 and 1997." *The Journal of Kolegium Jagiellonskie Torunska Szkola Wyzsza.* Vol. 1. pp. 5-15.

Havel, Václav (1992). *Važení Občané. Projevy červenec 1990-červenec 1992.* Praha: Lidové Noviny.

Herspring, Dale R. (2000). "Civil -Military Relations in Post-Communist Poland; Problems in Transition to a Democratic Polity." *Communist and Post-Communist Studies,* Vol. 33, No. 1. pp. 77-100.

Horvath, Peter (2014). "The Role of the Prsident in the Context of the Political Changes in Slovakia." *Slovak Journal of Political Sciences.* Vol. 14, No. 1. pp. 74-86.

Karasz, Palko (2012). "Hungarian President Resigns Amid Plagiarism Scandal." *The New York Times* (April 2).

Kendall Metcalf, Lee (2000). "Measuring presidential power." *Comparative Political Studies.* Vol. 33, No. 5. pp. 660-685.

King, Charles (2000). *The Moldovans: Romania, Russia and the Politics of Culture.* Stanford CA: Hoover Institute Press.

Klaus, Václav (1992). "Takzvané škrty v ústavě." *Mladá Fronta Dnes* (Duben 12).

Klaus, Václav (2009). "Odpověď prezidenta republiky Ústavnímu soudu ohledně Lisabonské smlouvy," http://www.klaus.cz/clanky/1062

Kopeček, Lubimir and Mlejnek, Josef (2013). "Different Confessions, Same Sins? Václav Havel and Václav Klaus as Czech Presidents." in Vit Hloušek (ed.). *Presidents Above Parties: Presidents in Central and Eastern Europe, Their Formal Competences and Informal Power.* Brno: Muni Press, pp. 31-76.

Körösenyi, András (1999). *Government and Politics in Hungary.* Budapest: Central

European University Press.

Krasovec, Alena and Lajh, Danjan (2008). "Slovenia: weak formal position, strong informal influence?." in Robert Elgie and Sophia Moestrup (eds.). *Semi-presidentialism in Central and Eastern Europe.* Manchester: Manchester Univ. Press. pp. 201-218.

Krasovec, Alenka and Lajh, Damjan (2013). "The Chameleonic Character of the Slovenian Presidents of the Republic." in Vit Hlousek, et al. (eds.). *Presidents Above Parties? Presidents in Central and Eastern Europe, Their Formal Competencies and Informal Power.* Brno: Muni Press. pp. 143-166.

Krouwel, A. (2003). "Measuring presidentialism of Central and East European countries." *Working papers political science.* Amsterdam: Vrije Universiteit. pp. 1-26.

Krupavicius, Algis (2004). "Semi-presidentialism in Lithuania: origins, development and challenges." in Robert Elgie and Sophia Moestrup (eds.). *Semi-presidentialism in Central and Eatern Europe.* Manchester: Manchester Univ. Press. pp. 65-84.

Krupavicius, Algis (2013). "Lithuania's President: a Formal and Informal Power." in Vit Hlousek (ed.). *Presidents Above Parties? Presidents in Central and Eastern Europe, Their Formal Competencies and Informal Power.* Brno: Muni Press. pp. 205-232.

Kubát, M. (2004). *Politické a ústavní systémy zemí středovýchodní Evropy.* Praha: Eurolex Bohemia.

Kysela, Jan (2008). "Přímá volba prezidenta republiky jako symptom krize legitimity ústavního systému." in Šimicek Vojtěch (ed.). *Postavení prezidenta v ústavním systému České republiky.* Brno: Masarykova univerzita. pp. 42-59.

Lijphart, A. (1992). *Parliamentary versus Presidential Government.* Oxford: Oxford Univ. Press.

Lijphart, A. (1994). *Electoral Systems and Party Systems: A Study of Twenty-seven Democracies 1945-1990.* Oxford: Oxford Univ. Press.

Lijphart, A. (1999). *Patterns of Democracy: Government Forms and Performance in Thirty-Six Countries.* New Haven: Yale Univ. Press.

Linz, Juan J. (1990). "The Perils of Presidentialism." *Journal of Democracy*. Vol. 1, No. 1. pp. 51-69

Linz, Juan J. (1990). "The Virtues of Parliamentarism." *Journal of Democracy*. Vol. 1, No. 4. pp. 84-91.

Linz, Juan J. (1994). "Presidential or Parliamentary Democracy: Does It Make a Difference." in Juan J. Linz and Arturo Valenzuela (eds.). *The Failure of Presidential Democracy: Comparative Perspectives*. Baltimore: Johns Hopkins Univ. Press. pp. 3-87.

Lutenco, Andrei (2017). "The President's New Clothes: Will Moldova move to more powers for the head of state?." *ConstitutionNet* (19 April).

MacMenamin, Iain (2008). "Semi-presidentialism and democratization in Poland." in Robert Elgie and Sophia Moestrup (eds.). *Semi-Presidentialism in Central and Eastern Europe*. Manchester: Manchester Univ. Press. pp. 120-137.

Malová, Darina and Rybář, Marek (2008). "Slovakia's presidency: consolidating democracy by curbing ambitious powers." in Robert Elgie and Sophia Moestrup (eds.). *Semi-Presidentialism in Central and Eastern Europe*. Manchester: Manchester Univ. Press, pp. 180-200.

Matsuzato, Kimitaka and Gudžinskas, Liutauras (2006). "An Eternally Unfinished Parliamentary Regime? Semipresidentialism as a Prism to View Lithuanian Politics." *Acta Slavica Iaponica*. Vol. 23. pp. 146-170.

Matuzato, Kimitaka (2006). "Differing dynamics of semipresidentialism across Euro/Eurasian borders: Ukraine, Lithuania, Poland, Moldova and Armenia." *Demokratizatsiya*. Vol. 14, No. 3. pp. 317-346.

Mazo, Eugene D (2004). "Post-Communist Paradox: How the Rise of Parliamentarism Coincided with the Demise of Pluralism in Moldova." *CDDRL Working Papers*. No. 17. pp. 1-43.

Mazo, Eugene D. (2005). "Constitutional Roulette: The Russian Parliament's Battles with the President over Appointing a Prime Minister." *Stanford Journal of International Law*. Vol. 41, No. 123. pp. 123-179.

McFaul, Michael (2001). *Russia's Unfinished Revolution: Political Change from Gorbachev to Putin*. Ithaca: Cornell University Press.

McGregor, James (1994). "The Presidency in East Central Europe." *RFE/RL*

Research Report. Vol. 3, No. 2. pp. 22-31.

Mcquire, Kimberly A. (2012). "President-Prime Minister Relations, Party Systems, and Democratic Stability in Semipresidential Regimes: Comparing the French and Russian Models." *Texas International Law Journal.* Vol. 47, No. 2. pp. 427-454.

Mesežnokov, Grigorij (1997). "Vnútropolitický vývoj a politická scéna." in Martin Butora (ed.). *Slovensko: Súhrnna správa o stave spoločnosti a trendoch na rok 1997.* Bratislava: IVO, pp. 15-36.

Mesonis, Gediminas (2008). "The President of the Rrepublic of Lithuania and the Constitutional Principle of the Separation of Powers." *Jurisprudencija.* Vol. 9, No. 111. pp. 46-53.

Metcalf, Lee Kendall (2000). "Measuring presidential power." *Comparative Political Studies.* Vol. 33, No. 5. pp. 660-685.

Moestrup, Sophia (2004). "Semi-presidentalism in Comparative Perspective: Its Effects on Democratic Surviva." PhD. Dissertation at George Washington Univ.

Moser, Robert G. (2001). "Executive-Legislative Relations in Russia, 1991-1999." in Zoltan Barany and Robert G. Moser (eds.). *Russian Politics: Challenges of Democratization.* New York: Cambridge Univ. Press. pp. 64-102.

Nohlen, Dieter and Stöver, Philip (2000). *Elections in Europe: A data handbook.* Oxford: Oxford Univ. Press.

Norkus, Zenonas (2013). "Parliamentarism versus semi—Presidentalism in the Baltic States: The Causes and Consequences of Differences in the Constitutional Frameworks." *Baltic Journal of Political Science.* Vol. 2. pp. 7-28.

Novák, M. and Brunclík, M. (2008). *Postavení hlavy států v parlamentních a poloprezidenských režimech Česká republika v komparativní perskektivě.* Praha: Dokořán.

O'Neil, P. (1993). "Presidential Power in Post-Communist Europe: The Hungarian Case in Comparative Perspective." *Journal of Communist Studies.* Vol. 9, No. 3. pp. 177-201.

O'neil, P. (1997) "Hungary: political transition and executive conflict: the balance or fragmentation of power?." in R. Taras (ed.). *Postcommunist presidents.* Cambridge: Cambridge Univ. Press. pp. 195-224.

Oravcova, Veronika (2017). "Exploring presidents as political actors: The case of Slovakia." Paper prepared for ECPR General Conference. pp. 1-10.

Orzoff, Andrea (2009). *The Battle for the Castle: The Myth of the Castle: The myth of Czechoslovakia in Europe, 1914-1948.* New York: Oxford Univ. Press

Osiatynski, Wiktor (1996). "The Round Table Talks in Poland." in Jon Easter (ed.). *The Round Table Talks and the Breakdown of Communism.* Chicago: Univ. of Chicago Press.

Pasquino, Gianfranco (1997). "Semi-Presidentialism: A Political Model at Work." *European Journal of Political Research.* Vol. 31, No. 1-2. pp. 128-137.

Paun, Carmen (2016). "Moldova elects pro-Russian Igor Dodon as president." *Politico* (November 14).

Popşoi, Mihai (2016). "Controversial Ruling by Moldova's Constitutional Court Reintroduces Direct Presidential Elections." *Eurasia Daily Monitor.* Vol. 13, No. 46 (March 8).

Protsyk, Oleg (2000). "Prime ministers' identity in semi-presidential regimes: Constitutional norms and cabinet formation outcomes." *European Journal of Political Research.* Vol. 44, No. 5. pp. 721-748.

Pugačiauskas, V. (1999). "Semi-presidential Institutional Models and Democractic Stability: Comparative Analysis of Lithuania and Poland." *Lithuanian Political Science Yearbook.* pp. 88—113.

Raadt, Jasper de. (2008). "Contestable Constitutions: Political Conflict over Ambitious Executive-Legislative Arrangements in Central Europe." Paper prepared for the 2008 ECPR Joint Sessions, Rennes, France (11-16 April).

Rahr, Alexander (1992). "A Russian Paradox: Democrats Support Emergency Powers." *RFE/RL Research Report.* Vol. 1, No. 48. pp. 13-19.

Rahr, Alexander (1993). "Yeltsin and Khasbulatov: Anatomy of a Power Struggle." *RFE/RL Research Report.* Vol. 2, No. 12. pp. 18-22.

Remington, Thomas F. (2001). *The Russian Parliament: Institutional Evolution in a Transitional Regime, 1989-1999.* New Haven and London: Yale Univ. Press.

Roche, Francois Frison (2005). "The Political Influence of Presidents Elected by Universal Suffrage in Post-communist Europe." in Venice Commission (ed.). *Evaluation of 15 Years of Constitutional Practice in Central and Eastern Europe.* Strasbourg: Council of Europe Publishing. pp. 9-25.

Roper, Steven D. (2002). "Are all semi-presidential regimes the same?: A comparison of premier-presidential regimes." *Comparative Politics.* Vol. 34, No. 3. pp. 253-272.

Ropper, Steven D. (2008). "The impact of party fragmentation on Moldovan semi-presidentialism." in Robert Elgie and Sophia Moestrup (eds.). *Semi-Presidentialism in Central and Eastern Europe.* Manchester: Manchester Univ. Press. pp. 108-119.

Rybář, Marek (2005). "The Presidential Election in Slovakia, April 2004." *Electoral Studies.* Vol. 24. pp. 333-338.

Rychlík, Jan (2002). *Rozpad Československa.* Bratislava: Academic Electronic Press.

Salmonowicz, Witold (1989). *Porozumienia Okrągłego Stołu.* Gdańsk: NSZZ Solidarnosc Region Warminsko-Mazurski.

Sartori, Giovanni (1997). *Semi-Presidentialism, Comparative Constitutional Engineering. An Inquiry into Structures, Incentives and Outcomes.* New York: New York Univ. Press.

Schleiter, Petra and Jones, E. Morgan (2006). "President, Assembly and Cabinet Composition in European Semi-Presidential Democracies." Paper presented at the American Political Science Association Meeting, Washinton D.C. pp. 1-40.

Sedelius, Thomas (2006). *The Tug-of-War between Presidents and Prime Ministers: Semi-Presidentialism in Central and Eastern Europe.* Orebro: Orebro Univ. Press.

Shafir, Micahel (1991). "Romania's New Constitutions: The Draft Constitution." *RFE-RL Research Report* (September). pp. 13-21.

Shevtsova, L. (2006). "Imitation Russia." *The American Interest.* Vol. 11, No. 2. pp. 1-4.

Shugart, M. S. (1993). "On Presidents and Parliaments." *East European Constitutional Review.* Vol. 2, No. 1. pp. 30-32.

Shugart, M. S. and Carey, J. M. (1992). *Presidents and Assemblies. Constitutional Design and Electoral Dynamics.* Cambridge: Cambridge Univ. Press.

Shugart, Matthew (2005). "Semi-presidential Systems: Dual Executive and Mixed Authority Patterns." *French Politics.* Vol. 3, No. 3. pp. 323-351.

Siaroff, Alan (2003). "Comparative Presidencies: The Inadequacy of the Presidential, Semi-Presidential and Parliamentary Distinction." *European Journal of Political Research.* Vol. 42, No. 2. pp. 287-312.

Šiška, Martin (2014). "Postavení Prezidenta v Maďarském Politickém Systému." in Ladislav Cavada et al. (eds.). *Proměny Postavení Prezidenta ve Střední Evropě.* Brno: Václav Klemm, pp. 72-87.

Spáč, Peter (2013). "Slovakia: in search of limits." in Vit Hlousek (ed.). *Presidents above Parties: Presidents in Central and Eastern Europe, Their Formal Competencies and Informal Power.* Brno: Muni Press, pp. 121-141.

Stefoi, Elena (1993). "Ion Iliescu, Priofile and Interview." *East European Constitutional Review.* Vol. 2, No. 3. pp. 51-57.

Stepan, A. and Skach, C. (1993). "Constitutional Frameworks and Democratic Consolidation. Parliamentarism versus Presidentialism." *World Politics.* Vol. 46, No. 1. pp. 1-22.

Stepan, Alfred and Suleiman, Ezra N. (1995). "The French Fifth Republic: A Model for Import? Reflections on Poland and Brazil." in H. E. Chehabi and Alfred Stepan (eds.). *Politics, Society and Democracy, Comparative Studies.* Boulder: Westview Press, pp. 393-414.

Sula, Piotr and Szumigalska, Agnieszka (2013). "The Guardian of the Chandelier or a Powerful Stateman? The Historical, Cultural and Legislative Determinants of the Political Role of the President of Poland." in Vit Hloušek (ed.). *Presidents above Parties: Presidents in Central and Eastern Europe, Their Formal Competencies and Informal Power.* Brno: Muni Press, pp. 101-119.

Szajkowski, Bogdan (2005). "Moldova." in Alan J. Day (ed.). *Political Parties of the World.* London: John Harper, pp. 413-415.

Tavits, N. (2008). *Presidents with Prime Ministers: Do Direct Election Matter?.* Oxford: Oxford Univ. Press.

Tesař, Ondřej (2009). "Postavení prezidenta v zemích Visegrádské čtyřky."

Diplomová práce, Univerzita Karlova v Praze.

Tuathail, Gearoid O., O'Loughlin, John and Djipa, Dino (2006). "Bosnia-Her zegovina Ten Tears after Dayton: Constitutional Change and Public Opinion." *Eurasian Geography and Economics.* Vol. 47, No. 2. pp. 61-75.

Urbanavicius, Dainius (1999). "Lithuania." in Robert Elgie (ed.). *Semi-Pre sidentialism in Europe.* Oxford: Oxford Univ. Press, pp. 150-169.

Valenzuela, A. (2004). "Is Presidentialism Part of the Problem? Reflections on the Institutional Crisis in Latin America." Paper presented at the 3th General Assembly of the Club of Madrid, Madrid (12-13, Nov.).

Verheijen, Tony (1995). *Constitutional Pillars for New Democracies, The Cases of Bulgaria and Romania.* New York: DSWO Press.

Verheijen, Tony (1999). "Romania." in Robert Elgie (ed.). *Semi-Presidentialism in Europe.* Oxford: Oxford Univ. Press, pp. 193-215.

White, Stephen (2004). "Russia." in Robert Elgie (ed.). *Semi-presidentialism in Europe.* Oxford: Oxford Univ. Press, pp. 216-231.

Whitmore, Sarah (2004). *State-Building in Ukraine: The Ukrainian Parliament, 1990-2003.* London: Routledge.

Wiatr, Jerzy J. (2000). "President in the Polish Parliamentary Democracy." *Croatian International Relations Review.* Vol. 6, No. 20/21. pp. 141-146.

Wu, Yu-Shan (2011). "Clustering of Semi-Presidentialism: A First Cut." in Robert Elgie, Sophi. Moestrup and Yu-Shan Wu (eds.). *Semi-Presidentialismand Democracy.* New York: Palgrave MacMillan, pp. 21-41.

Zaznaev, Oleg (2014). "Measuring Presidential Power: A Review of Contemporary Methods." *Mediterranean Journal of Social Sciences.* Vol. 5, No. 14. pp. 569-573.

Zaznaev, Oleg (2008). "The Presidentialization of a Semi-Presidential Regime: the Case of Russia." in Stephen White (ed). *Politics and the Ruling Group in Putin's Russia.* New York: Palgrave macmillan, pp. 27-41

Zifcak, Spencer (1995). "The Battle over Presidential Power in Slovakia." *European Constitutional* Review. Vol. 4, No. 3. pp. 61-65.

온라인 자료

"A határozat száma: 36/1992. (VI. 10.) AB határozat." http://public.mkab.hu/dev/dontesek.nsf/0/DA6CAEF75D9C7CF7C1257ADA00528F45?OpenDocument

"A határozat száma: 48/1991. (IX. 26.) AB határozat." http://public.mkab.hu/dev/dontesek.nsf/0/413887D00724A32FC1257ADA00529B43?OpenDocument

"Algirdas Brazauskas." https://en.wikipedia.org/wiki/Algirdas_Brazauskas

"Árpád Göncz." https://en.wikipedia.org/wiki/%C3%81rp%C3%A1d_G%C3%B6ncz#CITEREFKim2012

"Baltic times article on resignation." Baltictimes.com (1 June 2006)

"Bosnia: The Future on Hold?." http://www.realinstitutocano.org/analisis/1114.asp

"Constitution of Bosnia and Herzegovina." http://www.ohr.int/ohr-dept/legal/laws-of-bih/pdf/001%20-%20Constitutions/BH/BH%20CONSTITUTION%20.pdf

"Constitution of Poland 1992," https://www.servat.unibe.ch/icl/pl02000_.html

"Constitution of Republika Srpska." https://www.refworld.org/docid/3ae6b53414.html.

"Constitution of Romania(2003)." http://www.cdep.ro/pls/dic/site.page?id=371

"Constitution of the Federation of Bosnia and Herzegovina." https://www.refworld.org/docid/3ae6b56e4.html

"Constitution of Ukraine." https://rm.coe.int/constitution-of-ukraine/168071f58b

"Constitution Romania(1991)." http://www.cdep.ro/pls/dic/site.page?den=act1_2

"Decision 48/1991 ON - Separation of powers. over the Armed Forces." https://hunconcourt.hu/dontes/decision-48-1991-on

"Decisions of the High Representative." OHR(Office of the High Representative); http://www.ohr.int/?page_id=1196

"Decisions of the High Representative: Notice of Decision by the High Representative to Lift the Ban Imposed on Ante Jelavić by the High Representative Decision dated 7 March 2001." (19. Aug. 2014).

"Democratic State-building in Post-communist Lithuania." http://www.lituanus.org/2005/05_4_2Palubinskas.htm

"Feature: 25 Years on from the Depela Vas Scandal." (March 21, 2019), https://www.total-slovenia-news.com/politics/3275-feature-25-years-on-from-the-depela-vas-scandal

"Gemany Drops Arrest Warrant For Slovak President's Son." RFE/RL, June 09 1996.

"Göncz's political activities and role during his Presidency (1990–2000)." https://en.wikipedia.org/wiki/%C3%81rp%C3%A1d_G%C3%B6ncz#CITE REFKim2012

"Janez Drnovsek: Slovenian president who achieved membership of the EU and Nato for the former Yugoslav republic." Independent (February 25, 2008), https://www.independent.co.uk/news/obituaries/janez-drnovsek-slovenian-pre sident-who-achieved-membership-of-the-eu-and-nato-for-the-former-yugoslav -republic-786789.html

"KÉT GÖNCZ ÁRPÁD-IDÉZET, AMELYET MINDEN MAGYAR POLGÁRNAK MEG KÉNE TANULNIA." (2015. OKTÓBER 6). https://kettosmerce.blog.hu/2015/10/06/ket_goncz_arpad_idezet_ami_minde n_magyar_polgar_meg_kene_tanulnia

"Kiev Draws Up New Constitution." ITAR-TASS (March 11, 1996).

"Lithuania president-elect vows to fight recession." CBC News (May 18, 2009).

"Lithuanian Parliament Removes Country's President After Casting Votes on Three Charges." New York Times (April 7, 2004).

"Lithuania's Constitution of 1992 with Amendments through 2006." http://www. constituteproject.com

"Meet the Iron Lady of Lithuania." https://www.ozy.com/news-and-politics/meet-the-iron-lady-of-lithuania/80056

"Moldovan Politics: Presidential Crises 2009-2018." Geohistory (January 23, 2018).

"Moldova's Constitution of 1994 with Amendments through 2006." https://www. constituteproject.org/constitution/Moldova_2006.pdf

"Obletnica Dnevnikovega razkritja: Po letu dni afera Sova še vedno brez epiloga." https://www.dnevnik.si/306840.

"Pál Schmitt." https://en.wikipedia.org/wiki/P%C3%A1l_Schmitt#cite_note-20

"President Igor Dodon: Moldova needs a 'patriot' like Putin." DW (February 26, 2018).

"President of the Republic Lithuania. A. M. Brazauskas." http://www.president.lt/

lt/prezidento institucija/istorija/algirdas mykolas_brazauskas.html

"Profile: Rolandas Paksas." BBC (6 April 2004).

"Profile: Who Is Moldova's New President-Elect?." Radio Free Europe (March 17, 2012).

"Republican Constitutional Referendum of September 5, 2010." http://www.e-democracy.md/en/elections/referendum/2010/

"Russian Federation Constitution." https://rm.coe.int/constitution-of-the-russian-fe deration-en/1680a1a237

"Semi-presidential form of government is optimal for Ukraine: Poroshenko," https://en.interfax.com.ua/news/general/275000.html

"Slovenia's Constitution of 1991 with Amendments through 2016." http://www.constituteproject.org; https://constituteproject.org/constitution/ Slovenia_2016?lang=en

"State of the Nation Address to the Seimas of the Republic of Lithuania by H. E. Mr. Valdas Adamkus, President of the Republic of Lithuania." http://ar chyvas.lrp.lt/en/news.full/6524

"The Constitution of the Republic of Poland of 2nd April, 1997." https://www. sejm.gov.pl/prawo/konst/angielski/kon1.htm

"The ruling of the Constitutional Court of the Republic of Lithuania of 31 March 2004." The Constitutional Court of the Republic of Lithuania, https:// www.lrkt.lt/en/court-acts/search/170/ta1263/summary

"Ukraine's Petro Poroshenko Dissolves Parliament, Sets Election Date." http://www.themoscowtimes.com/news/article/ukraine-s-petro-poroshenko-a nnounces-new-parliamentary-elections/505837.html

신문, 기타 자료

BBC Monitoring Service (30 December 1993).

Bosnia Report (Jan. 1996). Http://www.bosnia.org.uk/default.cfm

Centrum pro výzkum veřejného mínění. 2011.

Český statistický úřad. "Prezidenské Volby, 2013." https://www.czso.cz/csu/czso/ volby_lide

Český statistický úřad. "Prezidenské Volby, 2018." https://www.czso.cz/csu/czso/ volby_lide

Český statistický úřad. "Volby do Poslanecké sněmovny Parlamentu České republiky konané ve dnech 20.10. ‒ 21.10.2017." https://www.czso.cz/csu/czso/volby_lide

Državna volilna komisija, "VOLITVE PREDSEDNIKA RS - LETO 1992." https://www.dvk-rs.si/index.php/si/arhiv-predsednika-rs/volitve-predsednika-rs-leto-1992

Državna volilna komisija, "VOLITVE PREDSEDNIKA RS - LETO 1997." https://www.dvk-rs.si/index.php/si/arhiv-predsednika-rs/leto-1997

Državna volilna komisija, "VOLITVE PREDSEDNIKA RS - LETO 2002." https://www.dvk-rs.si/index.php/si/arhiv-predsednika-rs/leto-2002

Državna volilna komisija, "VOLITVE PREDSEDNIKA RS - LETO 2007." https://www.dvk-rs.si/index.php/si/arhiv-predsednika-rs/leto-2007

http://www.prezident.sk "Speeches and articles by Michal Kovac."

http://www.semipresidentialism.com/?p=1053

Idnes.cz. (Červen 6, 2018).

Independent. (January 18, 2016).

Jelisic, Jasna (2007). "Bosnia-Herzegovina." Nations in Transit.

Lidové Noviny. (Prosinec 7, 2016).

Nalez Ustavného sudu PL, US 4/2012-77.

Norwegian Centre for Research Data. "European Election Database." 2019, https://nsd.no/european_election_database/country/romania/

Organization for Security and Co-operation in Europe(OSCE) (1995). "The General Framework Agreement for Peace in Bosnia and Herzegovina." (14. December).

The Slovak Spectator (June 26, 2000).

Ústava České republiky (1992).

Ústava České republiky (1999).

Ústava České republiky (2012).

Ústava Slovenskej republiky (1992).

Ústava Slovenskej republiky (1999).

Volebná štatistika Štatistického úradu Slovenskej republiky.

김신규

정치학박사. MBA
현) 한국외국어대학교 동유럽발칸연구소 전임연구원
현) 한국외국어대학교 EU전공 객원강의교수
전) 서강대학교 국제지역연구소 연구교수
전) 체코 찰스대학교 교환교수

논문
탈공산주의 중동부유럽의 체제전환 성공 요인 분석(통합유럽연구, 2022)
준대통령제의 의전적 대통령과 의회제의 강력한 대통령(국제지역연구, 2021)
체코슬로바키아 '벨벳혁명'의 경제, 사회적 요인 분석(슬라브학보, 2020)
비세그라드(V4) 협력을 통한 '동유럽파트너십(EaP)' 아젠다 설정(동유럽연구, 2019)

저서
동유럽의 공산주의 유산(인문과교양, 2022)
동유럽 공산정권의 붕괴와 체제전환(인문과교양, 2021)
중소기업의 중동부유럽 진출을 위한 거시환경 분석(대외경제정책연구원, 2019)
약소국의 국제정치: 중부유럽 국제정치의 역사적 쟁점과 새로운 의제(한국외대 출판부, 2018)

중동부유럽의 준대통령제

대통령의 공식, 비공식 권한과 명목대표, 주인, 중재자 역할

초판인쇄 2022년 2월 15일
초판발행 2022년 2월 15일

지은이 김신규
펴낸이 채종준
펴낸곳 한국학술정보㈜
주 소 경기도 파주시 회동길 230(문발동)
전 화 031) 908-3181(대표)
팩 스 031) 908-3189
홈페이지 http://ebook.kstudy.com
E-mail 출판사업부 publish@kstudy.com
출판신고 2003년 9월25일 제406-2003-000012호

ISBN 979-11-6801-395-7 93340